鈴木悠太
Suzuki Yuta

教師の「専門家共同体」の形成と展開

アメリカ学校改革研究の系譜

勁草書房

序　刊行に寄せて

佐藤　学（学習院大学教授・東京大学名誉教授）

本書は鈴木悠太氏の博士学位論文であり、アメリカにおける教師の「専門家共同体」の概念の展開を「ランド・変革の担い手研究」（一九七三―一九七七年）を起点とする学校改革研究の系譜の一つとして描出し、教師の「専門家共同体」の学習の基盤となる「同僚性」の概念構築における葛藤の過程を探究している。

本書第Ⅰ部は、一九七〇年代から一九八〇年代における「ランド・変革の担い手研究」を対象とした学校改革研究の展開、第Ⅱ部は一九八〇年代から一九九〇年代における「同僚性」概念の分析、第Ⅲ部は一九九〇年代から二〇〇〇年代における教師の「専門家共同体」の展開、第Ⅳ部はその後の「専門家共同体」の研究と実践の発展を叙述し、それらを通じて、スタンフォード大学教授のミルブリィ・マクロフリンの学校改革研究の意義を開示している。

鈴木悠太氏が、この主題に着手したのは約一一年前、東京大学教育学部教育心理学コースを卒業して、同大学院教育学研究科学校教育高度化専攻修士課程に進学し、私の研究室に入った時である。本論で論及されているジュディス・リトルの提唱した collegiality（私の訳語で「同僚性」）への関心が高まり、教師の学びとその共同性への関心が高まった時期である。鈴木氏は、その先端的な研究を自らの研究主題として一貫させ、国内の学校現場における継続的なフィールドワークと海外における調査と研究発表によって、じっくりとした探究を重ねて本書の研究を熟成させてきた。その堅実で精緻な研究成果が、こうして公刊されることは鈴木氏の研究を見守り支援してきた者として喜ばしい限りである。

さらに、本書の研究対象の中軸であるミルブリィ・マクロフリン教授と私は三〇年近い交流を重ねてきた。本書で詳述されているように、マクロフリン教授は学校改革政策の評価研究の第一人者であり、特にハイスクールの改革の「文脈」の複雑さと隘路について、誰よりも深く現実を掌握し鋭い分析を行ってきた。私自身、彼女とは何度か夜を徹するほど話し合い、議論し合ってきただけに、鈴木氏によって彼女の研究が私の認識をはるかに超える綿密な調査研究によって評価され意味づけられたことは、彼女を敬愛し続けた者として歓びに堪えない。

近年、教師の「専門家学習共同体（professional learning community）」の概念は、世界中の教育学者の研究関心の一つとなってきたが、本書は、その研究動向に先立って、この主題を対象化した本格的研究である。その概要は以下のように構成されている。

第Ⅰ部の第一章は、ミルブリィ・マクロフリンを中心とする「ランド・変革の担い手研究」を分析し、「最善の実践例」の「忠実な実施」を追求する政策決定者に再考を迫った「相互適応」モデルを評価し、「専門家の学習」に関する研究が生成し発展した過程を詳述している。続く第二章は、リチャード・エルモアとマクロフリンによるランド研究所の共同レポート『愚直な仕事』（一九八八年）を詳細に検討し、「政策」「行政」「実践（教師）」の中で「教師」が学校改革の主要なエージェントに定位された意義を考察している。

第Ⅱ部は、一九八〇年代から一九九〇年代において学校改革研究の中心概念となった「同僚性」の成立と展開を検討している。第Ⅲ章では、ジュディス・リトルが学校の成功要因の分析によって提示した「同僚性」概念の特質が明確化され、続く第四章は、オーストラリアの学会誌上におけるマイケル・フィールディングの「ラディカルな同僚性」に対するリトルとハーグリーブズによる批判が紹介されて、「同僚性」への理論的関心が「専門家共同体」へと移行する過程が示されている。

第Ⅲ部の第五章では、スタンフォード大学「中等学校の教職の文脈に関する研究センター」におけるマクロフリンの「専門家共同体」研究の進展が叙述され、「革新と学習の規範」「省察・フィードバック・問題解決の能力」「民主的な意思決定」「有効な授業実践の開発」による革新的授業実践の創造が「専門家共同体」の中核となる理論の形成過程に即して描かれる。そして第六章では、マクロフリンの研究の系譜における「専門家共同体」の定式化が提示される。そして「専門家共同体」の新たな展開を考察した第Ⅳ部では、第七章でマクロフリンとタルバートによるカリフォルニア州の政策と実践が分析され、第八章ではリトルによる「専門家共同体」の研究の新たな展開、第九章では、この主題をめぐるスタンフォード大学の研究の新動向が提示されている。

このように、本書は「専門家共同体」の概念の形成と発展の系譜を精緻にたどりながら、教師が専門家としての学習共同体とその自律性を構築することの教育学的な意義を開示し、複雑で多様な研究の展開を学校改革研究の一つの系譜として描き出すことに成功している。さらに本書で解明されている「同僚性」と教師の成長に関する専門的知見は、日本の学校改革と現職研修の改革に多数の貴重な示唆を含んでいる。

本論を通読して、鈴木氏の真摯な研究姿勢に敬意を表せずにはいられない。アメリカにおける学校改革は三〇年近く、いくえにもわたる困難な現実に直面してきた。ともすれば絶望的な溜息に陥ってしまう現実と向き合いながら、その現実の裏側に潜む改革の希望を抽出することに挑戦した本書は、学校の改革がはらむ複雑で複合的な課題に対する私たちの見方を確かなものとする数々の知見を提供している。その偉業を称えるとともに、鈴木氏の今後のさらなる研究の発展を期待したい。

はしがき

学校を改革することは尊い営みである。それは、学校を改革するという目的が崇高であるからではない。ましてや学校改革の目標が衆目を集めるからでもない。学校を改革するという営みが、日々の教室の小さな物語を紡ぎ直し繋がり直す質朴な仕事に根ざしているからである。

であるからこそ、時に「草の根の」学校改革は美しく響く。事実、草の根の学校改革は、葉の陰にあって飾り気がない。草の根の学校改革が「象の足」によって根絶やしにされることも繰り返されてきた。しかしながら私たちは、いつまでも草の根に安住し象の足を非難し続けるだけでいいのだろうか。それは象が怪物と化すことを止めることになるのだろうか。これまでとは異なる学校改革の未来を描くことはできないのだろうか。

学校改革の「現場の声を聴き現場から学ぶ」。

本書の基軸となるミルブリィ・マクロフリン（Milbrey Wallin McLaughlin、スタンフォード大学）は、一九九八年の論文の表題に、そう記した。学校改革の「現場の声を聴き現場から学ぶ」とは、いかなることなのか。この命題の意味するところに迫ること、それが本書のモチーフである。本書は、一九七〇年代から二〇〇〇年代にかけてのマクロフリンを中心とする学校改革研究の系譜を跡づける試みである。

ここで、一九九八年という日付に触れておこう。後にみるように、この時点でマクロフリンは、数々の学校改革研究を手がけてきた。順に、一九七〇年代の「ランド・変革の担い手研究（Rand Change Agent Study）」の遂行、八〇年代のスタンフォード大学「中等学校の教職の文脈に関する研究センター（ＣＲＣ）」の創設、九〇年代のスタンフォードＣＲＣにおける「ベイ・エリア学校改革協同機構（ＢＡＳＲＣ）」による学校改革の評価研究と、一連の代表的な研究を展開してきたのである。

「なぜ、政策は計画通りには実施されないのか」「なぜ、教室の実践の改革は困難なのか」。これらの問いからマクロフリンの同論文は書き起こされている。すなわち、「象の足」とは何か、「草の根」とは何か、それらの繰り返される隠喩を鋭く問うているのである。

マクロフリンによる七〇年代の「ランド・変革の担い手研究」は、まさに草の根に普及した「オープン・エデュケーション」などの「革新的な」教育実践を支援した連邦政府の政策である「初等中等教育法タイトルⅢ」の評価研究であった。八〇年代のスタンフォードＣＲＣ研究は、「革新的な」教育実践を推奨するカリフォルニア州政府が主導する改革下での「今日の生徒たち」を目前にした草の根の高校改革の評価研究であった。そして、九〇年代のスタンフォードＣＲＣ研究は、大統領ウィリアム・クリントンも後押しした全米規模の学校改革プロジェクト「アネンバーグ・チャレンジ」の一環である、サンフランシスコ湾岸地区を舞台とするＢＡＳＲＣによる学校改革の評価研究であった。

これらの展開において、八〇年代の高校改革の評価研究の成果から、本書が焦点を合わせる、学校改革に最も重要な「教職の文脈」として教師の「専門家共同体（professional community）」の概念が提起されたのである。

本書が迫る主題は次のことである。連邦政府や州政府の教育政策が計画通りには実施されないこと、教室の教育実践の改革は困難であること、これらの問題設定を可能にした、学校改革の「現場の声を聴き現場から学ぶ」マクロフリンの態度である。そして、計画通りに実施されない教育政策と、改革が困難である教室の教育実践に接近し、あくまでも「現に存在する制約の中で」学校改革の「実現可能性」を追求し続けた、マクロフリンの学校改革研究の展開である。

教師の「専門家共同体」の形成と展開——アメリカ学校改革研究の系譜／目　次

図番号一覧

表番号一覧

序章　研究の主題と方法

一　研究の主題

本書は、アメリカにおける教師の「専門家共同体（professional community）」の形成と展開を、一九七〇年代に着手された「ランド・変革の担い手研究（Rand Change Agent Study）」（ランド研究所、Rand Corporation）を起点とする学校改革研究の系譜として描き出す試みである。教師の「専門家共同体」の概念を提起したのは、ミルブリィ・マクロフリン（Milbrey Wallin McLaughlin）(1)を中心とするスタンフォード大学の共同研究であった。

教師の「専門家共同体」の概念は、学校改革の方略を示す概念である。それでは、教師の「専門家共同体」を構築するという学校改革の方略は、いかなる学校の改革を追求しているのであろうか。さらには、なぜ、学校改革の方略として、教師の「専門家共同体」を構築するという課題が見出されたのであろうか。本書は、マクロフリンを中心とする学校改革研究の系譜を描出することを通して、教師の「専門家共同体」の概念が提起される文脈を明らかにし、その概念の意味を明確にし、その後の「専門家共同体」の展開を跡づけることを目指している。

「ランド・変革の担い手研究」は、アメリカ連邦教育局の資金によりランド研究所（カリフォルニア州サンタモニカ）

が行った連邦政府による教育政策の評価研究である。「ランド・変革の担い手研究」は、一九七三年から一九七七年にかけて行われ、全米一八州二九三の改革プログラムを対象とする調査研究であった。「ランド・変革の担い手研究」の実行の中核にマクロフリンがいた。

本書が注目するのは、「ランド・変革の担い手研究」においてマクロフリンが、一九七〇年代の「オープン・エデュケーション（open education）」の学校改革の展開を中心的に跡づけていたことであり、「ランド・変革の担い手研究」の「二次分析」を通してマクロフリンが、公立学校システムにおいて革新的な実践を追求する、学校改革の実現可能性とその条件を解明する努力に着手していたことである。

その後一九八七年には、連邦政府の資金を得て、マクロフリンを代表とするスタンフォード大学「中等学校の教職の文脈に関する研究センター（Center for Research on the Context of Secondary School Teaching、後にCenter for Research on the Context of Teachingに改称、いずれもＣＲＣと略記される）」が創設され、マクロフリンを中心とする学校改革研究の展開の拠点となった。教師の「専門家共同体」の概念は、スタンフォードＣＲＣの学校改革研究において形成されたのである。

本書は、マクロフリンらによる「ランド・変革の担い手研究」を起点としスタンフォードＣＲＣ研究の展開へといたる学校改革研究の展開を、一つの系譜として描出することで、その間の振れ幅の大きい教育政策の展開の中で、一つの軌跡を鮮明にすることになろう。本書は、マクロフリンを中心とする学校改革研究の系譜の努力から学ぶ試みである。

二　先行研究の検討

マクロフリンらによる「ランド・変革の担い手研究」を起点とする学校改革研究の系譜は、その研究の性格を反映し、アメリカの教育研究においてこれまで主に二つの研究領域に分かれて検討されてきたと言えよう。すなわち、「ランド・変革の担い手研究」を起点とする一九七〇年代から一九八〇年代までの学校改革研究の展開は、教育政策研究、特に教育政策実施（educational policy implementation）研究の領域において検討されてきた。一方、その後のスタンフォードCRCを拠点とする一九九〇年代から二〇〇〇年代にかけての学校改革研究の展開は、主に教師教育（teacher education）研究の領域において検討されてきたと概括することができるだろう。

本書は、マクロフリンらによる「ランド・変革の担い手研究」を起点とし、その後スタンフォードCRCを拠点とする学校改革研究の展開までを射程に収め、アメリカにおける教師の「専門家共同体」の形成と展開を主題とし追究することを課題とする。この課題への取り組みは、以下の先行研究の検討を通して、日米ともに本書が最初の試みであることが明らかとなろう。

本節では、先行研究の検討を、アメリカにおける教育研究の検討と、日本における教育研究の検討とに分けて行う。アメリカの教育研究の検討は、教育政策実施研究と教師教育研究の両領域の検討を中心に行い、日本の教育研究の検討は、本書が描出する学校改革研究の鍵概念の日本への受容と普及の展開を中心に検討する。

(1)　アメリカにおける教育研究の検討

①　アメリカにおける教育政策実施研究を中心とする検討

アメリカにおける教育政策実施研究の展開において、マクロフリンらによる「ランド・変革の担い手研究」の影響力は大きい。論者においてその強調点は異なるが、一九六〇年代の連邦政府による教育政策の成立と同時に開拓された教育政策実施研究の展開において、一九七三年から一九七七年にかけて取り組まれた「ランド・変革の担い手研究」が、画期的な研究であることについては評価が安定している。(2)

ここでは、本書の主題に即し、教育政策実施研究に関するいくつかの代表的なレビュー論文を取り上げて検討し、本書において取り組まれるべき課題を明らかにしよう。

一九九一年に教育政策実施研究のリーディングスを編んだアラン・オッデン（Allan R. Odden、南カリフォルニア大学）は、その巻頭にレビュー論文を寄せている。論文「教育政策実施の展開」である。(3) この論文において、オッデンは、「ランド・変革の担い手研究」の成果の中心的な概念である「相互適応（mutual adaptation）」の概念の意義について繰り返し言及している。マクロフリンらが提起した「相互適応」の概念は、教育政策実施研究をその「第一段階」（一九六〇年代）から「第二段階」（一九七〇年代）へ、さらには「第三段階」（一九八〇年代）へと押し上げる推進力を有していたとする。(4)

さらに、オッデンは、一九八〇年代の教育政策実施研究（「第三段階」）において、より「局地的な視点」を深めることに貢献した研究として、「プログラムの従順な実施とプログラムの質の二律背反」を指摘したリチャード・エルモア（Richard F. Elmore、ワシントン大学、ミシガン州立大学を経て、ハーバード大学）とマクロフリンの共同研究（一九八一年）、及び、学校改革を「愚直な仕事（steady work）」として特徴づけたエルモアとマクロフリンの共同研究（一九八八年）を位置づけている。オッデンのレビュー論文は、一九七〇年代から一九八〇年代への教育政策実施研究の展開において、その重要な成果を提供し続けたマクロフリンを中心とする学校改革研究の系譜の存在を示唆していると言えよう。(5)

しかし、オッデンの研究では、教育政策実施研究の性格を反映し、マクロフリンが、「初等中等教育法タイトルⅢ（Elementary and Secondary Education Act, Title Ⅲ、以下ＥＳＥＡタイトルⅢと略記）」に基づく「オープン・エデュケーション」の学校改革を中心に据えて「相互適応」の概念を提起していること（教育実践の特質の問題）や、マクロフリンが「ランド・変革の担い手研究」の成果を踏まえ逸早くスタッフ開発における教師の「専門家の学習（professional learning）」を主題化していたこと（教師の専門性開発の問題）には触れられていない。オッデンの編んだリーディングスが、その後、定評を獲得するにつれ、「ランド・変革の担い手研究」の教育政策実施研究としての限られた性格づけも安定した評価を得ることになったと言えよう。

一九九〇年代から二〇〇〇年代にかけての教育政策実施研究の展開を踏まえた新たなリーディングスを編んだメレディス・ホニッグ（Meredith I. Honig、ワシントン大学）のレビュー論文もまた示唆的である。論文「複雑性と政策実施――新たな研究の課題と機会」（二〇〇六年）である。[6] この論文は、ホニッグがマクロフリンの指導生であったことを反映し、マクロフリンの研究の展開における折々の力点を押さえたレビュー論文として性格づけることができよう。ホニッグは、先のオッデンの枠組みを継承し、「ランド・変革の担い手研究」を、教育政策実施研究の「第二の波」（一九七〇年代）に位置づける。ホニッグは、「ランド・変革の担い手研究」が、教育政策の実施過程を「マクロ（政策）レベルとマイクロ（実施）レベルの双方の影響によって形成」される「相互適応」の過程として特徴づけた研究であるとし、その意義を明示している。「第二の波」におけるエルモアの影響も大きい。ホニッグは、エルモアの「逆向き設計（backward mapping）」（一九七九－一九八〇年）のアプローチにより、政策決定者は政策が実施される「最小単位」である実践の過程を注視する必要があることを明確に示したとする。[7]

さらにホニッグは、一九八〇年代の教育政策実施研究の「第三の波」を、州政府主導による新たな教育政策の展開、及び、中等教育改革グループ「エッセンシャル・スクール連盟（Coalition of Essential Schools）」などの「学校規模の改革」を設計する「新しい『政策決定者』」による改革の展開として性格づける。さらに、一九九〇年代から二〇〇〇年代にかけての「新たな波」を、「特定の生徒が基礎的な基準を達成すること」を目指した「基準に基づく改革運動」から、「全ての生徒が高いパフォーマンスの基準を達成すること」を掲げるＥＳＥＡの再改訂法である「どの子も置き去りにしない法（No Child Left Behind Act、以下ＮＣＬＢ法と略記）」（二〇〇二年）への政策の展開として特徴づける。[8]

ホニッグは、この二〇〇〇年代にかけての教育政策実施研究が、「人」、「政策」、「場」の相互作用による政策実施過程の解明に着手してきたとし、「場」を性格づける重要な概念として教師の「専門家共同体」の概念に繰り返し言及するのである。[9]

しかし、ホニッグは「専門家共同体」の概念が定着した二〇〇〇年以降の研究を中心的に取り上げており、一九九〇年代前半においてマクロフリンらが「専門家共同体」の概念を提起した契機については鮮明ではない。後にみる教師教育研究の領域のみならず、二〇〇〇年代の教育政策実施研究の領域においても繰り返し参照されることになる「専門家共同体」の概念が、マクロフリンらスタンフォードCRC研究によって提起された一九九〇年代の展開を明瞭にする必要があろう。

より広く、アメリカの教育研究の歴史を跡づけるエレン・ラグマン（Ellen Condliffe Lagemann、ハーバード大学、現在はバード・カレッジ）による『とらえどころのない科学――教育研究の困難の歴史』（二〇〇〇年）もまた示唆的である。[10]ラグマンは、同書の最終章である第八章「学習と改革の促進――教育研究の新動向」（主に一九六〇年代から一九九〇年代までの展開）の最後の項目に「システム的研究（systemic research）」の項目を立て、「ランド・変革の担い手研究」を起点とする研究の展開に着目している。[11]

ラグマンは、連邦政府の教育政策による学校改革の「数多の失敗」に対して、「明瞭かつ重要な洞察」を提供した研究としてマクロフリンらの「ランド・変革の担い手研究」を取り上げ、マクロフリンの言葉を引用し、「改革の成功した実施は、相互適応の過程として特徴づけられる」（一九七六年）ことを強調する。

さらにラグマンは、その後のマクロフリンの研究及び、エルモアとマクロフリンのランド共同リポート『愚直な仕事――アメリカの教育政策、実践、改革』（一九八八年）までの展開を取り上げ、「有効な改革のためには『システム的』である必要がある」（エルモアとマクロフリン）ことを指摘する。[12]

続けてラグマンは、一九九〇年代にかけて、マーシャル・スミス（Marshall S. Smith、スタンフォード大学、後にクリントン政権の教育次官）らが盛んに主張した「システム的改革」へと研究の展開を連続するものとして跡づけている。[13]クリントン政権下、スミスの「システム的」な学校改革は、広範な支持を獲得し急速に普及したのである。

しかし、マクロフリンを中心とする学校改革研究の系譜において使用された「システム的」の用語が意味するところと、スミスらの「システム的」の用語を同一視することには問題があると指摘できよう。それには、スミスらとともに教育政策研究のナショナル・センターの一つである「教育政策研究コンソーシアム（Consortium for Policy Research in Education、ＣＰＲＥと略記される）」の一角を担い、かつてハーバード大学でのマクロフリンの指導教官であったデーヴィット・コーエン（David K. Cohen、後にミシガン州立大学、現在はミシガン大学）の論文が示唆的である。一九九五年の論文「システム的改革におけるシステムとは何か?」である。[14]同論文にてコーエンは、スミスらの「システム的」な学校改革に対する批判を展開するが、マクロフリンの研究については一度も言及していない。それはなぜなのか。マクロフリンのいう「システム的」な学校改革の意味を、マクロフリンを中心とする学校改革研究の系譜に即して明確にする必要があると言えよう。それは、一九九〇年代半ばに急速に普及したスミスらの言う「システム的」な学校改革が孕んでいた問題に対して、教育史家のラグマンが連続視したマクロフリンらの「システム的」の用語とスミスらの「システム的」の用語の差異の解明を通して接近することとなろう。

②　アメリカにおける教師教育研究を中心とする検討

アメリカにおける教師教育研究の展開において、マクロフリンらの学校改革研究が提起する教師の「専門家共同体」の概念は、重要な概念として位置づけられている。ここでは、本書の主題に即し、教師教育研究に関するいくつかの代表的なレビュー論文について検討しよう。

二〇〇一年に公刊されたアメリカ教育学会（American Educational Research Association、以下ＡＥＲＡと略記）の『授業研究ハンドブック』の第四版に寄稿された、同書の編者でもあるヴァージニア・リチャードソン（Virginia Richardson、ミシガン大学）とペギー・プレイシャー（Peggy Placier、ミズーリ大学）による野心的なレビュー論文「教師の変容」は、教師研究におけるマクロフリンらの学校改革研究の位置づけを探る上で示唆的である。[15]

リチャードソンらは、一九九〇年代中頃のマクロフリンらの研究の成果を中心的に取り上げ、その研究成果の個別の特徴を、教師研究の展開において際立たせている。例えば、リチャードソンらは、教師の「スタッフ開発」及び「専門性開発」の探究における重要な研究として、マクロフリンの「専門的成長を実現可能にすることは、その根本において、専門家共同体を実現可能にすることである」（一九九四年）という言葉を引用する。[16]

さらには、「教師に与える学校の影響」の探究として、マクロフリンらが高校の「教科部」において「専門家共同体」を見出したこと（一九九三年）[17]、さらに、タルバートとマクロフリンが、教師の「専門職性（professionalism）」の概念は学校において「社会的に構築」されていること（一九九四年）を指摘したことなどを挙げ、その研究上の意義を論じている。[18]

しかし、リチャードソンらのようにマクロフリンらの研究成果の個別の特徴を際立たせ、教師研究の展開において分散させて位置づけるだけでなく、それらマクロフリンらの一連の研究成果は、学校改革研究の一つの系譜の展開として描出することも可能である。

例えば、リチャードソンらは、一九九〇年代のマクロフリンらの学校改革研究の中心概念である教職の「文脈（context）」の概念には十分な関心を寄せていない。しかし、教師の「専門家共同体」の概念は、教職の「文脈」として提起されたのであり、リチャードソンらは「専門家共同体」の概念がなぜ提起されたのかについては触れられていない。本書において、学校改革研究の一つの系譜として描き出すことにより、「専門家共同体」の概念の理解を深めることが可能となり、さらに一九九〇年代のマクロフリンらの学校改革研究において、なぜ教職の「文脈」の概念が中心概念とされたのかも明確になろう。

リチャードソンらは、「専門家共同体」の概念が、マクロフリンらによって、政策決定者への学校の「隠喩」として提起されていることも見過ごしている。一九七〇年代から一九八〇年代にかけてのマクロフリンらの学校改革研究の展開を踏まえるならば、マクロフリンらの系譜において、政策提言を行うことが常に中心的な課題であることを見過ごすことはできない。

二〇〇八年に公刊されたアメリカの教師教育者協会（Association of Teacher Educators）の『教師教育研究ハンドブック』の第三版に寄稿されたジョエル・ウエストハイマー（Joel Westheimer、オタワ大学）のレビュー論文「同僚の中での学び――教師共同体と共有された教育の企て」もまた、教師教育研究における「専門家共同体」の概念の意義を知る上で示唆的である(19)。

ウエストハイマーのレビュー論文は、二〇〇〇年代の研究の展開を反映した新たなレビュー論文であると同時に、一九九〇年代にスタンフォード大学にて教師の「専門家共同体」を主題とする博士論文を執筆した経験を踏まえたレビュー論文であると性格づけられよう（なお、ウエストハイマーの「専門家共同体」研究については、本書の第九章にて詳しく検討する）。

ウエストハイマーもまた、一九九〇年代半ばのマクロフリンを中心とする学校改革研究において、「専門家共同体」の概念が成立していることを指摘している(20)。

その上で、ウエストハイマーは、一九九〇年代から二〇〇〇年代にかけての教師教育研究における「専門家共同体」の概念の展開を、複数の問題領域にその概念が普及する過程として描き出している。ウエストハイマーは、「専門家共同体」の概念が、次の六つの主題を探究する「包括的な」概念として展開したとする。六つの主題とは、「生徒の学習の改善のための教師の実践の改善」、「知性的探究の文化の構築」、「リーダーになるための教師の学び」、「新任教師の学び」、「教師の学びの条件としての教師の疎外の克服」、「社会正義、民主主義、集団主義的生活様式の追求」の六つである(21)。

ウエストハイマーのレビュー論文は、「専門家共同体」の概念の展開を、教師教育研究の展開において正確に特徴づける論文であると言えよう。それゆえに、教師教育研究としての限定的な性格づけによって、マクロフリンらの学校改革研究における学校の組織的文脈に対する考察及び、教育行政、教育政策への示唆の提供という視点については、十分に把握されていないことを指摘することができよう。

二〇〇〇年の『教育社会学ハンドブック』に寄せられたアダム・ガモラン（Adam Gamoran、ウィスコンシン大学マディソン校）らによるレビュー論文「授業と学習の組織的文脈――変容する理論的な視点」は、学校組織論の観点から、一九九〇年代半ばのマクロフリンらの学校改革研究のインパクトを捉える示唆的な論文であると言えよう。[22]

ガモランらは、マクロフリンらが学校改革研究において定式化した革新的な授業実践の概念である「理解のための授業（teaching for understanding)」（コーエンとマクロフリンらの共同研究、一九九三年）に注目する。[23]

ガモランらは、「理解のための授業」の概念が有する学校組織論へのインパクトとして、「専門家共同体」研究が学校組織と生徒の学習の「諸層の入れ子モデル（nested layers model)」を暗黙の前提とすることへの批判を読み解いている。すなわち、「専門家共同体」の構築が、教師の授業改善を促し、生徒の学習を改善するという「線形的な」前提（「諸層の入れ子モデル」）への批判である。ガモランらは、マクロフリンらの「理解のための授業」の概念を中心に据えて、学校組織論の「諸層の入れ子モデル」の問題を克服する「力動的・多方向モデル（dynamic, multidirectional model)」を提起するのである。[24]

マクロフリンらが、教職の重要な「文脈」として提起する「専門家共同体」の概念を理解するにあたり、ガモランらが指摘する「諸層の入れ子モデル」批判の視点は示唆的である。しかし、マクロフリンらの学校改革研究の成果は、ガモランらの「力動的・多方向モデル」を超えている。マクロフリンらは、一九九〇年代の学校改革研究の成果として、教職の「文脈」の多層性を次々と明らかにし、「専門家共同体」の内側の複雑な現実を読み解く諸概念を提起し、さらにそれら諸概念の連関を明示しているからである。本書において、マクロフリンらによる一九九〇年代の学校改革研究の成果を、精密に明らかにする必要があると言えよう。

(2) 日本における教育研究の検討

本書が跡づけるマクロフリンらによる「ランド・変革の担い手研究」を起点とする学校改革研究の系譜が提起して

きた鍵概念は、日本の教育研究の展開に対しても影響を与えてきた。しかし、日本の教育研究において、それら鍵概念を生み出してきたマクロフリンらによる「ランド・変革の担い手研究」を起点とする学校改革研究の系譜を描き出す取り組みは、未だ着手されていない。以下ではこの問題を論じよう。

マクロフリンらによる学校改革研究の系譜が提起してきた概念の日本の教育研究への受容は、一九八〇年代のアメリカにおいて展開された教職の「専門職化（professionalization）」を標榜する教師教育改革及び学校改革との直接的な交流を契機の一つとしている。その交流を準備したのは、稲垣忠彦及び佐藤学を中心とする教育研究者たちである。

ここではまず、本書の主題と関連する稲垣及び佐藤を中心とする研究の展開を跡づける。その上で、「ランド・変革の担い手研究」を起点とする学校改革研究の系譜の鍵概念である教師の「同僚性（collegiality）」の概念及び、「専門家共同体」の概念の、日本の教育研究における受容とその後の展開を概括しよう。

一九八〇年代のアメリカにおける教職の「専門職化」を標榜する諸改革との交流の一つの起点は、一九七〇年代の稲垣による在外研究に求められよう。稲垣の在外研究は、アメリカオハイオ州オバリンにおける「オープン・エデュケーション」の学校改革と現地において関わりを築くことになった。オバリンの「オープン・エデュケーション」の学校改革は、教育長のイニシアティヴによりＥＳＥＡタイトルⅢの支援を獲得し展開された学校改革であった（一九七一－一九七五年）[25]。マクロフリンらの「ランド・変革の担い手研究」は、稲垣が肉薄したオバリンの改革と同時期にアメリカ全土において展開されていたＥＳＥＡタイトルⅢによる学校改革を跡づけており、稲垣の視点からのオバリンの改革の叙述は、「ランド・変革の担い手研究」が迫った事実についての理解を助ける。

さらに稲垣のアメリカ調査は一九八〇年代にも実行され、同時代の日本にオバリンのその後を伝えるとともに、一九八六年に提起された全米の主要大学教育学部長組織「ホームズ・グループ（Holmes Group）」の改革リポート『明日の教師――ホームズ・グループのリポート』及び、カーネギー財団「教職の専門性に関するタスク・フォース」の改革リポート『備えられた国家――二一世紀の教師』が有したアメリカにおける当時のインパクト（「第二の改革の波』）を示している。[26]

その後、稲垣は、一九八八年に「日米教師教育コンソルチアム（Japan/United States Teacher Education Consortium、以下ＪＵＳＴＥＣと略記）」を組織し、日米の教師教育に関する国際的な共同研究の展開を準備した。ＪＵＳＴＥＣには、当時マクロフリンも参加しており、稲垣はマクロフリンとの共同研究の機会を築いていた。[27]

一九八九年から訪米調査に着手していた佐藤学は、現代のアメリカにおける進歩主義教育の最もラディカルな系譜である「子ども中心主義（child centeredness）」の学校改革の系譜を伝えている。佐藤は、一九八〇年代以降のアメリカにおける学校改革運動の構図を「改革の言語とレトリック」に即して描き出し、その底流において「子ども中心主義」の系譜を継ぐ学校改革の展開とその改革を特徴づける諸概念を解明してきた。[28]

佐藤は、「子ども中心主義」の革新の系譜が、二〇世紀初頭以来の伝統を継承する諸学校の実践や、ホームズ・グループの「教職専門開発学校（Professional Development School）」の改革構想に継承されていることを明らかにし、幅広い革新的な伝統が学校改革構想に具体化される試みとして、セオドア・サイザー（Theodore R. Sizer、ブラウン大学）らの「エッセンシャル・スクール連盟」の学校改革構想を位置づけていた。[29]

さらに、佐藤は、「子ども中心主義」の系譜を継ぐ学校改革が、学校、教師、カリキュラム、子どもの学習、教師の研修の概念を再構築する必要を提起しているとし、以後、「学習共同体（learning community）」としての学校、「反省的実践家（reflective practitioner）」としての教師、「学びの経験の履歴」としてのカリキュラム、教師の「同僚性」といった諸概念の、日本の教育研究への受容と展開を逸早く準備してきた。

ジュディス・リトル（Judith Warren Little、カリフォルニア大学バークレー校）の学校改革研究が提起したcollegialityの概念に、一九九〇年代初頭において「同僚性」の訳語を充てたのは佐藤であった。[30] 佐藤は、「学習共同体」を構築する学校改革の「必須の課題」として教師の「同僚性」を構築する課題を位置づけ、以後の日本の教育研究における「同僚性」研究の起点を形成することになった。[31]

佐藤は、ホームズ・グループを中心とする学校改革にも協力し、マクロフリンが代表を務めるスタンフォードCRCも訪れ、スタンフォードCRCがアメリカにおける教職の「専門職化」を推進する重要な拠点の一つであり、教育研究開発のナショナル・センターの一つであることを報告していた[32]。

こうした稲垣、佐藤により、一九八〇年代後半から一九九〇年代にかけてのアメリカにおける革新的な学校改革の展開及び、改革を推進する鍵概念が把握され報告されるのと同時期に、マクロフリンを中心とするスタンフォードCRCでは、後にスタンフォードCRC研究の「中核的研究」と呼ばれる高校改革の調査研究が進められていた。マクロフリンらによってその研究成果の定式化が示されるのは二〇〇一年まで待たなければならなかった。

一九八〇年代のアメリカの学校改革の動向を知る上では、他に、アメリカの教育政策の力動的な展開を同時代に報告し続けた今村令子の一連の著作や[33]、ホームズ・グループの教師教育の改革構想に、一九七〇年代に展開された「ティーチャー・センター運動（teacher center movement）」の中心人物たちが集ったことを伝える牛渡淳の研究がある[34]。両者は、必ずしも教育実践の質を捉える関心は明瞭ではないが、本書の主題に取り組む上で、先行する貴重な仕事である。特に、牛渡の研究は、一九七〇年代の「オープン・エデュケーション」を推進する「ティーチャー・センター運動」の展開に迫っており、その後ホームズ・グループに集うことになった複数の研究者の前史を伝えている。

さらに、佐藤が報告した「エッセンシャル・スクール連盟」の改革については、その後、サイザーの改革の理念を検討した後藤武俊の研究や[35]、教育評価に焦点を当て学校改革の実践の検討を行う遠藤貴広の研究が生まれている[36]。

本書が描き出す学校改革研究の系譜において提起された「同僚性」の概念及び、「専門家共同体」の概念は、日本における教育研究の展開を準備してきた。それらの研究は、いずれもアメリカの学校改革研究の系譜への関心は明確ではないが、今ここでは、それらの研究の展開を概観しておこう。

本書が示すことになる学校改革研究の系譜に対して継続的な関心を寄せてきたのは秋田喜代美の教育心理学研究である。秋田はＪＵＳＴＥＣに参加した経験も有し、佐藤らとともに教師の「実践的思考様式」を解明する共同研究を推進してきた[37]。

秋田の一九九八年の論文「実践の創造と同僚関係」は、日本において教師の「同僚性」が論じられる際に繰り返し参照される論文の一つである。秋田は同論文において、「同僚性」は「専門職共同体のあり方を捉える概念」であり、「専門職としての対等な成員関係の質を示す」概念であるとし、「同僚性」の概念の中心的な意味を明示している[38]。さらに秋田は同論文にて、本書においても検討するアンディ・ハーグリーブズ（Andy Hargreaves、カナダのトロント大学、現在はアメリカのボストン・カレッジ）の教職文化の「形態（form）」論を取り上げ、ハーグリーブズが提起した教職文化の「形態」の五類型（「作られた同僚性（contrived collegiality）」など）を検討している[39]。

以後、秋田は、校内研修を「同僚性」の形成の場として捉える研究を推進し[40]、さらには、教師の学習過程研究のレビュー論文においてはリトルの二〇〇〇年代の研究の展開に言及していた[41]。

教育社会学における教師研究の展開においても教師の「同僚性」の概念は繰り返し参照されている。特に、藤田英典を代表とする教師文化の国際比較共同研究（Professional Actions and Culture of Teaching: International Studies of Teachers' Work in Changing Contexts、以下PACTと略記）（一九九三―一九九五年、第一期）に参加した研究者を中心として教師の「同僚性」への関心は高い[42]。ただし、PACTに参加する日本の教育社会学者たちは、「同僚性」の用語によって、同僚教師間の一般的な関係の特質を捉えることから議論を進める点に特徴があると言えよう[43]。

その後、二〇〇〇年代にかけては、例えば、教師の多忙と疲弊の状況を危惧し、ハーグリーブズの教職文化の「形態」論を取り上げ、「動くモザイク（moving mosaic）」の「形態」の追求を論じる油布佐和子の研究や[44]、PACT日本チームによる第二期の調査（一九九九―二〇〇二年）を踏まえ、現代の日本の教師の「限定的な同僚性」の問題を指摘し、新たな「同僚性」（「協働の同僚性としての《チーム》」）を追求する紅林伸幸の研究[45]、さらに、「日本の協働文化」の問題を指摘する今津孝次郎の研究が挙げられる[46]。いずれにおいても、「同僚性」を論じる上で、ハーグリーブズによる教職文化の「形態」論の影響が色濃いことを指摘することができよう[47]。

さらに近年では、「教師の仕事」を主題とするリーディングスを編んだ油布の仕事や[48]、ＰＡＣＴ日本チームを母体とし油布及び紅林を中心とする教職についての新たな調査研究の成果（教師の「『組織のスペシャリスト』化」）の公刊[49]、さらに、日本教育社会学会の学会誌においては、およそ二〇年ぶりに教職の特集号（「ゆらぐ教員世界と教職の現在」）が組まれ（二〇一〇年）[50]、「同僚性」の「衰退」が論じられるにいたっている[51]。

教育経営学においても教師の「同僚性」は注目されてきた。佐藤による「同僚性」の概念の受容から間もなく、諏訪英広が一九九四年にはリトルの「同僚性」の概念を検討し、一九九五年にはハーグリーブズの議論を含めて「同僚性」の概念の検討を行っていた[52]。また、藤原文雄は、教師の「協働」を実現するための条件を探る中でリトルの「同僚性」の概念を検討し、その構成要素にいたるまで詳細に検討している[53]。

イギリスにおける教師の「アクション・リサーチ（action research）」の系譜を跡づけ、教師の「専門家としての成長」と教員評価の問題を検討してきた勝野正章もまた、教師の「同僚性」の概念を考察してきた[54]。勝野もまた逸早くハーグリーブズの「同僚性」批判の議論に注目し、教育行政主導による「同僚性」の構築における問題を指摘していた[55]。さらに、「開かれた学校づくり」を追求する文脈においては、本書においても取り上げるマイケル・フィールディング（Michael Fielding、イギリスのサセックス大学、現在はロンドン大学）の「ラディカルな同僚性（radical collegiality）」の概念への言及も行っていた[56]。勝野は、教育実践の目的や価値の問い直しを含む「専門家としての成長」と、その支援のために、子ども、保護者、地域住民との教育実践をめぐる対話が必要であることを指摘していた[57]。

露口健司は、リトルの「同僚性」の概念や、アンソニー・ブライク（Anthony S. Bryk、シカゴ大学、後にスタンフォード大学、現在はカーネギー財団）の professional community（「専門的コミュニティ」（露口の訳語））の概念を手がかりに、日本における校長のリーダーシップ研究を新たに開拓している[58]。さらに露口は、ジェームズ・スピレーン（James P. Spillane、ノースウエスタン大学）の「分散されたリーダーシップ（distributed leadership）」や「実践（practice）」の概念にも関心を向け、学校におけるリーダーシップを再検討する研究に着手している[59]。ただし、ブライクがハーバード大学でのコーエンの指導生であり、マクロフリンやエルモアと同門であったこと、さらには、スピレーンが、コーエンとエルモアのミシガン州立大学での指導生であったことといった、本書が主題化する研究の系譜を辿る概念の展開への関心は大きくはない。また、「専門家共同体」の概念から派生した professional learning community（「専門職の学習共同体」（織田の訳語））の展開を追う織田泰幸の研究[60]や、同じく professional learning community（「プロフェッショナル・ラーニング・コミュニティ」（千々布の用語））の概念を手がかりに調査研究を展開する千々布敏弥の研究も続いている[61]。

教育工学においては木原俊行が、「同僚性」、「反省的実践家」の諸概念を手がかりとし、工学的アプローチによって「学校研究」を推進し、近年は professional learning community（「専門的な学習共同体」（木原の訳語））の展開にも注意を向けている[62]。

さらに近年の動向として、教育行政学において堀和郎が、「効果的な学区（effective school districts）」研究の展開を跡づける研究を発表している点は注目される[63]。堀は、日本における教育委員会制度改革への示唆を得るために、一九八〇年代から二〇〇〇年代にかけてのアメリカの「学校改善」研究の特徴的な展開に関心を寄せる。邦文献において「ランド・変革の担い手研究」に言及する希少な研究でもある堀の研究は、二〇〇〇年代に「再生」する「効果的な学区」研究の展開を注視し、「改革の担い手としての学区」という視角の意義を強調する。堀が注目する「効果的な学区」研究の展開には、本書が主題化する系譜に属すマクロフリン、エルモア、タルバート、スピレーンらの研究が重要な推進力を提供し続けたことが示唆される。

にもかかわらず、堀の研究の視野には、「ランド・変革の担い手研究」を起点とする学校改革研究の系譜的な展開は鮮明ではない。マクロフリンやエルモアは、一九七〇年代以降一貫して、学校改革における教育行政の役割を追求し続けているのであり、堀の言う「効果的な学区」研究の展開に伏流する系譜が存在していたのである。

さらに、「ランド・変革の担い手研究」を起点とする学校改革研究の系譜の成果を含んで、「効果的な学校（effective schools)」研究から「効果的な学区」研究への転換として跡づけることには問題があると言えよう。マクロフリンらは、「効果的な学校」研究に一貫して批判的である。「改革の担い手としての学区」という重要な視点を生み出す学校改革研究を、「効果的な学区」研究として位置づけることは、「効果的な学校」研究が有した問題を図らずも継承してしまいかねない。

二〇〇〇年代に展開する学区の役割を主題化する一連の学校改革研究の成果から学ぶためにも、本書が明らかにする「ランド・変革の担い手研究」を起点とする学校改革研究の系譜という視点は有効であると言えよう。

以上を踏まえ、本書は、マクロフリンらによる「ランド・変革の担い手研究」を起点とする学校改革研究の系譜を主題化することで、学校改革研究の概念が提起される文脈を明らかにし、概念の意味を明示し、概念と改革の実践の展開に対する新しい理解を提供することを目指している。

三　研究の方法

本書は、アメリカにおける教師の「専門家共同体」の形成と展開を、「ランド・変革の担い手研究」を起点とする学校改革研究の系譜として描き出すことを課題としている。本書では以下に分節化される方法により、この課題に接近することを試みる。

第一に、学校改革研究の系譜を描出すること、第二に、学校改革研究の概念の展開を跡づけること、第三に、学校改革の概念の展開としての実践の展開を跡づけることの三つである。①学校改革研究の系譜の描出により学校改革研究に取り組む研究者の問題意識の継承と発展を把握し、②学校改革研究の概念の展開を跡づけることにより概念が提起される文脈と概念の意味を明確にし、③概念の展開の影響としての学校改革の実践の展開を追うことで学校改革の概念が切り開いた実践の状況と新たに見出される実践の課題を検討することを意図している。以下、それぞれの方法について具体的に示そう。

(1)　学校改革研究の系譜の描出

第一に、「ランド・変革の担い手研究」を推進したマクロフリンを中心とする研究上の師弟関係、共同研究の展開、研究上の影響関係に注目し、「ランド・変革の担い手研究」を起点とする学校改革研究の系譜を浮き彫りにすることである。

マクロフリンはハーバード大学にて博士号を取得した。その指導教官はコーエンであった。一九七〇年代においてコーエンは、マクロフリンの博士論文に留まらず、「ランド・変革の担い手研究」への支援も惜しんでいない。

さらに、マクロフリンと同世代の同門にはエルモアがいる。エルモアもまた「ランド・変革の担い手研究」に協力し、一部の報告書の執筆にも携わっている。

一九八〇年代後半には、コーエンとエルモアらを中核メンバーとしていたホームズ・グループ（拠点大学はミシガン州立大学）の改革に、マクロフリンも協力している。一九八八年にはマクロフリンとエルモアによって、学校改革に関するランド研究所の共同リポート（『愚直な仕事』）が公刊されている。

一九九〇年代にはコーエン、マクロフリンを中心とする共同研究（『理解のための授業――政策と実践の課題』、一九九三年）が展開される。一九九〇年代後半から二〇〇〇年代にかけては、ワシントン大学に設立される「教職政策研究センター（Center for the Study of Teaching and Policy、以下ＣＴＰと略記）」（スタンフォード大学、ミシガン大学、ワシントン大学を中心とする研究コンソーシアム、一九九七年開設）への合流など、コーエンとマクロフリンは研究の協力関係を継続している。

一九八七年のマクロフリンを代表とするスタンフォードＣＲＣの開設は、本書が描き出す学校改革研究の系譜において中心的な出来事である。それは、本書が追跡する学校改革研究の系譜の拠点の形成を意味している。

特に本書では、後にスタンフォードCRCの「中核的研究」とされる、その開設から一九九〇年代にかけて展開された高校改革研究において、教師の「専門家共同体」の形成の契機を見出している。スタンフォードCRCを拠点とする学校改革研究の推進には、教師の「同僚性」の概念を提起したリトル、後にスタンフォードCRCの共同代表を担うジョーン・タルバート（Joan E. Talbert、スタンフォード大学）らの協力もまた欠かせなかった。

他にも、一九八〇年代後半から一九九〇年代にかけてのスタンフォードCRCの「第一世代」には、高校の「教科部」に関する開拓的研究を行ったレスリー・シスキン（Leslie Santee Siskin、現在はニューヨーク大学）、高校の教科教育における教師研究を推進したパメラ・グロスマン（Pamela L. Grossman、ワシントン大学を経てスタンフォード大学、現在はペンシルヴァニア大学）らも参画している。スタンフォードCRCの「第一世代」を中心とする「中核的研究」の成果は、その後マクロフリンとタルバートの共著『専門家共同体と高校教師の仕事』（二〇〇一年）に示されることになる。

一九九〇年代後半以降のスタンフォードCRCの「第二世代」には、一九九〇年代半ば以降にスタンフォード大学にて博士号を取得した新しい世代の研究者たちが名を連ねている。「専門家共同体」の「葛藤」を主題化するベティー・アキンスティン（Betty Achinstein、現在はカリフォルニア大学サンタクルーズ校）や、「専門家共同体」の実践と政策を主題化するシンシア・コバーン（Cynthia Coburn、ピッツバーグ大学を経て、カリフォルニア大学バークレー校、現在はノースウエスタン大学）らである。アキンスティンの研究の遂行にはマクロフリンだけでなく学外からリトルも支援に加わり、コバーンの研究にはマクロフリンだけでなくタルバートの支援があった。

以上のように、本書では、一九七〇年代の「ランド・変革の担い手研究」を起点とし、その後、一九八〇年代から二〇〇〇年代にかけて展開したスタンフォードCRC研究へと連なる学校改革研究の系譜を跡づけることを課題に据えている。

(2) 学校改革研究の概念の展開

第二に、上記の系譜における学校改革研究の概念の展開を跡づけることである。そのことにより、概念が提起される文脈を明らかにし、概念の意味を明確にすることを目指している。

本書では、上記の系譜の展開において次の三つの重要な概念に注目する。三つの概念とは、マクロフリンらの「ランド・変革の担い手研究」において提起される「相互適応」の概念（一九七六年）（本書第Ⅰ部）、「ランド・変革の担い手研究」を背景とするリトルによる学校改革研究によって提起される教師の「同僚性」の概念（一九八二年）（本書第Ⅱ部）、そして、マクロフリンを中心とするスタンフォードCRC研究において提起される教師の「専門家共同体」の概念（一九九三年）（本書第Ⅲ・Ⅳ部）の三つである。本書では、これら三つの概念の形成と展開、及び、教師の「専門家共同体」の新しい展開に即し、以下の四つの時期区分を設定した（後に記すように、それぞれ本書の第Ⅰ・Ⅱ・Ⅲ・Ⅳ部に対応）。

①「ランド・変革の担い手研究」を起点とする学校改革研究の形成

第一期は、「ランド・変革の担い手研究」によって提起された「相互適応」の概念の形成と展開を中心に据える。一九七〇年代の連邦政府の教育政策による学校改革の評価研究を行った「ランド・変革の担い手研究」は、「改革の実施の成功は相互適応の過程によって特徴づけられる」ことを明らかにする。「相互適応」とは改革プログラム（政策）と実践の双方に変化が生じる過程であり、「改革の参加者自身によって時間をかけて改革の目的と方法が具体化される」過程である。本書では、この「相互適応」の概念の再検討を行い、マクロフリンが一九七〇年代の「オープン・エデュケーション」の学校改革の展開から「相互適応」の概念を提起すること、さらに、マクロフリンが、「相互適応」の過程を、教師における「専門家の学習」の過程として特徴づけることに注目する。

「専門家の学習」としての「相互適応」の概念は、「スタッフ開発（staff development）」を中核とする学校改革の包括的なヴィジョンを提示するにいたり、その後のエルモアとマクロフリンのランド共同リポート（一九八八年）によって、学校改革を「愚直な仕事（steady work）」として性格づける議論へと展開している。

②　教師の「同僚性」の形成と展開

第二期は、「ランド・変革の担い手研究」を背景とするリトルの学校改革研究によって提起された教師の「同僚性」の概念の形成と展開を中心に据える。「同僚性」の概念は、学校改革を成功に導く決定的な要因の一つとして、教師間のインタラクションを特徴づける概念である。一九八〇年代から一九九〇年代にかけて、「同僚性」の概念は、州政府主導のトップ・ダウンの学校改革においても、草の根のボトム・アップの学校改革においても、改革に関心を寄せる教育関係者の注目を集める概念として普及し定着する。

本書では、「同僚性」の概念を提起したリトルの論文を検討し、その起点を明らかにする。その上で、一九八〇年代後半以降の「同僚性」の概念の展開を、「同僚性」の追求の系譜と「同僚性」の批判の系譜に分節化して捉える。「同僚性」の追求の系譜には、リトル及びリトルが合流したマクロフリンを中心とするスタンフォードＣＲＣの共同研究が位置づけられ、「同僚性」の批判の系譜には、アンディ・ハーグリーブズ、マイケル・ヒューバーマン（Michael Huberman、スイスのジュネーヴ大学）の研究が位置づけられよう。これらの研究は、一九九〇年前後の直接的な交流を踏まえ、その後、リトルとマクロフリンの共同編集による『教師の仕事――個人・同僚・文脈』（一九九三年）において一堂に会すにいたっている。

さらに、本書では一九九九年にオーストラリア教育学会誌（*Australian Educational Researcher*）上において展開された「同僚性」の概念をめぐる論争にも注目する。この論争には、リトル、ハーグリーブズに加え、論争の口火を切るマイケル・フィールディングらが議論を戦わせている。本書ではこの論争を検討することにより、「同僚性」の概念の次なる研究の展開として「専門家共同体」の形成と展開に向かうことになる。

③　教師の「専門家共同体」の形成と展開

第三期は、マクロフリンを中心とするスタンフォードＣＲＣにおいて提起される教師の「専門家共同体」の概念の形成と展開を中心に据える（一九八〇年代後半から一九九〇年代半ばまで）。一九八七年に開設されたスタンフォードCRCは、マクロフリンを中心とし、「ランド・変革の担い手研究」から引き継いだ学校改革研究の課題に着手する。「専門家共同体」の概念は、このスタンフォードCRCの「中核的研究」である高校改革研究において提起されるのである。

同時期のカリフォルニア州では、人種隔離撤廃の政策と移民の増加による生徒の多様性の増大と、それに伴い様々な重荷を背負う高校の生徒（「今日の生徒（today's students）」）の問題が顕在化する中、州政府主導の教育改革の政策が展開されていた。特に、カリフォルニア州政府は主要教科の「野心的な」基準である『フレームワーク』の開発に着手していた（一九八五年には数学、一九八七年には英語など）。

本書では、「専門家共同体」の概念の形成と展開として、スタンフォードCRCの「中核的研究」の成果の定式化にいたる過程を叙述する。「専門家共同体」の概念は、生徒の多様性の増大とそれに伴う幾多の困難を抱える「今日の生徒」と対峙する高校教師たちの実践に基づく概念であった。スタンフォードCRCの「中核的研究」の成果の定式化は、マクロフリンとタルバートの共著『専門家共同体と高校教師の仕事』（二〇〇一年）において示されることになる。

④　教師の「専門家共同体」の新たな展開

第四期は、教師の「専門家共同体」の新たな展開を中心に据える。一九九〇年代後半から二〇〇〇年代にかけて、教師の「専門家共同体」はスタンフォードCRCの「第二世代」を中心とする新しい展開を示すことになる。

カリフォルニア州では、一九九七年に、州規模の「標準テストの実施と報告プログラム（Standardized Testing and Reporting Program、以下STARプログラムと略記）」が、一九九九年には、「公立学校アカウンタビリティ法（Public School Accountability Act、以下PSAAと略記）」が制定されるなど、アカウンタビリティの要求による学校の管理が強化されるが、その前史として、一九九五年に着手されたサンフランシスコ湾岸地区における「ベイ・エリア学校改革協同機構（Bay Area School Reform Collaborative、以下ＢＡＳＲＣと略記する）」の大規模な学校改革の展開があった。ＢＡＳＲＣの中心的な方略は、教師の「専門家共同体」の形成と同時に、生徒の学業達成度の測定を中心とする「探究のサイクル（Cycle of Inquiry）」の強調にあった。

マクロフリンとタルバートは、ＢＡＳＲＣを始めとする大規模な学校改革のイニシアティヴや改革のネットワークを対象とする評価研究に着手する。「専門家共同体」の「発達段階」や「移行の課題」を示し、また「専門家共同体」の発展を促進する「コーディネーター」や「ファシリテーター」の役割を示すことになる。マクロフリンとタルバートが学校改革の「改革の担い手」として学区の役割を強調することも注目される。

「専門家共同体」の概念は、二〇〇〇年代以降のリトルを中心とする共同研究においても、新しい展開を見せている。リトルは「専門家共同体」が抱える「楽観的な前提」を指摘し、「専門家共同体」における「教室実践の表象」の探究に着手する。リトルを中心とする一連の共同研究は、高校における多様な「専門家共同体」を対象とする探究を進め、教師の「専門家のディスコース（professional discourse）」の特質に迫る。

さらに、本書では、一九九〇年代後半から二〇〇〇年代にかけて、スタンフォード大学にて博士号を取得する新しい世代の研究として、ウエストハイマーによる「専門家共同体」の「イデオロギー」と実践の探究、アキンスティンによる「専門家共同体」の「葛藤」と実践の探究、そしてコバーンによる「専門家共同体」の実践と教育政策の探究という新たな展開を跡づける。

(3)　学校改革の概念の展開の影響としての実践の展開

本書では、第三に、学校改革の概念の展開の影響として実践の展開を跡づけることを課題とする。本書では、「ランド・変革の担い手研究」を起点とする学校改革研究における概念の展開を叙述するが、概念の通史的な叙述のみを目的とはしない。マクロフリンらによる学校改革研究の概念は、学校改革の方略や学校改革の政策提言としての性格を有しており、学校改革研究の概念の展開が及ぼす影響としての学校改革の実践の展開がある。概念の展開の影響としての実践の展開を追跡することにより、次の概念の展開を準備する文脈を明らかにすることが可能となろう。なお、本書において、学区、学校、教師、生徒の固有名は、各々の研究に即し、全て仮名である。

以下、先に示した四つの時期区分に即して、本書が跡づける実践の展開の概要を示しておこう。第一に、「ランド・変革の担い手研究」が提起する「相互適応」の概念は、一九七〇年代の「オープン・エデュケーション」による学校改革の実践に基づいている。一九七〇年代の「オープン・エデュケーション」の学校改革は、ESEAタイトルⅢの支援によるところが大きい。本書では、マクロフリンらが「相互適応」の過程として特徴づけた「オープン・エデュケーション」学校改革の実践の展開を、二つの学区における三つの学校の実践に即し検討する。

さらに、教師の「専門家の学習」の過程として性格づけられる「相互適応」の概念の展開は、「スタッフ開発」を中核とする学校改革の包括的なヴィジョンを提起する。マクロフリンによって示される学校改革の包括的なヴィジョンは、教室の実践、教師（教師の組織）、学校、学区、大学、政策（改革プログラム）の各々の固有の役割を射程に収め、「ランド・変革の担い手研究」を起点とする学校改革研究を特徴づける基本構図を準備している。

第二に、「ランド・変革の担い手研究」を背景とし、教師の「同僚性」の概念を提起するリトルの学校改革研究は、学校改革を成功に導く決定的な要因として教師間のインタラクションを特徴づけ、学校改革に取り組む六つの学校（小学校三校、中学校二校、高校一校）の実践の展開に迫っている。なかでも、リトルが最も注目する改革のパイロット・スクールは、「完全習得学習（mastery learning）」を推進する学校であり、その「スタッフ開発」のヴィジョンは、校長が「ランド・変革の担い手研究」の報告書を読み込む経験によって支えられている。本書では、リトルの研究に即し、その後のリトルの研究を一貫して特徴づける社会言語学のアプローチが照射する学校改革の実践の展開を明らかにする。

第三に、スタンフォードＣＲＣを中心とする研究において提起される教師の「専門家共同体」の概念は、スタンフォードＣＲＣの「中核的研究」が対象とする一六の高校の実践に基づいている（カリフォルニア州一〇校とミシガン州六校の七学区にわたる公私立高校）。マクロフリンらが「専門家共同体」として中心的に特徴づけるのは、一六の高校のうち、二つの高校における二つの教科部（英語科と数学科）である。本書では、マクロフリンらが繰り返し参照するこの二つの教科部を中心に、その校長のリーダーシップ、学区の政策、州の政策の展開に迫る。

第四に、一九九〇年代後半から二〇〇〇年代にかけての「専門家共同体」の概念の普及過程では、同時に、アカウンタビリティを要求する改革が進行しており、学校改革の実践をめぐる複雑な拮抗関係が展開する。

一九九〇年代後半以降のスタンフォードＣＲＣでは、カリフォルニア州サンフランシスコ湾岸地区において展開する大規模な学校改革（ＢＡＳＲＣ）、及び、ニューヨーク、シカゴ、フィラデルフィアにおける改革のネットワーク（「生徒を中心に（Student at the Center、以下ＳＡＴＣと略記）」）を基盤とする学校改革の評価研究に着手している。本書では、マクロフリンとタルバートの研究に即し、ＢＡＳＲＣに参画する小学校一校と中学校一校の実践の展開と、ＳＡＴＣのネットワークに参画するニューヨークの二つの中学校における実践の展開に迫る。

リトルを中心とする研究の系譜では、「専門家共同体」における「教室実践の表象」に接近している。本書では、リトルらの共同研究を手がかりとし、「専門家共同体」を構築する三つの高校における実践の展開に迫っている。三つの高校は、「ベイ・エリア数学プロジェクト（Bay Area Mathematics Project、ＢＡＭＰと略記）」の一校、「エッセンシャル・スクール連盟」の二校であり、そのうち一校はＢＡＳＲＣにも参加する高校である。

一九九〇年代後半以降にスタンフォード大学にて博士号を取得したウエストハイマー、アキンスティン、コバーンの研究もまた「専門家共同体」の実践の展開に迫っている。本書では、「専門家共同体」の「イデオロギー」を主題化するウエストハイマーの研究に即し、二つの中学校の実践の展開に、また、「専門家共同体」の「葛藤」を主題化するアキンスティンの研究に即し、二つの中学校（二校ともＢＡＳＲＣに参加、そのうち一校は「エッセンシャル・スクール連盟」にも参加）の実践の展開に、そして「専門家共同体」の実践と政策を主題化するコバーンの研究に即しては、一つの小学校（ＢＡＳＲＣに参加）における実践の展開に迫る。

四　構成の概要

本書では、「ランド・変革の担い手研究」を起点とする学校改革研究の系譜の展開を、四部、全九章で構成し叙述する。各部は先の四つの時期区分、すなわち、①「ランド・変革の担い手研究」を起点とする学校改革研究の形成、②教師の「同僚性」の形成と展開、③教師の「専門家共同体」の形成と展開、④教師の「専門家共同体」の新たな展開に対応する。以下、各部、各章の概要を示そう。

第Ｉ部は、一九七〇年代中頃から一九八〇年代後半までを対象とし、マクロフリンらによる「ランド・変革の担い手研究」の展開及び、エルモアとマクロフリンによるランド共同リポート『愚直な仕事』の成果の特質を明らかにする。この時期に形成された「ランド・変革の担い手研究」を起点とする学校改革研究は、教師の「専門家の学習」を中心とする学校改革の包括的なヴィジョンを提示しており、教室実践、教師、学校、学区、大学、政策の固有の役割を射程に収める基本構図を準備している。

第一章では、「ランド・変革の担い手研究」の展開を、「相互適応」の概念と「オープン・エデュケーション」の学校改革の実践において明らかにする。本書では、マクロフリンの「二次分析」に焦点化する検討を行い、「ランド・変革の担い手研究」の展開を、教師の「専門家の学習」を中心に据える学校改革のヴィジョンを提起する点において特徴づける。

第二章では、エルモアとマクロフリンによるランド共同リポート『愚直な仕事』の成果の特質を明らかにする。本書では、学校改革を「愚直な仕事」として性格づけるエルモアとマクロフリンの所論に注目し、一九八〇年代のアメリカの「第二の改革の波」に対する独自のスタンスに注目し、一九九〇年代の学校改革研究を準備するリポートとして位置づける。

第Ⅱ部は、一九八〇年代から一九九〇年代を対象とし、「ランド・変革の担い手研究」を背景とするリトルの学校改革研究によって提起される教師の「同僚性」の形成と展開を叙述する。

第三章では、リトルが提起する「同僚性」の概念の性格を明らかにし、その後の「同僚性」の多様な展開を検討する。本書では、リトルの「同僚性」の概念の構成要素及び、リトルが接近した学校改革の実践の展開を明らかにし、その後の「同僚性」の展開を、「同僚性」の追求の系譜と、「同僚性」の批判の系譜に分節化して示す。「同僚性」の追求の系譜については、スタンフォード大学を舞台とする「専門家共同体」の形成へと発展を遂げる道筋を示す。

第四章では、一九九九年にオーストラリア教育学会誌上において展開される「同僚性」の概念をめぐる論争を取り上げて検討を行う。本書では、この論争の主要な参加者（リトル、ハーグリーブズ、フィールディング）の議論の特質を明らかにし、「同僚性」の概念の新しい展開が、教師の「専門家共同体」の形成と展開において胎動していることを明示する。

第Ⅲ部は、一九八〇年代後半から一九九〇年代半ばまでを対象とし、教師の「専門家共同体」の形成と展開を叙述する。本書では、教師の「専門家共同体」の形成の契機を、マクロフリンを中心とするスタンフォードＣＲＣにおける高校改革研究において見出している。

第五章では、スタンフォードＣＲＣの「中核的研究」である高校改革研究を中心的に検討し、教師の「専門家共同体」の形成と展開を叙述する。スタンフォードＣＲＣ研究の重要な背景として「ランド・変革の担い手研究」の成果を位置づけ、さらに、スタンフォードＣＲＣ研究の中心的概念である教職の「文脈」の概念を検討する。その上で、スタンフォードＣＲＣ研究における教師の「専門家共同体」の形成と展開を叙述する。

第六章では、スタンフォードＣＲＣ研究における教師の「専門家共同体」の概念の定式化を検討する。スタンフォードＣＲＣの「中核的研究」の成果は、「専門家共同体」の内側の複雑な現実を読み解く諸概念を提起し、それらの連関を明示し、教職の「文脈」の多層性を明らかにするにいたった。具体的には、授業の三類型、教師共同体の三類型、教職キャリアの三類型、教職の多層的な「文脈」の四点の定式化をみることになる。

第Ⅳ部は、一九九〇年代後半から二〇〇〇年代にかけてを対象とし、教師の「専門家共同体」の新たな展開を叙述する。アカウンタビリティを要求する学校改革が展開される中で、教師の「専門家共同体」の波及の過程を検討する。

第七章では、スタンフォードCRCの「第二世代」の学校改革研究を取り上げる。マクロフリンとタルバートは、サンフランシスコ湾岸地区において大規模な学校改革を展開したBASRCやニューヨークを始めとする複数の都市における学校改革のネットワークであるSATCによる学校改革の評価研究に着手している。

第八章では、一九九〇年代後半から二〇〇〇年代にかけてのリトルを中心とする学校改革研究の展開を叙述する。リトルは「専門家共同体」の「楽観的な前提」を指摘し、教師たちの「教室実践の表象」に焦点化する一連の共同研究を牽引する。二〇一〇年には、一連の研究の成果を教師の「専門家のディスコース」の特質への接近として定式化するにいたる。

第九章では、一九九〇年代後半以降にスタンフォード大学において博士号を取得した新しい世代の研究者たちによる「専門家共同体」への多様な接近を跡づける。「専門家共同体」の「イデオロギー」を主題化するウエストハイマー、「専門家共同体」の「葛藤」を主題化するアキンスティン、そして「専門家共同体」の実践と政策を主題化するコバーンの研究を取り上げて検討を行う。

以上の叙述を踏まえ、終章では、アメリカにおける教師の「専門家共同体」の形成と展開を、「ランド・変革の担い手研究」を起点とする学校改革研究の系譜として明示する総括を行い、その上で考察を行う。最後に、今後に残された課題を示す。

注

（1）ミルブリィ・マクロフリンは、一九七三年にハーバード大学にて博士号を取得し（指導教官はデーヴィッド・コーエン（David K. Cohen））、一九七三年から一九八三年までカリフォルニア州サンタモニカのランド研究所に所属し、一九八三年からはスタンフォード大学に所属している（David Jacks Professor of Education and Public Policy、現在は名誉教授）。一九八七年には、連邦政府の資金を獲得しスタンフォード大学「中等学校の教職に関する研究センター（Center for Resarch on the Context of Secondary School Teaching、後にCenter for Research on the Context of Teachingに改称、ＣＲＣと略記される）」を創設し、その代表を務めた（後に共同代表）。二〇〇〇年にはスタンフォード大学「ジョン・Ｗ・ガードナー・若者・地域共同体センター（John W. Gardner Center for Youth and Their Communities、ＪＧＣと略記される）」を創設し、その代表を務めた。

（2）Allan R. Odden（ed.）, 1991a, *Education Policy Implementation*, State University of New York Press, Albany, NY; Meredith I. Honig（ed.）, 2006a, *New Directions in Education Policy Implementation: Confronting Complexity*, State University of New York Press, Albany, NY.

（3）Allan R. Odden, 1991b, The Evolution of Education Policy Implementation, in Allan R. Odden（ed.）, *Education Policy Implementation*, State University of New York Press, Albany, NY, pp. 1–12.

（4）Odden, 1991b, *op. cit.*, pp. 4–8.

（5）Odden, 1991b, *op. cit.*, pp. 8–12.

（6）Meredith I. Honig, 2006b, Complexity and Policy Implementation: Challenges and Opportunities for the Field, in Meredith I. Honig（ed.）, *New Directions in Education Policy Implementation: Confronting Complexity*, State University of New York Press, Albany, NY, pp. 1–23.

（7）Honig, 2006b, *op. cit.*, pp. 4–9.

（8）Honig, 2006b, *op. cit.*, pp. 7–11.　強調（傍点）は引用者による。

（9）Honig, 2006b, *op. cit.*, pp. 14–20.

（10）Ellen Condliffe Lagemann, 2000, *An Elusive Science: The Troubling History of Education Research*, The University of Chicago Press, Chicago, IL.

（11）Lagemann, 2000, *op. cit.*, pp. 226–230.

(12) Lagemann, 2000, *op. cit.*, pp. 227–228.
(13) Lagemann, 2000, *op. cit.*, pp. 228–230.
(14) David K. Cohen, 1995, What is System in Systemic Reform? *Educational Researcher*, Vol. 24, No. 9, pp. 11–17, 31.
(15) Virginia Richardson and Peggy Placier, 2001, Teacher Change, in Virginia Richardson (ed.), *Handbook of Research on Teaching, Fourth Edition*, American Educational Research Association, Washington D. C., pp. 905–947. なお、リチャードソンは、同じくミシガン大学のゲーリー・フェンスターマッハ（Gary Fenstermacher）とともに教師の「実践的討論（practical arguments）」の概念を提起し、教師の「実践的ディスコース」研究の起点を形成した研究者であり、教師の専門性開発の推進に貢献した研究者の一人である。
(16) Richardson & Placier, 2001, *op. cit.*, p. 920.
(17) Richardson & Placier, 2001, *op. cit.*, p. 927.
(18) Richardson & Placier, 2001, *op. cit.*, p. 928.
(19) Joel Westheimer, 2008, Leaning among Colleagues: Teacher Community and the Shared Enterprise of Education, in Marilyn Cochran-Smith, Sharon Feiman-Nemser, and John D. McIntyre (ed.), *Handbook of Research on Teacher Education, Enduring Questions in Changing Contexts, Third Edition*, Association of Teacher Educators, Reston, VA., pp. 756–783.
(20) Westheimer, 2008, *op. cit.*, pp. 757–758.
(21) Westheimer, 2008, *op. cit.*, pp. 758–768.
(22) Adam Gamoran, Walter G. Secada, and Cora B. Marrett, 2000, The Organizational Context of Teaching and Learning: Changing Theoretical Perspectives, in Maureen T. Hallinan (ed.), *Handbook of the Sociology of Education*, Kluwer Academic/Plenum Publishers, New York, pp. 37–63.
(23) Gamoran, Secada, & Marrett, 2000, *op. cit.*, pp. 56–57.
(24) Gamoran, Secada, & Marrett, 2000, *op. cit.*, pp. 50–51.
(25) 稲垣忠彦、1996a、『増補版　アメリカ教育通信――大きな国の小さな町から』、評論社。
(26) 稲垣忠彦、1996b、前掲書、「『アメリカ教育通信』その後」、pp. 344–394。

（27）稲垣忠彦、1996c、前掲書、「教育改革と教師教育――比較研究から考えること」、pp. 419-437：伊藤安治、1994、「教師文化・学校文化の日米比較――一つの調査から」、稲垣忠彦・久冨善之（編）『日本の教師文化』、東京大学出版会、pp. 140-156。ナンシー・佐藤、1994、佐藤学（訳）、「日本の教師文化のエスノグラフィー」、稲垣忠彦・久冨善之（編）『日本の教師文化』、東京大学出版会、pp. 125-139。Nancy Sato and Milbrey Wallin McLaughlin, 1992, Context Matters: Teaching in Japan and in the United States, *Phi Delta Kappan*, Vol. 73, No. 5, pp. 359-366.

（28）佐藤学、1989、『教室からの改革――日米の現場から』、国土社：佐藤学、1990b、「補章　子ども中心の学校の現在――革新の伝統と継承」、『米国カリキュラム改造史研究――単元学習の創造』、東京大学出版会、pp. 339-348：佐藤学、1996a、『カリキュラムの批評――公共性の再構築へ』、世織書房：佐藤学、1997、『教師というアポリア――反省的実践へ』、世織書房：佐藤学、1999、『学びの快楽――ダイアローグへ』、世織書房。なお、進歩主義教育の複数の系譜に対応させて単元学習の多様な様式と原理について歴史的に考察したものとして、佐藤学、1990a、『米国カリキュラム改造史研究――単元学習の創造』、東京大学出版会。アメリカの進歩主義教育思想における「社会的再構築（social reconstruction）」の系譜に即し、「社会性」概念の構築過程に対して史的検討を行ったものとして、田中智志、2009、『社会性概念の構築――アメリカ進歩主義教育の概念史』、東信堂。

（29）佐藤学、1992、「［提言］学校を問うパースペクティブ――学習の共同体へ」、佐伯胖・汐見稔幸・佐藤学（編）『学校の再生をめざして1　学校を問う』、東京大学出版会、pp. 197-224：佐藤学、1996b、「学びの場としての学校――現代学校のディスクール」、佐伯胖・藤田英典・佐藤学（編）『シリーズ「学びと文化」6　学び合う共同体』、東京大学出版会、pp. 53-101：佐藤学、1990b、前掲書。

（30）佐藤学、2012、「学びの共同体としての学校――学校再生の哲学」、佐藤学『学校改革の哲学』、東京大学出版会、p. 137、注（4）。

（31）佐藤学、1992、前掲書。

（32）佐藤学、1989、「アメリカの教師教育改革における『専門性』の概念――二つのレポート（一九八六年）の提言と改革の現在」、日本教育学会教育制度研究委員会『教育制度研究員会報告　第七集　教育課程と教師（Ⅰ）』、pp. 51-52。

（33）今村令子、1987、『現代アメリカ教育1　教育は「国家」を救えるか――質・均等・選択の自由』、東信堂：今村令子、1990、『現代アメリカ教育2　永遠の「双子の目標」――多文化共生の社会と教育』、東信堂。

（34）牛渡淳、2002、『現代米国教員研修改革の研究――教員センター運動を中心に』、風間書房。なお、牛渡は teacher center に「教員センター」の訳語を充てている。

（35）後藤武俊、2002、「米国エッセンシャル・スクール連盟の学校改革支援活動――『コミュニティとしての学校』理念を中心に」、『教育学研究』、第六九巻、第二号、pp. 205-214。さらに後藤は、「エッセンシャル・スクール連盟」に一つの起源を持つ「スモール・スクール運動」の展開の検討に着手している。後藤武俊、2012a、「米国スモールスクール運動の展開にみるオルタナティブな教育制度構築の課題」、『教育学研究』、第七九巻、第二号、pp. 170-181。後藤武俊、2012b、「中間組織による草の根の教育改革支援――ニューヨーク市のスモール・スクール運動を事例に」、北野秋男・吉良直・大桃敏行（編）『アメリカ教育改革の最前線――頂点への競争』、学術出版会、pp. 215-230。

（36）遠藤貴広、2007、「米国エッセンシャル・スクール連盟における『逆向き計画』による学校改革――セイヤー中・高等学校の実践を例に」、『京都大学大学院教育学研究科紀要』、第五三号、pp. 220-232。さらに遠藤は、「エッセンシャル・スクール連盟」のニューヨークにおける改革の現在の検討に着手している。遠藤貴広、2012、「州テスト政策に対抗する草の根の教育評価改革――New York Performance Standards Consortium を事例に」、北野秋男・吉良直・大桃敏行（編）『アメリカ教育改革の最前線――頂点への競争』、学術出版会、pp. 231-243。

（37）秋田喜代美・岩川直樹、1994、「教師の実践的思考とその伝承」、稲垣忠彦・久冨善之（編）『日本の教師文化』、東京大学出版会、pp. 84-107：佐藤学・岩川直樹・秋田喜代美、1990、「教師の実践的思考様式に関する研究（1）――熟練教師と初任教師のモニタリングの比較を中心に」、『東京大学教育学部紀要』、第三〇巻、pp. 177-198：秋田喜代美・佐藤学・岩川直樹、1991、「教師の授業に関する実践的知識の成長――熟練教師と初任教師の比較研究」、『発達心理学研究』第二巻、第二号、pp. 88-98。佐藤学・秋田喜代美・岩川直樹・吉村敏之、1991、「教師の実践的思考様式に関する研究（2）――思考過程の質的検討を中心に」、『東京大学教育学部紀要』、第三一巻、pp. 183-200。

（38）秋田喜代美、1998、「実践の創造と同僚関係」、佐伯胖・黒崎勲・佐藤学・田中孝彦・浜田寿美男・藤田英典（編）『岩波講座現代の教育6　教師像の再構築』、岩波書店、pp. 235-259。強調は引用者による。秋田による「同僚性」の議論を起点とした論文として例えば、藤原顕、2007、「現代教師論の論点――学校教師の自律的な力量形成を中心に」、グループ・ディダクティカ（編）、『学びのための教師論』、勁草書房、pp. 1-25。吉永（岩崎）紀子、2007、「子どもの育ちを語り合う学校で教師が育つということ」グループ・ディダクティカ（編）『学びのための教師論』勁草書房、pp. 139-165。

（39）秋田喜代美、1998、前掲書、pp. 237-240。なお秋田は contrived collegiality の訳語に「設計された同僚性」を充てている。

（40）秋田喜代美、2006、「教師の力量形成――協働的な知識構築と同僚性形成の場としての授業研究」、21世紀ＣＯＥプログラム東京大学大学院教育学研究科基礎学力研究開発センター（編）『日本の教育と基礎学力――危機の構図と改革への展望』、明石書店、pp. 191-208。秋田喜代美、2008a、「教師の学習としての授業研究」、無藤隆・麻生武（編）『質的心理学講座１　育ちと学びの生成』、東京大学出版会、pp. 107-127。秋田喜代美、2008b、「授業検討会談話と教師の学習」、秋田喜代美・キャサリン・ルイス（編）『授業の研究　教師の学習　レッスンスタディへのいざない』、明石書店、pp. 114-131。

（41）秋田喜代美、2009、「教師教育から教師の学習過程研究への転回――ミクロ教育実践研究への変貌」、今井康雄・矢野智司・秋田喜代美・佐藤学・広田照幸（編）『変貌する教育学』、世織書房、pp. 45-75。

（42）藤田英典（編）、1997、『教職の専門性と教師文化に関する研究――平成六～七年度文部省科学研究費総合研究（A）「教職の専門性と教師文化に関する国際比較共同研究」（課題番号 06301032）研究成果報告書』。

（43）紅林伸幸、1997、「日本の教師集団の構造と特質」、藤田英典（編）『教職の専門性と教師文化に関する研究――平成六～七年度文部省科学研究費総合研究（A）「教職の専門性と教師文化に関する国際比較共同研究」（課題番号 06301032）研究成果報告書』、pp. 71-82; Hidenori Fujita and Suk-Ying Wong, 1997, Teacher Professionalism and the Culture of Teaching in Japan: The Challenge and Irony of Educational Reform and Social Change, 藤田英典（編）『教職の専門性と教師文化に関する研究――平成六～七年度文部省科学研究費総合研究（A）「教職の専門性と教師文化に関する国際比較共同研究」（課題番号 06301032）研究成果報告書』、pp. 132-151. 例えば、紅林は、一九七七年の永井聖二の「日本の教員文化」研究の結論の一つである「同僚との調和を第一にする」ことを、日本の「同僚性」の特徴として捉えている。永井聖二、1977、「日本の教員文化――教員の職業的社会化研究（Ｉ）」、日本教育社会学会『教育社会学研究』、第三二集、pp. 93-103。ただし、永井の結論づけには批判もある。永井の結論づけを批判する示唆的な論文として、名越清家、1993、「教師＝専門職論の統括への視座」、木原孝博・武藤孝典・熊谷一乗・

藤田英典（編）『学校文化の社会学』、福村出版、pp. 213–326。

（44）油布佐和子、2007a、「教師集団の変容と組織化」、油布佐和子（編）『転換期の教師』、放送大学教育振興会、pp. 178–192：油布佐和子、2007b、「教師のストレス・教師の多忙」、油布佐和子（編）『転換期の教師』、放送大学教育振興会、pp. 12–26：油布佐和子、1999、「教師集団の解体と再編――教師の「協働」を考える」、油布佐和子（編）『シリーズ子どもと教育の社会学5　教師の現在・教職の未来――あすの教師像を模索する』、教育出版、pp. 52–70。なお、油布はmoving mosaicの訳語に「自在に動くモザイク」を充てている。

（45）紅林伸幸、2007、「協働の同僚性としての《チーム》――学校臨床社会学から」、『教育学研究』、第七四巻、第二号、pp. 36–50。

（46）今津孝次郎、2000、「学校の協働文化――日本と欧米の比較」、藤田英典・志水宏吉（編）『変動社会のなかの教育・知識・権力――問題としての教育改革・教師・学校文化』、新曜社、pp. 300–321：今津孝次郎、1996、『変動社会の教師教育』、名古屋大学出版会。なお、今津はcollegialityの訳語に「同僚教員間連携」を充て、contrived collegialityに「策定された同僚間連携」を充てていた。

（47）アンディ・ハーグリーブズ、2000、西躰容子（訳）、「二十一世紀に向けてのティーチングの社会学――教室・同僚・コミュニティと社会変化」、藤田英典・志水宏吉（編）『変動社会のなかの教育・知識・権力――問題としての教育改革・教師・学校文化』、新曜社、pp. 262–299：藤田英典・志水宏吉（編）、2000、『変動社会のなかの教育・知識・権力――問題としての教育改革・教師・学校文化』、新曜社。近年の邦訳書にもハーグリーブズの論文が含まれている。アンディ・ハーグリーブズ、2012、佐久間亜紀（訳）「教職の専門性と教員研修の四類型」、ヒュー・ローダー、フィリップ・ブラウン、ジョアンヌ・ディボラー、A. H. ハルゼー（編）、苅谷剛彦・志水宏吉・小玉重夫（編訳）『グローバル化・社会変動と教育2　文化と不平等の教育社会学』、東京大学出版会、pp. 191–218。なお、ハーグリーブズの論文の初めての邦訳は、アンディ・ハーグリーブズ、1996、山田真紀（訳）、藤田英典（解説）「ポストモダンのパラドックス――変化する時代のなかの教師」、森田尚人・藤田英典・黒崎勲・片桐芳雄・佐藤学（編）『教育学年報5　教育と市場』、世織書房、pp. 211–282。

（48）油布佐和子（編）、2009a、広田照幸（監修）『リーディングス日本の教育と社会　第15巻　教師という仕事』、日本図書センター：油布佐和子、2009b、「教師という仕事　序論」、油布佐和子（編）、広田照幸（監修）『リーディングス日本の教育と社会　第15巻　教師という仕事』、日本図書センター、pp. 3-18：油布佐和子、2009c、「第Ⅲ部教師の組織・集団とその変化　解説」、油布佐和子（編）、広田照幸（監修）『リーディングス日本の教育と社会　第15巻　教師という仕事』、日本図書センター、pp. 165-171。なお、「学校改革」のリーディングスとして、藤田英典・大桃敏行（編）、2010、広田照幸（監修）『リーディングス日本の教育と社会　第11巻　学校改革』、日本図書センター。一九八〇年代から二〇〇〇年代へといたる日本の学校改革の構図を示したものとして、藤田英典、2010、「学校改革序論」、藤田英典・大桃敏行（編）、広田照幸（監修）『リーディングス日本の教育と社会　第11巻　学校改革』、日本図書センター、pp. 3-37。

（49）　油布佐和子・紅林伸幸・川村光・長谷川哲也、2010、「教職の変容――『第三の教育改革』を経て」、『早稲田大学大学院教職研究科紀要』、第二号、pp. 51-82：油布佐和子・紅林伸幸、2011、「教育改革は、教職をどのように変容させるか？」、『早稲田大学大学院教職研究科紀要』、第三号、pp. 19-45。

（50）　日本教育社会学会、2010、『教育社会学研究』、第八六集。

（51）　加野芳正、2010、「新自由主義＝市場化の進行と教職の変容」、『教育社会学研究』、第八六集、pp. 5-22。

（52）　諏訪英広、1994、「教師の力量形成における専門職文化の役割に関する一考察」、『中国四国教育学会教育学研究紀要』、第四〇巻、第一部、pp. 340-345：諏訪英広、1995、「教師間の同僚性に関する一考察――ハーグリーブズ（Hargreaves, A）による教師文化論を手がかりにして」、『広島大学教育学部紀要第一部（教育学）』、第四四号、pp. 213-220。

（53）　藤原文雄、1998、「教師間の知識共有・創造としての「協働」成立のプロセスについての一考察」、『東京大学大学院教育学研究科教育行政研究室紀要』、第一七号、pp. 2-21：藤原文雄、1999、「学校経営における『協働』理論の軌跡と課題（1）――高野桂一の『協働』論の検討」、『東京大学大学院教育学研究科教育行政研究室紀要』、第一八号、pp. 113-123。

（54）　勝野正章、2004a、『教員評価の理念と政策――日本とイギリス』、エイデル研究所。

（55）　勝野正章、1996、「学校という組織・集団の特性――学校経営・管理における『自律性』の組織論的検討」、堀尾輝久・奥平康照・田中孝彦・佐貫浩・汐見稔幸・太田政男・横湯園子・須藤敏昭・久冨善之・浦野東洋一（編）『講座学校　第7巻　組織としての学校』、柏書房、pp. 33-54。なお、勝野はcontrived collegialityの訳語に「作られた同僚性」を充てている。

(56) 勝野正章、2003b、「教員評価から開かれた学校づくりへ」、『教員評価の理念と政策――日本とイギリス』、エイデル研究所、pp. 145–146。

(57) 勝野正章、1996、前掲書、pp. 51–52：勝野正章、2004b、前掲書、p. 146。

(58) 露口健司、2008、『学校組織のリーダーシップ』、大学教育出版。その後には、教師の「授業力」への影響を検討した次の研究が続く。露口健司、2013、「専門的な学習共同体（PLC）が教師の授業力に及ぼす影響のマルチレベル分析」、日本教育経営学会『日本教育経営学会紀要』、第五五巻、pp. 66–81

(59) 露口健司、2012、『学校組織の信頼』、大学教育出版。

(60) 織田泰幸、2011、「『学習する組織』としての学校に関する一考察――Shirley M. Hord の『専門職の学習共同体』論に注目して」、『三重大学教育学部研究紀要――自然科学・人文科学・社会科学・教育科学』、第六二巻、pp. 211–228。織田泰幸、2012、「『学習する組織』としての学校に関する一考察（2）――Andy Hargreaves の『専門職の学習共同体』論に注目して」、『三重大学教育学部研究紀要――自然科学・人文科学・社会科学・教育科学』、第六三巻、pp. 379–399：織田泰幸、2015、「『専門職の学習共同体』としての学校に関する基礎的研究（4）――Shirley M. Hord & Edward Tobia の研究に着目して」、『三重大学教育学部研究紀要――自然科学・人文科学・社会科学・教育科学』、第六六巻、pp. 343–358。

(61) 千々布敏弥、2014、「授業研究とプロフェッショナル・ラーニング・コミュニティ構築の関連――国立教育政策研究所『教員の質の向上に関する調査研究』の結果分析より」、『国立教育政策研究所紀要』、第一四三集、pp. 251–261。

(62) 木原俊行、2004、『授業研究と教師の成長』、日本文教出版社：木原俊行、2006、『教師が磨き合う「学校研究」』、ぎょうせい。木原俊行、2012、「授業研究を通じた学校改革」日本教育工学会（監修）、水越敏行・吉崎静夫・木原俊行・田口真奈『教育工学選書6　授業研究と教育工学』。

(63) 堀和郎、2012a、「『効果的な学区』論の展開（その一）――学校改善論への新しい視角」、『東京医療保健大学紀要』、第六巻、第一号、pp. 6–17：堀和郎、2012b、「『効果的な学区』論の展開（その二）――学校改善論への新しい視角」、『東京医療保健大学紀要』、第六巻、第一号、pp. 18–33。

第Ⅰ部　「ランド・変革の担い手研究」を起点とする学校改革研究の形成

第一章　M・マクロフリンらによる「ランド・変革の担い手研究」の展開

一九七三年七月、ランド研究所のミルブリィ・マクロフリンは、連邦政府の教育政策による学校改革の調査研究に着手する。「ランド・変革の担い手研究（Rand Change Agent Study）」と呼ばれるこの共同研究の成立は、革新的な実践を追求する学校改革の方略を探究する学校改革研究の成立を意味すると言えよう。本章では、「ランド・変革の担い手研究」の成果を踏まえたマクロフリンの所論を手がかりとし、マクロフリンによる学校改革研究の起点を明らかにする。

第一節では「ランド・変革の担い手研究」の概要を示す。「ランド・変革の担い手研究」の対象、調査方法、研究のアプローチ、結論を示し、マクロフリンの所論の背景を提示する。

第二節では、「ランド・変革の担い手研究」の成果の中心的概念である「相互適応（mutual adaptation）」の概念の特質を明らかにする。「ランド・変革の担い手研究」の「第一局面」の成果を踏まえ、マクロフリンが「相互適応」の概念について集中的に論じる論文を手がかりとする。マクロフリンは、一九七〇年代に展開された革新的な実践を追求する「オープン・エデュケーション」の学校改革の検討を中心に据え、「相互適応」の概念を特徴づけている。マクロフリンは、「相互適応」の過程を、「学習の過程」として性格づけている。

第三節では、「ランド・変革の担い手研究」においてマクロフリンが迫った「オープン・エデュケーション」の学校改革実践について検討する。対照的な学校改革の過程を経験する二つの学区の事例を取り上げ、第二節において検討した「相互適応」の概念をはじめとし学校改革の「条件」や「実施方略」といったマクロフリンの特徴的な視点の具体に迫る。

第四節では、「ランド・変革の担い手研究」の「第二局面」の成果を踏まえ、マクロフリンらが、「スタッフ開発」の新たなヴィジョンを提起する論文を手がかりとし、そのヴィジョンの特質を明らかにする。マクロフリンらは、「スタッフ開発」における教師の「専門家の学習（professional learning）」を逸早く主題化し、教師の「専門家の学習」を実現する「スタッフ開発」を学校改革の過程として位置づける視点を提起している。

一　「ランド・変革の担い手研究」の概要

「ランド・変革の担い手研究」は、一九七三年から一九七七年にかけて行われた連邦政府による教育政策の評価研究である(1)。「ランド・変革の担い手研究」は、アメリカ連邦教育局の資金援助により、ランド研究所が遂行した調査研究である。ランド研究所は、一九四八年に設立されたシンクタンクであり、軍事戦略や経済戦略の研究と開発を主軸として発展していた。「ランド・変革の担い手研究」が着手された一九七〇年代は、ランド研究所が公共政策分野への展開を示す時期にあった。

「ランド・変革の担い手研究」は、連邦政府による教育改革プログラムが地方の改革に与えた影響の分析を目的としていた。その分析の焦点は、教育政策の「実施（implementation）」の過程に向けられた(2)。

「ランド・変革の担い手研究」は、連邦政府の教育改革プログラムとして、地方の革新的実践を支援する「初等中等教育法タイトルⅢ――革新的プロジェクト（Elementary and Secondary Education Act TitleⅢ, Innovative Projects、以下ESEAタイトルⅢと略記)」、バイリンガル教育を支援する「初等中等教育法タイトルⅦ——バイリンガル・プロジェクト(以下ESEAタイトルⅦと略記)」、キャリア教育を支援する「職業教育法——一九六八年修正法D—模範プログラム」、そして、識字能力向上のための実践を支援する「読む権利プログラム」の四つの改革プログラムを対象としていた(3)。

「ランド・変革の担い手研究」は、全米一八州二九三の改革プログラムを対象とし、教育関係者一七三五人への質問紙調査、二五学区二九事例へのフィールドワークを含む調査を実施し、一九七三年七月から一九七七年四月までの四年間にわたる調査を遂行した(4)。

「ランド・変革の担い手研究」の特徴は、改革プログラムの「始動」と「実施」を調査する「第一局面」(一九七三年七月から一九七五年七月)と、連邦政府の資金提供終了後の改革の「持続」を調査する「第二局面」(一九七五年八月から一九七七年四月)によって構成されている点にある。第二局面では、大規模の改革プログラムであったESEAタイトルⅢ(革新的プロジェクト)とESEAタイトルⅦ(バイリンガル・プロジェクト)が調査対象とされた(5)。

「ランド・変革の担い手研究」は次のように結論づける。「改革を成功的に実施した事例は稀であり、長期にわたって改革を継続した事例はきわめて稀である(6)」。

「ランド・変革の担い手研究」において中心的な役割を担ったのが、一九七三年にランド研究所に着任したマクロフリンであった。マクロフリンは同年に、ハーバード大学にてESEAタイトルⅠの政策評価研究により博士号を取得し、「ランド・変革の担い手研究」の遂行に抜擢されたのであった(7)。

「ランド・変革の担い手研究」は、一九六〇年代の連邦政府による教育政策の展開とともに成立した教育政策実施研究の展開において、新たな問題領域を開拓する研究となった。「ランド・変革の担い手研究」の成果の中心概念は、「相互適応」の概念である。以下では、この「相互適応」の概念の特質を解明することにしよう。

二　「相互適応」の概念の形成
――「ランド・変革の担い手研究」の第一局面の成果を踏まえて

マクロフリンは、「ランド・変革の担い手研究」の第一局面の成果を踏まえ、「相互適応」の概念について集中的に論じる論文を、一九七六年の『ティーチャーズ・カレッジ・レコード』誌の特集号（「改革は実現するのか？」）に寄稿している。論文「相互適応としての実施――教室組織における改革」である。[8] 本節では、このマクロフリンの論文を手がかりとして、「相互適応」の概念の特質を明らかにしよう。

(1)「相互適応」の概念の形成

「ランド・変革の担い手研究」の中心的な概念である「相互適応」の概念は、ESEAタイトルⅢに基づく「オープン・エデュケーション」の改革の検討を中心にして形成されている。以下ではマクロフリンの論文を手がかりに「相互適応」の概念の形成を跡づけよう。

論文「相互適応としての実施――教室組織における改革」において、マクロフリンが、「教室組織の改革」もしくは「教室組織プロジェクト」と表現しているのは、ジョセフ・フェザーストン（Joseph Featherstone）らが開拓していた「オープン・エデュケーション」の改革である。[9]

マクロフリンは、「オープン・エデュケーション」の実践の特徴を、「ある一つのモデル」に基づく実践ではなく、「人間主義的で個性化された子ども中心主義の教育」が求めるところの、「学習の特質と授業の目的に共通する信念」に基づく実践であるとする。それゆえ、「オープン・エデュケーション」の改革は、「幅広い哲学的な枠組みの中で、教師自身が授業のスタイルと技術を練り上げる必要があり、この種の革新的な授業は、予め特定化しパッケージ化して提示することはできない」とマクロフリンはいう。[10]

続けてマクロフリンは、「まさにこうしたプロジェクトの特質が、改革の実施は、教師と制度的状況の間における相互に適応的な過程（*mutually adaptive process*）であることを必要とする」と強調している。「相互に適応的な過程」は、「改革の参加者たち自身によって、時間をかけてプロジェクトの目標や方法が具体化される」過程であるとする。[11]「ランド・変革の担い手研究」において、「オープン・エデュケーション」のプロジェクトは、質問紙調査を行った二九三の改革プロジェクトのうちの八五のプロジェクトが、フィールドワーク調査を行った二九事例のうち五事例が該当していた。マクロフリンは、「教室組織プロジェクトの特質に内在的な実施の過程は、より一般的に、有効な実施の過程を記述可能にしている」とする。すなわち、最も困難な授業改革の実施の検討により、最も一般性のある示唆を引き出すのである。そして、「ランド・変革の担い手研究」は、「改革の成功的な実施は、相互適応の過程として特徴づけられる」と結論づけたとする。[12]「ランド・変革の担い手研究」の中心概念である「相互適応」の概念は、「オープン・エデュケーション」の改革の検討に、その概念の形成の契機が存していたのである。

さらにマクロフリンは、改革の実施の過程は「きわめて多様な過程」であるとした上で、改革の実施の過程を、「相互適応」の過程を含む三つの特徴的な過程として構造的に示している。三つの特徴的な過程とは、「相互適応」、「取り込み」、「非実施」の三つである。[13]

第二の「取り込み」の過程とは、「制度的状況」と「参加者」の双方における変化を含む「相互適応」の過程とは異なり、「参加者」もしくは「制度的状況」の「一方において変化が生じない」実施過程である。「取り込み」の過程は、「既存の実践」に代えて「革新的な実践」を「形式的な様式」において実施する過程でもある。この「取り込み」の過程は、改革に対する「抵抗」[14]にあっている場合や、実践者に対する「不適切な援助」がなされている場合に引き起こされるとマクロフリンはいう。

第三の「非実施」[15]の過程は、改革が「頓挫」した場合や、「参加者」によってプロジェクトが「無視」された場合に起きているとする。

さらに、マクロフリンは、「オープン・エデュケーション」のプロジェクトが、「相互適応」を支援し、「成功的な実施」を導く「条件」と「方略」を明確に照らし出しているとし、「ランド・変革の担い手研究」が政策と実践に対して示唆することを理解する上できわめて重要であるとする。その理由として、マクロフリンは、先に見てきたように「オープン・エデュケーション」の改革の特質に「相互適応」の過程が「内在的である」だけでなく、「オープン・エデュケーション」のプロジェクトが、改革の成功に必要な「条件」(16)（制度的受容力）を問題化し、改革に有効な「実施方略」の視点を曇らすことなく明瞭に示しているからであるとする。

以下では、マクロフリンが強調する改革の「条件」と「実施方略」について検討することにしよう。

(2)　改革の条件

マクロフリンは、「オープン・エデュケーション」の改革は、ある特徴的な「制度的状況」を「条件」としているとする。マクロフリンはその条件を「制度的受容力（institutional receptivity）」と呼ぶ(17)。「制度的受容力」は、政策決定者が一般的に保持する革新についての観念とは対照的な性格を示しているとする。ここでは、この「制度的受容力」について検討しよう。

マクロフリンは、「オープン・エデュケーション」の改革は、その多くの場合、改革に着手するにあたって学区と学校の双方における「高いレベルの傾倒と支援」に特徴づけられるという。「オープン・エデュケーション」の改革は、リスクを伴う困難な試みであり、学区や学校が、「オープン・エデュケーション」に強い関心を示し改革の必要を認めていなければ、プログラムの実行は選択されないからである(18)。

マクロフリンは、「オープン・エデュケーション」の改革の条件である「制度的受容力」は、以下に示される政策決定者が一般的に有している革新についての観念とは対照的な性格を示しているとする(19)。政策決定者が革新について一般的に有している観念は以下の五点であるという。

一　他者へ説明し伝達することが容易であること。
二　部分的、限定的な試行が可能であること。
三　使い易いこと。
四　既存の価値と調和すること。
五　前もって存在する実践に対して明白な優位性があること。

マクロフリンは、「オープン・エデュケーション」の改革は、これら五つの基準とは対照的な性格を示すという。第一に、「オープン・エデュケーション」の改革は、他者へ説明し伝達することは容易ではないという。「オープン・エデュケーション」の授業改革には前もって示される特定の「モデル」はなく、新しい授業の方法がいかに機能するのかを人々に事前に説明することは難しいという。授業改革の提唱者ができることは、「一般的な助言」をすることや「授業改革の基底にある哲学や態度」について伝えることができるだけであるとマクロフリンはいう(20)。

第二に、「オープン・エデュケーション」の改革の部分的、限定的な試行は可能ではないという。確かに、「オープン・エデュケーション」の改革は、実質的には漸進的に実践が展開し、一つの学校において一つ二つの教室で実践されるということが実際であったという。しかし、「少しずつ」実践を試み、「時おり」実践するということによって改革が実施されることは可能ではないとマクロフリンはいう。なぜなら、「オープン・エデュケーション」の改革は、「根本的な」授業の改革であり、段階的、部分的に達成される性格のものではないからであるとする(21)。

第三に、「オープン・エデュケーション」の改革は使い易い性格のものではないという。「オープン・エデュケーション」の改革は、その改革の特質に「内在的に」きわめて複雑であるとマクロフリンは強調する。「オープン・エデュケーション」の改革は、教師にも行政官にも新たな態度、役割、行動を学ぶことを要請しており、「オープン・エデュケーション」の改革は、単に新しい技能を学び新しい技術を習得すること以上に困難なことであるという。マクロフリンは、「オープン・エデュケーション」の改革が、新しい教材の準備、教室空間の新しい編成、学校の時間の新しい編成、そして授業実践の新しい報告のあり方を必要とする全般的な改革であると指摘する。[22]

第四に、「オープン・エデュケーション」の授業改革は既存の価値と調和するわけではないという。「オープン・エデュケーション」の改革は、学校、学区、そして教師による伝統的で標準的な実践に対して「根本的に新しい方針」を打ち出しているのである。「オープン・エデュケーション」の改革は、人々に深く根差した態度や習慣化された行動の改革を意味しており、授業の構造や目的を変革し、授業の基本的な性質に影響を及ぼす取り組みである。それゆえ、「オープン・エデュケーション」の改革は、既存の価値とは基本的に一致することはないとマクロフリンはいう。[23]

そして第五に、「オープン・エデュケーション」の改革において、前もって存在する実践に対して明白な優位性があるという基準は適切ではないという。確かに、授業改革の唱道者は、「人間的で子ども中心の教育」が大きな進歩を示すと主張する。しかし、「その客観的な証拠は曖昧である」ことに留意する必要があるとマクロフリンはいう。「オープン・エデュケーション」の改革は、情緒的な測定基準においてそれに参加する子どもたちが進歩を示すとするが、実のところ、そうした授業改革によって認知的な側面での進歩を十分に示す証拠は見当たらないのである。それゆえ、授業改革に期待を寄せる行政官は、既存の実践に比べて明白な進歩を示すことができない複雑な改革であるという問題に直面することになる。「オープン・エデュケーション」の改革においては、既存の実践に対してより明白な優位性を示すことを基準として採用することは適切ではないとマクロフリンはいう。[24]

マクロフリンは、これらの特徴を持つ「オープン・エデュケーション」の改革は、きわめて複雑であり困難な改革であり、学区の行政官や参加者たちにおいて積極的な支援や傾倒がなければ、そもそも改革が「始動」することは稀であると強調する。[25]「オープン・エデュケーション」の改革は、「制度的受容力」を改革の条件としているのである。

しかし、マクロフリンは、「制度的受容力は、［改革の］成功的な実施のための必要条件ではあるが十分条件ではない」とする。改革の「成功的な実施」は、「制度的受容力」を条件とした上で、マクロフリンがいう改革の「実施方略」の如何によって水路づけられるのである。(26) 次に、この「実施方略」について検討しよう。

(3) 改革の実施方略

マクロフリンは、改革の「目標や方法の最善の実施に向けた現場での多くの選択の所産」を改革の「実施方略」と呼ぶ。改革の「実施方略」は、「なすべき最も有効なことは何か」、「プロジェクトの制約の中で何が可能なのか」、「現場の必要と条件に最も適した過程とは何か」といった問題に対する一連の選択の所産である。マクロフリンは、改革の「実施方略」によって、「目指される革新をいかに実現するのか」が決定されると指摘する。(27)

マクロフリンは、「オープン・エデュケーション」の改革プログラムの経験から、次の三つの方略が重要な働きを担うと指摘する。それは、第一に「現場での教材、教具の開発」であり、第二に「継続的で具体的なスタッフ・トレーニング」であり、第三に「適合的な計画作りとスタッフ・ミーティング」である。(28)

第一にマクロフリンは、多くの「オープン・エデュケーション」の改革において、教師たちが教室で使用する教材や教具の開発に多くの時間を費やしていたとする。ここで「現場での教材、教具の開発」の方略が重要なのは、「より良い教育学的な成果物」を産み出すことよりも、教師たちに「参加の感覚」を与え、「なすことによって学ぶ」機会を提供することにあるとマクロフリンはいう。特に、「オープン・エデュケーション」の授業のための教材や教具の開発が、「オープン・エデュケーション」を支える諸概念を「実践的、操作的な用語」において考える機会を提供することが重要であるとマクロフリンはいう。この過程は、短期的に見れば焼き直しに過ぎない「車輪の再発明」ではあるが、教師個々人の学習と発達のための重要な機会となるとする。(29)

第二に、「継続的で具体的なスタッフ・トレーニング」も重要である。「一回限りのトレーニング」や、「プロジェクトの初期にのみ集中するトレーニング」は、有効ではないとマクロフリンは指摘する。そうしたスタッフ・トレーニングの方略は、「効率性」や「経費」の側面から考えられており、「実践者はプロジェクトが着手されてから初めて何を知る必要があるのかを理解する」という重要な事実を見逃しているとする。さらに、外部の「専門家」による助言も、教師たちが教室において経験する特定の問題と関わりが薄く、あまりにも抽象的な助言が多く、マクロフリンにおいて、その有効性は認められていない。教師たちが最も有効なトレーニングとして捉えるのは、「アイディアを共有し、問題について議論し、支援が得られる地域のプロジェクト・スタッフとの定期的な話し合い」であったとする。その他に、「同様のプロジェクトに取り組む他校への訪問」も重要であったという。マクロフリンは、「コンサルタントによる数日間に及ぶ哲学的な講義」よりも、「同様のプロジェクトに挑戦する学校への数時間の訪問」の方に教師たちが価値を認めていることを指摘している(30)。

マクロフリンは、改革の計画者において、教師の「再社会化」の重要性が見過ごされてきたと強調する。マクロフリンは、たとえ改革に意欲的な教師であっても、教師たちが、「学びの過程」さらには「学び直し（*unlearning*）」の過程を経験する必要があるとする。マクロフリンは、プロジェクトの実施過程において、「具体的で探究を基本とするトレーニング活動」を定期的に組織することによって、教師たちの「発達の過程」を準備すると強調している(31)。

第三に、「適合的な計画作りとスタッフ・ミーティング」もまた重要な方略である。マクロフリンは、改革は、着手に先立って問題が特定できるわけではなく、スタッフ・ミーティングを継続的に開催することによって、プロジェクトの目標を再評価し、プロジェクトの活動をモニタリングし、制度的な要求の観点から実践を修正する「討論の場」を提供するとする。さらに、スタッフ・ミーティングは、問題の同定と解明に役立つだけではなく、教師たちのプロジェクトに関する情報の意思疎通を促し、アイディアを共有し、相互に励ましと支援を与える機会ともなるとする(32)。

マクロフリンは、以上の三つの方略が、「相互適応」を導く重要な「実施方略」であるという。マクロフリンは、「オープン・エデュケーション」の改革に内在する「複雑性の特質」ゆえに、以上のような「適合的な実施方略」を「必要とすると同時に決定づけている」とする。マクロフリンは、三つの「実施方略」は、一つも欠かさないことが重要であり、改革の参加者の「個々人の学びと発達」を支援することが共通の特徴であるとする。マクロフリンは、「相互適応の過程は、その根本において学習の過程である」と性格づけている[33]。

次節では、マクロフリンが迫った「オープン・エデュケーション」の改革の具体に即し、「相互適応」の過程、「相互適応」の条件と方略について検討することにしよう。

三　「オープン・エデュケーション」による学校改革実践

マクロフリンは、「オープン・エデュケーション」の実践に迫っている。ここでは、「ランド・変革の担い手研究」の報告書『教育改革を支援する連邦プログラム第Ⅲ巻――変革の過程―附録A　教室組織とスタッフ開発の革新』（一九七五年[34]）を主な手がかりとし、マクロフリンが接近した改革の実践を検討しよう。

マクロフリンが叙述を行った北東部イーストン学区及び南西部シーサイド学区の改革は特に示唆的である。この二つの改革は、改革の「実施方略とその帰結」において対照的な性格を示しているからである。北東部イーストン学区の改革は「首尾よく実施され」、南西部シーサイド学区の改革はそれとは対照的な「方略」と「帰結」を示している[35]。以下ではこの二つの改革の展開を跡づけよう。

(1)　北東部イーストン学区の学校改革

北東部イーストン学区は、ＥＳＥＡタイトルⅢの支援による「オープン・エデュケーション」の学校改革を推進する「ムーン・プロジェクト（Moon Project）」に着手した。

「ムーン・プロジェクト」は、改革の二年目に全米規模の教育賞を受賞するなど、「オープン・エデュケーション」を推進する「先導的な」取り組みとして知られることになる[36]。しかし同時に、マクロフリンらは、イーストン学区の改革の経験が「痛みを伴う」経験であったことを報告している。[37] ここでは、マクロフリンらによる報告を手がかりに、一九七一年より三年間にわたるイーストン学区の改革の歩みを検討しよう。

① 「ムーン・プロジェクト」の着手

北東部イーストン学区は、典型的な郊外の都市にあり、中産階級、中産上流階級の多く居住する地域にある。その住民の多くは白人である。イーストン学区には一一の小学校、三つの中学校、二つの高校があり、およそ一万二〇〇〇人の児童・生徒を抱えている。イーストン学区は政治的には保守的な地域であり、当時二期目を務める市長は「反リベラル」を公言している。イーストン学区教育委員会も、少なからず保守的な地域の風土を反映している。それと同時に、住民の多くはイーストン学区の学校が「優秀である」と評価しており、学校に対する伝統的な信頼も厚い地域である。[38]

イーストン学区への「オープン・エデュケーション」の導入は、外部からもたらされている。イーストン学区の「ムーン・プロジェクト」は、他州で展開されていた「オープン・エデュケーション」を推進するプロジェクト（「オープン・セサミ（Open Sesame）」）からアイディアを受け取っている。「オープン・セサミ」もまたＥＳＥＡタイトルⅢのプロジェクトであった。「オープン・セサミ」の事務局長を務めていた教育者が、イーストン学区における改革のプロジェクト・ディレクターを務め、イーストンでの改革が着手された。[39]

当初イーストン学区において、「ムーン・プロジェクト」のアイディアや学校の改革は、「新奇なもの」と映っていた。学区の教育長が新たな教育プランである「イーストン・プラン」を構想中であったことや、少数の校長たちが「新しい教育」を求めていたこと以外には、改革の芽は乏しかった。そこで、プロジェクト・ディレクターは、イーストン学区において信頼の厚い小学校の元校長に協力を求め、彼を「エレメンタリー・スクール・ディレクター（Elementary School Director、以下ＥＳディレクターと略記）」として迎え入れた。彼は、フェザーストンらによるイギリスの幼児学校についての著作を中心に読み込み、自身の校長としての経験を踏まえ、「ムーン・プロジェクト」の強力な推進者となった。後に、彼は「ムーン・プロジェクト」において「決定的な役割」を果たすことになる。[40]
「ムーン・プロジェクト」には、ESディレクターが校長を務めていたモーニングサイド小学校と、校長が改革を求めていたジェファーソン小学校の二校において着手された。[41]

② 「ムーン・プロジェクト」の実施

改革の初年度（一九七一年）、「ムーン・プロジェクト」は「子どもたちに対する教師の態度の変革」を中心的な目標とし、「スタッフ・トレーニング」や「スタッフ開発（staff development）」を重視した。この方針はプロジェクト・ディレクターの判断によっていた。プロジェクト・ディレクターは、「オープン・セサミ」の経験を踏まえ、「パッケージ化された実践の伝達」では改革が進まないことを学んでおり、「教師の態度」の変革を中心に据えたのである。[42]
「ムーン・プロジェクト」は、モーニングサイド小学校の幼稚園段階から第三学年までの生徒と、ジェファーソン小学校の幼稚園段階から第五学年までの生徒合わせておよそ一〇〇〇人を対象とした。両校の五〇人の教師が特別訓練を受け、そのうちの授業担当者三〇人に、三〇人の教育実習生と三〇人の母親による支援が充てられた。初年度の資金提供は七万五千ドル、二年目は七万七千ドル、三年目は八万七千ドルであった。[43]
「ムーン・プロジェクト」の特徴は、「継続的で具体的なスタッフ・トレーニング」の組織にあった。「スタッフ・トレーニング」は、一九七一年夏のイギリスの幼児学校への視察に始まった。その経験は、同年八月の二週間にわたるワークショップにおいて共有され、「オープン・エデュケーション」の哲学や実施の方略について集約的な議論が交わされた。コンサルタントによる支援も含め、「スタッフ・トレーニング」は年間を通して開催。例えば、プロジェクトに参加する全てのスタッフが月に一度の会議に集い、学年レベルでの話し合いも定期的に開かれている。[44]
「ムーン・プロジェクト」の「スタッフ・トレーニング」は、「ピア・グループ」のセッションを重視した。「ピア・グループ」は、「オープン・エデュケーション」の実践記録や著作を持ち寄り、実践のための様々な技術を共有する機会となった。さらに、プロジェクトのコンサルタントによる教室実践の支援や、理論と実践について議論する「放課後カンファレンス」も開催され、他校への視察も行われている[45]。

こうした「スタッフ・トレーニング」を通して、子どもの「個性化」を中心原理とする多様な実践方略が導入された。伝統的な教室空間の配置の変更、子どもの小グループ学習を促進する「ラーニング・センター」の組織、多様な活動から子どもが選択する「タスク・カード」の開発などである。学区の保守性に対応するために、「保護者の参加」を促し、保護者の理解を深めることも行われた[46]。

「ムーン・プロジェクト」は、初年度の評価により、標準テストの得点において変化はみられないものの、教師たちの実践の変化が子どもの「情緒」面における肯定的な影響を生んでいることが示されたという[47]。

③　「ムーン・プロジェクト」の転機

「ムーン・プロジェクト」は改革の初年度を終えるにあたり、転機を迎えた。改革に参加していた両校が、プロジェクト・ディレクターが要請する「［改革の］実施の速度」と「リーダーシップのスタイル」に異議を唱えたのである。

モーニングサイド小学校の教師たちは、プロジェクト・ディレクターが「権威的」であり、「私たちを見下して話している。私たちに恥をかかせようとしている」と指摘。しかし、当のプロジェクト・ディレクターは、自ら「改革のための否定的な役割」を演じているとし、それゆえモーニングサイド小学校の教師たちは「（プロジェクト・ディレクターに反する）校長のもとで結束し、プログラムに取り組み続けている」とする[48]。

マクロフリンらは、この点について、モーニングサイド小学校の元校長であるESディレクターの役割が重要であったとする。ESディレクターが、モーニングサイド小学校の教師たちの関与と協力の維持に努めていたのである。「彼（ESディレクター）は、プロジェクト・ディレクターが求める課題に困難を感じる教師たちに寄り添う多大な努力を払っていた」という。モーニングサイド小学校では、このESディレクターの「誠実さ」に報いることがプロジェクトに参加し続ける理由の一つとなっていた(49)。

ジェファーソン小学校において事態は異なっていた。ジェファーソン小学校の校長は、強力なリーダーシップを発揮する校長であり、プロジェクト・ディレクターとの言い争いが絶えなかった。ジェファーソン小学校の校長は、「オープン・エデュケーション」の「教義」には賛同していたものの、プロジェクト・ディレクターが課す改革の「速度」には賛同できなかった。ジェファーソン小学校の校長は「私は、改革を導入する人間と改革を実施する人間との間に温かい関係が築かれる改革の積極的なモデルを支持している。しかし、プロジェクト・ディレクターが強調するのは否定的なモデルである。彼女は、『もっと、もっと、もっと』と私たちを急き立て、三年間でやり遂げなければならないとする」という。この両者の関係は、改革の二年目に向けてプロジェクト・ディレクターが教育長に校長の交代を要求する事態に至っている(50)。

ジェファーソン小学校の校長は、その後、プロジェクト・ディレクターとの直接的なやり取りを断ち、「仲介者」を通して改革を遂行することを決定した。改革の二年目を迎え、「ムーン・プロジェクト」は、両校において異なる形態で改革が遂行されることになった(51)。

教育長は、プロジェクト・ディレクターの解雇を検討するも、「学区は彼女を必要としている」と判断し解雇は見送られた。プロジェクト・ディレクターは、「有能な行政官」であり、プロジェクトが「多くの成果を生み出している」ことも事実であったからである。

「ムーン・プロジェクト」は改革の二年目に、全米の教育賞（Educational Pacesetter Award）を受賞した。イーストン学区は改革の「生産者（producer）」として位置づけられ、改革の方略と成果を積極的に「普及」させる役割を担うことになる(52)。

改革の三年目には、改革を「普及」させる新たな取り組みが課せられた。プロジェクト・ディレクターとの直接の関わりを絶っていたジェファーソン小学校では、新たな取り組みに積極的には関与せず、初年度からの取り組みを継続することに専念していた[53]。

④　「ムーン・プロジェクト」の影響力

イーストン学区の「ムーン・プロジェクト」の影響力について以下に三点にわたり検討しておこう。

第一に、「ムーン・プロジェクト」は、改革に取り組んだ両校において、「オープン・エデュケーション」の実践を「着実に浸透させた」ことである。特に、マクロフリンらは、二年目より独自に改革を進めてきたジェファーソン小学校において、「オープン・エデュケーション」の実践の「より高度な安定」を認めている。マクロフリンらは、「[タイトルⅢの資金提供終了後]ジェファーソンは今行っていることを多かれ少なかれ継続するであろう。一方のモーニングサイドは、ジェファーソンのレベルくらいまで多少の揺り戻しが起こるであろう」と推測している[54]。マクロフリンらは、ジェファーソン小学校の実践の「安定」は、「時間をかけて」実施したこと、校長を中心とし教師たちが「グループ」として実践に取り組んでいたことによると指摘する。一方のモーニングサイド小学校では、校長に強力なリーダーシップが認められるわけではなく、プロジェクト・ディレクターのリーダーシップが顕著であり、プロジェクトの終了後には、改革の「揺り戻し」が起こるとみている[55]。

第二に、イーストン学区の地域の保守性についてであり、「ムーン・プロジェクト」の展開は常に地域との政治的な対立を孕んでいた。この点に関してもプロジェクト・ディレクターは手腕を発揮していた。彼女は一貫して「オープン・エデュケーション」の推進を慎重に進め、地方紙のニュース・リリースなどに対しても消極的な姿勢を取り続けた。彼女は「オープン・エデュケーション」が「政治的な問題」を引き起こすことを危惧し、その成果が明確に示されるまで慎重な態度を保っていた。それでも、子どもたちが絨毯に座る写真が地方紙に掲載されると、消防局から絨毯を取り除く要請が届くなど、「オープン・エデュケーション」をめぐっては地域における政治的な対立を常に孕んでいた。さらに、保護者からの躾をめぐる批判や、中学校への進学を危惧する声もあったという[56]。「オープン・エデュケーション」の成果の評価をめぐる問題もあった。標準化テスト以外の評価の方法が確立されておらず、地域からの批判はくすぶったままであったのである[57]。

第三に、他校への影響についてである。「ムーン・プロジェクト」は全米の教育賞の受賞もあり、多くの教育関係者の視察を受け入れた。改革の三年目（一九七三年一一月）には、大規模な公式の視察を受け入れ（四一の学区から教育長、カリキュラム・ディレクター、校長、教師、専門家、保護者、学生など合わせて二〇〇人超）、さらに、日常的な視察も受け入れ続けた（毎週水曜日の午前中に保護者の協力による教育関係者の視察）[58]。

「ムーン・プロジェクト」の「スタッフ・トレーニング」の特徴的な方法であった「ピア・グループ」の方略は、改革の普及においても発展的に採用された。改革に関心を持つ他の学区に対して、教師や保護者をグループとして送り込み、「実践者の立場から」改革に協力し支援することを行ったのである。プロジェクト・ディレクターは、「実際に子どもたちに教えている者を派遣」し、他校の改革を「教室において直接的に支援すること」を強調していたという[59]。

「ムーン・プロジェクト」は地域の大学とも連携し、教師を養成するカリキュラムにも影響を及ぼした。具体的には、月曜日と火曜日に教育実習生が学校現場で授業を行い、金曜日に大学において実践を振り返る機会を組織したのである。こうした機会は、教育実習生に「オープン・エデュケーション」を実践し理解を深める機会を与え、さらに、教師たちにおいても教育実習生との交流を通して実践の理解を深める機会となったという。さらに、多くの学区が「オープン・エデュケーション」の経験を持つ教師の採用を求めており、この「インターンシップ・プログラム」は高い採用率を示すことになったという[60]。

以上、マクロフリンらの報告に基づきイーストン学区の改革の歩みを跡づけてきた。イーストン学区の「ムーン・プロジェクト」の経験は、「継続的で具体的なスタッフ・トレーニング」の方略が重視されるなど、「相互適応」の「実施方略」を多分に含む改革の過程であり、対照的な道を歩んだ両校において「オープン・エデュケーション」の実践は浸透した。両校の教師たちが「今や古い教室実践に戻ることはできない」という「誇り」を語るに至ったという。しかし同時に、イーストン学区の教師たちには「困難や過労や抑圧」の記憶が残ってもいる。イーストン学区の教育長や、学区を「奔走した」ＥＳディレクターは、保守的なイーストン学区において、「改革のより肯定的なモデル」が機能したかどうかは疑わしいと振り返っているという。(61)

(2)　南西部シーサイド学区の学校改革

南西部シーサイド学区においても、ＥＳＥＡタイトルⅢの支援により、「オープン・エデュケーション」の学校改革が推進された。シーサイド学区の改革の経験は、先のイーストン学区の「先導的な」取り組みとは対照的な性格を示している。マクロフリンらの報告を手がかりに、一九七一年より三年間にわたるシーサイド学区における改革の歩みを検討しよう。(62)

①　改革の着手

南西部シーサイド学区は大都市にある。シーサイド学区においてＥＳＥＡタイトルⅢに基づく学校改革を行ったのはルーズベルト・スクールである。ルーズベルト・スクールは、一九二六年に創立され、幼稚園段階から第六学年までの生徒およそ六〇〇人、教師二〇人を抱える小学校である。ルーズベルト・スクールの周辺地域は、中産階級、中産上流階級の多く住む地域であり、特にユダヤ系の住民が多い地域であった。しかし、マクロフリンらの調査時の頃から人口の流動が激しくなり、マイノリティーの人口は一九七〇年には一七・六％であったが、一九七四年には三九％に達している。(63)

シーサイド学区は徹底した分権を特徴とし、ルーズベルト・スクールは校長の強力なリーダーシップにおいて特徴づけられる。シーサイド学区のディレクターは、「個々の校長がプログラムの資金を求め、個々の校長の判断により、プログラムの申請を行い改革に着手するに任せている」という学区の方針を語る。教育長もまた「いかなる改革においても決定的に重要なのは校長である」と明言。こうした学区の方針に対応し、ルーズベルト・スクールは強力なリーダーシップを発揮する校長を代々迎えてきた歴史があり、マクロフリンらの調査時の校長も同様であったという。この校長自らがESEAタイトルⅢのプロジェクト・ディレクターを務めている[64]。

ルーズベルト・スクールでは一九七〇年に「オープン・エデュケーション」への関心が生まれ、校内の委員会の活動を通して、さらに関心が高まっていった。保護者の関心の高まりも背景とし、ルーズベルトの校長は「オープン・エデュケーション」に関する著作を読み込み、その哲学への傾倒を強めていった。一九七〇年の夏には、「自発的に」集った六人の教師と校長が、「オープン・エデュケーション」を導入する計画について話し合い、秋には、ルーズベルト・スクールの過半数を超える一五名の教師が、「オープン・エデュケーション」の実践から学び、その実施に向けて動き出している。さらに、全ての教師が地域の大学が主催した「オープン・エデュケーション」の公開講座に参加する機会も作られたという[65]。

校長を含めた一二人の教師が、ESEAタイトルⅢへの申請文書の作成に携わった。これらの教師たちは、「子どもたちをカリキュラムの中心に据え、子どもたちの学習を個性化すること」に賛同し、「オープン・エデュケーション」の実験的な実践を個々の教室において模索していた[66]。

しかし、ルーズベルト・スクールのESEAタイトルⅢへの申請は難航した。シーサイド学区の他の学校の校長たちは「非協力的」であった。校長たちは、ルーズベルト・スクールにおける改革が成功すれば、同様の改革を強制されるのではないかと危惧していたのである。さらに教育長も「オープン・エデュケーション」のプロジェクトに「否定的」であり、積極的な支援を控えていた。ルーズベルト・スクールのESEAタイトルⅢへの申請は、孤立の中で進められ、一度取り下げられるものの、一九七一年の三月にようやく許可されている[67]。

②　改革の実施

ルーズベルト・スクールの改革は一九七一年に開始された。改革の初年度には九万ドルの資金提供を受け、大学の評価者、助手、プログラム・コーディネーターなどの活動に充てられた（二年目は一〇万ドル、三年目は一三万ドルの支援)。助手は地域住民が担い、プログラム・コーディネーターはルーズベルトの教師が担った。しかし、地域住民が担った助手は、十分な訓練を受けておらず、期待する役割を担えなかった。さらにプログラム・コーディネーターも個人的な問題から年度の途中で仕事を断念。当初、保護者の改革への関心は高かったものの、次第に「複雑な」反応を示すようになったという。保護者は「基礎技能の習得」への危惧を示し、子どもたちが「実験材料」にされているという不満をもらすようになったのである。改革の初年度を終え、「オープン・エデュケーション」の大半の学校と同様に、リーディングと算数の標準テストのスコアの上昇は認められなかった(68)。

改革の二年目は、大学の教育実習生を助手として迎え入れ、プログラム・コーディネーターには、幼稚園での教師経験があり他の教師たちと信頼関係が築かれていた人物を新しく採用。改革の二年目の評価はおおむね初年度の評価と同様であった(69)。

改革の三年目には、改革の「普及」活動がルーズベルト・スクールに新たに課せられた。さらに、ルーズベルト・スクールは、ＥＳＥＡタイトルⅢの他に「幼児教育（Early Child Education）」に特化した外部資金も獲得し、新たに三人の幼児教育のコーディネーター（ＥＣＥコーディネーター）も加わっている(70)。

③　改革の評価

ルーズベルト・スクールの改革は、多義的な評価を生んでいる。教育実習生の調整役を担った複数の大学研究者は、「ルーズベルトには現職教育がもっと必要であった」ことや、「ルーズベルトはオープンで個性的であったとは言い難い」、「ルーズベルトの校長はオープンであったが、学校全体はそうではなかった」と指摘。特に、大学研究者は、ルーズベルト・スクールにおいて「授業観察が厳しく制限されていたこと」を最も気に留めていた。その一方で、一九七三年の春に実施された博士号候補生による一〇の教室観察に基づく報告では、ルーズベルト・スクールにおける「個性的な学習」の「成功的な実施」が示されている(71)。

マクロフリンらの授業観察も「厳格に設定されたスケジュールの中で」行われている。マクロフリンらは、子どもたちが、「オープン・エデュケーション」の教材やワークブックに「個別的に」取り組んでいること、さらに、教室に組織された「ラーニング・センター」には教師や助手が促す時にのみ子どもたちが集っていたことを観察している。(72)

こうした教室の実践の特徴と、教師たちへのインタビューに基づき、マクロフリンらは、ルーズベルトの教師たちは、「校長からの支援を感じているものの、教師たち自身が改革プロジェクトにのめり込んでいる状況にはいたっていない」とする。マクロフリンらはその原因を、「プロジェクトに向けた適切な準備を欠いていること」、「フォローアップが十分ではないこと」、そして「教師たちのためのワークショップの数がきわめて少ないこと」を挙げる。(73)

マクロフリンらは、ルーズベルトの教師たちが「オープン・エデュケーション」の実践を望み、「真剣に」実践に取り組んでいたものの、教師たちの「学習」や「成長」を促す「スタッフ開発」を欠く「実施方略」上の問題を指摘している。(74)

④　改革の影響力

シーサイド学区全体において「オープン・エデュケーション」は「根づかなかった」という。学区のコーディネーターの一人は、ルーズベルト・スクールへの視察をシーサイド学区の他の校長に呼びかけ続けたものの、多くの校長はルーズベルトを訪れることはなかったという。学区のディレクターは、「オープン・エデュケーション」の影響は部分的にはあるとしながらも、「それを取り入れるかどうかは地域と校長次第である」と話す。「改革は草の根から生まれなければならない」とするシーサイド学区の方針から、ルーズベルト・スクールの改革は、学区からの積極的な支援を得ることなく、学区への「普及」も限定的であった。(75)

ルーズベルト・スクールには二〇〇〇人を超える視察が訪れた。しかし、ルーズベルト・スクールにおいては一度もワークショップが開かれなかった。マクロフリンらは、シーサイド学区の周辺学区において「オープン・エデュケーション」を導入する教室を確認しているが、ルーズベルト・スクールとは独立して実践が展開されているとする。(76)

こうしてシーサイド学区のルーズベルト・スクールにおける改革の経験は、イーストン学区の改革が「安定性」を示したものとは対照的な帰結を生むにいたっている。マクロフリンらは、シーサイド学区の改革が、「スタッフ開発」を中核とする「実施方略」を欠く中で改革が進められていたこと、改革に対する学区の方針を踏まえ、草の根の努力に頼りきり、「外側からの支援を欠いては改革は持続しない」ことを指摘している。(77)

四　スタッフ開発における「専門家の学習」
――「ランド・変革の担い手研究」の第二局面の成果を踏まえて

一九七七年四月、「ランド・変革の担い手研究」は第二局面の調査を終えた。第二局面では、連邦政府の資金提供が終了した後の学校改革の「継続」について調査が行われた。「ランド・変革の担い手研究」は、「改革を成功的に実施した事例は稀であり、長期にわたって改革が継続した事例はきわめて稀である」と報告する。(78)

マクロフリンは、一九七八年に「スタッフ開発と学校改革」と題するデーヴィッド・マーシュ（David Marsh）との共著論文を『ティーチャーズ・カレッジ・レコード』に寄稿している。(79)この掲載号は、コロンビア大学（当時）のアン・リーバーマン（Ann Lieberman）編集の「スタッフ開発」を主題化する特集号であった。(80)マクロフリンらは、「ランド・変革の担い手研究」の成果を基に、「スタッフ開発」の新たなヴィジョンを提起している。本節では、この共著論文を主な手がかりとし、マクロフリンらが提起する「スタッフ開発」の新たなヴィジョンを検討しよう。

(1)　学校改革の三局面

ここでは、まず、第二局面の調査を経た「ランド・変革の担い手研究」の成果の定式化として、改革プログラムによる学校改革の過程の三つの局面について検討しよう。

「ランド・変革の担い手研究」の報告書においてポール・バーマン（Paul Berman）とマクロフリンは、改革プログ

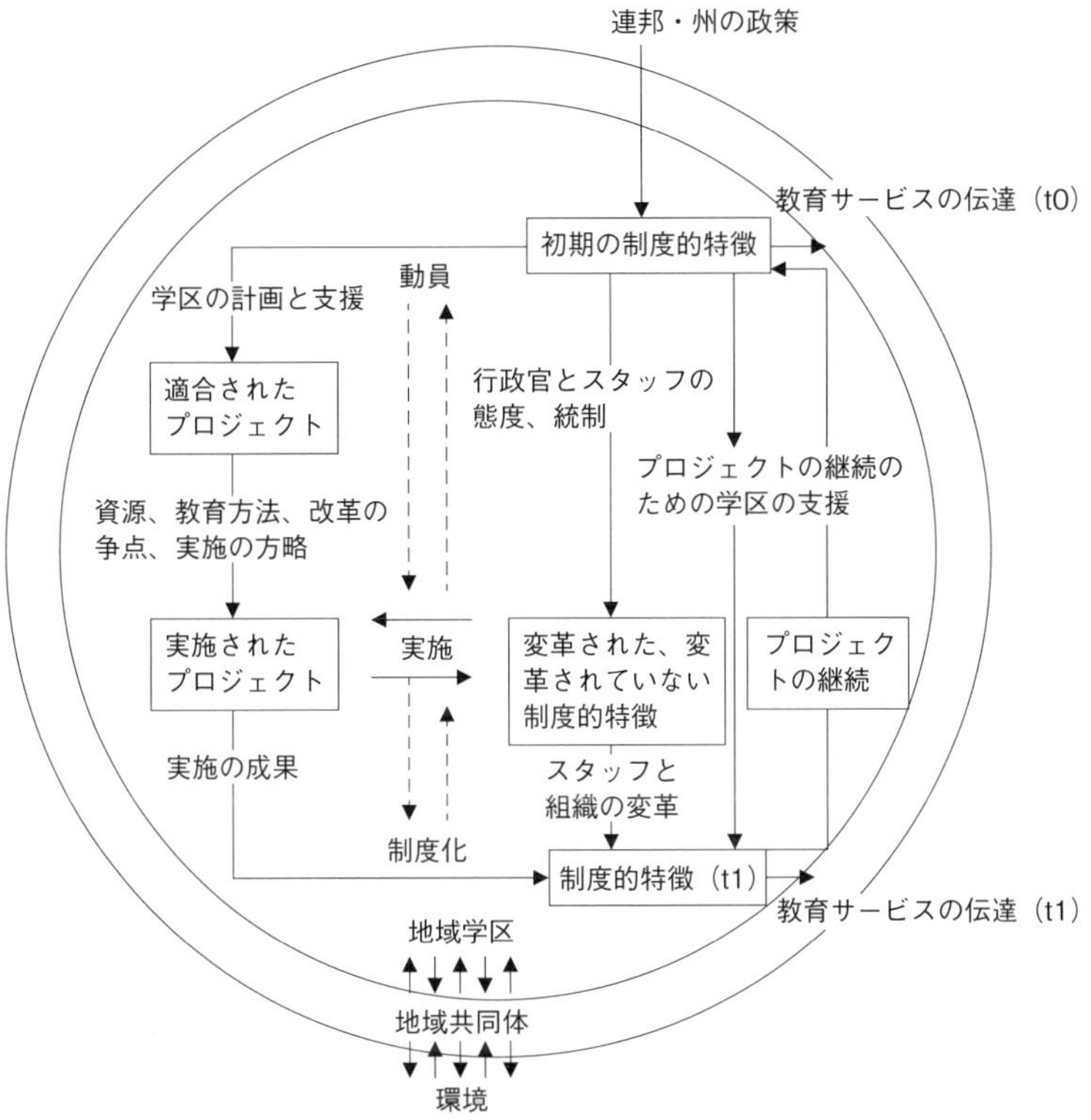

図1-1　「局地的な改革の過程のモデル」[81]

ラムによる学校改革の「過程」を次の三つの局面において特徴づける。改革の三つの局面とは、「動員」、「実施」、「制度化」の三局面である（図1-1及び図1-2参照[82]）。

「動員」の局面は「学区において改革プロジェクトが始動する」局面を、「実施」の局面は「革新を実際に動いている現実へと翻案する」局面を、そして、「制度化」の局面は「革新を特別なプロジェクトとしての地位から転換する」局面を指している[83]。先に検討してきた「相互適応」、「取り込み」、「非実施」の過程は、「実施」の局面に位置づけられている。

ここで、バーマンとマクロフリンが性格づける「革新の道筋」において、次の点は特徴的である。バーマンとマクロフリンは、一般的には最も望まれる改革とされる「草の根」に「動員」

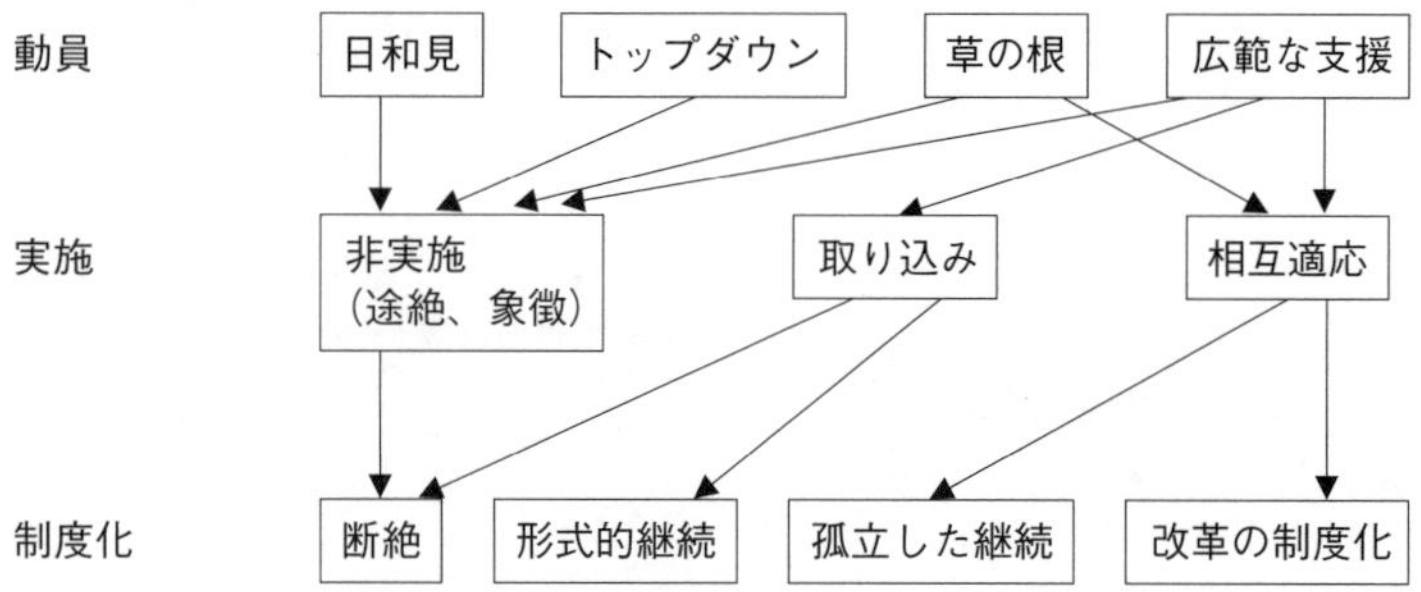

図1-2　「革新の道筋」[84]

されるプロジェクトもまた、「トップダウン」に「動員」されるプロジェクトと同様に問題を抱えているとする。バーマンとマクロフリンは、改革の「安定的な継続」を実現するためには、プロジェクトの「広範な支援」による「動員」が必要であることを強調する（図1-2参照[85]）。

「トップダウン」のプロジェクトは、学区レベルにおいて教育の実践を改善する意志があるものの、学校現場のスタッフの支援を獲得することに失敗している状況である。一方、「草の根」のプロジェクトは、学校現場のスタッフの改革への熱狂があるものの、学区の関心が薄いという状況にある。「草の根」のプロジェクトは、改革の「実施」において成功したとしても、学区の無関心に直面し続けることになり、改革プロジェクトは学校や教室レベルにおいて「孤立した」まま継続することが余儀なくされるのである（「孤立した継続」）。バーマンとマクロフリンは、「広範にわたる支援」を獲得しているプロジェクトこそが、「相互適応」として特徴づけられる「実施」の過程を経るだけでなく、「安定した継続」に繋がる道筋を歩むと強調している（「改革の制度化[86]」）。

(2)　教師の「専門家の学習」の主題化

マクロフリンとマーシュの共著論文「スタッフ開発と学校改革」（一九七八年）は、一連の調査を終えた「ランド・変革の担い手研究」の成果から、「スタッフ開発の特質と役割について再考すべき中心的な問題」を提起している[87]。ここからは、この論文を手がかりとし、マクロフリンらが提起する「スタッフ開発」の新たなヴィジョンについて検討しよう。

マクロフリンらは、「ランド・変革の担い手研究」が、「スタッフ開発」を捉える「既存の視点」とは「大いに異なる視点」を提示しているとする。「既存の視点」とは、「スタッフ開発」を、「ガバナンス」、「財政」、「人員配置」、「伝達と報酬の構造」、「技術の転移」といった問題に関心を寄せる視点である。[88]

これに対してマクロフリンらは、「ランド研究は、専門家の学習（learning for professionals）」を強調しているとする。すなわち、「改革のプログラムを、組織的な文脈において築き上げる過程としての専門家の学習（professional learning）」である。[89] マクロフリンらは、学校改革の中心的な課題として「スタッフ開発」を位置づけ、その組織的な過程を教師の「専門家の学習」として性格づける新しい視点を提示しているのである。

マクロフリンらは、「ランド・変革の担い手研究」が、「スタッフ開発」の設計と実施を導く新たな仮説を提案しているとし、以下の五点を挙げている。

一　教師は、重要な臨床的専門技術を有している。
二　専門家の学習は、適応的、発見的な過程である。
三　専門家の学習は、長期的、非線形的な過程である。
四　専門家の学習は、学校現場のプログラムを築き上げる取り組みと結びつけられなければならない。
五　専門家の学習は、学校現場と学区における組織的要因によって大きく影響されている。[90]

第一に、「教師は、重要な臨床的専門技術を有している」ことである。マクロフリンらは、他の職業における臨床的な状況と同様に、授業においては、「問題解決に相応しい方略が不明確であり」、教師が学習すべきことは、「問題解決そのもの」であり、「『証明済み』の手続きを習得すること」ではないとする。それゆえ、「外部の専門家」や

「厳密に構造化されたトレーニング」では教師の助けとはなりにくく、授業者である教師自身が「問題と解決策を同定する」過程に携わることが重要であるとマクロフリンらはいう[91]。

第二に、「専門家の学習は、適応的、発見的な過程である」。マクロフリンらは、「ランド・変革の担い手研究」が「適合的、発見的な過程」として特徴づけた「局地的な状況において革新が起こる過程」は、教師の「専門家の学習過程」を例証しているとする。マクロフリンらは、学校に革新を起こすためには、教師と行政官の双方が「車輪を再発明する」必要があり、「車輪の再発明」の過程こそが、革新を「理解」し、現場の必要に即して革新を「適合」させる過程であるという。マクロフリンらは、この過程自体が教師の「専門家の学習」そのものであるとする[92]。

第三に、「専門家の学習は、長期的、非線形的な過程である」。マクロフリンらは、「ランド・変革の担い手研究」が、改革が十分に実施されるまでには「年単位の時間」を要することを示していると指摘する。この長期的な過程において教師や行政官は、「特定の学校の状況における革新のためには何が必要なのか」、「新しいアイディアや技術をいかに教室に適応させるのか」、さらに、「連邦政府の資金提供が終了した後にいかにして技術や教材や教具を保持するのか」といった次々と見出される問題から学び続ける必要があるとする[93]。

第四に、「専門家の学習は、学校現場のプログラムを築き上げる取り組みと結びつけられなければならない」。この第四の仮説は中心的である。

マクロフリンらは、「ランド・変革の担い手研究」が、「スタッフ開発」を「学校においてプログラムを築き上げる過程の一部」として捉える視点を提示しているとする。マクロフリンらは、「ランド研究において、特定の革新を適応させる過程が、教師、行政官、プロジェクト・スタッフにとってのプログラムの目標を明確にすることを助けていた」という。マクロフリンらは、教師、行政官、プロジェクト・スタッフという立場の異なる「改革の担い手」において、必ずしも「目標」が一致しない中で、「改革の概念が明確にされ」、「革新についての理解が深められる」ことが重要であるとする[94]。

さらに、マクロフリンらは、「スタッフ開発」を「学校現場のプログラムを築き上げる過程」として捉える視点は、「スタッフ開発」の「欠損モデル」からの転換を意味すると強調している。「スタッフ開発」の「欠損モデル」は問題含みであるとマクロフリンらはいう。「欠損モデル」は、教師を「批判」の対象にし、「欠損」それ自体の議論から教師を「排除」し、「良い授業とは何か」を教師以外の関係者が認識しているという「独断的な」信念に基づいているとする(95)。

マクロフリンらは、「学校現場のプログラムを築き上げる過程」としての「スタッフ開発」は、教師だけでなく、行政官、プロジェクト・スタッフにも「新たな技術」を必要とする過程であり、教師の外部のグループが(96)「教師が何を知るべきか」を決定するのではなく、教師自身が改革の過程のための「主要な意思決定者」となるとする。

さらに、マクロフリンらは、教師が、「改革はより広範な規模において可能となる」ことを認識するとする。改革の過程は、「教師の行動」の変化に留まらず、「行政の構造」、「カリキュラム」、「教材の方略」といった広範にわたる改革として実施されるからである。マクロフリンらは、「スタッフ開発」は、「カリキュラム開発などの学校の改革や行政の改革といったその他の側面の改革と統合されることで、その有効性が高められる」と指摘する(97)。

マクロフリンらは、こうした「学校現場のプログラムを築き上げる過程」としての「スタッフ開発」を通して、「教師の専門職性」と結びついた「内発的動機」が高められることを強調する。この特徴は、「教師の欠損の修復」を前提とし「外発的動機」によって教師の参加を「説得」する「スタッフ開発」の「既存の」モデルとはきわめて対照的である(98)。

第五に、「専門家の学習は、学校現場と学区における組織的要因によって大きく影響されている」。マクロフリンらは、「ランド・変革の担い手研究」が、「スタッフ開発」を「組織としての学校の文脈」において捉える重要性を示しているとする。最も成功した改革において、「プロジェクトは単体のプロジェクトではなく、学校において進行中の問題解決や改善の過程の一部として統合されていた」という。すなわち、「学校現場の絶え間なき特質を反映する終わりなきスタッフ開発が良きスタッフ開発なのである」。[99]

マクロフリンらは、改革の全ての局面において「スタッフ開発」の「組織的文脈」の重要性は明確であったとした上で、特に、改革の「継続」の局面における「組織的文脈」の重要性を強調する。マクロフリンらは、改革の成功的な「継続」を「力動的な過程」として性格づけ、校長や学区のリーダーの「積極的な参加」が鍵を握っていたとする。「ランド・変革の担い手研究」は、改革の「継続」における「財政上の要因」よりも、学区や学校現場の「組織的要因」の重要性を強調しているとする。[100]

マクロフリンらは、これら五つの仮説によって、「組織的文脈において、プログラムを築き上げる過程の一部としての専門家の学習を強調するスタッフ開発のヴィジョンが支えられている」とする。[101]

(3)　教師、教師組織、校長、行政官、大学の新たな役割

マクロフリンらは、「ランド・変革の担い手研究」が示す「スタッフ開発」の「広範な視点」が、教師、教師組織(ティーチャー・センター)、校長、行政官、大学の新しい役割を示唆しているとする。ここでは、その新たな役割について順に検討しよう。

マクロフリンらは、「ランド・変革の担い手研究」を踏まえ、教師に、「長期にわたる責任」、「協同的な計画作り」、「学校の重要な改革の実施」が求められているとする。これらは、教師たちが求めてきた「積極的な機会」ではあるが、これまでは、「複雑なメッセージ」を伴った「案内状」が教師たちに送られてきたとする。すなわち、「重要な意思決定の権限」や「参加のための十分な時間」を与えられないままの参加の要請であり、「学区における財政的、法的、政治的緊張」が、教師の参加を複雑なものにしてきたとする。さらに、学区行政官や大学は、教師の「真正の参加」を難しくする「官僚的統制」を強めてきたことをマクロフリンらは指摘する。マクロフリンらは、それゆえ、教師は「外部の圧力の犠牲者」として自身を捉える傾向に陥るが、この傾向に打ち勝たなければならないと強調する。[102]

マクロフリンらは「ランド・変革の担い手研究」を踏まえ、「ティーチャー・センター運動（teacher center movement）」に対しても新しい役割を示唆している。マクロフリンらは、「ティーチャー・センター」による考察は、教師の「専門家の学習」の特徴を数多く指摘してきたとした上で、「学校においてプログラムを築き上げること」、「スタッフ開発の組織的文脈」に対しては十分な関心が払われていないとする。マクロフリンらは、「ティーチャー・センター」が、「学校においてプログラムを築き上げること」や「スタッフ開発の組織的文脈」を考慮に入れることで、より一層「スタッフ開発」の機能を高めることができると指摘している。(103)

マクロフリンらは、校長や学区のリーダーシップに対しても新たな役割を示している。校長のリーダーシップは、これまで、「臨床的なスーパーヴィジョン」や「学校でのスタッフ・ミーティングの開催」が重視されてきたことを踏まえ、「ランド・変革の担い手研究」は、「学校改善の過程を強化する文脈」における役割や、「教師の専門的成長の責任を教師自身が引き受けること」に対する明確なメッセージを発信する役割を強調しているとする。さらに、マクロフリンらは、改革の「継続」においても校長のリーダーシップが重要な役割を担うことを指摘している。(104)

マクロフリンらは、改革の「継続」に対するリーダーシップは、学区の行政官にも必要とされるものであるとする。学区行政官は、改革の問題を、「技術の転移」を中心とする「システム設計」の問題として捉えるだけではなく、「学習の過程」の問題として捉える必要があるとする。さらに、行政官は、「静的な方法で教育の革新を管理する」だけではなく、行政官の関与によって、「力動的で問題解決的な組織的枠組み」においてプロジェクトが成功することが示されているとマクロフリンらはいう。(105)

マクロフリンらは、「ランド・変革の担い手研究」が、校長や行政官の「スタッフ開発」の必要を指摘しているとする。連邦政府による地方の教育改革への介入において、校長や行政官の「スタッフ開発」は十分に考慮されておらず、学校改革を推進し支援する校長や行政官の能力が高められる必要があるという。(106)

マクロフリンらは大学に対しても新しい役割を求めている。第一に、「ランド・変革の担い手研究」が示してきた改革を実行することのできる校長や行政官を大学が養成するという役割である。第二に、大学が、教師の養成プログラムにおいて、実習生が改革における「二次的な役割」を担う準備を進めることである。すなわち、実習生が、学校現場における「協同的な計画作り」や「改革の実施の過程」に協力できる準備を整えることである[107]。

マクロフリンらは、こうした大学の新しい役割は、学校を基盤とする「スタッフ開発」の支援であり、学校改革の過程の一部を担うことを意味するとする。大学は、教師に「具体的で時機に合うトレーニング」を提供する必要があり、教室の改革の「フォローアップ」が必要となる。大学の教員もまた、学校の状況において「信頼」され、「新しい役割」を引き受けながら、改革の「適応的な過程」を共に経験する必要がある。「ランド・変革の担い手研究」は、大学が学区の「スタッフ開発」の取り組みの「有効なパートナー」となるために、大学それ自体の改革を示唆しているとする[108]。

以上、本節では、「ランド・変革の担い手研究」を踏まえマクロフリンらが提起する「スタッフ開発」のヴィジョンを検討してきた。マクロフリンらは、既存の「スタッフ開発」の概念に対する批判を含んだ新たな「スタッフ開発」のヴィジョンを提起していた。マクロフリンらは、「スタッフ開発」の中心に教師の「専門家の学習」を据え、学校において改革のプログラムを築き上げる学校改革の過程そのものを「スタッフ開発」として捉えるヴィジョンを提示していた。さらにマクロフリンらの「スタッフ開発」のヴィジョンは、教師、ティーチャー・センター、校長、行政官、大学のそれぞれに新たな役割を要請する視野の広いヴィジョンでもあった。マクロフリンらの「スタッフ開発」のヴィジョンが提起されたのは、「ランド・変革の担い手研究」を終えた一九七八年であった。

注

(1) Paul Berman and Milbrey Wallin McLaughlin, 1978, *Federal Programs Supporting Educational Change, Vol. VIII: Implementing and Sustaining Innovations*, Prepared for The U.S. Office of Education, Department of Health, Education, and Welfare, Rand Corporation, Santa Monica, CA.

（2）Berman and McLaughlin, 1978, *op. cit.*, p. 4.

（3）Berman and McLaughlin, 1978, *op. cit.*, pp. 2-3.

（4）Berman and McLaughlin, 1978, *op. cit.*, pp. 7-8.

（5）Berman and McLaughlin, 1978, *op. cit.*, pp. 2-3.

（6）Berman and McLaughlin, 1978, *op. cit.*, p. vi.

（7）なお、「ランド・変革の担い手研究」のプロジェクト・ディレクターを務めたのはランド研究所のポール・バーマン（Paul Berman）であった。マクロフリンは副責任者であった。

（8）Mibrey Wallin McLaughlin, 1976, Implementation as Mutual adaptation: Change in Classroom Organization, *Teachers College Record*, Vol. 77, No. 3, pp. 339-351.

（9）McLaughlin, 1976, *op. cit.*, p. 339.

（10）McLaughlin, 1976, *op. cit.*, pp. 339-340.

（11）McLaughlin, 1976, *op. cit.*, p. 340.

（12）*Ibid.*

（13）McLaughlin, 1976, *op. cit.*, pp. 340-341.

（14）McLaughlin, 1976, *op. cit.*, p. 341.

（15）*Ibid.*

（16）*Ibid.*

（17）McLaughlin, 1976, *op. cit.*, pp. 341-342.

（18）McLaughlin, 1976, *op. cit.*, p. 342.

（19）*Ibid.*

（20）*Ibid.*

（21）*Ibid.*

（22）*Ibid.*

（23）McLaughlin, 1976, *op. cit.*, pp. 342-343.

(24) McLaughlin, 1976, *op. cit.*, p. 343.
(25) *Ibid.*
(26) *Ibid.*
(27) *Ibid.*
(28) McLaughlin, 1976, *op. cit.*, pp. 344-347.
(29) McLaughlin, 1976, *op. cit.*, p. 344.
(30) McLaughlin, 1976, *op. cit.*, pp. 344-345.
(31) McLaughlin, 1976, *op. cit.*, p. 345.
(32) McLaughlin, 1976, *op. cit.*, pp. 345-346.
(33) McLaughlin, 1976, *op. cit.*, p. 348. 一つ目の強調は原文イタリック体、二つ目の強調は引用者による。
(34) Dale Mann, Milbrey Wallin McLaughlin, Miriam Baer, Peter W. Greenwood, Lawrence McCluskey, Linda L. Prusoff, John G. Wirt, and Gail Zellman, 1975, *Federal Programs Supporting Educational Change, Vol.Ⅲ: The Process of Change, Appendix A. Innovations in Classroom Organization and Staff Development*, Prepared for the U.S. Office of Education, Department of Health, Education, and Welfare, Rand, Santa Monica, CA.
(35) McLaughlin, 1976, *op. cit.*, p. 347.
(36) *Ibid.*; Milbrey Wallin McLaughlin and Miriam Baer, 1975, Eastown, in Dale Mann, Milbrey Wallin McLaughlin, Miriam Baer, Peter W. Greenwood, Lawrence McCluskey, Linda L. Prusoff, John G. Wirt, and Gail Zellman, *Federal Programs Supporting Educational Change, Vol.Ⅲ: The Process of Change, Appendix A. Innovations in Classroom Organization and Staff Development*, Prepared for the U.S. Office of Education, Department of Health, Education, and Welfare, Rand, Santa Monica, CA, p. Ⅳ-16.
(37) McLaughlin & Baer, 1975, *op. cit.*, p. Ⅳ-25.
(38) McLaughlin & Baer, 1975, *op. cit.*, p. Ⅳ-3.
(39) *Ibid.*
(40) McLaughlin & Baer, 1975, *op. cit.*, pp. Ⅳ-4-Ⅳ-5.

(41) McLaughlin & Baer, 1975, *op. cit.*, p. Ⅳ-5.
(42) McLaughlin & Baer, 1975, *op. cit.*, p. Ⅳ-4, p. Ⅳ-7.
(43) McLaughlin & Baer, 1975, *op. cit.*, pp. Ⅳ-7-Ⅳ-8.
(44) McLaughlin & Baer, 1975, *op. cit.*, p. Ⅳ-9.
(45) McLaughlin & Baer, 1975, *op. cit.*, p. Ⅳ-9.
(46) McLaughlin & Baer, 1975, *op. cit.*, pp. Ⅳ-10-Ⅳ-11.
(47) McLaughlin & Baer, 1975, *op. cit.*, pp. Ⅳ-11-Ⅳ-12.
(48) McLaughlin & Baer, 1975, *op. cit.*, pp. Ⅳ-12-Ⅳ-13.
(49) McLaughlin & Baer, 1975, *op. cit.*, pp. Ⅳ-13-Ⅳ-14.
(50) McLaughlin & Baer, 1975, *op. cit.*, pp. Ⅳ-14-Ⅳ-15, 強調は引用者による。
(51) McLaughlin & Baer, 1975, *op. cit.*, p. Ⅳ-15.
(52) McLaughlin & Baer, 1975, *op. cit.*, p. Ⅳ-16.
(53) McLaughlin & Baer, 1975, *op. cit.*, p. Ⅳ-17.
(54) *Ibid.*
(55) McLaughlin & Baer, 1975, *op. cit.*, pp. Ⅳ-17-Ⅳ-18.
(56) McLaughlin & Baer, 1975, *op. cit.*, pp. Ⅳ-18-Ⅳ-19.
(57) McLaughlin & Baer, 1975, *op. cit.*, p. Ⅳ-20.
(58) McLaughlin & Baer, 1975, *op. cit.*, pp. Ⅳ-20-Ⅳ-21.
(59) McLaughlin & Baer, 1975, *op. cit.*, p. Ⅳ-21.
(60) McLaughlin & Baer, 1975, *op. cit.*, pp. Ⅳ-21-Ⅳ-22.
(61) McLaughlin & Baer, 1975, *op. cit.*, p. Ⅳ-25.
(62) Miriam Baer and Milbrey Wallin McLaughlin, 1975, Seaside, in Dale Mann, Milbrey Wallin McLaughlin, Miriam Baer, Peter W. Greenwood, Lawrence McCluskey, Linda L. Prusoff, John G. Wirt, and Gail Zellman, *Federal Programs Supporting Educational Change, Vol.Ⅲ : The Process of Change, Appendix A. Innovations in Classroom Or-*

ganization and Staff Development, Prepared for the U. S. Office of Education, Department of Health, Education, and Welfare, Rand, Santa Monica, CA, pp. Ⅳ-62-Ⅳ-73.

(63) Baer & McLaughlin, 1975, *op. cit.*, p. Ⅳ-62.
(64) Baer & McLaughlin, 1975, *op. cit.*, pp. Ⅳ-62-Ⅳ-63.
(65) Baer & McLaughlin, 1975, *op. cit.*, p. Ⅳ-63.
(66) *Ibid.*
(67) Baer & McLaughlin, 1975, *op. cit.*, p. Ⅳ-64.
(68) Baer & McLaughlin, 1975, *op. cit.*, pp. Ⅳ-64-Ⅳ-65.
(69) Baer & McLaughlin, 1975, *op. cit.*, p. Ⅳ-66.
(70) *Ibid.*
(71) Baer & McLaughlin, 1975, *op. cit.*, pp. Ⅳ-68-Ⅳ-69.
(72) *Ibid.*
(73) Baer & McLaughlin, 1975, *op. cit.*, pp. Ⅳ-69-Ⅳ-70.
(74) McLaughlin, 1976, *op. cit.*, p. 348.
(75) Baer & McLaughlin, 1975, *op. cit.*, pp. Ⅳ-70-Ⅳ-71.
(76) Baer & McLaughlin, 1975, *op. cit.*, p. Ⅳ-71.
(77) Baer & McLaughlin, 1975, *op. cit.*, p. Ⅳ-70, p. Ⅳ-73.
(78) Berman & McLaughlin, 1978, *op. cit.*, p. vi.
(79) Milbrey Willian McLaughlin and David Marsh, 1978, Staff Development and School Change, *Teachers College Record*, Vol. 80, No. 1, pp. 69-94.
(80) Ann Lieberman, 1978, Staff Development: New Demands, New Realities, New Perspectives, *Teachers College Record*, Vol. 80, No. 1, pp. 1-3. この特集号の掲載論文は、翌年の一九七九年に、リーバーマンらの編集によりティーチャーズ・カレッジ・プレスから出版されている。Ann Lieberman and Lynne Miller (ed.) *Staff Development: New Demands, New Realities, New Perspectives*, Teachers College Press. さらに、マクロフリンらの論文は、一九九〇

年にリーバーマンが編集した『協同文化の学校――今、未来を創る』にも再録されている（第一一章、pp. 213-232）。Ann Lieberman (ed.) *Schools as Collaborative Cultures: Creating the Future Now*, The Falmer Press.

(81) Paul Berman, Milbrey Wallin McLaughlin, with the assistance of Gail Bass, Edward Pauly, Gail Zellman, 1977, *Federal Programs Supporting Educational Change, Vol. Ⅶ: Factors Affecting Implementation and Continuation*, Prepared for the U. S. Office of Education, Department of Health, Education, and Welfare, Rand Corporation, Santa Monica, CA *op. cit.*, p. 18, Figure, 2. 1.

(82) Berman & McLaughlin, 1977, *op. cit.*, p. 18 ; Berman and McLaughlin, 1978, *op. cit.*, p. 17.

(83) Berman & McLaughlin, 1977, *op. cit.*, p. 17.

(84) Berman & McLaughlin, 1978, *op. cit.*, p. 17, Figure.

(85) Berman & McLaughlin, 1978, *op. cit.*, p. 18. 二〇一三年三月四日に筆者が行ったマクロフリンへのインタビュー調査においても、マクロフリンは、「ランド・変革の担い手研究」が、「局地的に選択された革新が最善である」という学校改革に関する一般的な通念に再考を迫ったことを強調していた。

(86) Berman & McLaughlin, 1978, *op. cit.*, pp. 18-21.

(87) McLaughlin & Marsh, 1978, *op. cit.*, p. 70.

(88) McLaughlin & Marsh, 1978, *op. cit.*, p. 87.

(89) *Ibid.* 強調は引用者による。

(90) McLaughlin & Marsh, 1978, *op. cit.*, p. 91.

(91) McLaughlin & Marsh, 1978, *op. cit.*, p. 87.

(92) McLaughlin & Marsh, 1978, *op. cit.*, pp. 87-88.

(93) McLaughlin & Marsh, 1978, *op. cit.*, p. 88.

(94) *Ibid.*

(95) McLaughlin & Marsh, 1978, *op. cit.*, p. 89.

(96) *Ibid.*

(97) *Ibid.*

(98) McLaughlin & Marsh, 1978, *op. cit.*, pp. 89–90.
(99) McLaughlin & Marsh, 1978, *op. cit.*, p. 90.
(100) *Ibid.*
(101) McLaughlin & Marsh, 1978, *op. cit.*, pp. 90–91.
(102) *Ibid.*
(103) McLaughlin & Marsh, 1978, *op. cit.*, p. 92.
(104) McLaughlin & Marsh, 1978, *op. cit.*, pp. 92–93.
(105) McLaughlin & Marsh, 1978, *op. cit.*, p. 93.
(106) *Ibid.*
(107) McLaughlin & Marsh, 1978, *op. cit.*, pp. 93–94.
(108) *Ibid.*

第二章　ランドの学校改革研究

――R・エルモアとM・マクロフリンを中心に

一九八八年二月、ミシガン州立大学のリチャード・エルモアとスタンフォード大学のミルブリィ・マクロフリンは、ランド研究所から学校改革に関する共同リポートを公刊する。『愚直な仕事――アメリカの教育政策、実践、改革』である。「ランド・変革の担い手研究」の実行の中心にあったマクロフリンと、「ランド・変革の担い手研究」にも携わったエルモアというハーバード大学の同門の二人によるランド共同リポートの公刊に、ランド研究を起点とする学校改革研究の系譜における基本となる問題領域の形成を見ることができよう。本章は、このランド共同リポートの特質を解明することを課題としている。

第一節では、エルモアが一九七九年に定式化し提起する政策実施研究のアプローチである「逆向き設計（backward mapping）」のアプローチを取り上げている。エルモアの「逆向き設計」のアプローチは、ランド共同リポートに深く息づいているからである。

第二節では、エルモアとマクロフリンのランド共同リポート『愚直な仕事』の検討を中心的に行う。『愚直な仕事』に示される学校改革を捉える特徴的な視点、一九六〇年代から一九七〇年代の連邦政府の教育政策による学校改革からの教訓、一九八〇年代の学校改革の問題を順に検討し、学校改革の波が押し寄せる一九八〇年代において『愚直な仕事』が形成するエルモアとマクロフリンの独自のスタンスを明らかにする。

第三節では、一九八〇年代の終盤にかけて行われるマクロフリンによる「ランド・変革の担い手研究」の再検討の作業を取り上げている。マクロフリン自身による「ランド・変革の担い手研究」の再検討の作業は、一九九〇年代に本格的に展開するマクロフリンを中心とする新たな学校改革研究を準備している。

一　R・エルモアの「逆向き設計」の視角

一九七九年、ワシントン大学に在籍していたエルモアは、論文「逆向き設計――実施研究と政策決定」において、「逆向き設計」のアプローチを定式化し提起している。(1)

エルモアは、政策実施研究の「標準的な」枠組みを、批判の対象として析出し（「前向き設計（forward mapping）」）、それに代わる新たな枠組みとして「逆向き設計」のアプローチを提起するのである。(2) 政策実施研究において「逆向き設計」のアプローチの特徴は際立っており、エルモアの研究のスタンスとして、「逆向き設計」のアプローチは、後の著作（二〇〇四年）において自ら明確にしているように、その後も中心的であり続けている。(3)

エルモアとマクロフリンは、ハーバード大学の同門であり（指導教官はデーヴィット・コーエン）、エルモアは、マクロフリンがランド研究所において遂行した「ランド・変革の担い手研究」（一九七三―一九七七年）にも協力していた。「ランド・変革の担い手研究」を起点とする学校改革研究の系譜は、一九八〇年代を通して、マクロフリンとエルモアの協同に、その中心的な展開を見出すことができよう。本節では、まず、エルモアの「逆向き設計」の視角を明らかにする。

(1)「逆向き設計」の論理

エルモアは、論文「逆向き設計――実施研究と政策決定」において「逆向き設計」のアプローチを定式化し提起する。(4) エルモアは、政策の実施を分析するアプローチには、「正解と誤り」があるのではなく、「議論の余地」があるだけであると断った上で、次の二つのアプローチについて論じる。(5) それが、「前向き設計」のアプローチと「逆向き設計」のアプローチである。エルモアは、政策実施の「標準的な」枠組みを、「前向き設計」のアプローチとして析出するのである。エルモアの「逆向き設計」のアプローチは、エルモアがいう「前向き設計」のアプローチが前提とする「論理」への批判及び、「前向き設計」との対照性において特徴づけられよう。

① 「前向き設計」批判

エルモアは、「前向き設計」のアプローチを批判する。

エルモアは、「政策決定者が政策実施過程に影響を及ぼそうと考える際に、直ちに思い浮かぶ方略」を、「前向き設計」と名づける。すなわち、政策実施の「最上部」から分析に着手し、「政策決定者」の「意図」を可能な限り明確にし、順々により下位の「政策実施者」に期待することを明確に定義するというアプローチである。(6) エルモアは、「前向き設計」のアプローチは、政策分析の「標準的な」枠組みであるとする。(7)

エルモアは、「前向き設計」のアプローチに問題を見出している。エルモアは、「前向き設計」のアプローチには、「政策決定者が、政策実施に影響を与える、組織的、政治的、技術的な過程の全てを管理することができる」という「暗黙の前提」が潜んでいるとする。エルモアは、この前提を、「行政や政策の分析上の『高貴な嘘』」であると指摘する。すなわち、この「暗黙の前提」を潜ますことで、「政策分析が政策決定者の存在を正当化する」、さらに、「前向き設計は、政策実施を最上部から管理することができるという神話を強化する」とエルモアは指摘する。「行政官も政策分析者も、政策の実施過程において引き起こされる事態が、政策決定者の意図や方針によって説明することができなくなることを恐れている」のである。(8)

エルモアは、「前向き設計」のアプローチが、政策実施研究の進展により、「政策実施過程の特質についての論拠が蓄積される事態に直面し」、その「神話」を維持することが難しくなっているとする。さらに、「前向き設計」のアプローチは、政策実施の「失敗」についての「非常に狭い範囲に限られた説明」を提供することしかできないとする。にもかかわらず、「前向き設計」のアプローチへの固執は、「代替的な」アプローチが提示されていないことに起因しているとエルモアはいう。(9) そこでエルモアは、「逆向き設計」のアプローチを提起する。

② 「前向き設計」と「逆向き設計」の対照

エルモアが提起する「逆向き設計」のアプローチは、「前向き設計」のアプローチとの対照性によって特徴づけられよう。

エルモアは、「前向き設計」と「逆向き設計」のアプローチが唯一共有する点は、「政策決定者が、政策実施過程と政策の成果に影響を及ぼすことに強い関心を抱いている」ことにあるとする。(10) すなわち、あくまでも「前向き設計」と「逆向き設計」のアプローチは、政策決定者の視点からのアプローチである。

「逆向き設計」のアプローチは、「前向き設計」のアプローチが前提としている次の二つの仮説に疑義を差し向ける。一つは、「政策決定者が、政策実施過程において生起することに決定的な影響力を行使する、もしくは行使すべきである」という仮説である。もう一つは、「政策の成功的な実施の可能性を高めるのは、政策の明確な指示、行政責任の明確な声明、成果の明確な定義による」という仮説である。エルモアが強調するのは、「逆向き設計」のアプローチは、これらの仮説を前提としないことであり、「逆向き設計」の「論理」は、「前向き設計」の「論理」とは「全ての側面において対照的である」ことである。(11) 以下に、両アプローチの特徴を、その対照性に即しながら明らかにしよう。

まず、「逆向き設計」のアプローチの手順についてである。「逆向き設計」のアプローチは、政策実施過程の「最上部」からではなく、「最終段階」すなわち「行政的行為が私的な選択と交差する地点」を注視することから分析が始まる。さらに、「逆向き設計」のアプローチは、「政策意図の言明」からではなく、「政策のニーズを生み出す政策実施過程の最下部の特定の行動の言明」を起点として分析に着手する。「逆向き設計」のアプローチにおいては、この「特定の行動」が記述されることで初めて、政策の「目標」が明示されるということを意味するのである。(12)

「逆向き設計」のアプローチは、政策を実施する「複数の主体」が存する「構造」を、「遡りながら分析する」のである。政策実施の「最下部」から、各々の段階において、政策実施に必要な「能力」と「資源」を問いながら「構造」を「遡る」のである。(13)

そして、「逆向き設計」のアプローチによる分析の最終段階において、分析者や政策決定者は、政策が最大の効果を上げるために、「組織的な単位」において必要となる「資源」を指揮する政策を記述するのである。(14)この一連の手順に基づく分析の過程が、「逆向き設計」のアプローチによる分析である。

さらに、エルモアは、「逆向き設計」のアプローチの特徴として以下の点を挙げている。第一に、「逆向き設計」のアプローチは、「政策決定者の視点」からのアプローチではあるが、「政策だけが影響を及ぼすとは前提していない」。政策が最も影響を及ぼすことができるとしても、政策実施の過程に従事する人々の「行動」に影響を及ぼすだけであると、「逆向き設計」のアプローチは、政策の影響力をあくまでも限定的に捉えている。(15)

第二に、「逆向き設計」のアプローチは、「政策の成功や失敗の基準」として、「政策決定者の意図を遵守すること」に依拠することはない。むしろ、「逆向き設計」のアプローチは、政策の成功の基準を、「条件付きの」観点から捉えている。(16)すなわち、各々の段階における「行為者」の「能力」とその「影響」の関係から、政策の成功を定義づけるのである。

第三に、「前向き設計」のアプローチが、政策実施における「組織的単位」を「階層的関係」において把握し「階層的なコントロール」と「問題に対する対応能力」を強調するのに対して、「逆向き設計」のアプローチでは、「分散されたコントロール」において「問題に最も近接している地点での裁量権を最大化」しその「問題解決能力」を強調するという。(17)

このように、エルモアが「前向き設計」との対照性において性格づける「逆向き設計」のアプローチは、ラディカルなアプローチであるといえよう。エルモアが批判を寄せた「前向き設計」のアプローチは、エルモアも指摘するように隣接領域の諸科学とも結びつき、政策決定や政策分析における「一般的な観念を形成」しているからである(18)。さらに、そうした観念は、政策決定や政策実施に現実に関わる当事者にも浸透することで、政策決定－政策実施の「階層的な関係」や「階層的なコントロール」を現実的に機能させているのである。

エルモアの「逆向き設計」のアプローチの強調点として、次に、実践者の「裁量権」と実践の「可変性」に焦点を当てて検討しよう。

(2)　「逆向き設計」の強調点——実践者の「裁量権」と実践の「可変性」

エルモアは、既存の理論において「ストリート・レベルの裁量権（street-level discretion）」への「不信」がきわめて根深いことを指摘している(19)。

エルモアは、「裁量権」は、いかなる行政システムにおいても「避けられないもの」であるが、「裁量権」は、「選抜」、「監視」、「手順化」といった「装置」によって、「入念に拘束され抑制され管理されている」と指摘する。エルモアは、そうした「裁量権」を、「良くて必要悪、悪ければ民主的な政治体制への脅威とみなす支配的な見解」によって、「前向き設計」のアプローチが推進され、政策実施の問題を解決する「階層的なコントロール」に対する「信頼」が調達されていると見ている。

政策実施の「指令」に対する「ストリート・レベルの官僚」の「対応」は、政策の成果の良し悪しに関わらず、「画一的（uniformity）であること」、「可変性がより少ない（low variability）こと」において「積極的に」価値づけられているのである(20)。

エルモアは、こうした「支配的な見解」においては、「末端における政策の有効性や信頼性を高める装置として裁量権をいかに利用するか」ということが、一切考慮されないとする。続けてエルモアは、「問題」とはきわめてかけ離れた場所において開発された「標準化された解決策」が「あてにならない」こと、さらに、「ストリート・レベルの行動」を「画一性」の観点から固定化する政策は、政策決定者が予想し損ねた状況に「適合させる（adapt）」ことは困難であることを指摘する[21]。

「逆向き設計」のアプローチを提起するエルモアは、政策実施における「画一性」に対して「可変性」を強調し、「遵守」に対して「裁量権」に高い価値づけを行う必要を論じる[22]。エルモアが、「裁量権」を「適合する方策（adaptive device）」として性格づけていることも注目されよう[23]。「裁量権」は、政策をストリート・レベルの状況に「適合させる」ことを第一に意味しているのである。

こうしてエルモアが提起する「逆向き設計」のアプローチは、政策決定者に、次のような新しい問いに向き合うことを要請する。「もし、われわれ政策決定者が、政策を実施する者の行動に影響を与えることを掲げるのであれば、われわれがその行動に接触する最も近接する地点はどこなのか」という問いである。すなわち、「問題を解決するのは、政策や政策決定者ではなく、問題に最も近接する人」なのである。「政策それ自体が問題を解決するのではなく、政策が可能とすることは、個々人の注意を問題に向けさせ、個々人が技能（skill）と判断（judgment）を適用する機会を提供することに限られている」。「逆向き設計」のアプローチにおいて、最も重要な分析の焦点は、「問題と、問題に接触する最も近接する地点のつながり」に向けられる[24]。

エルモアの「逆向き設計」の論理は、「政策決定」と「政策の効果が生み出される地点」とを直接結びつけることを導いている[25]。その地点が、「逆向き設計」のアプローチの分析単位であり、エルモアがその後においても注視し続ける政策の「最小単位の問題点」なのである[26]。

二　「愚直な仕事」としての学校改革
――R・エルモアとM・マクロフリンのランド共同リポート

一九八八年、ランド研究所から学校改革を主題とする一つのリポートが発行された。[27] エルモアとマクロフリンによるこの共同リポート『愚直な仕事――アメリカの教育政策、実践、改革』である。エルモアとマクロフリンによるこの共同リポートは、題目の直截な表現に示されている通り、学校改革を、「愚直な仕事（steady work）」として特徴づけるリポートである。[28] エルモアとマクロフリンは、それまでのアメリカにおける教育改革の展開を踏まえ、さらに一九八〇年代に特徴的な教育改革の展開に対して、「愚直な仕事」としての学校改革の展望を示している。この共同リポートは、ランド研究所と国立教育研究所（National Institute of Education）の支援により刊行されている。

本節では、この共同リポートが提起する「愚直な仕事」としての学校改革の特質を明らかにすることを試みる。

(1)　R・エルモアとM・マクロフリンのランド共同リポートの位置

エルモアとマクロフリンの共同リポートは、一九八〇年代の学校改革をめぐる構図において独自の位置にあるといえよう。

エルモアとマクロフリンは、一九八〇年代の教育改革における「第二の改革の波」の一翼を担うホームズ・グループへの協力に明らかなように、『危機に立つ国家――教育改革の責務』（一九八三年）[29] を起点とする「第一の改革の波」に対抗する学校改革を構想するグループに参加している。

エルモアは、ホームズ・グループの拠点大学であるミシガン州立大学に在籍し、ホームズ・グループの一連の改革リポートを執筆するメンバーの一人であった。エルモアは、一九八六年の第一リポート『明日の教師――ホームズ・グループのリポート』に続き、一九九〇年の第二リポート『明日の学校――教職専門開発学校の改革原理』の執筆メンバーに名前を連ねている[30]。マクロフリンもまた、第二リポート『明日の学校』を準備するホームズ・グループの特別セミナー（一九八八年、ミシガン州イースト・ランシング）に駆けつけており、ホームズ・グループの改革に対する協力を惜しんではいない[31]。

しかし同時に、エルモアとマクロフリンのランド共同リポート『愚直な仕事』は、「第二の改革の波」においても独自な位置にあるといえよう。エルモアとマクロフリンが「愚直な仕事」として描き出す学校改革は、「専門家の助言や外部の基準に始まる改革」ではない「授業実践に始まる改革」を展望し、学校改革を支援する教育行政の改革、教育政策の改革を射程に収める独自の構想である[32]。

以下では、エルモアとマクロフリンの学校改革構想の特質を明らかにするために、まず、エルモアとマクロフリンの学校改革に対する基本的な視点を明らかにする。次に、主に一九六〇年代から一九七〇年代にかけての連邦政府の教育政策による諸改革からエルモアとマクロフリンが引き出す教訓について、そして、一九八〇年代以降の諸改革の展開に対して、エルモアとマクロフリンが、どこに問題を見出し改革の課題を同定しているのかを検討しよう。

(2)　学校改革の三つの水準――政策、行政、実践

エルモアとマクロフリンは、学校改革は、「緩やかに結びついた三つの水準に影響を与える」とする。三つの水準とは、「政策」、「行政」、「実践」の三つである。エルモアとマクロフリンは、その各々が、独自の「報酬」、「誘因」、「問題」、「視点」を有しているとする。それゆえ、学校改革を実行する上で、政策、行政、実践の間に引き起こされる「葛藤」は避けられないとし、政策、行政、実践の間の「葛藤」を、「風土病（endemic）」として性格づけている[33]。以下、三つの水準についてのエルモアとマクロフリンによる特徴づけを検討しよう。

まず、政策は、「教育の目的」、「個人と制度の責任」、「運営の資金」、「必要な規則」などに関する「当局の決定」によって構成されている。それゆえ、政策決定における「報酬」や「誘因」は、主として「政治的」な性格を帯びる。

政策の「視点」から教育のシステムは、「選挙を通じて選ばれた役人」を通して「濾過」された「公衆の要求」に対応することによって機能するシステムとして捉えられている。そして、政策の「成功」は、最終的には「選挙」の「問題」であるとエルモアとマクロフリンはいう(34)。

一方、教育の実践とは、「教えるべき教育内容」、「教室経営」、「個々の生徒の学習課題の診断」、「教師のパフォーマンスの評価」、「生徒のパフォーマンスの評価」などの「肌理の細かい」「指導上の決定」によって構成されている。それゆえ、教育の実践の「世界」は、主として「教室の教師」の「世界」であり、実践の「報酬」や「誘因」は、主として「専門的」であると同時に「官僚的」である。実践の「成功」は、教師の「視点」からすれば、教室の文脈に即し極めて「特異的」であるという(35)。

行政は、政策と実践の間に位置づき、政策と実践の間に、「広大で複雑で計り知れないほどの行政の網の目」が存在しているとエルモアとマクロフリンは指摘する。学校長、副校長、カリキュラム・スペシャリスト、評価者、事務長、教育長補佐、地域行政官、教育長などが、行政全般に携わっている。学区が特別なプログラムに参加する場合には、コーディネーター、プロジェクト・ディレクター、特別スタッフなどが含まれる(36)。

これら行政官の「報酬」や「誘因」は、「専門的」であり「官僚的」であり「政治的」であるとエルモアとマクロフリンはいう。政策決定者や教師たちとは異なり、行政官の職務は、「組織の維持と発展」に向けられているとする。具体的には、「スケジュールに見合うこと」、「適切な時に適切な方針の文書を送ること」、「出費と予算を調整すること」、「新たな要求を既存の活動と調和させること」などによって行政の職務は構成されている。行政の「成功」は、「相反する要求」を「具体的で組織的な解決策」に落とし込むことであり、組織の「健全な」維持に向けられているとする(37)。

政策、行政、実践の以上の特徴により、次のような「逆説的な」事態が生まれているとエルモアとマクロフリンはいう。例えば、教師が「実践についての独自の考え方」を持ち、有効な授業について「専門家としての強力な確信」

を抱いていればいるほど、教師は、政策との「葛藤」を抱え込むことになるのである。さらに、教師は、政策の「成功」の恩恵からは「最も遠い」位置にあるにもかかわらず（最も近い位置には政策決定者がいる）、改革が「失敗」に終われば、「失敗」の非難に「最も近い」位置に教師は立たされているという。(38)

エルモアとマクロフリンは、学校改革を実行するためには、政策、行政、実践の間にある「窪み」を踏まえた上で、「時間をかけた適合的な行動（adaptive behavior）」が必要であるとする。政策、行政、実践の間の「窪み」は、次のようにある。

第一に、政策は、有効な行政と有効な実践のための「条件を整える」ことが可能である。しかし、政策は、行政と実践が「いかなる決定を行うのか」について前もって決めることはできない。第二に、行政は、程度の差こそあれ「政策を正確に反映する行政的決定を行うこと」、そして、有効な実践のための「条件を整えること」が可能である。しかし、行政は、教師が「教室においていかに活動するのか」を管理することはできない。第三に、実践は、「より有効なパフォーマンスのための知識」を反映する改革に着手することは可能である。しかし、そうした知識は、常に政策や行政の決定と一致するとは限らないとする。(39)

エルモアとマクロフリンは、政策、行政、実践の間の「窪み」を踏まえ、「授業実践に始まる改革」を展望しているのである。すなわち、「専門家（教師）の判断の問題」、「行政の管理の問題」、そして「政策決定の問題」の三つの問題に「愚直に」取り組む仕事として、学校改革を展望している。(40)これが、エルモアとマクロフリンの学校改革についての基本的な視点である。

(3) 連邦政府の教育政策による学校改革の教訓

エルモアとマクロフリンは、一九六〇年代から一九七〇年代の連邦政府の教育政策による学校改革から教訓を引き出している。なぜなら、エルモアとマクロフリンは、新たな改革を標榜する一九八〇年代の諸改革が、依然として、一九六〇年代、一九七〇年代の改革の教訓を生かせていないと見ているからである。[41]

エルモアとマクロフリンが連邦政府の教育政策による改革として取り上げるのは、以下の六つの改革である。第一に、一九五〇年代の後半より全米科学財団（National Science Foundation、以下ＮＳＦと略記）によって着手された「科学、数学、社会科のカリキュラム開発」、第二に、ジョンソン政権下に成立した「ＥＳＥＡタイトルⅠ」、第三に、幼稚園から小学校第三学年までの教育改善を期した「フォロー・スルー（Follow Through）」、第四に、初等中等教育段階の革新的な教育実践の開発と普及を目的とした「ＥＳＥＡタイトルⅢ」（及びその後の「ＥＳＥＡタイトルⅣ－Ｃ」）、第五に、一九七一年に着手された経済機会局（Office of Economic Opportunity）による学業達成度の改善プログラム（「パフォーマンス・コントラクティング（Performance Contracting）」）、そして第六に、公民権法以後の「人種統合教育」である。[42]

これらの連邦政府の教育政策による改革の検討から、エルモアとマクロフリンが引き出す教訓は、次の命題に最も中心的に示されているといえよう。「政策、行政、実践の関係において、可変性は通常であり、画一性は例外である」。[43]エルモアとマクロフリンは、政策の目的が、「生徒の学業達成度」の改革であれ、「学校資源の再配分」であれ、「学区と学校の再組織」であれ、「教室実践の改革」であれ、「政策が掲げる改革に対する学校の反応は、広範にわたって可変的である」ことを強調する。にもかかわらず、概して政策決定者は、「可変性を過小評価する」という。[44]

例えば、ＮＳＦのカリキュラム開発者は、「汎用性の高い」「優れた」カリキュラムを開発し、フォロー・スルーや学業達成度の改善プログラムでは、改革のモデルの「公平で一貫性のある実施」を期待し、ＥＳＥＡタイトルⅠは、「想定通りに」資源が配分されることを期待し、人種統合教育は、マイノリティーの生徒の教育機会の平等を「人種の画一的な均衡」に期していたのである。これらのプログラムにおいて、「たとえ可変性において多くの成功が見出されてもなお、画一性を求める前提は保持されている」とエルモアとマクロフリンはいう。[45]

エルモアとマクロフリンは、唯一、ＥＳＥＡタイトルⅢ（及びＥＳＥＡタイトルⅣ－Ｃ）において州や地方が開発する方略に、「可変性」を予期していたことが見出されるとするが、それは「異例」であったと指摘する。政策決定者は、主として、連邦政府の改革に対する州や地方の対応が「幅広い多様性」を示すとき、それは、「画一的な結果を欠くもの」であり、「プログラムの失敗」として捉えるとする。[46]

しかしながら、エルモアとマクロフリンは、「改革が適合されて可変的となる（adapt to variability）程度に応じて、また、改革が可変性に乗ずる（capitalize upon variability）程度に応じて、改革の成功がある」と強調する。政策は、「高度に抽象的であること」において機能し、「状況の幅広い多様性に応じて一般的な規則を適用すること」に焦点を合わせている。それゆえ、政策は、行政官や教師たちが「具体的な実践の問題の解決」に当たる上で有効であるわけではない。「政策と実践の間の葛藤は避けられない」のである。

エルモアとマクロフリンは、この「葛藤が引き起こされること」が問題なのではなく、そうした「葛藤にいかに対処するのか」が問題であるとする。[47] 全ての政策が、「適合し可変的となること（adaptation to variability）」に向き合うことが、改革の「成功のための条件」であるとする。[48]

さらに、そうした「適合」のプロセスは、単に政策決定者が「地方や地域の多様性を甘受すること」ではなく、より根本的には、「積極的な問題解決」の過程であるとエルモアとマクロフリンは強調する。ここでエルモアとマクロフリンは、「ランド・変革の担い手研究」の成果を根拠に据え、ランド研究が、改革が継続し発展する活動を、「適合」、「スタッフの関与」、「行政の支援」を含む「地方が主導する問題解決」として性格づけてきたことに言及する。[49]

エルモアとマクロフリンは、「改革の実施」と「改革の成果」の間には「タイムラグ」があるということもまた、改革の「中心的な事実」であると指摘する。エルモアとマクロフリンは、政策実施研究の進展を踏まえ、ＥＳＥＡタイトルⅠの成果が現れてきたのは（それが肯定的であれ否定的であれ）、一九七〇年半ばであり、実際に連邦政府が補償教育の提供に組織的に関与し始めたのも一九七〇年代半ばであることを挙げる。人種統合教育もまた、一九六〇年代半ば以降に漸く人種構成に実質的な変化が現れてきたのであり、一九七〇年代後半から一九八〇年代初頭にかけて、人種均衡の効果が理解され始めたとする。エルモアとマクロフリンは、「政策が成熟するためには時間がかかる」とし、「政策の成熟には、既存のやり方に変化を引き起こすための、政策の愚直な洗練が必要である」と強調する[50]。

こうしてエルモアとマクロフリンは、一九六〇年代から一九七〇年代にかけて展開された連邦政府の教育政策による改革の教訓は、「学校と教室」に向けられているとする。すなわち、政策の実施や政策の帰結における「可変性」、「適合」、「タイムラグ」といった諸問題は全て、「学校や教室において何が起こるのか」に根差しているとする。エルモアとマクロフリンは、「学校改革という愚直な仕事」は、「教師はいかにして授業について学ぶのか」、「学校はいかにして実践に影響を与えるのか」、そして「そうした諸要因は子どもたちのパフォーマンスにいかに影響を与えるのか」という一連の理解に根差していなければならないとする[51]。

(4)　一九八〇年代の学校改革が抱える課題

エルモアとマクロフリンは、一九八〇年代に展開されている諸改革に対して独自のスタンスを鮮明にしている。特に、エルモアとマクロフリンが、「第二の改革の波」の主潮を作り出している「改善の単位としての学校（the school as the unit of improvement）」（ジョン・グッドラッド）を標榜する改革が抱える問題を明示している点が注目される[52]。

エルモアとマクロフリンは、「改善の単位としての学校」という視点が、一九六〇年代以降の改革に対して、最も特徴的な「改革の新しい課題」であるとする。「改善の単位としての学校」という視点は、グッドラッドが指摘するように、「学校を単位とすることによって、教室での生活の改良は最も良くなされる」という視点であり、「現職教育や学校改善の活動と報酬」の「鍵となる単位」を、「教育長の任務と学区規模の活動」から「校長の任務と学校の活動」へと「移行」することを要請している[53]。

エルモアとマクロフリンは、「改善の単位としての学校」の視点は、「これまでの改革についての私たちの分析が正しければ、全ての道は教室と学校に通じており」、学校改革の単位を学校に据えることは、改革の「全体の問題を最

小単位の問題」として捉える重要な視点であるとする。(54)

しかし、エルモアとマクロフリンは、次のように問いかける。「問題の診断が正確であれば正確であるほど、解決策が妥当であれば妥当であるほど、学校への焦点化が正しければ正しいほど、新たな課題の訴えが失敗することなどはないと人々は感じるであろう。その場合、避けられない失敗が起こり始めた時、その非難は誰に向けられるのであろうか」という。「そうした非難は恐らく学校で働く人々へ向けられるだろう。学校を改善の単位とするという改革の課題は、学校や学校で働く人々へ、敵意と冷淡な眼差しを向けさせる新たな装置と化してしまう」とする。(55)

エルモアとマクロフリンは、学校を「改革の標的」として定めることにより、多くの「政策決定者」を「不変の状態」にし、「学校のために政策決定する誘引」もまた「不変の状態」にしてしまうと指摘する。すなわち、政策決定者や行政官は、「改革に着手するだけで改革の報酬を獲得」する一方、実践者は、「改革を実施することによってのみその報酬を手にするに過ぎない」のである。(56)

エルモアとマクロフリンは、一九八〇年代の政策環境において、「学校を改善の単位とするという仮説」から、改革の「避けられない失敗」を経て、「学校は外部からの一連の要求を反映するだけの組織であるという帰結」へと容易に移行してしまうことを危惧する。すなわち、学校改革を「内側から外側へ」と展開することなく、学校の外側からの「競合する不合理な要求の数々」に晒されるという事態への転換である。エルモアとマクロフリンは、こうした事態を、「象が戦い、草の根が絶える」と指摘する。(57)

こうした帰結を避けるために、エルモアとマクロフリンは、「政策の限界」を認識すること、そして、以下の四つの問題に取り組む必要があるとする。

まず、エルモアとマクロフリンは、「改革の道具としての政策の限界を明確に認識すること」が必要であるとし、「政策は、有用であるが鈍い道具である」ことを強調する。政策は、最良の環境において、「資源の配分」、「学校の構造」、「実践の内容」に影響を与えることが可能であるが、その「変化」には、「時間を有し」、「時に予期せぬ効果を生む」とする。一方、最悪の環境において政策は、改革に関わる人々に対する「敵意や冷淡な眼差し」を「流通」させ、「組織を分断」し、改革を「急き立てる」とする。[58] これらが「政策の限界」である。

その上で、エルモアとマクロフリンは、以下の四つの問題を指摘する。

第一に、「政策と実践の隔たりを埋めること」である。ここで最も重要なことは、「いかなる改革においても、時間が本質的な要素」であり、「時間の機能」とは、「行政や実践を政策に向けて調整し適応し適合させるための機会を提供すること」であるとエルモアとマクロフリンは強調する。政策決定者は、この事実を明確に認識する必要があるとする。[59]

さらに、エルモアとマクロフリンは、「実践の開発に着手する」ために「政策を利用する」ことを強調している。すなわち、「現実の学校で働く人々が現実の問題についての解決策を講ずる権限を与えること」であり、「そうした解決策が失敗する機会と成功するための時間を与えること」を強調する。[60]

第二に、「可変性を引き受けること」である。エルモアとマクロフリンは、政策が「高度に抽象的」であるという特性を、「実践的な解決策における多様性と可変性を引き受けること」において活かすことを強調する。一方で、「解決策の開発を制限」し、「実践における多様性を厳しく制約」することは政策の特性を活かしきれていないとする。[61]

「可変性を引き受けること」は、例えば、コア・カリキュラム開発の改革に取り組む六つの高校において、六つの多様な改革のモデルを生み出すことを引き受けることであるという。実際に、現場の多様な生徒の特性に即して「複数の改革のモデル」が生み出されたとする。その「複数の改革のモデル」こそが、学区中央当局や州議会が設定する規則や基準や手続きよりも、同様の改革に取り組もうとする教師たちにおいて「より確実性の高い」改革のモデルを示しているのである。ここで重要なことは、「可変性が容認されるかどうか」ではなく、「新たな改革課題の解決策を開発することにおいて、いかに可変性を利用するのか」という問題であるとエルモアとマクロフリンは強調する。[62]

第三に、「規則の機能を学ぶこと」である。エルモアとマクロフリンは、改革のために政策を利用する際に、「能力や実践的判断や専門的技術」の影響力を超えて、「規則」の影響力が高まってしまうことを問題視する。エルモアとマクロフリンは、「規則」は、「公正な基準を設定する」ことに限定され、「実践的な問題の解決策を規定しない」ことを強調する。「規則は期待を設定すべきであり、実践を指図するべきではない」とエルモアとマクロフリンは指摘する。(63)

そして第四に、「有効な組織を作り出すことに向けて学ぶこと」である。エルモアとマクロフリンは、これまでの研究や経験が、「いかに有効な組織を作り出すのか」について示唆を与えているが、そうした知識は、「校長、教師、学区行政官の経験に翻案されるまでは有用な知識とはいえない」とする。そうした「翻案」には「実践の開発」が必要であり、「実践の開発」には「時間と適合と失敗に対する寛容さ」が必要であるとする。(64)

以上、エルモアとマクロフリンのランド共同リポートを検討してきた。エルモアとマクロフリンは、政策、行政、実践の三つの水準を射程に収める「授業実践に始まる改革」として学校改革を追求していた。学校改革は「愚直な仕事」であった。この独自のスタンスは、諸改革の波の押し寄せる一九八〇年代において際立っている。

三　M・マクロフリンによる「ランド・変革の担い手研究」の再検討

一九七〇年代に着手された「ランド・変革の担い手研究」は、およそ一〇年を経て、再び、新たな学校改革研究を生み出す淵源となる。

マクロフリン自身による「ランド・変革の担い手研究」の再検討の作業は、一九八九年四月のアメリカ教育学会（AERA）の年次大会（カリフォルニア州サンフランシスコ）の招待講演を一つの契機としていた。この講演を準備したのは、コロンビア大学のリーバーマンらであった。

マクロフリンは、その講演を基に、論文「ランド・変革の担い手研究の再検討――マクロな視点とマイクロな現実」（一九九〇年）[65]及び、論文「ランド・変革の担い手研究――一〇年を経て」（一九九一年）[66]を執筆している。前者はＡＥＲＡの学会誌である『エデュケーショナル・リサーチャー』誌に、後者はアラン・オッデン編集の『教育政策実施』に収められた。

なお、マクロフリンによる「ランド・変革の担い手研究」の再検討を含む論文には、上記の二つの論文とは性格を異にする論文「専門性開発を実現可能にすること――これまでに私たちは何を学んできたのか？」（一九九一年）もある[67]。この論文については本書の第五章にて検討する。

本節では、一九八九年ＡＥＲＡの講演を基にしたマクロフリンの論文を手がかりに、一九九〇年代初頭においてもなお有効とされる「ランド・変革の担い手研究」の成果及び、修正を必要とされる成果について検討しよう。

（1）一九九〇年代初頭においても有効とされる成果

マクロフリンは、「ランド・変革の担い手研究」を、「マクロレベルの政策とマイクロレベルの行動の関係を観察」した研究として特徴づけ、一九九〇年代初頭においても、なお有効とされるその成果を以下の三点に要約し示している[68]。

第一に、「実施が結果に著しく影響を与える」ことである。マクロフリンは、政策の結果に対する「局地的な諸対応の影響力」が、後続の研究においても強調されるようになり、政策研究における「実施の視点」が形成され展開されてきたとする。「ランド・変革の担い手研究」は、「政策をいかに実践するのかについての局地的な選択」が、政策の特徴として一般に観念されるような「技術」、「プログラムのデザイン」、「資金のレベル」、「ガバナンスに必要なもの」よりも、政策の結果に対してより重要であると結論づけていた。マクロフリンは、「改革の問題は、最小単位の問題であり続けている」と強調する[69]。

第二に、「政策は重要なことを命令することはできない」ことである。マクロフリンは、「政策の成果において最も重要なことは、局地的な能力や意志」であるとする。実践者が革新的な取り組みを計画し遂行し維持する「能力」は、「局地的な専門的技術」、「組織的ルーティン」、「利用可能な資源」によって支えられるのであり、「政策の手の届かないところ」にある。さらに、「局地的な能力や意志」は、時間とともに変化する。例えば、教師のストライキ、経費削減、人員削減といった事態は、実践者の「能力や意志」に否定的な影響を与えかねないのである(70)。

第三に、「局地的な可変性は通例であり、画一性は例外である」ことである。マクロフリンは、教室、学校、学区にはカリキュラムの構造、学年の構造、生徒の配分に関する政策という共通する特徴が認められるが、教室、学校、学区は基本的に「多様」であることを強調する。例えば、経済的に豊かな郊外の教室における高校の英語の授業と、インナー・シティの高校の英語の授業は全く異なっている。デイド郡（フロリダ州）の「学校現場の意思決定」プロジェクトと、サンタフェ（ニューメキシコ州）の「学校再構造化」活動と、ロサンゼルスの「共有された意思決定」は全く異なっているという(71)。

マクロフリンは、政策決定者にとって「可変性」は、「呪われたもの」であり、政策目的に対する「局地的に斑《まだら》のある対応」を示唆する「災厄」とみなされてきたとする。しかし、マクロフリンは、「可変性」とは、「局地的な資源、伝統、対象者に即した最善の方法でもって政策を形成し統合すること」の現れであるという「積極的な」意味を強調し、「局地的な実践」はきわめて「多様である」ことを指摘する(72)。

以上、マクロフリンは、一九九〇年代初頭においてもなお有効とされる「ランド・変革の担い手研究」の成果を三点に要約し示している。次に、マクロフリンが修正を必要とする成果として挙げる三点について検討しよう。

(2)　一九九〇年代初頭において修正を必要とする成果

マクロフリンは、「ランド・変革の担い手研究」から一〇年の間に起きた現実の変化と、政策実施についての新たな理解の蓄積を踏まえ、次の三点において「ランド・変革の担い手研究」の成果を修正する必要があるとする(73)。第一に「傾倒」について、第二に「外部からの専門的援助」について、そして第三に「教師の行動に影響を与える要因」についてである[74]。以下、それぞれについて検討しよう。

第一に、「傾倒」についてである。マクロフリンは、「ランド・変革の担い手研究」が「初期の動機の重要性を過度に強調していた」とする。マクロフリンは、この「初期の動機の重要性」についての分析は、プロジェクトに参加する「日和見主義の理由（資金を利用できること）」と、「プロジェクトの必要性を認識した参加」とを区別することに基づいていたとする[75]。

しかし、「ランド・変革の担い手研究」の経験は、「実践が信念に先行する（*belief follows practice*）」事例を理解し認識してこなかったことも示しているという。すなわち、「ランド・変革の担い手研究」において欠けていたのは、実践を変革することを求められ新たな実践に取り組むことで、実践者が「『信念の人』になる」という視点であったとする[76]。

マクロフリンは、この欠落は、「ランド・変革の担い手研究」が調査したプログラムの性格、すなわち連邦政府の競争的資金による支援プログラムであるがゆえに、改革への取り組みは「自発的」であったことによるとする。それゆえ、「ランド・変革の担い手研究」は、例えば、ＥＳＥＡタイトルⅠのプログラムとは異なり、プログラムに「懐疑的で反抗的な」参加者において何が起きたのかについて迫れていなかったとマクロフリンは指摘する[77]。

マクロフリンは、一九八〇年代に着手した連邦政府による補償教育プログラムの移行（ＥＳＥＡタイトルⅠから「教育統合改善法（Education Consolidation and Improvement Act、以下ＥＣＩＡと略記）」チャプター１への移行）を跡づける研究によって、「現場の意志の重要性」と同時に、「当初はアイディアに反対していた個人や機関が考えを変える」という事実に迫ることになったという。ＥＳＥＡタイトルⅠからＥＣＩＡチャプター１への移行は、ＥＳＥＡタイトルⅠを特徴づけていた「プロジェクトの評価」と「保護者の参加」の規定を取り除くことになった。しかし、多くの地方学区において、「保護者の参加」は目的に適う必要なものとされ、「プロジェクトの評価」も有用なものとして継続されたのである。マクロフリンは、当初は、「地方の自律性」を脅かすものとして抵抗にあい、「時間と資金の浪費」であるとみなされていた「プロジェクトの評価」の活動が、学区が評価を実行する「能力」を獲得することで、次第に評価の「重要性」を認識するようになったとする。[78]

マクロフリンは、「実践が信念に先行する」という観察は重要であるとする。マクロフリンは、「ランド・変革の担い手研究」の成果が、「改革に動機づけられていない人々による改革は無駄に終わる」ということを示唆し、既存のシステムの「保守的な傾向」を強化しかねなかったと振り返っている。[79]

第二に、「外部からの専門的援助」についてである。マクロフリンは、「ランド・変革の担い手研究」の結論は、外部のコンサルタントやデベロッパーの役割とその能力についてきわめて懐疑的であったとする。「ランド・変革の担い手研究」が観察した外部からの助言者たちは、「局地的な状況の特徴」を認識しておらず、それらの助言やパッケージ化されたプログラムは「有効ではなかった」のである。[80]

しかし、マクロフリンは、学校改善の普及を主題化したその後の研究（クランドールらによる『学校改善支援の普及（Dissemination Efforts Supporting School Improvement、以下DESSIと略記）』に関する研究）が、「外部からの改革の担い手」や「外部において開発されたプログラム」が、「実践を改善する局地的な取り組み」を「促進」し「支援」することにおいて「きわめて有効」であることを明らかにしてきたとする。DESSI研究は、「画一的な」外部支援が示す「非生産的な」側面を「教訓」とした改革のプログラムを調査していたのである。[81]

マクロフリンは、「ランド・変革の担い手研究」の「外部からの専門的援助」についての成果を修正することもまた、「改革の可能性」についての「保守的な姿勢」を改めることになるとする。マクロフリンは、「ランド・変革の担い手研究」の結論が示唆していたのは、「局地的な資源と能力にのみ依存する改革の『部族』モデル、改革の『村』モデル」であったとする。マクロフリンは、「外部からの専門的援助」の「外部性」が問題なのではなく、「外部からの専門的援助」と「局地的な状況」との相互作用を注視する必要があるとする。[82]

そして第三に、「教師の行動に影響を与える要因」についてである。マクロフリンは、「ランド・変革の担い手研究」が、「教師の行為と選択の重要性」を強調し「局地的な実施者が、より大きなシステムに埋め込まれていること（embeddedness）」を理解してきたとする[83]。

しかし、マクロフリンは、「教師において最も現実的に意味のある構造についての私たちの概念」は「きわめて狭いもの」であったとする。すなわち、マクロフリンは、「ランド・変革の担い手研究」が、「政策システム」を「当然視」し、「教師において最も現実的に意味のある構造は政策の構造である」と仮定していたと振り返る。マクロフリンは、「政策分析者である私たちが、政策システムに中心的に関心を寄せる一方で、多くの教師の日常において、政策システムは常に現実的に意味のあるものであるとは限らない」と指摘する[84]。

マクロフリンは、多くの教師にとって、「政策の目標や活動」は、教室を取り巻くより広範な環境の「一部分」に過ぎないとする。マクロフリンは、「政策の構造」を超えて教師たちが「埋め込まれている構造（embedded structure）」を見逃してきたとする。マクロフリンは、教師たちが「埋め込まれた構造」である、「専門家ネットワーク（professional networks）」、「学校の中の教科部（school departments）」、「その他の学校レベルのアソシエーション」、「同僚の組織」といった構造を捉える必要があるとする[85]。

マクロフリンは、「逆説的なことではあるが」とした上で、次のように指摘する。「ランド研究は、局地的な実施者の視点から見る逆向き設計（map backward）の初めての研究であり、マクロレベルの政策と結びつけながら、計画された改革の取り組みを分析した研究であった。にもかかわらず、ランド研究は、依然として、マイクロレベルの現実ではなくマクロレベルの関心を反映する探究であって、トップダウンの研究の性格を帯びていた」とする。マクロフリンは、「ランド・変革の担い手研究」は、「局地的なレベルにおける計画された改革の記述」においても、「政策決定者や実践者への局地的な実践の質を高める方法についての助言」においても「不十分」であったとする[86]。

以上、マクロフリンが「ランド・変革の担い手研究」の成果において修正が必要な成果について三点にわたって検討してきた。それは、「傾倒」、「外部からの専門的援助」、「教師の行動に影響を与える要因」についてであった。マクロフリン自身による「ランド・変革の担い手研究」の再検討の作業は、一九九〇年代にマクロフリンを中心に展開される学校改革研究を準備している。マクロフリンらは、「改革の導き手」である「教師の視点」を徹底し、改革の現場であるマイクロレベルの現実を反映する学校改革研究を展開する。その探究の中心概念は、「教職の文脈（context of teaching)」である。

注

（1）Richard F. Elmore, 1979-1980, Backward Mapping: Implementation Research and Policy Decisions, *Political Science Quarterly*, Vol. 94, No. 4, pp. 601-616.
（2）Elmore, 1979-80, *op. cit.*, pp. 602-603.
（3）Richard F. Elmore, 2004, *School Reform from the Inside Out: Policy, Practice, and Performance*, Harvard Education Press, Cambridge, Mass, pp. 3-4.
（4）Elmore, 1979-80, *op. cit.*
（5）Elmore, 1979-80, *op. cit.*, p. 602.
（6）*Ibid.*
（7）Elmore, 1979-80, *op. cit.*, p. 603.
（8）*Ibid.* 強調は原文イタリック体。
（9）Elmore, 1979-80, *op. cit.*, pp. 603-604.
（10）Elmore, 1979-80, *op. cit.*, p. 604.
（11）*Ibid.*
（12）*Ibid.*
（13）*Ibid.*
（14）*Ibid.*

(15) *Ibid.*
(16) *Ibid.*
(17) Elmore, 1979-80, *op. cit.*, pp. 604-605. 強調は引用者による。
(18) Elmore, 1979-80, *op. cit.*, p. 603.
(19) Elmore, 1979-80, *op. cit.*, p. 609. ここでエルモアが「ストリート・レベルの（street-level）」の用語を使用するのは、リプスキーらの研究に拠っている。
(20) Elmore, 1979-80, *op. cit.*, pp. 609-610.
(21) Elmore, 1979-80, *op. cit.*, p. 610.
(22) *Ibid.*
(23) Elmore, 1979-80, *op. cit.*, p. 612.
(24) *Ibid.*
(25) Elmore, 1979-80, *op. cit.*, p. 616.
(26) Elmore, 2004, *op. cit.*, pp. 3-4.
(27) Richard F. Elmore and Milbrey Wallin McLaughlin, 1988, *Steady Work: Policy, Practice, and the Reform of American Education*, The Rand Corporation, Santa Monica, CA.
(28) このエルモアとマクロフリンの『愚直な仕事』は、文芸、社会批評家であり、社会民主主義の代表的な雑誌『ディセント（*Dissent*）』の編集者を務めていたアーヴィング・ハウ（Irving Howe）の引用から書き起こされている。エルモアとマクロフリンの共同リポートの題目は、ハウの論集の書名（『愚直な仕事──民主主義のラディカリズムの政治に関する論集 1953-1966（*Steady Work: Essays in the Politics of Democratic Radicalism, 1953-1966*）』）から着想を得ている。ハウの評論の一節に、メシアを待つ村の門番の仕事が「愚直な仕事」であると表現される箇所があり、エルモアとマクロフリンの『愚直な仕事』は、その引用から書き起こされている。Elmore & McLaughlin, 1988, *op. cit.*, p. 1.
(29) National Commission on Excellence in Education, 1983, *A Nation at Risk: The Imperative for Educational Reform, A Report to the Nation and the Secretary of Education United States Department of Education*, United States

Department of Education, Washington, D.C.

（30）The Holmes Group, 1986, *Tomorrow's Teachers: A Report of The Holmes Group*, The Holmes Group; The Holmes Group, 1990, *Tomorrow' s Schools: Principles for the Design of Professional Development Schools, A Report of The Holmes Group*, The Holmes Group. ホームズ・グループによる一九八六年、一九九〇年、そして一九九五年の三つのリポートは、二〇〇七年に三部作としてまとめて公刊されている。The Holmes Partnership, 2007, *The Holmes Partnership Trilogy: Tomorrow's Teachers, Tomorrow's Schools, Tomorrow's Schools of Education*, Peterlang.

（31）この特別セミナー「教師の仕事の概念と学校組織（Conceptions of Teachers' Work ant the Organization of Schools）」は、一九八八年の九月二二日及び二三日に、ミシガン州イースト・ランシングにて開催された。ここには、マクロフリンだけではなく、本書の第Ⅱ部以降にて取り上げる教師の「同僚性（collegiality）」の概念を提起したカリフォルニア大学バークレー校のジュディス・リトル（Judith Warren Little）や、同じく本書の第三章にて取り上げているジュネーヴ大学のマイケル・ヒューバーマン（Michael Huberman）も参加している。

（32）Elmore & McLaughlin, 1988, *op. cit.*, p. 4.

（33）Elmore & McLaughlin, 1988, *op. cit.*, pp. 5-7.

（34）Elmore & McLaughlin, 1988, *op. cit.*, p. 5.

（35）Elmore & McLaughlin, 1988, *op. cit.*, pp. 5-6.

（36）Elmore & McLaughlin, 1988, *op. cit.*, p. 6.

（37）Elmore & McLaughlin, 1988, *op. cit.*, pp. 6-7.

（38）Elmore & McLaughlin, 1988, *op. cit.*, p. 8.

（39）Elmore & McLaughlin, 1988, *op. cit.*, p. 10.　強調は引用者による。

（40）Elmore & McLaughlin, 1988, *op. cit.*, p. 10.

（41）Elmore & McLaughlin, 1988, *op. cit.*, p. 15.

（42）Elmore & McLaughlin, 1988, *op. cit.*, pp. 15-33.

（43）Elmore & McLaughlin, 1988, *op. cit.*, p. 34.

（44）*Ibid.*

（45）Elmore & McLaughlin, 1988, *op. cit.*, pp. 34–35.

（46）Elmore & McLaughlin, 1988, *op. cit.*, p. 35.

（47）Elmore & McLaughlin, 1988, *op. cit.*, p. 35.

（48）Elmore & McLaughlin, 1988, *op. cit.*, p. 36.

（49）*Ibid.*

（50）*Ibid.*　強調は引用者による。

（51）Elmore & McLaughlin, 1988, *op. cit.*, p. 37.

（52）Elmore & McLaughlin, 1988, *op. cit.*, p. 56.

（53）Elmore & McLaughlin, 1988, *op. cit.*, pp. 55–56.

（54）*Ibid.*

（55）Elmore & McLaughlin, 1988, *op. cit.*, p. 56.　強調は引用者による。

（56）Elmore & McLaughlin, 1988, *op. cit.*, p. 59.

（57）Elmore & McLaughlin, 1988, *op. cit.*, pp. 59–60.

（58）Elmore & McLaughlin, 1988, *op. cit.*, p. 60.

（59）*Ibid.*

（60）Elmore & McLaughlin, 1988, *op. cit.*, p. 61.

（61）*Ibid.*

（62）*Ibid.*

（63）Elmore & McLaughlin, 1988, *op. cit.*, p. 62.

（64）*Ibid.*

（65）Milbrey Wallin McLaughlin, 1990, The Rand Change Agent Study Revisited: Macro Perspectives and Micro Realities, *Educational Researcher*, Vol. 19, No. 9, pp. 11–16.

（66）Milbrey Wallin McLaughlin, 1991a, The Rand Change Agent Study: Ten Years Later, in Allan R. Odden (ed.),

Education Policy Implementation, State University of New York Press, pp. 143–155.

(67) Mibrey Wallin McLaughlin, 1991b, Enabling Professional Development: What Have We Learned? In Ann Lieberman and Lynne Miller (ed.) *Staff Development for Education in the '90s Second Edition, New Demands, New Realities, New Perspectives*, Teachers College Press, pp. 61–82. このマクロフリンの論文が収められたリーバーマンらによる編著は、本書の第一章にて取り上げた一九七九年の『スタッフ開発――新たな要求、新たな現実、新たな視座』の第二版として公刊された論集である。

(68) McLaughlin, 1990, *op. cit.*, p. 12; McLaughlin, 1991a, *op. cit.*, p. 147.

(69) *Ibid.* 一つ目の強調は原文イタリック体、二つ目の強調は引用者による。

(70) McLaughlin, 1990, *op. cit.*, pp. 12–13; McLaughlin, 1991a, *op. cit.*, pp. 147–148.

(71) McLaughlin, 1990, *op. cit.*, p. 13; McLaughlin, 1991a, *op. cit.*, p. 148.

(72) *Ibid.*

(73) *Ibid.*

(74) McLaughlin, 1991a, *op. cit.*, pp. 148–152.

(75) McLaughlin, 1990, *op. cit.*, p. 13; McLaughlin, 1991a, *op. cit.*, pp. 148–149.

(76) McLaughlin, 1990, *op. cit.*, p. 13; McLaughlin, 1991a, *op. cit.*, p. 149.

(77) *Ibid.*

(78) McLaughlin, 1990, *op. cit.*, p. 13; McLaughlin, 1991a, *op. cit.*, p. 149–150.

(79) McLaughlin, 1990, *op. cit.*, pp. 13–14; McLaughlin, 1991a, *op. cit.*, p. 150. 強調は引用者による。

(80) McLaughlin, 1990, *op. cit.*, p. 14; McLaughlin, 1991a, *op. cit.*, p. 150.

(81) McLaughlin, 1990, *op. cit.*, p. 14; McLaughlin, 1991a, *op. cit.*, pp. 150–151.

(82) McLaughlin, 1990, *op. cit.*, p. 14; McLaughlin, 1991a, *op. cit.*, p. 151.

(83) *Ibid.*

(84) *Ibid.*

(85) McLaughlin, 1990, *op. cit.*, p. 14; McLaughlin, 1991a, *op. cit.*, pp. 151–152.

(86) McLaughlin, 1990, *op. cit.*, p. 14; McLaughlin, 1991a, *op. cit.*, p. 152. 強調は引用者による。

第Ⅱ部　教師の「同僚性」の形成と展開

第三章　教師の「同僚性」の形成と展開

一九八二年、教師の「同僚性（collegiality）」の概念が提起された。それは、コロラド大学アクション・リサーチ・センター（Center for Action Research）のジュディス・リトルの学校改革研究による。リトルは、複数の学校改革の調査に基づき、改革を成功に導く決定的な要因として教師間のインタラクションを特徴づける「同僚性と実験の規範（norms of collegiality and experimentation）」を析出した。以後、一九八〇年代を通して「同僚性」の概念は熱狂的な普及を遂げることになる。本章は、「同僚性」の概念の形成とその後の研究の展開を叙述することを課題とする。

第一節では、「同僚性」の概念の形成を叙述する。「同僚性」の概念を提起したリトルの一九八二年の論文及び、「同僚性」が最も発達しているとリトルが同定した学校の再分析が行われた一九八四年の論文を中心的に取り上げる。

第二節では、「同僚性」の研究の展開を叙述する。一九八〇年代、教師の「同僚性」の研究は、「同僚性」の概念の急速な普及と定着を反映して展開される。第二節では「同僚性」の研究の展開を、「同僚性」の批判の系譜と「同僚性」の追求の系譜に分けて跡づける。「同僚性」の批判の系譜では、カナダのトロント大学のアンディ・ハーグリーブズ（現在はアメリカのボストン・カレッジ）と、スイスのジュネーヴ大学のマイケル・ヒューバーマンの研究を中心的に取り上げる。「同僚性」の追求の系譜では、一九八〇年代の「同僚性」の展開を総括する一九九〇年のリトルの論文を中心的に検討する。さらに、リトルも合流することになったミルブリィ・マクロフリンを中心とするスタンフォード大学の学校改革研究の展開を素描する。

一　教師の「同僚性」の概念の形成

リトルは、一九七八年にコロラド大学において社会学及び社会言語学に基づく職場研究により博士号を取得し[1]、その後、コロラド大学アクション・リサーチ・センターにて国立教育研究所の支援による学校改革研究に着手した。その成果は、一九八一年に『学校の成功とスタッフ開発——都市部の人種差別撤廃学校におけるスタッフ開発の役割』として報告され[2]、続く一九八二年の『アメリカン・エデュケーショナル・リサーチ・ジャーナル』誌に、その中心的な成果を示す論文が掲載された。論文「同僚性と実験の規範——学校の成功のための職場の条件」である[3]。この論文において教師の「同僚性」の概念が提起された[4]。

本節の課題は、教師の「同僚性」の概念の形成を叙述することにある。リトルが提起した「同僚性」の概念はいかなる文脈において提起されたのか、学校改革に迫るリトルの視角にはいかなる特徴があるのか。本節では、まず、リトルの学校改革研究の特質を明らかにする。その上で、リトルが提起した「同僚性」の概念の内包を検討し、一九八〇年代に活発に展開されることになる「同僚性」研究の起点を明確にする。

(1)　J・リトルの学校改革研究の特質

ここでは、リトルが教師の「同僚性」の概念を提起する一九八二年の論文及び、一九八四年の『ティーチャーズ・カレッジ・レコード』誌に掲載された論文「専門性開発における魅惑的なイメージと組織の現実」を手がかりに、「同僚性」の概念を提起するリトルの学校改革研究の特質を明らかにする[5]。後者の論文は、「同僚性」の概念を提起した学校改革研究の再分析を中心とする論文である(6)。

「同僚性」の概念を提起するリトルの学校改革研究は、学校改革に取り組む六つの学校（小学校三校、中学校二校、高校一校、表3-1及び表3-2を参照）を対象とする一九週間にわたるフィールドワーク調査に基づく研究であり、一四人の学区行政官、一四人の管理職、一〇五人の教師へのインタビュー調査を遂行した研究である(7)。リトルの学校改革研究は、次の三点において特徴づけることができよう。

第一に、「同僚性」の概念を提起するリトルの学校改革研究は、実践と研究の両面において、一九七〇年代にランド研究所のマクロフリンによって着手された「ランド・変革の担い手研究」の影響を色濃く受けていることである。まず、リトルが「同僚性」の概念を提起する上で、最も中心的にその改革の過程を特徴づけるウエストレイク小学校（改革の成功の度合いが高く、スタッフ開発への参加の度合いも高い学校、表3-1参照）の実践において、「ランド・変革の担い手研究」の影響は大きい。ウエストレイク小学校は、学区と協同し、「完全習得学習（mastery learning）」の実践を中心とする学校改革に取り組むパイロット・スクールの一つであった。ウエストレイク小学校の学校改革は、その校長と学区のコーディネーターによるリーダーシップとスタッフ開発の的確なデザインに性格づけられる改革である。ウエストレイク小学校の校長の特徴的なリーダーシップは、校長自身が「ランド・変革の担い手研究」の報告書を読み込んだことに直接的に支えられている。ウエストレイク小学校の校長は、「ランド・変革の担い手研究」の成果に基づき、従来からの「門番」としての校長の役割から、積極的な「改革の担い手（change-agent）」としての校長の役割を自覚的に引き受けていたのである(8)。

リトルの学校改革研究そのものも、「ランド・変革の担い手研究」の成果に負うところが大きい。リトルは、「同僚性」の概念を提起した一九八二年の論文を、「ランド・変革の担い手研究」の成果を検討することから書き起こしている。リトルは、「マクロフリンとマーシュ（一九七九）［「ランド・変革の担い手研究」に基づく論文］」が、一九六〇年代から一九七〇年代初頭にかけての教育改革の数多の失敗の原因を、教師の研修の必要性を過小評価していたこ

表3-1　リトルの学校改革研究の対象校の特徴（小学校）(9)

	小学校		
特徴	ケアリー小学校	スモールウッド小学校	ウエストレイク小学校
成功(10)	わずかに低い	高い	高い
スタッフ開発	高い	低い	高い
スタッフ開発の内容	授業のフォローアップを含む授業改善のための学校規模の2週間の研修。	教師個々人が講義やワークショップを受講。	「完全習得学習（mastery learning）」の学校改革のパイロット・スクール（5校のうちの1校）として、校長も含めた教職員による3年間の研修。授業観察を含む現職研修を週に一度の頻度で開催。
人種統合のバス通学	有り	無し	無し
人種構成			
白人	37.0%	54.0%	56.0%
黒人	56.0%	2.1%	3.8%
ヒスパニック	3.1%	41.4%	34.0%
東洋	3.6%	2.3%	4.6%
インディアン	0.0%	0.7%	1.9%

とに求めた」ことに注目する。リトルは、学校改革研究を展開するにあたり、学校改革の成否の要因を、学校の内側における「スタッフ開発（staff development）」に求める研究として自身の研究を形成している。その上でリトルは、「スタッフ開発」の「組織的特性」に接近するのである。(11)

第二に、ウエストレイク小学校の改革の過程は際立った特徴を有しており、「同僚性」の概念を提起するリトルの学校改革研究は、この学校の改革を性格づけるという課題が中心に据えられているといえよう。ウエストレイク小学校の学校改革は、先に示した「ランド・変革の担い手研究」の成果から学び「改革の担い手」の役割を積極的に引き受ける校長のリーダーシップのみならず、以下の諸点の特徴を指摘することができよう。

一点目に、「完全習得学習」の実践のための「スタッフ開発」プログラムのデザイ

表3-2　リトルの学校改革研究の対象校の特徴（中学校、高校）[12]

	中学校・高校		
特徴	パーク高校	スプリンガー中学校	リード中学校
成功	低い	高い	高い
スタッフ開発	高い	高い	低い
スタッフ開発の内容	「教師団体（Teacher Corps）」との2年間の協同による学校を基盤とする研修。教職員の3分の1が2週間の授業改善研修に参加。	教職員の3分の1がグループとして、授業のフォローアップを含む2週間の授業改善研修に参加。	「完全習得学習（mastery learning）」の研修に教師個々人が参加（授業のフォローアップを含む1週間の研修）。
人種統合のバス通学	無し	有り	有り
人種構成			
白人	27.1%	45.0%	40.3%
黒人	3.5%	6.3%	51.0%
ヒスパニック	64.5%	46.0%	5.7%
東洋	3.6%	1.8%	3.0%
インディアン	1.3%	0.8%	0.4%

ンが洗練されていることである。リトルは、ウエストレイク小学校の「スタッフ開発」のプログラムと、同じく「完全習得学習」の実践を中核とする学校改革に着手した中学校のプログラムとの比較をし、その対照性を表3-3によって示している[13]。二点目に、ウエストレイク小学校が、パイロット・スクールとして改革に着手するにあたり、学区のコーディネーターとウエストレイク小学校の校長による準備が慎重に進められたことである。学区のコーディネーターは、「改革には時間と手間がかかること」を学校に繰り返し説得し、校長は、コーディネーターとの継続的なインタラクションを通して、改革に着手する前に「完全取得学習」の理論と実践を学んでいる[14]。三点目に、ウエストレイク小学校の「スタッフ開発」が、学区のコンサルタント、校長、教師の間に「互恵的な関係」を築くことを中心に据えて進められたことである。学区コンサルタント、校長、教師のそれぞれが、新しい実践を進める上での「知識を開発する主体」として位置づけられたのであり、ウエス

表 3-3　2つの専門性開発プログラムのデザインと帰結(15)

プログラムの特徴	長期間にわたる学校を基盤とするパイロット・プログラム（ウエストレイク小学校）	授業のフォローアップを伴う「取り出し」プログラム
デザイン		
焦点	「完全習得学習」と相互作用的授業。	「完全習得学習」と相互作用的授業。
技能研修	研修のモデル：推奨される実践、明確な教材の提供、センションごとに「応用」の時間の提供。	研修のモデル：期待される実践、明確な教材の提供、グループ・ディスカッションの時間の提供。
集団的な参加	研修と実施のための学校を基盤とするグループ。	研修のみのための学校を基盤とするグループ。
協同	パイロット・スクール選定のための交渉過程、改革の実施のための同僚性に基づくチーム・ワーク。 スタッフ開発者と教師とが、改革のアイディアを実践に具体化する方法を共に探求する。	研修を提供する側は、研修を改良するために教師からの示唆を受け取るのみ。
時間	3年間にわたる参加：週ごとの現職教育とカリキュラム計画のセッション。	わずか1、2の教室訪問を伴う5日間と8日間の研修サイクル。
リーダーシップ	校長は改革の実施に向けた直接的で積極的なリーダーシップを発揮する。	校長は教師が時間を割くことを許可する。
帰結		
研修の評価	肯定的	肯定的
実施	高い	わずかに低い

トレイク小学校の改革プログラムの実施過程は、リトルによって、「ランド・変革の担い手研究」が提起した「相互適応（mutual adaptation）」の概念をさらに強調する「相互遂行（mutual accomplishment）」の過程として性格づけられている。(16)

第三に、「同僚性」の概念を提起するリトルの学校改革研究は、「職場としての学校」において、教師や校長が「仕事についての学び（learning on the job）」に関する自分自身の「役割」をいかに定義づけているのかというアプローチによって学校改革に接近する研究である。リトルは、このアプローチによって、各々の学校において「教師であること（being a teacher）」がいかにして形成されているのかという存在論的問題に迫っている。その際に、リトルが焦点を当てるのは、リトル自身の社会言語学の背景を生かし、教師や校長が「話すこと」、そこでの「言語」である。その詳細は次に検討するが、リトルの学校改革研究は、学校の観察とインタビューに基づき、「教師の視点」から学校改革の過程に迫ることを徹底し、「成功的で適合的な学校の強力な職場の特徴」を析出する研究である。

(2)「同僚性と実験の規範」の概念の内包

ここでは、リトルの学校改革研究の特質を踏まえ、リトルの「同僚性と実験の規範」の概念の内包を検討しよう。リトルが提起する「同僚性と実験の規範」が、後に「同僚性」の一語で置き換えられることになる。

①　教師間の特徴的なインタラクションの目録の作成

リトルは、学校改革に取り組む六つの学校（表3-1及び表3-2参照）を対象とするフィールドワーク調査に基づき、「教師間の特徴的なインタラクションの目録（全六三項目）」を作成し、さらにその中から「学校の成功と適応に決定的に重要である」[17]とされる一八のインタラクションを抽出した（表3-4参照）。この作業が、「同僚性」の概念を提起する基本となった。

対象校の中で、「学校の成功」と「スタッフ開発への参加」の双方において高い達成度を示していたウエストレイク小学校では、一八のインタラクションの全てが観察されたという（一〇〇%）。他方、「スタッフ開発の参加」の程度は低いものの「学校の成功」において高い達成度を示すリード中学校においては、一八のインタラクションのうち一五のインタラクション（八三%）が観察されており、「スタッフ開発の参加」の程度は高いものの「学校の成功」において低い達成度を示すパーク高校では、一八のうちの三つのインタラクション（一七%）が観察されるに過ぎな

表 3-4　学校の成功と適応に決定的な教師間のインタラクションの目録[18]

1. 教材をデザインし準備する
2. カリキュラム単元をデザインする
3. 教材とカリキュラムのアイディアについて研究する
4. カリキュラムを作成する
5. 授業案を準備する
6. 既存の授業案について再検討し議論する
7. 新しいアイディアとプログラムを信用する
8. 他者が［新しい］アイディアやアプローチに挑戦することを促す
9. アイディアを試すことについて皆で合意する
10. 他の教師が授業の観察に来るように誘う
11. 他の教師の授業を観察する
12. 実践やその効果を分析する
13. 公式的な現職教育において他者に教える
14. 非公式に他者に教える
15. 生徒が何を学び何を学ぼうとしているのかについて開かれた会話をする
16. 新しいアプローチに対応させるように教科書の章立てを組み替える
17. 現職教育をデザインする
18. 校長のパフォーマンスについて評価する

かったとリトルは指摘する[19]。

ここからリトルは、学校改革の成否を決定づける教師間のインタラクションを、「教室実践についての議論」、「相互の［実践の］観察と批評」、「カリキュラムのデザインと準備における集団的な取り組み」、「指導改善への集団的な参加」の四つの類型に要約し提示している[20]。リトルは、それぞれの学校において浸透している教師間のインタラクションの性格が、学校改革の成否を決定づけていると洞察するのである[21]。

② 「同僚性と実験の規範」の概念の七つの構成要素

リトルが提起する教師間のインタラクションにおける「同僚性と実験の規範」の概念は、次の七つの構成要素を有している。「範囲（range）」、「場所（location）」、「頻度（frequency）」、「焦点と具体性（focus and concreteness）」、「現実的な意味（relevance）」、「互恵性（reciprocity）」、「包括性（inclusivity）」の七つである[22]。ここでは、リトルによる教師の「言語」への注目が特徴的であることを踏まえながら、これら七つの構成要素について検討し、「同僚性」の概念の出発点を明らかにしておこう。

第一に、「範囲」である。これは、先に検討した学校の成功と適応に決定的な教師間のインタラクションの目録や、そこから抽出された四つの類型（教室実践についての議論、相互の授業の観察と批評、カリキュラムのデザインと準備における集団的な取り組み、指導改善への集団的な参加）において特徴づけられた教師間のインタラクションが、どれほどの「範囲」において許容されているのかという観点である。[23]

第二に、「場所」である。リトルは、より成功的で適応的な学校においては、先の決定的な教師間のインタラクションが、学校のいたるところで観察されたとする。スタッフ開発のセッションや職員会議、学年、教科部の会議、廊下、教室、オフィス、作業場、休憩室にまで広範にわたる。リトルは、こうした学校を、「同僚性に基づいた実験（collegial experimentation）が生活様式となっている」と性格づける。[24]他方、より成功的でない学校においては、公式の会議において事務的な仕事について報告することに教師のインタラクションが限定されていたという。そうした学校では、各々の教師の仕事において他の教師の存在が立ち現れてくる機会はきわめて少ないとリトルはいう。[25]

第三に、「頻度」である。リトルは、最も「同僚性」が発達した学校においては、教師たちが日々昼食をとりながら授業について語り合う姿が見られたという。これは、教師間のインタラクションを「時間の無駄使い」であるとする学校の様子とは対照的である。ウエストレイク小学校では週に一度の「頻度」で公式の現職教育の会議が開かれ、研究や教室実践についての議論の場が持たれている。さらに、教材や授業案の準備のために学年ごとの会議もまた定期的に開かれている。リード中学校では、カリキュラムや授業のアプローチについては、教科部ごとに限られて議論が重ねられていたという。[26]

第四に、「焦点と具体性」である。リトルは、成功的で適応的な学校において教師間のインタラクションは、継続的かつ安定的に授業実践に対して「焦点」が当てられていたとする。リトルは、教師間のインタラクションが教師に焦点化するのではなく、授業実践に焦点化することで、教師の自尊心を守り教師が議論することへの障壁を取り除く助けとなっているとする。リトルは、「実践の有用性」について議論することは、「教師の能力」についての議論とは切り離してなされると指摘する。[27]

続けてリトルは、教師の会話が「具体的」であり「実践的」であることは、教師の会話が哲学的理論的ではないことを意味するわけではないという。むしろ、教室の具体的な活動に影響を及ぼすためには哲学や理論が持ち込まれる必要があるとする。[28] リトルにおいて、教師の言語における具体性と抽象性は、対立的に捉えられてはいないと言えよう。

さらにリトルは、授業についての「具体的」かつ「正確な」会話は、一定程度のリスクを抱えていると指摘する。すなわち、授業について記述し分析する会話がより広範に行われることで、教師たちの知識や技能や経験が曝け出されること、同僚教師との日々のインタラクションがどれほど教室実践に結びついているのかが明るみになること、そして、専門家としての能力や自尊心への要求が高まることをリトルは論じる。[29] それゆえリトルは、教師たちの参加に向けて明確で公的な承認を作り出す支援がますます必要となることを強調する。

第五に、「現実的な意味」である。リトルは、成功的で適応的な学校において、継続的な専門性開発が教職の職域とキャリアの一部として統合され「現実的な意味」を有していたと指摘する。例えば、教師の評価、資源へのアクセス、時間の確保、その他の特典といったことが、実践の改善に教師たちが参加するために明確に結びつけられていたという。さらに、専門性開発への継続的な参加がキャリア上昇のための必要条件とされている学校や、校長が教師の専門家としての成長に対する明確な期待を表明する学校についてもリトルは言及する。[30]

第六に、「互恵性」である。「互恵性」についてリトルは、成功的で適応的な学校において、校長と教師といった地位の異なる人々や、スタッフ開発のコンサルタントと教師といった職務の異なる人々における授業についてのインタラクションが「互恵的」であることを指摘する（例えば、ウエストレイク小学校の「スタッフ開発」）。リトルは、「互恵性」は参加する人々の取り組みが平等であることや、複雑な仕事に直面する人々の謙虚さを意味すると同時に、最も重要な点は「互恵性」が「敬意」を意味することであると論じる。リトルが「敬意」として強調するのは、「教師の実践の評価が教師の能力の評価と密接に関わっていることへの理解を示し、その両者を区別し教師の実践に焦点化することを示す行為と会話の方法」の必要性である。[31]

リトルは、こうした「互恵性」を欠き教師たちの授業についての会話が避けられ続けている学校について言及する。そこでは、教材の貸し借りといった小さな事柄においても「互恵性」を欠いている。そこでは、教材の貸し借りは行われず、「競争の雰囲気」が蔓延しており、「私は［仕事が］終わったけれども、あなたはまだなの？」という感覚が浸透しているという。[32]

そして第七に、「包括性」である。成功的で適応的な学校における授業についての教師間のインタラクションは「包括的」であったという。すなわち、多くの教師たちが新たな革新的な実践に向けたグループに参加していたり、たとえ最も小さなグループであっても新しい授業のアプローチを探究すれば、他の教師たちから十分に関心や注意が向けられるという。この「包括性」[33]についてリトルは、教師たちが「相互依存（interdependent）」に高い価値を置いていることであると性格づけている。

以上、リトルが提起した「同僚性と実験の規範」の概念の七つの構成要素を検討してきた。七つの構成要素に示されるリトルの研究の特徴は、教師の「言語」に関心を寄せていること、「教師の視点」から学校改革の成否を決定づける要因を解明することに見出されるといえよう。

本書において後に明らかになることではあるが、リトルの学校改革の研究の諸特徴が、後のマクロフリンを中心とするスタンフォードＣＲＣ（一九八七年開設）における共同研究の展開を準備していることは注目されよう。スタンフォードＣＲＣにおいて「同僚性」の概念は、学校改革を捉える指標の一つとして重要な機能を果たすことになる。

こうしてリトルの一九八二年の論文において初めて定式化され提起された教師の「同僚性」の概念は、一九八〇年代において、教育関係者に強い関心を呼び起こすこととなる。[34]

二　教師の「同僚性」に関する研究の展開

本節では、一九八〇年代から一九九〇年代にかけての教師の「同僚性」に関する研究の展開を跡づける。一九八〇年代から一九九〇年代にかけて「同僚性」の用語は「熱狂的」に普及した。その普及は両義的であった。まず、この間における「同僚性」に関する研究を二つの研究の系譜として示す。それは、教師の「同僚性」に関する問題を提示する「同僚性」の批判の系譜と、教師の「同僚性」を構築する方途を探究する「同僚性」の追求の系譜の二つである。

その上で、「同僚性」の批判の系譜としてハーグリーブズとヒューバーマンを中心とする研究の展開を、「同僚性」の追求の系譜としてリトルとマクロフリンを中心とする研究の展開を跡づけることにしよう。

(1)　教師の「同僚性」研究の展開

一九八〇年代初頭にリトルの学校改革研究により提起された教師の「同僚性」の概念は、幅広く教育関係者の関心を引き寄せた。その背景には、学校における教師の孤立や新任教師の早期の離職といった学校が抱える諸問題があり、それらを克服する「スタッフ開発」や学校の「再構造化（restructuring）」といった改革を推進する際の中心的な概念となったのである。

さらに、一九八〇年代半ば以降の教職の専門職化運動の高揚もまた、教師の「同僚性」への注目を集めることになった。そこでは教師教育改革と学校改革とが連動して構想されていたからである。

教職の専門職化を掲げる教師教育改革を主導した主要大学教育学部長組織であるホームズ・グループは、一九八六年に自主改革構想のリポート『明日の教師――ホームズ・グループのリポート』(35)を公刊し、一九九〇年にはその続刊である第二リポート『明日の学校——教職専門開発学校の構想の原理』[36]を公刊した。特に、この『明日の学校』の公刊に向けた一九八八年の特別セミナー（「教師の仕事の概念と学校の組織」）には、リトル、マクロフリン、そしてヒューバーマンらが参加している。

一九八九年にはAERAの年次大会において、シンポジウム「教師の仕事と教師文化——変革と継続」が開かれ、リトルやハーグリーブズらが参加し、研究の重要な交流が行われている。

これら一九八〇年代から一九九〇年代にかけての教師の「同僚性」をめぐる研究成果は、リトルとマクロフリンの共編著である『教師の仕事——個人・同僚・文脈』（一九九三年）に示されることになる[37]。本節では、この『教師の仕事』に寄稿した四人の研究者に注目している。リトル、マクロフリン、ハーグリーブズ、ヒューバーマンの四人である。

ただし、リトルとマクロフリンが追求したものと、ハーグリーブズとヒューバーマンが追求したものとは性格を異にしていると言えよう。本書では、リトルとマクロフリンを「同僚性」の追求の系譜として、ハーグリーブズとヒューバーマンを「同僚性」の批判の系譜として位置づけている。

(2)「同僚性」の批判の系譜

一九八〇年代から一九九〇年代にかけて、教師の「同僚性」に関する問題を提起し、批判的かつ重要な視点を提供した研究として、ハーグリーブズの一連の研究及び、ヒューバーマンの一連の研究が挙げられよう。

① A・ハーグリーブズの「作られた同僚性」の概念の特質

ハーグリーブズが、教師の「同僚性」に関する問題を提起する一連の研究を展開するのは、一九八〇年代後半から一九九〇年代前半にかけての時期に集中している。

ハーグリーブズは一九八五年に英国リーズ大学において博士号を取得し、その成果は一九八六年に『学校の二つの文化――中等学校の事例』として公刊されている。[38] その後、カナダのトロント大学オンタリオ教育研究所（Ontario Institute for Studies in Education）に所属し、リトル、マクロフリンをはじめ、リーバーマン、レスリー・シスキン（本書第五章にて検討）、サンドラ・アッカー（Sandra Acker）、ジェニファー・ナイアス（Jennifer Nias）らとの研究の交流を深めている。この時期のハーグリーブズの研究成果は、一九九四年にティーチャーズ・カレッジ・プレスより『変貌する教師、変動する時代――ポストモダンにおける教師の仕事と教師文化』として公刊されるにいたる。[39]

ハーグリーブズが提起する「作られた同僚性（contrived collegiality）」の概念は、教師の「同僚性」に関する重要な問題を提起している。[40] ハーグリーブズは、カナダのオンタリオにおいて「同僚性」の用語が急速に普及する展開に問題を見出すのである。

まず、ハーグリーブズがこの概念を提起するにいたる議論の展開を跡づけよう。

ハーグリーブズは、リトルを嚆矢とする「同僚性」研究の展開を、人間関係における「価値」、「習慣」、「規範」、「信念」の「共有」を強調する「文化的視点」からの接近として特徴づける。その上でハーグリーブズは、「文化的視点」が重視する「共通認識の形成」のみならず、むしろ人間関係における「差異」、「葛藤」、「不同意」に照準を合わせる必要があるとする。そこでハーグリーブズが採用するのが「マイクロ・ポリティカルな視点」であり、教育において望ましいとされる結果の獲得に向けて「権力」が行使される過程を照射する視座である。[41]

さらにハーグリーブズは、教職文化を次の二つの側面に分節化する。「内容（content）」と「形態（form）」の二つの側面である。ハーグリーブズは、教職の多様な文化の「内容」が認識され再生産され再定義されるのは、教職文化の「形態」を通してであるとする。ここでいう「内容」とは、「実質的な態度、価値、信念、習慣、仮説、物事のやり方」であり、「形態」とは、「その文化の成員の間の関係のパターンや結びつきの形式」を意味している。[42]

こうしてハーグリーブズは、「マイクロ・ポリティカルな視点」から「同僚性」の「形態」を論じるのであり、その中心的な概念が、「作られた同僚性」の概念である。「作られた同僚性」とは、教育行政の主導性によって生み出される教職文化の「形態」であり、教育行政による官僚制支配の強化を批判し、そうした取り組みが非常に皮相的であるがゆえに教師の努力やエネルギーを無駄にする問題を提起する概念である(43)。

ハーグリーブズは「作られた同僚性」を以下の諸点によって特徴づけている。

第一に、「行政による規制」である。これは、教師の主導性によって自発的に生み出されるのではなく、教師の協同が行政により押し付けられることを意味する。第二に、「強制」である。「作られた同僚性」はピア・コーチング、ティーム・ティーチング、協同的な授業計画を命令し強制するのであり、そこに教師個人の自由裁量の余地はないということを意味する。第三に、「実施志向」である。教師たちは、校長、教頭、学区、教育省の命令を実施することが要請され、そうするように「説得」されるのである。すなわち、「行政による取り込み」を意味している。第四に、「固定された時間と空間」である。「作られた同僚性」は、行政の規則の一部として、決められた場所と決められた時間において実施されることを意味する。そして第五に、「予測可能」であることである。「作られた同僚性」は、予測可能な成果を生み出すために作り出されているのである(44)。

ハーグリーブズは、こうした「作られた同僚性」と対照的な教職文化の「形態」として、「協同文化（collaborative cultures）」を位置づけている。「協同文化」は、「自発的」、「自由意志を持った」、「発展志向」、「時間と空間を越える浸透性」、そして「予測不可能」という「作られた同僚性」との対照性によって特徴づけられている(45)。

教師の「同僚性」の問題を提起したハーグリーブズの「作られた同僚性」の概念は、その後、幅広く教育関係者の関心を集めた。さらに、教職文化を「形態」と「内容」に分節化する視点も影響力を持つことになった。

② M・ヒューバーマンの「自立的職人モデル」の特質

ヒューバーマンが教師の「同僚性」に関する問題を提起するのもまた、一九八〇年代後半から一九九〇年代前半にかけてである。ヒューバーマンは、リトルやマクロフリンらが一堂に会したホームズ・グループの特別セミナー（一九八八年）を起点の一つとし、リトルとマクロフリンの共編著『教師の仕事』（一九九三年）に寄稿した論文「教師の専門家としての関係における自立的職人モデル」にいたるまで、教師の「同僚性」に関する問題を指摘し、教職の「自立的職人モデル（independent artisan model）」を提起している。(46)

ヒューバーマンはスイスのジュネーヴ大学に所属し、一九八〇年代初期には教育政策実施研究の「第二世代」として位置づけられるアメリカの学校改革に関する共同研究に従事していた。(47)「自立的職人モデル」を提起する一九八〇年代後半から一九九〇年代にかけては、教職のライフ・サイクルに関する研究を発表しており、(48)一九九三年にはハーグリーブズが前書きを寄せた単著『教師の生涯』（英訳版）の公刊にいたっている。(49)

ヒューバーマンが提起する「自立的職人モデル」は教師の仕事の特質に迫っている。ヒューバーマン自身は、「同僚性」研究に対する「天邪鬼」の態度をとり続けているとするが、(50)ヒューバーマンの批判の矛先は、「共同体主義のイメージ」を強調する研究、「効果のある職場（effective workplaces）」研究、「効果のある学校（effective schools）」研究に向けられており、特に、教師や学校の「効率性」を追求する議論を批判している。(51)

ヒューバーマンは、教職を「一人で仕事をし、一人で学び、専門家としての最も重要な充足を一人で獲得している」と性格づけ、専門家としての「充足」は同僚よりも生徒とのインタラクションから生み出されるとする。(52)ヒューバーマンの「自立的職人モデル」は、教室の実践における「即興（improvisation）」を中心的な概念に据えている。ヒューバーマンは、教師が、刻々と変化する教室の「状況との対話」を行っていることを強調し、ジャズ・バンドやコメディアデラルテ（仮面喜劇）になぞらえて、教師の専門性を「即興」に見出すのである。ヒューバーマンは、教室において、「生徒の反応をどう読み解くのか」という点に、熟練教師と新任教師の最も大きな違いがあり、そこに教師の専門性が示されていると指摘する。(53)

続けてヒューバーマンは、教師の「即興」的対応は「高度に個性的であり文脈に繊細であり」、即興的対応を支えるために「必要な知識基礎や技術レパートリーは個別的特異的に蓄積される」とする。(54)ヒューバーマンは、教師の仕事の特質を、「定型化された授業の手順」に即し「一定の原則に基づく知識基礎の適用」とは捉えておらず、さらに、

「教室外での教師の協同による事前の授業案づくりやカリキュラムの共同作成」にも認めていない。ヒューバーマンは、教室から離れた行政からの命令によってなされる教師の協同的な活動を批判している。(55)

ただし、ヒューバーマンは教師の「同僚性」や「協同」の意義を認めていないわけではない。ヒューバーマンは、教科や学年といった単位の教師グループにおける「協同」や、さらには、「職人としての専門性」を高める学校外の資源へのアクセスの必要性を指摘する。ヒューバーマンは、「同じような教室の状況を共有する」同僚間における「教材」や「新しい道具」の交流が、「授業のレパートリー」を拡張することに繋がると指摘する。(56)

ヒューバーマンの「自立的職人モデル」の提起は、ハーグリーブズの「作られた同僚性」と同様に、教育行政主導による教師の「同僚性」の構築が孕む問題に対する批判である。ヒューバーマンは、従来からの教職を特徴づける「自立的職人モデル」を提起し、教職文化を擁護することを目的としていたのである。ただ、従来からの教職文化を評価する保守的な志向性には問題を含んでいることも指摘することができよう。(57)

(3)「同僚性」の追求の系譜

一九八〇年代から一九九〇年代における教師の「同僚性」を追求する研究の系譜は、次の二つの局面において重要な展開を示しているといえよう。

第一に、一九八〇年代を通して普及し定着した「同僚性」の概念及び「スタッフ開発」の実践の展開を考察する一九九〇年のリトルの論文の公刊である。一九九〇年の『ティーチャーズ・カレッジ・レコード』誌に掲載されたリトルの論文「私事性への固執――教師の専門家としての関係における自律性と主導性」である。(58)「同僚性」の概念を提起し「同僚性」の追求を続けてきたリトルは、この論文の公刊を機に、「同僚性」の概念を積極的に使用することを断念している。

第二に、一九八七年にマクロフリンを代表として開設されたスタンフォードＣＲＣにおける学校改革研究の展開である。スタンフォードCRCの学校改革研究には、一九八〇年代後半から一九九〇年代にかけてリトルも参画している。教師の「同僚性」を追求する研究の系譜は、スタンフォードCRCにおける教職の「文脈」の探究において新たな展開を迎えることになる。[59]

以下では、「同僚性」の追求の系譜として、まずリトルの一九九〇年の論文の検討から始めることにしよう。

①　J・リトルの論文「私事性への固執」の特質

リトルは、論文「私事性への固執」において、「同僚性の用語は、概念としては曖昧であり思想としては楽観的である」という。[60]

教師の「同僚性」の概念を提起した本人が、そのおよそ一〇年後に、「概念としての曖昧さ」と「思想としての楽観性」を指摘するにいたったことは注目されよう。「同僚性」の概念に対するこの自己批判は重く、以後の関連する教育研究に与える影響は大きかったといえよう。[61]

リトルは、この一九九〇年の論文において、教師の「協同」に対する広範にわたる強い関心と、教師の「協同」を構築しようとする多様な取り組みが数多く存在する中、「より強固な概念化を意図し、同僚性に基づく教師の関係に関わる研究の蓄積に対して分析を試みる」のである。[62]

この論文におけるリトルの議論は、先に検討してきた「同僚性」の批判の系譜の研究の議論を踏まえて展開されている。特に、ハーグリーブズが「同僚性」の「形態」と「内容」とを分節化し、「同僚性」の「形態」論を展開していたことを受け、リトルもまた独自の視点から「同僚性」の「形態」論を展開する。[63] また、リトルは、ハーグリーブズの「作られた同僚性」の概念や、ヒューバーマンが提起する教職の「自立的職人モデル」を自身の議論の中に組み込んでいる点も注目される。[64]

②　J・リトルによる「同僚性」の「形態」論

リトルによる「同僚性」の「形態」論は次の二点において特徴づけることができよう。第一に、教師の「専門家としての関係」について探究してきた先行研究の議論を、同僚間における「弱い結びつき」と「強い結びつき」とに区別することである[65]。第二に、教職の「基底的な」条件である「私事性（privacy）」を変革するという見通しに基づいていることである[66]。

こうしたリトルの「同僚性」の「形態」論は、リトルの次の問題提起を反映している。リトルは、「教師間のインタラクションの大半の形態が、むしろ、教師の孤立を強化している」という問題を提起する。すなわち、教師の「協同」として広範に普及する実践の多くが、かつてダン・ローティ（Dan Lortie）が性格づけた「個人主義、現状志向、保守主義」の教師文化を変革することにいたらず、そうした教師文化を存続させているという問題である[67]。この問題提起は、リトルも明示しているように、ハーグリーブズの問題提起に色濃く影響を受けている。ハーグリーブズは、教師の孤立を打開すると理解された実践（ピア・コーチングなど）の多くが教職の個人主義的な組織化と矛盾せずに実行された問題を指摘していたのである[68]。

そこでリトルは、「同僚性」や「協同」の用語の下に幅広く展開された教師間のインタラクションに対して、当事者である教師の意識に即して区別される「同僚性」の複数の「形態」を提示する。「教師の意識に即す」とは、相互の責務を果たすことを導く程度、各々の仕事を他者の検証にさらす程度、カリキュラムや指導の問題において主導性を求め、それを受け入れそれに報いる程度において教師間のインタラクションを区別することを意味している[69]。

リトルは、図3-1に示される四つのインタラクションの区別を理念型として提示する。「一方的に話しかける、ざっと見る（storytelling and scanning）」、「手伝う、援助する（aid and assistance）」、「共有する（sharing）」、そして「共同作業（joint work）」の四類型である。この四類型は、教師間のインタラクションを、相互に独立する関係から相互依存の関係に向けて配列しており、相互依存の程度が増すにつれて、「集団的な自律性（collective autonomy）」と「教師間の主導性（teacher-to-teacher initiative）」の要求が増すとする（図3-1参照）[70]。リトルが教師の「同僚性」として位置づけるのは、この第四の「共同作業」のインタラクションである。

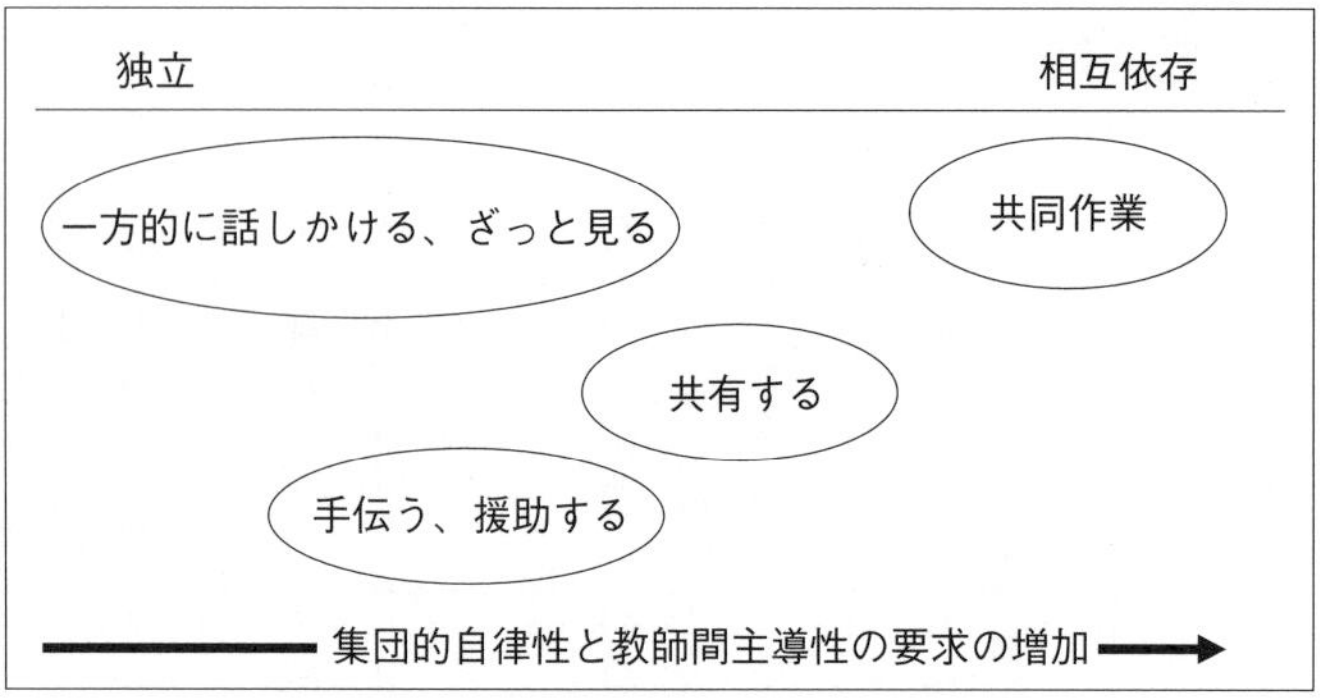

図 3-1　「同僚関係の暫定的連続体」[71]

ここでは、教師の「同僚性」の議論の展開を示すために、第一の「一方的に話しかける、ざっと見る」と、第四の「共同作業」についてのリトルの議論を中心的に特徴づけておこう。

まず、「一方的に話しかける、ざっと見る」ことについてである。リトルは、この類のインタラクションは、教師たちがほとんど孤立した状況において、特定のアイディア、解決策、安心を求める時々の交流によって、日々の教室での生活を満たすことを意味するとする。さらにリトルは、こうしたインタラクションは、ヒューバーマンが提起する教職の「自立的職人モデル」において特徴づけられると指摘する[72]。

ヒューバーマンの「自立的職人モデル」では、「教師の専門家としての自尊心、能力、専門的技能の源の多くは、教室において私事的に追求されるか、学校の外部に求められる」とし、「教師たちの相互依存はわずかに増やす程度でよく、むしろ、外部環境において、各々の教師の関心と一致する高度な質の情報や専門的技能へのアクセスを多分に保障することが必要である」とされていた[73]。

こうした教職の「自立的職人モデル」に対するリトルの議論は重要である。リトルは、教室実践を「風土病的不確実性（endemic uncertainties）」において特徴づける反論を展開する。リトルは、教師に必要な情報や専門的技能はまず学校の内部にあり、教室の実践や生徒や同僚教師から獲得することができると強調する。しかし、教師間のインタラクションがきわめて限定された

「一方的に話しかける、ざっと見る」というインタラクションの程度では、教室の複雑さに対して不完全な説明しか提供できず、教室でのパフォーマンスの表面をなぞるだけであり、教室の「風土病的不確実性」に対応することはできないとリトルは指摘する。(74)

さらにリトルは、「授業のパフォーマンスが見えていないままの限られた話だけでは、教師の授業計画や教師の授業行為（teaching-in-action）を支えている教師の原理を照らし出すことは難しい」、「そうした状況では、教師の実践の孤立を変革することよりも、むしろ孤立を持続させる」と指摘する。

第四の「共同作業」のインタラクションを、リトルは「同僚性」として位置づけている。この「共同作業」とは、「授業の職域に対する共同の責任（相互依存）、集団的な概念としての自律性、専門家としての実践に関わる主導性やリーダーシップに対する支援、そして専門家としての仕事に根ざしたグループの連携に基礎を置く」教師間のインタラクションである。リトルは、「共同作業」が、「一方的に話しかける、ざっと見る」を含む他の三つの「形態」とは異なる方法でもって職務や時間や資源を構造的に組織することによって成立することを強調する。そのため、「共同作業」は、より大きな制度的目的の如何に対して応答的であらざるを得ず、外部からの操作に対して弱いという側面を持つという。(75)

③　教師の「同僚性」としての「共同作業」

リトルが「同僚性」として位置づける「共同作業」は、さらに「専門家」の観点から次の三点において特徴づけられよう。

第一に、教師の「専門家としての自律性（professional autonomy）」の概念についてである。リトルは、「共同作業」以外の三つの「形態」を中心とする同僚間の関係においては、教師の自律性を「個人の特権」として捉えることに大きな問題は生じないが、「共同作業」に従事する教師たちにおいて自律性の概念は「個人の特権」とは異なる意味を有しているという。そこでは、「専門家としての自律性」が「私的なものから公的なものへ、個人的なものから集団的なものへ」と移行しているとリトルは指摘する。すなわち、「個人的な特権は集団的に開発された価値や基準や合意に依存することになり、個人的な主導性もまた集団的で制度的な力に対する調和が求められることになる」のである(76)。

ここでリトルが、「私的な自律性から集団的な自律性への移行による独立した行為への制約は、意見の一致や行為の統一を要請するものではない」と留意を促す点は重要である。教師たちは、実践や実践の意図を公的な吟味に対して開かれたものとし、そのことにより教師たちの知識や技能や判断が確かなものとして認められることが見込まれているのである(77)。

同時に、教師たちによる実践の集団的で綿密な吟味の過程は、それぞれに深く根差した信念の間に「葛藤」を引き起こす過程でもある。葛藤についてリトルは、教師たちによる統合された合意の発達のためには葛藤は必要不可欠であるとし、教師のグループの特徴として頻繁に観察される葛藤を回避しようとする態度は、そうした合意への展開を損なうと指摘している(78)。

第二に、教師の「専門家としての影響力（professional influence）」についてである。「共同作業」は、教師の孤立し独立した職域を前提とする教師の「専門家としての影響力」に再考を迫る。リトルは、従来の議論では教師の「共同作業」の影響力を十分に捉えることができていないという。そこで、「教師、管理職、教育委員会、政策決定者、教師教育者の全てにおいて、教師たちが共に働き集団的な意思決定にいたる時に、何を獲得するのか（何を失うのか）についての〔新しい〕明確な見通しを得ることが必要である」とリトルはいう。具体的には、教師たちによる主導性が生徒の学習機会に与える影響、教師のアイデンティティー形成において教師たちの主導性が与える影響、学校の組織的な能力や適応能力の向上における教師たちの影響力についてである(79)。

そして第三に、教師の「動機と報酬」についてである。リトルは、「共同作業」のための「動機」やその「報酬」の主要なものは、教職の仕事の内側に見出せるとする。リトルは、教師が孤立し独立して仕事を行う状況と、教師が

「共同作業」に従事する状況とでは、教職の「動機」や「報酬」の概念が異なるという。教師の成功や充実が独立して達成される場合には、教職の「動機」や「報酬」はすぐれて個人的な性格を有しており、「共同作業」に参加する「動機」は弱い。そこでは、教師は「完全に独立した起業家」として仕事を遂行しているという。他方、「共同作業」に従事する教師たちは、「職業共同体（occupational community）の成員」として互恵的な関係を築き生徒に対する集団的な責任を引き受けることに取り組んでいる。そこでは、それぞれの授業は全ての教師の関心事であり、それぞれの成功は全ての教師の責任として位置づけられているという(80)。

④　J・リトルによる「同僚性」の「内容」論

リトルは「同僚性」の「内容」論も展開する。

リトルは、教師間の相互の影響が高まるにつれて、教師の「共同作業」の実質、すなわち教師の「信念」や教科や生徒についての「知識」についての議論が重要となるとする。さらに、教師の「同僚性」や「協同」についての研究が、その「内容」よりも「形態」に関心を寄せてきたことも問題として提起する。そこでリトルは、「同僚性」の「内容」論として、「子どもについての同僚性に基づく規範と信念」と「実質的な専門的技能」について議論を展開する(81)。

リトルはまず、同僚教師間の議論は、不可避的に子どもに対するある一連の「信念」を表現しているとする。リトルは、「教師たちが授業やカリキュラムについて集約的に話し合う時、教師たちそれぞれが生徒に対して最善の策とする仮説において、暗黙の吟味されていない思想的な態度（ideological stance）が現前する」という(82)。

ただし、リトルは、「教師たちの集団的な取り組みが、子どもたちへの対応におけるケアと正義の基準を確かにするのか、もしくは妥協するのかについて、私たちは未だ十分に迫れていない」と指摘する。続けてリトルは、表面的な経験の交流に留まる教師間のインタラクションでは、それぞれの教師が有する信念に対する吟味や懐疑は生み出されないという(83)。

リトルは、同僚間のインタラクションにおいて活用され適用され発達する教師の「知識」にも照準を合わせている。なかでもリトルが注目するのは教師の「実践的知識（practical knowledge）」である。ただし、リトルが論じるのは、教師の知識の特徴ゆえに「共同作業」を難しくしているという点であることが重要である。リトルは、教師の思考や経験の性格とそれをいかに言語化し他者と交流するのかという点において、教師の「共同作業」の実現が問題含みとなるとする。

リトルは、教室での仕事それ自体が「演劇」と同じ特質を有しており、教師の実践的知識は、合理的な計画や構想と関連づけられる概念よりも、「即興」や「創作」の概念によってより十分に説明されるとする。それゆえ、即興者は他者に伝えるために即興の原理を抽出するものの、即興者のパフォーマンスを観察することができないままでは、そうした原理によってパフォーマンスそのものを理解することは難しいという(84)。

教師においても同様の事態が生じている。教職における「私事性の固執（persistence of privacy）」は、教師の仕事が孤立して組織化されているだけでなく、授業の相互の観察を欠くことで、そもそも教室経験の即時性や流動性に根ざした「実践的知識」を交流することに無理が生じていることにも起因するという複雑な様相を呈しているとリトルはいう。リトルは、「教室での出来事の複雑さや即時性や精妙さゆえに、『知識の共有』を難しくさせているだけでなく、教師の教室における優先的な権限を強化している」という(85)。こうしてリトルは、教師の実践的知識という「内容」の側面からも教師の「同僚性」を構築することの難しさを明らかにしているのである。

⑤　教師の「専門家共同体」研究への発展

ここまで、「同僚性」に関するリトルの一九九〇年の総括的な論文を中心的に検討してきた。本書では、この論文の公刊以後、リトルは自らが提起した「同僚性」の概念を積極的に使用することを断念していることに注目している。

一九八〇年代後半から一九九〇年代にかけてリトルは、マクロフリンを代表として一九八七年に開設されたスタンフォードＣＲＣにおける学校改革研究に参画している。その成果は、一九九三年のリトルとマクロフリンの共編著

『教師の仕事――個人、同僚、文脈』の公刊や、一九九五年のシスキンとリトルの共編著『問題としての教科――教科の組織と高校』の公刊などに示されている。(86)「同僚性」を追求する研究の系譜は、スタンフォードCRCにおける学校改革研究の展開に発展的に見出すことができよう。

なお、本書において、スタンフォードCRCにおける学校改革研究の展開は、第Ⅲ部の第五・六章において検討している。そこで、ここでは、「同僚性」の追求の系譜の展開として一九八〇年代後半から一九九〇年代におけるスタンフォードCRC研究の展開について素描するに留めておこう。

第一に、スタンフォードCRCにおけるマクロフリンとジョーン・タルバートによる高校改革研究の展開である。本書の第五章において詳述するが、スタンフォードCRCは開設と同時に、連邦政府の資金による高校改革研究に着手する。その共同研究にリトルは参画するのである。後にスタンフォードCRCにおける「中核的研究」と呼ばれるこの高校改革研究の展開において、「同僚性」を追求する研究の系譜を見出すことができよう。

例えば、マクロフリンとタルバートは、一九九〇年の論文「問題としての文脈――中等学校の職場」において、リトルの「同僚性」研究を積極的に評価した上で、さらに、「学校内外のいかなる種類の条件が教師の同僚性を高めるのか？」、「同僚性は職場の他の条件といかなる相互作用を経て教師の仕事に影響を与えるのか？」という課題に着手する必要があるとしている。その上で、スタンフォードCRC研究における中心的な概念である教職の「文脈（context）」の概念の意義について議論を進めている。(87)

さらに、タルバートは、一九九五年の論文「アメリカの高校における教師の専門家共同体の境界――教科部の力と不安定性」（シスキンとリトルの共編著『問題としての教科』に所収）において、教師の「同僚性」の概念からの発展として教師の「専門家共同体（professional community）」の概念を位置づける議論を行っている。タルバートは、「同僚性」の概念を教師間の社会的関係を照射する概念として限定し、「同僚性」と「専門職性（professionalism）」の概念の合成として「専門家共同体」の概念を定義している。(88) 後に第五章において詳述するが、教師の「同僚性」の概念は、スタンフォードＣＲＣ研究において提起された「専門家共同体」の概念へと発展する道筋を歩むことになる。

第二に、リトルとマクロフリンの共編著『教師の仕事』（一九九三年）や、シスキンとリトルの共編著『問題としての教科』（一九九五年）などの公刊に示されるリトルとスタンフォードＣＲＣの研究者との共同研究の展開である。先に検討してきたリトルとマクロフリンの共同編集による『教師の仕事』は、「同僚性」の批判の系譜にあるハーグリーブズやヒューバーマンの論文が収められる場となっていた。スタンフォードＣＲＣの研究者であったシスキンとリトルの共編著『問題としての教科』は、後に第五章において検討を進める著作ではあるが、高校改革における「教科部（subject departments）」に関する開拓的な研究の一つとなる。

教師の「同僚性」を追求する系譜は、スタンフォードＣＲＣ研究を中心に展開されることになる。

注

（1）Judith Warren Little, 1978, *We, They, and It: An Exploratory Study of the Use of Talk in the Social Organization of Work*, Unpublished Doctoral Dissertation, University of Colorado.

（2）Judith Warren Little, 1981, *School Success and Staff Development: The Role of Staff Development in Urban Desegregated Schools*, Final Report, Prepared for the National Institute of Education under contract no. 400-79-0049, Boulder, Colorado, Center for Action Research. リトルはその後、一九八三年からはカリフォルニア州にある「ファー・ウエスト・ラボラトリー（Far West Laboratory for Educational Research and Development）」に勤務し、一九八七年から現在にいたるまでカリフォルニア大学バークレー校に所属している（Carol Liu Professor of Education Policy、現在は名誉教授）。

（3）Judith Warren Little, 1982, Norms of Collegiality and Experimentation: Workplace Conditions of School Success, *American Educational Research Journal*, Vol. 19, No. 3, pp. 325-340.

（4）collegiality とは特殊な用語であり、教育研究の概念としてリトルによって新たな意味が付与されたものである。オックスフォード英語辞典（*The Oxford English Dictionary*）によれば、collegiality という語が最初に登場するのは、リベラル系の雑誌を牽引する編集者が一八八七年に「'collegiality' の精神において」と読者に「同僚」としての連帯を呼びかけたことであり、①「同僚であること（colleagueship）」を意味する。教師の「同僚性」の概念もこの意味を踏襲している。ただし、その後には、②「コレギウム（collegium）の原理」（一九四八年）という政治的用法や、③「司教たちがローマ教皇とともにキリスト教徒の支配に参加すること」（一九六五年）という宗教上の用法も認められている。なお、ダン・ローティの『学校教師』にも collegiality の用語は見られるが、colleagueship との言い換えが目立ち、概念として使用されているわけではない。*The Oxford English Dictionary 2nd ed.*, Vol. 3, 1989, Oxford University Press, New York, NY, p. 482; Dan Lortie, 1975, *Schoolteacher: A Sociological Study*, The University of Chicago Press.

（5）Judith Warren Little, 1984, Seductive Images and Organizational Realities in Professional Development, *Teachers College Records*, Vol. 86, No. 1, pp. 84–102.

（6）なお、リトルの論文の掲載号は、アン・リーバーマン編集による学校改善を主題とする『ティーチャーズ・カレッジ・レコード』誌の特集号であった。Ann Lieberman, 1984, School Improvement: Research, Craft and Concept, *Teachers College Records*, Vol. 86, No. 1, pp. 1–2.

（7）Little, 1982, *op. cit.*, p. 328.

（8）Little, 1984, *op. cit.*, pp. 85–93.

（9）Little, 1982, *op. cit.*, p. 327, Table 1.

（10）なお、「学校改革の成功」の度合いは標準テストの得点に基づいている。

（11）Little, 1982, *op. cit.*, p. 326. なお、リトルが参照しているマクロフリンらの論文は、本書第一章においても詳細に検討した次の論文である。Milbrey Willian McLaughlin and David Marsh, 1978, Staff Development and School Change, *Teachers College Record*, Vol. 80, No. 1, pp. 69–94. リトルの論文において一九七九年とされているのは、ティーチャーズ・カレッジ・プレスより再録版が出版された論文を指しているからである。

（12）Little, 1982, *op. cit.*, p. 327, Table 1.

（13）Little, 1984, *op. cit.*, p. 86, Figure 1.

（14）Little, 1984, *op. cit.*, pp. 88–89.

（15）Little, 1984, *op. cit.*, p. 86, Figure 1. なお、訳出にあたり、「長期間にわたる学校を基盤とするパイロット・プログラム」と「授業のフォローアップを伴う『取り出し』プログラム」の順序を入れ替えている。

（16）Little, 1984, *op. cit.*, pp. 90-91. なお、「相互遂行」について議論しているのは、コロラド大学アクション・リサーチ・センターのトム・バード（Tom Bird）である。リトルはバードの議論を参照し「相互遂行」として性格づけている。Tom Bird, 1984, Mutual adaptation and Mutual Accomplishment: Images of Change in a Field Experiment, *Teachers College Records*, Vol. 86, No. 1, pp. 68-83.

（17）Little, 1982, *op. cit.*, pp. 326-330.

（18）Little, 1982, *op. cit.*, p. 330.

（19）Little, 1982, *op. cit.*, p. 332.

（20）Little, 1982, *op. cit.*, pp. 331-332.

（21）Little, 1982, *op. cit.*, p. 338.

（22）Little, 1982, *op. cit.*, pp. 329-336.

（23）Little, 1982, *op. cit.*, pp. 329-332.

（24）Little, 1982, *op. cit.*, p. 332.

（25）Little, 1982, *op. cit.*, p. 333.

（26）*Ibid.*

（27）Little, 1982, *op. cit.*, p. 334.

（28）*Ibid.*

（29）*Ibid.*

（30）Little, 1982, *op. cit.*, pp. 334-335.

（31）Little, 1982, *op. cit.*, p. 335.

（32）*Ibid.*

（33）Little, 1982, *op. cit.*, pp. 335-336.

（34）Judith Warren Little, 1990, The Persistence of Privacy: Autonomy and Initiative in Teachers' Professional Relations, *Teachers College Record*, Vol. 91, No. 4, p. 509.

（35）The Holmes Group, 1986, *Tomorrow's Teachers: A Report of The Holmes Group*, Holmes Group Inc., East Lansing, MI.

（36）The Holmes Group, 1990, *Tomorrow's Schools: Principles for the Design of Professional Development Schools, A Report of The Holmes Group*, Holmes Group Inc., East Lansing, MI.

（37）Judith Warren Little and Milbrey Wallin McLaughlin (ed.), 1993, *Teachers' Work: Individuals, Colleagues, and Contexts*, Teachers College Press, New York, NY.

（38）Andy Hargreaves, 1986, *Two Cultures of Schooling: The Case of Middle Schools*, The Falmer Press, UK.

（39）Andy Hargreaves, 1994a, *Changing Teachers, Changing Times: Teachers' Work and Culture in the Postmodern Age*, Teachers College Press, New York, NY. この著作の謝辞にもリトル、マクロフリン、リーバーマン、シスキン、ナイアスらの名が明記されている（p. xv）。なお、第四章において検討する「同僚性」の概念をめぐる一九九九年のオーストラリア教育学会誌（*Australian Educational Researcher*）上論争において、ハーグリーブズが反論を展開する基盤には上記の研究者による一連の研究が据えられている。

（40）Andy Hargreaves, 1994b, Collaboration and Contrived Collegiality: Cup of Comfort or Poisoned Chalice? In Andy Hargreaves, *Changing Teachers, Changing Times: Teachers' Work and Culture in the Postmodern Age*, Teachers College Press, New York, NY, pp. 188–190. なお、この論文の初出は一九九一年のＪ・ブレイスの編著『学校生活のポリティクス（*The Politics of Life in Schools*）』である。ここでは、一連の議論を経て「作られた同僚性」の概念が最も定式化された段階での議論を扱うために一九九四年の著作に加筆・修正のうえ再掲された論文を取り上げている。ただし、「作られた同僚性」の概念に関する議論は一九八九年のアメリカ教育学会（ＡＥＲＡ）での研究発表においても展開されていることが確認できる。Andy Hargreaves and Ruth Dawe, 1990, Paths of Professional Development: Contrived Collegiality, Collaborative Culture, and The Case of Peer Coaching, *Teaching and Teacher Education*, Vol. 6, No. 3, pp. 227–241.

（41）Hargreaves, 1994b, *op. cit.*

（42）Andy Hargreaves, 1994c, Individualism and Individuality: Understanding the Teacher Culture, In Andy Hargreaves, *Changing Teachers, Changing Times: Teachers' Work and Culture in the Postmodern Age*, Teachers College Press, New York, NY, pp. 165–166. なお、この論文がリトルとマクロフリンの共編著『教師の仕事』に掲載された論文である。Andy Hargreaves, 1993, Individualism and Individuality: Reinterpreting the Teacher Culture, in Judith Warren Little and Milbrey Wallin McLaughlin (ed.), *Teachers' Work: Individuals, Colleagues, and Contexts*, Teachers College Press, New York, NY, pp. 51–76. この初出の論文においては教職文化の「形態」と「内容」を分節化する議論は行われていない。

(43) Hargreaves, 1994b, *op. cit.*, pp. 189–192.

(44) Hargreaves, 1994b, *op. cit.*, pp. 195–196.

(45) Hargreaves, 1994b, *op. cit.*, pp. 192–195.

(46) Michael Huberman, 1993, The Model of the Independent Artisan in Teachers' Professional Relations, in Judith Warren Little and Milbrey Wallin McLaughlin (ed.), *Teachers' Work: Individuals, Colleagues, and Contexts*, Teachers College Press, New York, NY, pp. 11–50.

(47) Michael Huberman and Matthew B. Miles, 1984, *Innovation Up Close*, Plenum, New York, NY.

(48) Michael Huberman, 1989, The Professional Life Cycle of Teachers, *Teachers College Record*, Vol. 91, No. 1, pp. 31–57.

(49) Michael Huberman with Marie-Madeleine Grounauer and Jurg Marti, 1993, Jonathan Neufeld (trans.) *The Lives of Teachers* (*La Vie des Enseignants*), Teachers College Press, New York NY.

(50) Huberman, 1993, *op. cit.*, p. 13. なお、ここでは、ヒューバーマンの「自立的職人」モデルについて、その最も定式化された議論を検討するために、この一九九三年の論文を取り上げる。

(51) Huberman, 1993, *op. cit.*, pp. 30–44.

(52) Huberman, 1993, *op. cit.*, pp. 22–23.

(53) Huberman, 1993, *op. cit.*, pp. 21–22.

(54) *Ibid.*

(55) Huberman, 1993, *op. cit.*, p. 25.

（56）Huberman, 1993, *op. cit.*, pp. 28–29.

（57）二〇〇〇年代に、ジョーン・タルバートとマクロフリンが、ヒューバーマンの「自立的職人モデル」について論じた論文として、Joan E. Talbert and Milbrey Wallin McLaughlin, 2002, Professional Communities and the Artisan Model of Teaching, *Teachers and Teaching: Theory and Practice*, Vol. 8, No. 3/4, pp. 325–343.

（58）Little, 1990, *op. cit.*, pp. 509–536.

（59）例えば、Milbrey Wallin McLaughlin and Joan Talbert, 1990, The Contexts in Question: The Secondary School Workplace, in McLaughlin, Milbrey Wallin McLaughlin, Joan Talbert, and Nina Bascia（ed.）, *The Contexts of Teaching in Secondary Schools*, Teachers College Press, pp. 1–14.; Milbrey Wallin McLaughlin, 1993, What Matters Most in Teachers' Workplace Context? In Judith Warren Little and Milbrey Wallin McLaughlin（ed.）, *Teachers' Work: Individuals, Colleagues, and Contexts*, Teachers College Press, pp. 79–103.

（60）Little, 1990, *op. cit.*, p. 509.

（61）例えば、先に検討してきたハーグリーブズやヒューバーマンの他にも、第四章において取り上げるオーストラリア教育学会誌（ＡＥＲ）上論争の起点となったマイケル・フィールディングの論文や、第九章で取り上げるジョエル・ウエストハイマーによる教師の「専門家共同体」研究のレビュー論文などにおいて、このリトルの文言は、繰り返し言及されている。ただし、この「概念としては曖昧であり、思想としては楽観的である」というリトルの指摘を起点としながらも、この後にみるリトルの探究と、第四章でみるフィールディングの探究とはその性格を異にしていることに留意しておきたい。Michael Fielding, 1999, Radical Collegiality: Affirming Teaching as an Inclusive Professional Practice, *Australian Educational Researcher*, Vol. 26, No. 2, pp. 1–34; Joel Westheimer, 2008, Leaning among Colleagues: Teacher Community and the Shared Enterprise of Education, in Marilyn Cochran-Smith, Sharon Feiman-Nemser, and John D. McIntyre（ed.）, *Handbook of Research on Teacher Education, Enduring Questions in Changing Contexts, Third Edition*, Association of Teacher Educators, Reston, VA., pp. 756–783.

（62）Little, 1990, *op. cit.*, p. 510.

（63）Little, 1990, *op. cit.*, pp. 510–511.

（64）Little, 1990, *op. cit.*, pp. 513–514.

(65) Little, 1990, *op, cit.*, p. 511.
(66) *Ibid.*
(67) *Ibid.*
(68) Little, 1990, *op, cit.*, p. 532, note 7.
(69) Little, 1990, *op, cit.*, pp. 511-512.
(70) Little, 1990, *op, cit.*, p. 512.
(71) Little, 1990, *op. cit.*, p. 512.
(72) Little, 1990, *op, cit.*, pp. 513-514.
(73) Huberman, 1988, *op, cit.* (Little, 1990, *op. cit.* p. 514 より引用)
(74) Little, 1990, *op. cit.*, p. 514.
(75) Little, 1990, *op. cit.*, p. 519.
(76) Little, 1990, *op. cit.*, p. 521.
(77) *Ibid.*
(78) Little, 1990, *op. cit.*, p. 522.
(79) Little, 1990, *op. cit.*, pp. 522-523.
(80) Little, 1990, *op. cit.*, p. 523.
(81) Little, 1990, *op. cit.*, pp. 523-527.
(82) Little, 1990, *op. cit.*, p. 524.
(83) *Ibid.*
(84) Little, 1990, *op. cit.*, p. 526.
(85) *Ibid.*
(86) Little & McLaughlin, 1993, *op. cit.*; Leslie Santee Siskin & Judith Warren Little (ed), 1995a, *The Subjects in Question: Departmental Organization and the High School*, Teachers College Press, New York, NY.
(87) Milbrey Wallin McLaughlin and Joan Talbert, 1990, The Contexts in Question: The Secondary School Work-

place, in McLaughlin, Milbrey Wallin McLaughlin, Joan Talbert, and Nina Bascia (ed.), *The Contexts of Teaching in Secondary Schools*, Teachers College Press, p.5.

(88) Joan E. Talbert, 1995, Boundaries of Teachers' Professional Communities in U.S. High Schools: Power and Precariousness of the Subject Department, in Leslie Santee Siskin and Judith Warren Little (ed), *The Subjects in Question: Departmental Organization and the High School*, Teachers College Press, New York, NY, pp.71-75.

第四章　教師の「同僚性」の概念をめぐるオーストラリア教育学会誌上論争の検討

教師の「同僚性（collegiality）」の概念の普及は、国際的な展開へと連なっていた。一九九九年に、「同僚性」の概念をめぐる論争が、オーストラリア教育学会誌である『オーストラリアン・エデュケーショナル・リサーチャー（*Australian Educational Researcher*、以下ＡＥＲと略記する）』誌上において引き起こされた。論争の口火を切ったのはイギリスのサセックス大学のマイケル・フィールディング（Michael Fielding、現在はロンドン大学）であった。同誌には「同僚性」の概念の提起者であるアメリカのカリフォルニア大学バークレー校のジュディス・リトル、そして「同僚性」に関する問題を提起してきたカナダのトロント大学のアンディ・ハーグリーブズが反論を寄せ、「同僚性」の概念をめぐる議論が戦わされた。本章では、この論争を取り上げ、それぞれの論者の議論を特徴づけた上で、「同僚性」の概念をめぐる争点と課題を明らかにする。

第一節では、論争の口火を切ったフィールディングの議論を取り上げ、彼が提起した「ラディカルな同僚性（radical collegiality）」の概念の特質を明らかにする。まず、論争の舞台を設定したオーストラリアのディーキン大学のジル・ブラックモア（Jill Blackmore）の議論を手がかりとし、論争の文脈を示す。その上でフィールディングの議論を検討し、ＡＥＲ誌上で戦わされた論争の起点を特徴づける。

第二節では、フィールディングへの返答論文を寄せたハーグリーブズとリトルの議論の特質を明らかにする。ハーグリーブズとリトルからのフィールディングへの反論は痛烈であった。両者はフィールディングの議論のいかなる点に批判を寄せたのだろうか。特に、リトルの返答論文には、一九九〇年代の「同僚性」の展開が特徴づけられており、教師の「専門家共同体（professional community）」の胎動が背景に据えられている。これらを踏まえ、本章の最後には、「同僚性」の次なる展開として「専門家共同体」の探究を検討する必要に触れる。

一　M・フィールディングによる「ラディカルな同僚性」の概念の提起

教師の「同僚性（collegiality）」の概念をめぐる論争が、一九九九年のオーストラリア教育学会（Australian Association for Research in Education、以下ＡＡＥＲと略記する）の学会誌であるＡＥＲ誌上において引き起こされた。その口火を切ったのはフィールディングであった。同誌には「同僚性」の概念の提起者であるリトル、そして「同僚性」に関する問題を提起してきたハーグリーブズが反論を寄せ、「同僚性」をめぐる議論が戦わされた。

本節では、まず同誌の編集者であり論争の舞台を整えたブラックモアの議論を取り上げ、本論争の文脈を明らかにする。その上で、フィールディングが提起した「ラディカルな同僚性」の概念の特質を明らかにしよう。

(1)　オーストラリア教育学会誌上論争の文脈――編者Ｊ・ブラックモアの議論を手がかりとして

教師の「同僚性」の概念をめぐるＡＥＲ誌上の論争の舞台を整えたのはブラックモアである。ブラックモアは、同誌の巻頭に論文「教師の専門職性――協同的そして／もしくは同僚性に基づく仕事？」を寄せている。(1) ここでは、このブラックモアの論文を手がかりとし、本論争の文脈を明らかにしておこう。

論争の口火を切ったマイケル・フィールディングの論文は、一九九八年にオーストラリアのアデレードにおいて開催されたAAERの年次大会での基調講演に基づいている。ブラックモアは、フィールディングの基調講演が、教師の「専門職性（professionalism）」の重要な概念である「同僚性」の概念を扱い、オーストラリアにおける教師の専門職性をめぐる議論に深く関わり、「同僚性」の概念において重要な先行研究に対する批判を展開した講演であると評価する。その後ブラックモアは、リトルとハーグリーブズらに返答論文を依頼し、AER誌上での論争が成立したのである。(2)

ブラックモアの論文は、この論争の文脈を明らかにするために示唆的である。まず、ブラックモアは、この論争が、論争の参加者（イギリス・アメリカ・カナダ）において国際的であるに留まらず、論題においても国際的に共通する背景を有していると指摘している。それは、教師の専門職性が、学校改革において解決されるべき問題であると同時に、問題の解決策でもあるという状況である。(3)

ブラックモアは、教師の専門職性の概念が次の三つの陣営からの挑戦を受けているとする。第一に、「新保守主義の政府」であり、公共的な政策に対する専門職の影響力を取り除くことを追求する陣営である。第二に、「市場と新自由主義の理論家」であり、専門的知識や技能は「低所得者」の「声」を表象する（「偽装」する）市場調査に取って代わられるべきであるとする陣営である。そして第三に、「専門家の擁護団体では代替的なアジェンダを作り出すには限界があるとする社会運動」の陣営である。ブラックモアは、これら複数の陣営から教師の専門職性が問題とされていると指摘する。(4)

一方、ブラックモアは、教師の専門職性は、変動する社会における公共性を擁護する解決策でもあると位置づけている。(5)こうしたブラックモアの問題設定が、フィールディングによる「ラディカルな同僚性」の概念の提起と結びついている点は重要である。

さらにブラックモアは、オーストラリアにおける教師の専門職性をめぐる議論を次のように特徴づけている。ブラックモアは、「技術的な能力」に教師の専門職性を限定するのではなく、「公共性を擁護する」専門職性のモデルの重要性を強調している。ブラックモアは、教師たちは、特定の子ども、特定の同僚、特定の学校や共同体、そして特定の学校システムを超えて、より広範な公共的な利益を考慮する責任を有し、民主主義において重要な社会的実践と社会的制度としての教育の役割を引き受ける必要があると説く。こうしたブラックモアの政治的な対抗を強調する議論は、教育の基準を設定しアカウンタビリティを求め教師の専門職性をその技術的な達成に求める議論に対抗している点に留意しておきたい(6)。

ブラックモアがその意義を見出すオーストラリアにおける教師の専門職性をめぐる議論は、「『真に』民主的な形態」を標榜する「専門家の積極行動主義（professional activism）」を教師の専門職性に求めている議論である(7)。こうしたブラックモアの立論もまた、フィールディングによる「ラディカルな同僚性」の概念の提起との共通する問題意識を先に指摘しておくことができよう。

ブラックモアが、この論争の参加者において「進歩主義者の目的（progressivist intent）」が共有されていると指摘する点もまた重要である。ブラックモアは、各々の論者において、「同僚性」や「協同」を通して獲得される教師の「専門家としてのアイデンティティー」の意識、「強力な民主主義」、「差異を包摂する社会的公正の実現」が連動して追求されていると性格づけている(8)。

にもかかわらず、後述するように、フィールディングの「ラディカルな同僚性」の概念の提起には、その返答論文においてリトルとハーグリーブズから痛烈な批判が返されている。この論争において、何が主張の相違点を形成しているのだろうか。ブラックモアは、「進歩主義者の目的」の実現に向けた筋道の相違、特に、「研究と実践の関係」、「研究者と実践者の関係」、「学者に必要とされる役割の認識」において相違が生まれていると指摘する(9)。果たして、「同僚性」の概念をめぐるＡＥＲ誌上論争が示唆する問題はそれらに収斂されるのだろうか。以下では、まずフィールディングの議論の特質を明らかにし、続いてハーグリーブズ、リトルの反論を跡づける。そして、それらを踏まえ、ＡＥＲ誌上論争が示唆する問題の在り処を明示することにしよう。

(2) M・フィールディングによる「ラディカルな同僚性」の概念の特質

一九九九年のAER誌上論争の口火を切ったのは、フィールディングである。フィールディングは、一九九八年のAERの年次大会での基調講演に基づく論文「ラディカルな同僚性――包括的な専門家の実践としての教師の教育活動の確言」を同誌に寄せた。(10)

フィールディングは、イギリスにおける学校改革の著名な「活動家」であった。一九九〇年代のフィールディングの中心的な仕事は、「生徒の声（student voice）」を擁護する学校改革の推進にあった。なかでも、一九九〇年代後半から二〇〇〇年代にかけて、イギリスのベッドフォードシャーのシャーンブルック上級学校（Sharnbrook Upper School）における「研究者としての生徒（The Student as Researchers）」プロジェクトの推進は代表的である。(11) AER誌上論争におけるフィールディングの主張の一部は、「生徒の声」の擁護を標榜する学校改革実践に支えられているといえよう。

その後の二〇〇〇年代以降、フィールディングは、ロンドン大学へと移り、ロンドン大学教育院長ジェフ・ウィッティ（Geoff Whitty）が掲げる教職の「民主的専門職性（democratic professionalism）」の構想において、「生徒の声」を擁護する主張でもってその一角を担うにいたっている。(12) さらにフィールディングは、その後、「民主的でラディカルな教育（democratic radical education）」を標榜する学校改革運動を展開するにいたる。(13) 以下では、第一に、フィールディングによるリトルとハーグリーブズへの批判の特質を明らかにし、その上で第二に、フィールディングの「ラディカルな同僚性」の概念の特質を明らかにしよう。

① フィールディングによるリトル及びハーグリーブズへの批判の特質

フィールディングの一九九九年の論文「ラディカルな同僚性」はまず、リトルとハーグリーブズのこれまでの「同僚性」研究に対する批判を展開している。ただし、フィールディングの批判は、本書第三章にて検討してきたリトルやマクロフリンらとの直接の研究の交流を持った批判の系譜（ハーグリーブズ及びヒューバーマンら）とは異なる特徴を持った批判であると捉えることができよう。

フィールディングによるリトルとハーグリーブズの研究への批判には、リトルがＡＥＲ誌上論争において指摘する彼の学校改革運動の「活動家」としての性格が現れている。[14] フィールディングは、「私たちが理解し見習うべきであると勧められている同僚性や協同［の概念］は、その共通項や明瞭さが欠けている。私たちは、同僚性や協同が実際にどのようなものであるのかについて同意できていない」という。[15] ここに、フィールディングの主張の意図が、教育関係者が注目する「同僚性」の概念の議論に参画し、「真の（true）」「同僚性」の概念を独自に提起することにあり、さらに、「真の」「同僚性」を標榜し学校改革運動を主導することにあることが示唆されよう。[16] この「真の」「同僚性」の追求は、かつてハーグリーブズが、「『本物の（real）』もしくは『真の』協同や同僚性は存在せず、多様な目的を果たし多様な帰結を生み出す多様な［協同や同僚性の］形態が存在するだけである」[17]と論じていたことへのフィールディングからの批判でもある。

さらに、フィールディングによるリトルとハーグリーブズの個別の研究に対する批判は、ＡＥＲ誌上論争において、その多くが両者からの反論によって容易に斥けられていることに留意しておく必要があろう。[18] フィールディングからの批判は、「同僚性」と「協同」の概念を置き換え可能な形式で使用していたという批判のみリトルによって認められているに過ぎないのである。[19]

ただし、フィールディングによる「同僚性」と「協同」の概念の区別は恣意的であると言わざるを得ない。なぜなら、フィールディングは、「同僚性」と「協同」の概念の区別を次に示す一連の二項対立に即して捉える議論を展開するからである。フィールディングは、「共同体主義」と「個人主義」、「価値合理性」と「道具的合理性」、「同僚性に基づく組織」と「官僚制組織」といった二項対立を提示し、[20] それぞれの二項のうちの前者を「同僚性」の概念の特質として宛てがい、後者を「協同」の特質として宛てがう。この区別は、フィールディングが提起する「同僚性」（ラディカルな同僚性」）の利点を「協同」の概念と対照させることで際立たせる意図によるといえよう。フィールディングが、自説を主張するために「同僚性」の概念を利用していることは、以下において「ラディカルな同僚性」の概念そのものの特質を検討することにより、さらに明らかになろう。

フィールディングの「ラディカルな同僚性」の概念は、「コレギウム（collegium）」の復権の主張と、イギリス出身の哲学者アラスデア・マッキンタイア（Alasdair MacIntyre）の「実践（practice）」の概念の標榜に特徴づけられよう。以下、この二点について検討しよう。

② 「ラディカルな同僚性」の概念の特質

フィールディングの論文では「コレギウム」そのものについての説明を欠くが、フィールディングが多用する「コレギウム」は、「同階級で同じ権力を持つ幹部職の一団」を意味するといえる[21]。なお、*The Oxford English Dictionary, Second Edition* には collegiality の用法として「コレギウムの原理」という用語が記載されている[22]。ここに、フィールディングが主張する「コレギウム」の復権は、collegiality の歴史的な用法を含意していることが示唆される。

フィールディングの「ラディカルな同僚性」の概念は、教師集団における「コレギウム」の復権を標榜するに留まらず、生徒、保護者、地域住民の「コレギウム」への参加を主張することにおいても特徴的である。フィールディングは生徒、保護者、地域住民の全てを含み込んだ「包括的な」専門職性を主張し[23]、教師、生徒、保護者、地域住民の全ての関係において「ラディカルな同僚性」が育まれるとするのである[24]。

フィールディングが「生徒の声」を擁護する学校改革を推進してきたことは先に述べた通りである。それではフィールディングは、いかにして「ラディカルな同僚性」の射程を、保護者や地域住民にまで拡張しているのだろうか。フィールディングは、「ラディカルな同僚性」をマッキンタイアの「実践」の概念によって基礎づける試みによって、「同僚性」の概念を拡張する[25]。マッキンタイアの「実践」の概念とは、共同体全体にとっての「善」の実現とその過程における「卓越性」の達成を含んで定式化されており、共同体の復権を説くマッキンタイアの規範理論の中心的な概念であった[26]。フィールディングは、この基礎づけの試みでもって、「ラディカルな同僚性」の概念を、生徒、保護者、地域住民を包括する共同体に欠かせない概念として拡張するのである。

こうした「包括的な」専門職性を構想しそれを標榜するフィールディングの姿に、彼の学校改革運動の「活動家」としての姿を認めることができよう。「ラディカルな同僚性」を中心概念とする学校改革の構想は、フィールディング自身が強調するように生徒、保護者、地域住民に向けての「解放論」としての特徴が色濃い(27)。さらにフィールディングは、「ラディカルな同僚性」によって、人々への「権限付与」を謳う学校改革運動を標榜し「民主主義社会」の実現までも目論んでいるのである(28)。

二　M・フィールディングへの返答論文

本節では、フィールディングによる「ラディカルな同僚性」の概念の提起に対して寄せられたリトルとハーグリーブズの返答論文を検討し、その特質を明らかにしよう。本書第三章にて検討してきたように、ハーグリーブズは、「作られた同僚性」の概念を提示し、「同僚性」に関する問題を提起してきた「同僚性」批判の系譜の中心的な研究者の一人であり、リトルは、教師の「同僚性」の概念の提起者であった。

(1)　A・ハーグリーブズによる返答論文の特質

ハーグリーブズは、AER誌に論文「フィールディング・エラー〔守備エラー〕？——教師の協同と同僚性についての議論を深める—フィールディングへの返答」を寄せた(29)。この返答論文の特質は、まずその題目に表われている。すなわち、フィールディングからの批判は誤っており（フィールディング・エラー）、それは「守備エラー」によって引き起こされているとハーグリーブズは強調するのである。「フィールディングは私の議論のボールを取り損ねているか見過ごしている」とハーグリーブズは断じている(30)。

ハーグリーブズからの反論の中心的な論点は、「真の」「同僚性」の措定についてであり、その立論はジェンダーの視点から教師文化を主題化してきたイギリス系の研究の蓄積に基づくことに特徴がある。

「真の」「同僚性」の措定に関してハーグリーブズは、フィールディングの主張とは異なり、「真の」「同僚性」と呼ぶものは存在しないという認識を改めて強調する。ハーグリーブズは、中等学校研究の蓄積の厚いアメリカの議論では、「フィールディングが賛同するような、より公式の目的と実践を特徴とする同僚性」が見られるといえるが、他方、ナイアスやアッカーといったイギリスの女性研究者が開拓した教師文化研究が、「非公式で」「個人的に定着している」協同文化の重要性を描き出してきたと論じる。すなわち、教師文化の「形態（form）」の「多様性」を認識する必要があり、「真の」、「本当の」「同僚性」は存在しないことを理解するべきであるとハーグリーブズはいう[31]。「同僚性」の「形態」の多様性を主題化するこの主張は、「同僚性」に関する問題を提起してきたハーグリーブズの研究において一貫していることが認められよう[32]。

ただし、ここで留意しておきたいことは、ハーグリーブズが、「フィールディングが賛同するような、より公式の目的と実践を特徴とする同僚性」が確認される研究として、マクロフリンやタルバートによるスタンフォードCRCにおける一連の中等学校研究を位置づけている点である[33]。ハーグリーブズは、マクロフリンらが探究する中等学校について「専門家共同体（*professional community*）」であると言及しながらも、それを、「よりビジネスライクで、課題に急きたてられ、目標［の達成］を中心とするフィールディングが好む同僚性の定義」において特徴づけていることには問題があるといえよう[34]。本書の第Ⅲ部において後に明らかになるように、マクロフリンが提起する教師の「専門家共同体」は、フィールディングの「ラディカルな同僚性」とは大いに異なっている。

さらなるAER誌上でのハーグリーブズの反論は、フィールディングの「ラディカルな同僚性」の議論を、ジェンダーの視点に基づく一連の教師文化研究が批判してきた既存の「男性中心」の教師文化研究になぞらえて批判を展開する。ハーグリーブズからの批判は次の諸点において特徴づけられよう。

第一に、ハーグリーブズは、ジェンダーの視点からの諸研究が、教師間の「非公式で何気ない物語」の交流を通して、教育の「目標」や「目的」を明確にし吟味してきたことを明らかにしてきたとする。それゆえ、フィールディングの議論では、そうした「専門家文化（professional culture）」や、そこで価値づけられる「専門家のインタラクション（professional interaction）」の形式を否定しているとハーグリーブズはいう[35]。

第二に、ハーグリーブズは、フィールディングがその復権を標榜する「コレギウム」とは、「特定の権力と権利を授けられ、特定の義務を果たす共通の職業に従事する男性の社会」を歴史的に意味しており、「コレギウム」は成員の「排他性」や「自己本位の性質」を抱え込むと批判する[36]。

第三に、ハーグリーブズは、フィールディングの「ラディカルな同僚性」の概念や教師の専門職性を過度に強調することによって、教師間及び教師と生徒間の関係において、特定の人物の「周縁化」が引き起こされる問題を指摘する。ハーグリーブズは特に、非公式の繋がりを排除する「専門家の距離（professional distance）」の規範が要請されることにより、生徒との距離を縮め生徒のケアに献身する教師の教育活動が窮屈となり、そうした教師に、苦痛を伴う専門家の過大な義務が課されるという事態を危惧する[37]。

以上の議論に基づいて、ハーグリーブズは次のように結論づける。フィールディングが標榜する「同僚性の古典的な形態は、私たちを、全ての生徒のために授業や学習を改善するという目標中心で探究志向の議論へと押しやるが、それが『協同文化』と呼ばれるような実践を含む非公式で情緒的な要素によって支えられていない限り、フィールディングが推進する教師の『コレギウム』は、エリート主義で排他的でジェンダーの偏見を伴っており、彼が宛がうような民主主義の目標を満たすことはできないであろう」という[38]。ここにフィールディングによる「ラディカルな同僚性」の議論が、ハーグリーブズにおいて批判すべき「同僚性」の一つの「形態」として位置づけられたことを確認することができよう[39]。

(2)　J・リトルによる返答論文の特質

リトルはAER誌上論争に、「フィールディングの同僚性についての見解は、ラディカルであるというよりも単にナイーブなままである」と締め括る返答論文を寄せている(40)。それは、論文「選り抜きの同僚、巡り合わせの同僚――M・フィールディングへの返答」である(41)。リトルは、いかにしてフィールディングの議論を「ナイーブなままである」と批判するのであろうか。以下、リトルによる返答論文を検討し、その特質を明らかにしよう。

リトルの返答論文には、次の二つの主張が含まれている。リトルは、返答論文の冒頭にて、「フィールディングが単一に定義する『本当の』(もしくは理想の、理想化された)同僚性を追求することで、教師の仕事の複雑な形態、実質、ダイナミクス、及び、民主主義社会における教職と学校の現実的な挑戦の双方を捨象してしまっている」とする(42)。リトルの批判は、フィールディングによる教師の仕事を捉える学術的探究と、現実の学校改革をめぐる実践的探究の双方に照準が合わせられている。

①　学術的探究への反論

まず、リトルの返答論文もまた、その題目において立ち止まる必要がある。リトルの返答論文の題目に、リトルによるフィールディングの学術的探究に対する批判が直截に示されている。「選り抜きの同僚(colleagues of choice)」とは、フィールディングの「ラディカルな同僚性」の問題を、「コレギウム」の復権によって「選り抜きの同僚」を優遇することにおいて性格づけているといえよう。他方の「巡り合わせの同僚(colleague of circumstance)」には、同僚教師の多様性を包摂することを志向するリトルの学術的探究の性格が示されている。返答論文の題目に並べられた「選り抜きの同僚」と「巡り合わせの同僚」の用語には、学術的探究の対照性が際立てられて示されているのであり、リトルからのフィールディングへの批判が基底に据えられていることが示唆される。

リトルはフィールディングの学術的探究を次のように特徴づけている。フィールディングは、教師、生徒、その他の人々による「包括的な」共同体を提起し、それに向けて教職及び社会を「転換する(*transforming*)」ことを標榜する「カリスマ／活動家」であるとリトルはいう。(43)さらにリトルは、フィールディングが「共同体主義の強い動機」を有するに留まらず、まさにフィールディング自身が批判していた現代的な学校政策や政治に見られる過度な経営主義的志向の代表例である教職に対する「技術的―合理的（technical-rational）」な見方に立っていると指摘する。リトルは、「私とハーグリーブズに対するフィールディングの批判は、［教職の］組織化の原理として共同体を前提に据えようとする強い主張と、彼が狭隘な道具主義とみなす個人主義的な関心に対する深い不信に由来する」という。(44)

他方、リトルの学術的探究の性格は次のように示されている。リトルは、「フィールディングが教師の役割の転換を求めるのに対して、私は多様な文脈（contexts）の最中にある教師の生き方を理解することに努めてきた」とする。続けてリトルは、「私は、教師たちが自分たちの仕事をいかに社会的に構築するのかに注意を向けてきた。すなわち、教師たちが教職に付与する意味や、教師たちの一連の仕事において形成される（または形成されない）関係、教師たちが表現する感情や選好についてである」とリトルはいう。(45)

さらにリトルは、「私は、そうした局地的な状況に埋め込まれた意味、アイデンティティー、関係を探究する学校の日常の生活に注目するマイクロな分析と、教職が置かれているより大きな社会的、制度的、政策的環境に対するマクロな分析とのバランスをとることに努めてきた」とする。(46)このリトルの文言に、本書において「ランド・変革の担い手研究」を起点とする学校改革研究の系譜を性格づける学術的探究の諸特徴が想起されよう。特に、学校改革の現場に眼差しを向ける教職の「文脈」の概念や、マイクロな視点とマクロな視点の双方に注意を向ける探究が注目される。

その上で、リトルは、「同僚性」と「協同」の用語を置き換え可能な形で使用していたことに対するフィールディングの批判は認めている。しかしリトルは、「協同」は教師の「同僚性」の一つの表われであるとの認識を示し、先に見てきたようにフィールディングの「同僚性」と「協同」の概念規定は「恣意的に過ぎない」とする。リトルの教師の「同僚性」への関心は、第三章にて検討した一九九〇年の論文（「私事性への固執――教師の専門家としての関係における自律性と主導性」）にも示されていたように、教職における「個人的な性質と集団的な性質の相互作用や、自律性と連帯から立ち現われてくる発展性と緊張の双方」に向けられていることが、AER誌上論争においても改めて明示されている(47)。

さらにリトルは、「率直に言って私には同僚性の用語は、フィールディングが想像するような（生徒、保護者、地域住民の）全ての関係と実践にまで及ぶような融通の利く用語であるとは考えていない。教師や学者は、同僚性の用語を、真の民主主義共同体の試練に立ち向かう関係や全ての個人の関心を集団的な関心の下位に位置づけるような関係としては捉えていない」と明言する(48)。以上のリトルの指摘が示唆するのは、「同僚性」の概念に対するリトルとフィールディングの学術的探究の志向性の相違に留まらず、フィールディングの概念規定やその議論の理論的根拠が疑問に付されていることであるといえよう。

②　実践的探究への反論

次に、フィールディングの「ラディカルな同僚性」が有する実践的含意についてリトルが投げかける批判を検討し、その特質を明らかにしよう。

リトルからの批判は、その実践的な反証とする学校改革事例の選択に特徴がある。リトルの議論を中心的に支えるのは、デボラ・マイヤー（Deborah Meier）によって推進された学校改革である(49)。その選択はリトルの次の指摘に端的に表われている。リトルは、フィールディングが構想するような学校改革の実際の事例は、「ラディカルであるというよりも、進歩的（progressive）である」とする(50)。

リトルは、マイヤーの学校改革実践に即して複数の論点を挙げ、フィールディングの学校改革の構想に対する批判を展開する(51)。そのうち次の二点は、リトルの反論の性格を明示しているといえよう。

第一に、リトルは、公立学校における学校改革は、マイヤーの挑戦が示すように「学校共同体」の形成にあたり「排除」と「包摂」の問題に格闘し続け、容易に解決されるものではないという。リトルは、ハーグリーブズの返答論文の指摘を参照し、フィールディングが標榜する「コレギウム」の形態は、「宗教団体の公式的な支配のシステムに起源を持つ形態」であり、その内側で貫かれる「平等主義」に対して、その外側に対する「エリート主義」と「排他的な性格」を持ち合わせており問題含みであるとする。(52)

第二に、リトルは、学校改革の実践において「学校共同体」の成員は、多様なディスコースと実践を蓄積することを通して、問題を整理し合意を形成しているという。ここに、リトル自身の「社会言語学者としての」問題意識が強く反映されているといえよう。リトルは、フィールディングが標榜する「コレギウム」の形態は、「現実的な意味のない（irrelevant）議論が禁止され、能力と関心のない話し手が排除され、意見の一致が追求されるような意思決定のフォーラム」であり、「公式の議論」のみが特権化され、実際のコミュニケーションにおいて重要な役割を果たす「非公式的で社会的、情動的な資源」を過小評価していると批判する。(53)

③　「専門家共同体」研究の欠落

リトルはさらに、フィールディングの議論には、教師の「専門家共同体（professional community）」研究の展開への言及が欠けていると批判する。(54) この指摘は重要である。

リトルは「専門家共同体」研究の展開を、「同僚性に基づく関係の形態と実質に対して重要な教職の文脈を構築することに焦点化する」研究の展開として性格づけている。(55) すなわち、「同僚性」研究の展開の先に、「専門家共同体」研究が位置づけられている。その上で、一九九九年までの「専門家共同体」研究の成果でもって、フィールディングがいう「真の」「同僚性」を疑うには十分な論拠が示されているとリトルはいう。(56)

そこでリトルが具体的な研究の成果として言及するのは、スタンフォードＣＲＣにおける一連の研究の成果であり、マクロフリンとタルバートの研究を中心に、本書の第五章において取り上げるシスキンの研究にも言及している。(57)

さらにリトルが、「専門家共同体」研究の展開は、自らの一九九〇年の論文のフレーズを用いて、「同僚性の『思想としては楽観的な』見方という問題への対応」に着手していると強調することも着目されよう。リトルは、スタンフォードCRCにおける共同研究において、教師の「強力な伝統的共同体（strong traditional communities）」と「教師の学習共同体（teacher learning communities）」とを区別する研究成果や、「教師の共同体の葛藤への向き合い方」（ベティー・アキンスティン、本書の第九章において検討）についての探究が進められているとする。(58)

三　「同僚性」の概念をめぐる争点と課題
――「専門家共同体」の探究へ

以上、フィールディングの「ラディカルな同僚性」の概念の提起によって口火が切られた一九九九年の教師の「同僚性」の概念をめぐるAER誌上論争の議論を検討してきた。ここでは、これまでの議論の展開をまとめAER誌上論争の争点を明らかにし、その上でAER誌上論争が示唆する課題を示すことにしよう。

教師の「同僚性」の概念をめぐるAER誌上論争は、編者であるブラックモアによってその舞台が設定された論争であった。(59)ブラックモアは教師の「専門職性」が問題とされる現代的な背景を示し、教師の専門職性の再定義が必要とされるという本論争の文脈を論じていた。ブラックモアは、そうしたAER誌上論争の文脈を国際的に共通する背景として指摘するものの、特に彼女が関心を向けていたのは、現代的な政策環境に対抗し公共性を擁護する専門職性のモデル（「専門家の積極行動主義」）の追求であった。こうしたブラックモアによる教師の専門職性をめぐる問題の設定は、「真の」「同僚性」の概念を提起し、それを中核とする学校改革運動を標榜するフィールディングの議論を導いていた。(60)

ブラックモアが「進歩主義者の目的」を共有すると指摘した論争の参加者において、激しい批判が交わされたことは注目されよう。リトルとハーグリーブズからの痛烈な批判は、フィールディングの「ラディカルな同僚性」の概念が有する次の二つの問題に収斂されるといえよう。(61)

第一に、フィールディングによる「コレギウム」の復権の標榜であり、成員間の「公式の議論」の特権化を主張する「エリート主義」や「排他性」の問題である。リトルとハーグリーブズは、フィールディングの主張は教師間の「公式の議論」に限定しており、「専門家のインタラクション」の特質を見誤っていると批判した。リトルとハーグリーブズは共に、「非公式的で情緒的で何気ない物語」の交流に、専門家としての教師のインタラクションの価値を認めていた。

第二に、フィールディングが「同僚性」の概念を拡張し、教師、生徒、保護者、地域住民の関係を「同僚性」の概念で捕捉する問題である。この問題に対するリトルとハーグリーブズによる批判の構図は、複雑である。確かに、AER誌上論争においては、先の「コレギウム」への批判に基づき、フィールディングの「包括的な」専門職性の構想が夢想に過ぎないことが繰り返し指摘されていた。しかし、教師とその他の関係者との協同の必要性は、ハーグリーブズもまた「職業的他律性（occupational heteronomy）」と呼び、その必要性を強調している。ハーグリーブズは、教師の自律性を「自己防衛的自律性（self-protective autonomy）」と性格づけて批判し、保護者、生徒との協同を標榜する教師の専門職性の再定義を繰り返し主張しているのである[62]。

ＡＥＲ誌上論争におけるハーグリーブズとフィールディングの間で交わされた痛烈な批判を超えて、その両者における教師の専門職性の構想は実は近いと言えよう。それは、ＡＥＲ誌上論争の後にハーグリーブズが標榜する保護者や公衆と提携する「ポストモダンの専門職性（postmodern professionalism）」の構想[63]や、後にフィールディングが参画する「民主的専門職性」の構想に共通するアイディアに引き継がれていることにも明らかである[64]。

一方、ＡＥＲ誌上論争において、リトルがフィールディングへの批判として、フィールディングの視野から「専門家共同体」研究の展開が欠落していることを指摘していたことは重要である。さらに、ＡＥＲ誌上論争において、「専門家共同体」研究に対するハーグリーブズの理解の不十分さも先に指摘してきた通りである。

ここで注目されるのは、「同僚性」の概念の提起者であるリトル自身が、一九九〇年代の研究の展開において、「同僚性」の概念の積極的な使用を断念している事実である。「同僚性」の概念は、学校改革を成功に導く決定的な要因として教師間のインタラクションを特徴づけた概念であり、学校改革を推進する上でのプライオリティを指し示す概念として、広範な注目を集めた。しかし、リトルがその研究の出発点から一貫して保持する「教師の視点」からの学校改革の探究は、「専門家共同体」を中心概念として据える発展的な展開が遂げられていたのである。次に本書において考究されるべきは、「専門家共同体」研究の形成の過程であり、その後の議論の展開である。

注

（1）Jill Blakmore, 1999, Editorial: Teacher Professionalism-Collaborative and/or Collegial Work? *Australian Educational Researcher*, Vol. 26, No. 2, pp. i–vi.

（2）Blackmore, 1999, *op. cit.*, p. i.

（3）*Ibid.*

（4）Blackmore, 1999, *op. cit.*, pp. i–ii.

（5）*Ibid.*

（6）Blackmore, 1999, *op. cit.*, p. ii.

（7）*Ibid.*

（8）Blackmore, 1999, *op. cit.*, pp. ii–iii.

（9）*Ibid.*

（10）Michael Fielding, 1999, Radical Collegiality: Affirming Teaching as an Inclusive Professional Practice, *Australian Educational Researcher*, Vol. 26, No. 2, pp. 1–34.

（11）Michael Fielding, 2001, Beyond the Rhetoric of Student Voice: New Departures or New Constrains in the Transformation of 21st Schooling, *Forum*, Vol. 43, No. 2, pp. 100–109. なお、邦文献においてこの「生徒の声」プロジェクトの中心的な意味を考察した研究として、勝野正章、2004『教員評価の理念と政策——日本とイギリス』、エイデル研究所、pp. 140–147。

(12) ジェフ・ウィッティ、2009、高山敬太（訳）、「教師の新たな専門性に向けて（Towards a New Teacher Professionalism）」、マイケル・W・アップル、ジェフ・ウィッティ、長尾彰夫（編）『批判的教育学と公教育の再生――格差を広げる新自由主義改革を問い直す』、明石書店、pp. 187–206。Michael Firlding, 2004, 'New Wave' Student Voice and the Renewal of Civic Society, *London Review of Education*, Vol. 2, No. 3, pp. 197–217.

(13) Michael Fielding and Peter Moss, 2011, *Radical Education and the Common School: A Democratic Alternative*, Routledge, New York, NY. なお、ピーター・モスはイタリアの幼児学校改革であるレッジョ・エミリアの改革と協同してきた研究者であり、現在はロンドン大学に在籍している研究者である。

(14) Judith Warren Little, 1999, Colleagues of Choice, Colleagues of Circumstance: Response to M. Fielding, *Australian Educational Researcher*, Vol. 26, No. 2, p. 35.

(15) Fielding, 1999, *op. cit.*, p. 1.

(16) Fielding, 1999, *op. cit.*, p. 7.

(17) Andy Hargreaves, 1991, Contrived Collegiality: the Micropolitics of Teacher Collaboration, in J. Blasé (ed.), *The Politics of Life in Schools*, Sage, New York, NY, p. 49.

(18) フィールディングからのリトルとハーグリーブズへの批判は、リトルとハーグリーブズの個別の研究に対する批判に終始しており、本書の第三章において跡づけてきた「同僚性」研究の展開を視野に収めることにおいて十分ではないという問題を指摘することができる。例えばフィールディングは、ハーグリーブズの「同僚性」に関する議論に対して、「同僚性」の「形態」を強調する議論であることに批判を向けるが、本書の第三章において見てきた通り、ハーグリーブズの「同僚性」の「形態」論は、リトルによって着手された「同僚性」研究の展開を踏まえ、それを「同僚性」の「内容」論として性格づけることによって、「形態」論を独自に展開しているのであり、フィールディングの批判は、ハーグリーブズの「同僚性」の「形態」論に対する批判として不十分であるといえよう。

(19) Little, 1999, *op. cit.*, p. 37.

(20) Fielding, 1999, *op. cit.*, pp. 16–18.

(21) 小学館ランダムハウス英和大辞典第二版編集委員会、1994、『小学館ランダムハウス英和大辞典第二版』、小学館、p. 540。

(22) *The Oxford English Dictionary, Second Edition*, Vol. 3, Oxford University Press, New York, NY, p. 482.
(23) Fielding, 1999, *op. cit.*, p. 3.
(24) Fielding, 1999, *op. cit.*, pp. 22-26.
(25) Fielding, 1999, *op. cit.*, p. 4.
(26) アラスデア・マッキンタイア、1993、篠崎榮（訳）、『美徳なき時代』、みすず書房、p. 230.
(27) Fielding, 1999, *op. cit.*, p. 3.
(28) Fielding, 1999, *op. cit.*, p. 29.
(29) Andy Hargreaves, 1999, Fielding Errors? Deepening the Debate about Teacher Collaboration and Collegiality: Response to Fielding, *Australian Educational Researcher*, Vol. 26, No. 2, pp. 45-53.
(30) Hargreaves, 1999, *op. cit.*, p. 47.
(31) Hargreaves, 1999, *op. cit.*, p. 48.
(32) Andy Hargreaves, 1994a, *Changing Teachers, Changing Times: Teachers' Work and Culture in the Postmodern Age*, Teachers College Press, New York, NY.
(33) ハーグリーブズが引用する研究は、マクロフリンとタルバートがスタンフォードCRC研究の問題設定などを概括した次のものである。Milbrey Wallin McLaughlin and Joan Talbert, 1993, *Contexts That Matter for Teaching and Learning*, Center for Research on the Context of Secondary School Teaching, Stanford University, Stanford, CA.
(34) Hargreaves, 1999, *op. cit.*, p. 48.
(35) Hargreaves, 1999, *op. cit.*, p. 49. なお、ジェンダーと「同僚性」についての新しい研究として例えば、Richards, E. and Acker, S., 2006, Collegiality and Gender in Elementary School Teachers' Workplace Cultures: A Tale of Two Projects. In Cortina, R. and Roman, S. (ed.), *Women and Teaching: Global Perspectives on the Feminization of a Profession*. Palgrave macmillan, pp. 51-79.
(36) *Ibid.*
(37) Hargreaves, 1999, *op. cit.*, pp. 50-51.
(38) Hargreaves, 1999, *op. cit.*, p. 51. 強調は引用者による。

(39) 事実、後のハーグリーブズの著作においてこのことが確認される。Andy Hargreaves, 2003, *Teaching in the Knowledge Society: Education in the Age of Insecurity*, Teachers College Press, New York, NY, p. 142.
(40) Judith Little, 1999, Colleagues of Choice, Colleagues of Circumstance: Response to M. Fielding, *Australian Educational Researcher*, Vol. 26, No. 2, p. 41.
(41) Little, 1999, *op. cit.*, pp. 35-43.
(42) Little, 1999, *op. cit.*, p. 35.
(43) *Ibid.* ここでは philosopher/activist というリトルの表現に対して「カリスマ／活動家」の訳語を充てている。この文脈でいう philosopher は「哲学者」という意味よりも、学校改革を推進する「理論的指導者」や「カリスマ的人物」の意味で用いられていると理解されるため、「カリスマ／活動家」の訳語を選択している。
(44) Little, 1999, *op. cit.*, pp. 35-36.
(45) Little, 1999, *op. cit.*, p. 36. 強調は引用者による。
(46) *Ibid.* 強調は引用者による。
(47) Little, 1999, *op. cit.*, p. 37.
(48) *Ibid.*
(49) リトルによって特に言及されているのは、マイヤーの次の著作に示される貧困率の高いニューヨークのイースト・ハーレムに位置するセントラル・パーク・イースト中等学校（Central Park East Secondary School）の学校改革である。Deborah Meier, 1995, *The Power of Their Ideas: Lessons for America from a Small School in Harlem*, Beacon Press, Chicago. なお、同書には、学校改革についての思索を深めるためのマイヤーによる読書案内が付されている。教育研究者の著作や論文への言及は限られているが、その中にティーチャーズ・カレッジ・プレスからのリトルの近刊についての言及があり、教師の同僚関係についての考察が注目されると指摘されている。ここに、進歩主義教育者マイヤーとリトルとの特別な関わりが認められる（ただし、予告されていたリトルの単著は未だ公刊されていない）。マイヤーの *The Power of Their Ideas* の第二版の邦訳として、デボラ・マイヤー、2011、北田佳子（訳）、佐藤学（解説）、『学校を変える力――イースト・ハーレムの小さな挑戦』、岩波書店。
(50) Little, 1999, *op. cit.*, p. 37.

（51）Little, 1999, *op. cit.*, pp. 38-40. 次に取り上げる二点の他には、公立学校の文脈において追求される民主主義の共同体は、フィールディングが想定するような予定調和の共同体ではないことや、フィールディングの唱える共同体主義の貫徹では改革は進められず共同体と個人との相即的な関係が必要とされることなどが挙げられている。

（52）Little, 1999, *op. cit.*, pp. 38-39.

（53）Little, 1999, *op. cit.*, p. 39.

（54）Little, 1999, *op. cit.*, p. 40.

（55）*Ibid.* 強調は引用者による。

（56）Little, 1999, *op. cit.*, pp. 40-41.

（57）Leslie Santee Siskin, 1994, *Realms of Knowledge: Academic Departments in Secondary Schools*, RoutledgeFalmer. 本書第五章において検討しているが、一九九五年にリトルはシスキンとの共編著『問題としての教科——教科の組織と高校（*The Subjects in Question : Departmental Organization and the High School*）』を公刊している。Leslie Santee Siskin and Judith Warren Little (ed), 1995, *The Subjects in Question: Departmental Organization and the High School*, Teachers College Press, New York, NY.

（58）Little, 1999, *op. cit.*, p. 41. 本書第九章において検討しているが、ここで言及されているアキンスティンの研究は、彼女のスタンフォード大学での博士論文であり、後にティーチャーズ・カレッジ・プレスより公刊された研究である。Betty Achinstein, 2002a, *Community, Diversity and Conflict among Schoolteachers: The Ties That Blind*, Teachers College Press, New York; Betty Achinstein, 2002b, Conflict amid Community: The Micropolitics of Teacher Collaboration, *Teachers College Record*, Vol. 104, No. 3, pp. 421-455.

（59）Blackmore, 1999, *op. cit.*

（60）Fielding, 1999, *op. cit.*

（61）Hargreaves, 1999, *op. cit.*, Little, 1999, *op. cit.*

（62）Andy Hargreaves and Ivor Goodson, 1996, Teachers' Professional Lives: Aspirations and Actualities, in Ivor Goodson and Andy Hargreaves（ed.）, *Teachers' Professional Lives*, Falmer Press, London, p. 21. ただし、ＡＥＲ誌上論争においてフィールディングは、ハーグリーブズの「職業的他律性」の議論ではその規範性において不十分であ

るとし、教師・生徒・保護者・地域住民の協同を明確に要求する「包括的な」専門職性を主張する必要があると論じていた。

（63）Andy Hargreaves, 2000, Four Ages of Professionalism and Professional Learning, *Teachers and Teaching: History and Practice*, Vol. 6, No. 2, pp. 151-182. なお、この論文は、二〇〇〇年代前後における英語圏の教育社会学の定評のあるリーディングスであるLauder, Hugh, Brown, Philip, Dillabough, Jo-Anne, and Halsey, A. H.（ed.）, 2006, *Education, Globalization and Social Change*, Oxford University Press. にも収められている。二〇一二年には、このリーディングスの邦訳（部分訳）が二分冊で刊行されている。ハーグリーブズのこの論文は、佐久間亜紀による抄訳が掲載されている。アンディ・ハーグリーブズ、2012、佐久間亜紀（訳）「教職の専門性と教員研修の四類型」、ヒュー・ローダー、フィリップ・ブラウン、ジョアンヌ・ディボラー、A・H・ハルゼー（編）、苅谷剛彦・志水宏吉・小玉重夫（編訳）『グローバル化・社会変動と教育2　文化と不平等の教育社会学』、東京大学出版会、pp. 191-218。

（64）ウィッティ、2009、前掲書。Fielding, 2004, *op. cit.*

第Ⅲ部　教師の「専門家共同体」の形成と展開

第五章　M・マクロフリンの研究の系譜における「専門家共同体」の形成と展開

スタンフォード大学のミルブリィ・マクロフリンを中心とする研究の系譜において、教師の「専門家共同体（professional community）」の概念は形成された。スタンフォード大学「中等学校の教職の文脈に関する研究センター（Center for Research on the Context of Secondary School Teaching、後にCenter for Research on the Context of Teachingに改称、以下ＣＲＣと略記）」（一九八七年開設）を拠点とする学校改革の研究である。

本章では、一九八〇年代後半から一九九〇年代にかけて行われたスタンフォードＣＲＣの「中核的研究」と呼ばれる高校改革研究の展開を跡づけ、マクロフリンを中心とする研究の系譜における「専門家共同体」の形成と展開を叙述することを課題とする。

同時期のカリフォルニア州では、人種隔離撤廃の政策と移民の増加による生徒の多様性の増大と、それに伴い様々な重荷を背負う高校の生徒（「今日の生徒（today's students）」）の問題が顕在化する中、州政府主導の教育改革の政策が展開されていた。特に、カリフォルニア州政府は主要教科の「野心的な」基準である『フレームワーク』の開発に着手していた。

カリフォルニア州政府による『フレームワーク』の開発という政策環境は、一九九〇年代後半以降に基調となるアカウンタビリティの要求による学校の管理強化政策とは性格を異にすることは留意されよう。マクロフリンの研究の系譜における教師の「専門家共同体」の形成と展開には、「野心的な」教育実践を支援する教育政策の展開が背景にあったのである。

第一節では、スタンフォードCRC研究の重要な背景として「ランド・変革の担い手研究」の成果を位置づけ、「ランド・変革の担い手研究」からスタンフォードCRCへと引き継がれた課題及びスタンフォードCRCに求められた新たな研究の方向性を明らかにする。

第二節では、スタンフォードCRC研究の中心的概念である教職の「文脈（context）」の概念についての検討を行う。この「文脈」の概念を検討することでスタンフォードCRC研究の特徴を示し、後に深化をみせる「文脈」の概念の起点を明らかにする。

第三節は、教師の「専門家共同体」の概念の形成過程に焦点を合わせている。「専門家共同体」の概念の形成は、スタンフォードCRC研究を推進する上での重要な契機となった。

第四節では、教職の「文脈」の概念の深化を明らかにする。スタンフォードCRC研究の展開は、学校改革の中心的課題に据えられる新しい授業の概念（「理解のための授業（teaching for understanding）」）や、教職の「文脈」の多層性を明示するにいたっている。

第五節では、スタンフォードCRC研究の展開が、高校の「教科部（subject departments）」への注目を一つの契機としていることを論じる。スタンフォードCRC研究は、高校の「教科部」を本格的に主題化した開拓的な研究として性格づけられよう。

一　「ランド・変革の担い手研究」からスタンフォードCRC研究への展開

一九八七年一〇月、スタンフォードCRCが開設された(1)。スタンフォードCRCは、アメリカ連邦教育省教育研究改善局（Office of Educational Research and Improvement、以下OERIと略記）から支援を受けたナショナル・センターとして発足している。一九八三年よりスタンフォード大学に所属していたマクロフリンがその代表を務めた。スタンフォードCRCは、スタンフォード大学教育学大学院（School of Education）に初めて開設されたナショナル・センターであり、中等学校における教職の「文脈」の探究を中心に据え、中等教育の改革に向けた政策提言を目的とする研究開発センターであった(2)。

スタンフォードCRCが連邦政府の資金に基づき着手した高校改革研究は、一六の高校（カリフォルニア州とミシガン州の七学区の公私立高校、表5-1参照）への集約的なフィールドワーク調査（一九八八年秋より一九九一年夏まで）と、同校の教師への質問紙調査（一九八九、一九九〇、一九九一年の三回）及び、全米の高校への質問紙調査データ（一九八四、一九八八、一九九〇、一九九二年）に基づいている(3)。スタンフォードCRC研究は、質問紙調査の結果を踏まえ、一六の高校の内側に生起している実践の展開に迫っている。

本節では、スタンフォードCRCにおける高校改革研究の出発点を明らかにするために、本書が第I部において、その展開を跡づけてきた「ランド・変革の担い手研究」からスタンフォードCRC研究への展開を叙述することを課題とする。

具体的には、マクロフリンの一九九一年の論文「専門性開発を可能にする――私たちは何を学んできたのか？」を手がかりとする(4)。この論文は、一九八〇年代末から一九九〇年代初頭にかけて行われたマクロフリン自身による「ランド・変革の担い手研究」の成果の再検討を含む一連の論文の一つであり、一九九〇年代以降のスタンフォードCRC研究の方向性を示した論文であるといえよう。

マクロフリンは、この論文の冒頭にて、一九九〇年代初頭においては「スタッフ開発」が学校改革の構成要素として「当然視」されるようになったものの、未だ「教師の専門性開発を実現可能にするデザイン」にはいたっていない

表5-1　スタンフォードCRC研究のフィールドワーク調査実施高校（16校）の概要⑤

州	学区	学校	学校類型	都市の状況	学校規模	マイノリティの生徒	貧困の生徒
カリフォルニア	モスタサ学区	スコラスティック	公立	都市	小	多	中
		エスペランサ	公立	都市	大	中	中
		ランチョ	公立	都市	大	中	中
		グリーンフィールド	私立(alt.)	郊外	小	低	低
		パロマ	私立	郊外	小	低	低
	アドベ・ビエホ学区	ヴァレー	公立	都市	中	中	中
		オニックス・リッジ	公立	都市	中	中	中
		イブセン	公立	都市	中	中	中
		ジュリエット・ライト	私立	都市	小	低	低
	オーク・ヴァレー学区	オーク・ヴァレー	公立	郊外	超大	高	低
ミシガン	バートン学区	ハイランダー	公立	都市	超大	高	中
		ワシントン・アカデミー	公立	都市	大	高	中
	ドーヴァー学区	ドーヴァー	公立	郊外	大	低	低
	フォールズ・バーク学区	ラサール	公立	都市	中	中	中
		モンロエ	公立	都市	小	中	高
	オネイダ学区	プロスペクト	公立(alt.)	郊外	小	×	×

＊学校規模（生徒数）：「小」＝＜885;「中」＝885-1500；「大」＝1501-2075；「超大」＝＞2075。マイノリティーの生徒（非白人もしくはヒスパニック）：「低」＝0-33%；「中」＝34-67%；「高」＝68-100%。貧困の生徒（食費補償）：「低」＝＜10%；「中」＝10-40%；「高」＝＞40%。

と指摘する。マクロフリンは、「いかなる要因が教師の専門性開発を実現可能にし維持するのか」と問題を提起する[6]。

マクロフリンは、「ランド・変革の担い手研究」の後に進展をみせた教育研究の二つの動向に注目する。「授業と学習」に関する研究及び、「スタッフ開発」の諸実践に関する研究である。以下では、これら二つの領域の研究の展開をマクロフリンがいかに特徴づけているのかを検討し、その上でマクロフリンが提起する一九九〇年代の教師の専門性開発の新たな方向性について検討しよう。

（1）授業と学習に関する研究の展開

マクロフリンは、「ランド・変革の担い手研究」の後に進展をみせた「授業と学習」に関する研究の展開に注目している。

マクロフリンは、一九八〇年代以降の授業と学習に関する研究の展開を、「過程—産出パラダイム（process-product paradigm）」による授業と学習の「単純な」概念化から、より「複雑で多様な」概念化への進展と性格づける。なかでも、リー・ショーマン（Lee Shulman）が定式化した「授業を想定した教材知識（pedagogical content knowledge）」は、こうした動向の中心的な概念であるとし[7]、マクロフリンは、授業の概念が、「教科内容の知識（subject-area content knowledge）」と「教育学的な技能（pedagogical skills）」との相互作用において捉えられることが提起され、授業の概念が教室のダイナミクスを反映する概念へと再構築される展開に注目している[8]。

さらにマクロフリンは、授業の概念を再構築する研究の展開から、授業の概念を、「特定の」教室の教師と生徒による「特定の」の目標を掲げる授業として捉える視点を獲得している。すなわち、探究されるべきは一般的な授業ではなく、「個別的で特異的な」授業であるという。その上でマクロフリンは、授業と学習が、「特定の」教師と「特定の」生徒によって「共同的に構築される（*co-constructed*）」性格に着目する。マクロフリンは、授業とは、「今という時（nowness）」の「文脈」に「埋め込まれ（*embedded*）」ており、教師と生徒によって「共同で生み出される」という特徴を強調する[9]。

こうした授業と学習の性質を踏まえ、マクロフリンは、教師の知識もまた「学校の文脈に埋め込まれている」という性質を有するという。それゆえ、マクロフリンは、教師の知識を高めるための専門性開発の機会は、「騒々しくも活動的な（noisy, active）」学校の状況の一つの構成要素としてこそ成立する、という点に留意すべきであるとする。

「ランド・変革の担い手研究」が明らかにしてきたように、学校の「文脈」から離れて予め狭く限定された改革プログラムは、その多くが失敗に終わっていた。教師の知識の性質を踏まえるならば、こうした過度に単純化された改革プログラムは、教師が意思決定し実践を作り出す学校の「文脈」との間に多くの「葛藤」を引き起こしていたことが示唆されるとマクロフリンはいう(10)。

(2) 教師の専門性開発に影響を与える学校内外の諸要因

マクロフリンは、「スタッフ開発」に関する研究として次の二つの研究成果に注目する。それは、マクロフリン自らが着手しているスタンフォードCRC研究の初期の成果及び、カリフォルニア州における多様なスタッフ開発の実践を調査したジュディス・リトルらによる『カリフォルニアのスタッフ開発――公的・個人的な投資、プログラムのパターン、政策の選択』(一九八七年)の成果である(11)。マクロフリンは、「こうした「スタッフ開発に関する」研究や経験が、ランド・変革の担い手研究の中心的な結論の多くを拡張し、その分析の限定性を照射している」と指摘する(12)。

リトルが中心となって手がけた『カリフォルニアのスタッフ開発』は、一九六六年にアメリカ連邦議会の資金により全米二〇箇所に設立された地方教育研究所の一つである「ファー・ウエスト・ラボラトリー」と、一九八三年に設立された研究センターである「カリフォルニア教育政策分析(Policy Analysis for California Education、PACEと略記される)」(カリフォルニア大学バークレー校)の共同研究の報告書である(13)。

マクロフリンは、「ランド・変革の担い手研究」が、連邦政府の資金に基づく特別な改革プログラムの調査にその責務を限定しており、学校レベルの諸要因の重要性に光を当てたものの、その「集団的、組織的重要性」については十分に迫れていないとする。マクロフリンは、「学校規模の制度的観点から専門性開発を考察すること」の必要を指摘し、以下のように考察を進める。まず教師の専門性開発に対する「学校現場の影響」についてである(14)。

① 学校内の諸要因

マクロフリンは、教師の専門性開発に影響を与える学校現場の諸要因として、第一に、「専門性開発の価値や規範」、第二に、「授業実践についての学校レベルの目標」、そして第三に、「学校レベルのリーダーシップ」の三点を挙げる。[15]まず、「専門性開発の価値や規範」についてマクロフリンは、学校現場における「価値や規範」が教師の専門性開発への関心や参加のための重要な「文脈」を作り出しているとする。「価値や規範」は例えば、「学校の問題解決（problem-solving）に取り組むのか」または「問題を隠すこと（problem-hiding）に向かうのか」、「改革のためのリスクを引き受けるのか」または「安全な実践に固執するのか」といった学校現場での課題に向かう姿勢として現われるという。すなわち、学校現場における「価値や規範」によって、専門性開発に対する「圧力」が作り出され、教師の専門家としての成長や省察に対する「期待」、「支援」、「報酬」が確立されるとマクロフリンはいう。マクロフリンは、リトルらの共同研究の成果をもとに、教師が専門性開発に対して「個人的に」関心を持続することは難しく、学校現場において専門性開発が「価値づけられる」必要があるとする。[16]

「授業実践についての学校レベルの目標」もまた、それが教師の教室実践を動機づけ形作ることから、教師の専門性開発にとっての重要な「文脈」として機能するとマクロフリンはいう。このことは、初期のスタンフォードCRC研究の成果からも示唆されているという。マクロフリンらは、教師たちが教室において優先する目標を調査し、学校ごとの「目標プロフィール」を作成したという。例えば、同じ学区の第一〇学年の化学の教師において、進学校と進学校でない学校（教科に動機づけられておらず英語の能力に限りのある生徒の多い学校）とでは、教師たちが専門性開発に期待する内容が大きく異なっていたのである。すなわち、同じ学区の同じ学年の同じ教科であっても、「授業の目標」は学校ごとに異なっており、必要とされる専門性開発も異なっていることに留意する必要があるという。

リトルらの共同研究（『カリフォルニアのスタッフ開発』）もまた、多くのスタッフ開発の活動が教育行政上の「効率性」を優先し、多様な学年の多様な生徒の多様な教科の教師たちにとって「現実的な意味を有していない」ことを報告していることにマクロフリンも注目する。[17]教師の専門性開発は、学校現場の問題や実践の目標に照準を合わせる必要があることが示唆されるのである。

さらに、マクロフリンは、「学校レベルのリーダーシップ」が、教師の専門性開発にとって最も重要な条件であり支援となると指摘する。この「学校レベルのリーダーシップ」には、校長のリーダーシップだけではなく「教科主任」のリーダーシップも含まれていることに留意しておきたい[18]。後のスタンフォードＣＲＣ研究の展開において、教科主任のリーダーシップは、より焦点が当てられることになる。

ここで校長や教科主任のリーダーシップは、次の二点において性格づけられている。第一に、校長や教科主任は、教師の専門性開発に不可欠である「価値」や「規範」や「期待」を確立することに責任を負っているとマクロフリンはいう。マクロフリンは、学校現場の規範的な風土は自然に作られ自然に維持されるものではなく、校長や教科主任がそれを強化し励ます必要があるとする。それは、先に「専門性開発の価値や規範」においてみてきたように、例えば、教師たちが自分たちの実践について「批判的に検討する」ことや新しい実践に向けて「リスクを負う」ことを、「安全なこと」として「価値」づけ「規範」として確立することである[19]。

第二に、「学校レベルのリーダーシップ」は、教師の専門性開発を確立し維持するための「構造」を作りだすことにおいて必要とされるとマクロフリンはいう。この「構造」とは、教師が実践についてのフィードバックを受け取ることや、生徒についての情報を獲得すること、同僚とコミュニケーションをはかること、さらに教室の外に出て問題に取り組むことを促す「構造」を意味している[20]。

ここでは、マクロフリンが例示するスタンフォードＣＲＣ研究の対象校の実践のモノグラフによって「学校レベルのリーダーシップ」を示しておこう（表5-1参照）。

例えば、生徒の構成が急激に変化し英語の能力が限られた多くの生徒に直面するエスペランサ高校（カリフォルニア州モスタサ学区）では、校長のリーダーシップにより、そうした生徒に向き合うために「教師の協同」が作り出されたという。その過程を経て、エスペランサ高校のある数学教師は、「私たちは、今の生徒たちにとって効果的であるために、私たちは教材の提示や授業の方略を変えなければならないということが分かり始めた」と語るにいたっているという。さらに、オーク・ヴァレー高校（カリフォルニア州オーク・ヴァレー学区）の英語科では、教科主任のリーダーシップにより、教師の専門的力量や専門性開発への高い期待が示され、日々の授業案を手元に議論を交わす風土が作り出されているという。英語科の教科主任は、「[専門性開発の]機会の世話役」と目され、他の教師からの信頼を獲得しているという(21)。これらエスペランサ高校の数学科及びオーク・ヴァレー高校の英語科は、後のスタンフォードCRC研究の展開において繰り返し参照される特徴的な「教科部」であることに留意しておこう。

このようにマクロフリンは、教師の専門性開発に影響を与える学校内の諸要因として、「専門性開発の価値や規範」、「授業実践についての学校レベルの目標」、「学校レベルのリーダーシップ」という三点を指摘している。こうした特徴を踏まえマクロフリンが、教師の専門性開発の取り組みは、「傷つきやすい性格（vulnerability）」を有していると性格づけていることは注目されよう(22)。一般的に教師の専門性開発の取り組みは、短期間で個別的に実施される傾向にある。しかし、教師の専門性開発が実質を伴うためには、上記のような学校内の諸要因によって支えられ実行される必要があり、さらなる努力によって維持される活動なのである。教師の専門性開発の取り組みは、「傷つきやすい性格」を有している。

② 学校外の諸要因

さらに、マクロフリンは、学校それ自体は、「真空の状態」で存立しているわけではなく、学校が「埋め込まれている文脈」から影響を受けていると指摘する。マクロフリンは、学校現場での専門性開発に影響を与える学校外の諸要因として、次の二つの要因に言及する。第一に、「スタッフ開発の支援における学区の役割」、第二に、「教師のネットワーク」である(23)。この二つの観点もまた、後のスタンフォードCRC研究の進展により、新しい議論を生み出す観点である。ここでは、一九九一年の論文の時点で事例に即して示されている論点について検討しておこう。

まず、「スタッフ開発の支援における学区の役割」についてである。マクロフリンは、教師の専門性開発を支援する学区の役割は再考される必要があるとし、今後必要とされる学区の役割を、「具体的かつ集約的であること」に特徴づけている。この指摘は、ライティングの特別セミナーや協力学習の特別セミナーに参加した教師たちの声に基づいているという。

なかでもマクロフリンは、オーク・ヴァレー学区（カリフォルニア州）の役割に注目する（表5-1参照）。オーク・ヴァレー学区が展開する専門性開発は、「教師のために教師によって計画された」専門性開発であるとマクロフリンはいう。オーク・ヴァレー学区は、教師の専門性開発に対する「規範」、「価値」、「期待」についての明確なメッセージを発すると同時に、教師による専門性開発の委員会を立ち上げ、教師が専門性開発の計画を作り上げ、教師が専門性開発の機会を選択することを求めたという。マクロフリンは、オーク・ヴァレー学区の役割を、教師の専門性開発を「活気づけ仲立ちをする」役割として性格づけている[24]。

「教師のネットワーク」は、公式の政策構造や既存の資源の配分を超えて、教師の専門的成長や学習を「活気づけ支援する」役割を果たすとマクロフリンはいう。具体的には、カリフォルニア州を中心に展開している「ベイ・エリア・ライティング・プロジェクト（Bay Area Writing Project、以下ＢＡＷＰと略記）」、や「ピュージェット・サウンド教育コンソーシアム（Puget Sound Educational Consortium）」、「都市型数学教育協同機構（Urban Math Collaborative、以下ＵＭＣと略記）」などが挙げられており、教師たちの変革を持続的に支援する「専門家協会（professional association）」として機能しているとマクロフリンはいう[25]。

(3)　教師の専門性開発の新たな探究——制約の中での実現可能性へ

マクロフリンは、これからの研究の方向性として、教師の専門性開発を「実現可能にする（*enable*）」ために必要とされる諸要因の探究が重要となることを強調する[26]。この「実現可能な」専門性開発の探究は、スタンフォードＣＲＣ研究の中心的な性格を示しているといえよう。

マクロフリンは、「ランド・変革の担い手研究」を含めたこれまでの研究を、教師の専門家としての成長や有効な実践に対する「制約（*constraints*）」を解明し、それを「取り除く」ことを目指した研究であったと性格づける。そこでは、「適切でない教材」、「十分でない情報」、「教師の準備の不足」、「意思決定における教師の声の欠落」といった専門性開発の複数の「制約」を次々と明るみにし、それらを「除去する」ことへと努力が傾けられてきたとする。(27)

しかし、マクロフリンは、「ランド・変革の担い手研究」を含む一連の研究からの教訓が示しているのは、専門家としての成長の「制約」や「障害」を取り除くことだけでは、有効な実践や専門家としての成長を保障できないことであるという。先にもみてきたように、教師の専門性開発を実現可能にするためには、「規範」や「価値」による継続的な支え、「同僚性」を促進する「構造」、「具体的で集約的な」研修、「校長」の支援や励まし、「学区」や学校外の「ネットワーク」の支援といったあらゆる要素を必要としていることをマクロフリンは強調する。(28)

そこでマクロフリンは、専門性開発の「制約」を「取り除く」ことに傾注するのではなく、「現に存在する制約の中で（*within existing constraints*）」専門性開発を「実現可能にする」ことに照準を合わせる研究の方向性を明確にする。マクロフリンは、この新たな方向性は、過去の実践を導いてきた「政策的な視点」とは根本的に異なるものであり、専門性開発を支える諸要因の「文脈的な（contextual）」特質に着目し、教育のシステムが「埋め込まれている（embedded）」性質を照射するものであるとする。(29)

マクロフリンを中心とするスタンフォードCRC研究は、教職の「文脈（context）」を戦略的な概念として設定する。

二　問題としての教職の「文脈」
――スタンフォードＣＲＣ研究の課題設定

スタンフォードＣＲＣ研究の戦略的な概念である教職の「文脈」の概念は、いかなる性格を有しているのであろうか。

一九九〇年にマクロフリンは、スタンフォードＣＲＣの共同研究者であるジョーン・タルバート（後にＣＲＣの共同代表）らと共に、『中等学校における教職の文脈――教師たちの現実』を編集し公刊している[30]。この編著の巻頭に収められたマクロフリンとタルバートの共著論文「問題としての文脈――中等学校の職場」は、教職の「文脈」の概念についての考察が集約されている論文である[31]。この論文は、先行研究の検討を通してスタンフォードＣＲＣが注目する「文脈」の概念の特徴を示し、さらに、中等学校の職場が埋め込まれた「文脈」の図式化の第一歩を試みている。以下では、この二点に注目し、スタンフォードＣＲＣ研究における「文脈」の概念の特徴を明らかにしよう。

(1)　スタンフォードＣＲＣ研究における「文脈」の概念の特質

マクロフリンとタルバートの共著論文「問題としての文脈」は、次の問いから書き起こされている。「なぜ、中等学校の教師、教科部、学校、学校システムが、たとえ同じ程度の資源を有していても、本質的に異なる帰結をもたらしているのか[32]」。この問いに接近するスタンフォードＣＲＣ研究の中心概念が、教職の「文脈」の概念である。

マクロフリンとタルバートは、まず、これまでに「学校の職場の条件」の解明に取り組んできた一連の研究を跡づけ、スタンフォードＣＲＣ研究における「文脈」の概念の独自性を示している[33]。マクロフリンとタルバートは、学校の職場の条件についての研究が、教師の仕事の文脈として、「学校組織」や「学校風土」の特質を明らかにしてきたとする。その上でマクロフリンとタルバートは、「教師の視点」からさらに研究を前進させる必要があると指摘する[34]。

マクロフリンとタルバートが中心的に取り上げて検討を行うのは、リトルの「同僚性（collegiality）」の研究である[35]。マクロフリンとタルバートは、リトルの研究に代表される学校の職場研究の成果は、教育的環境の「特定の文脈の一面」に焦点を当て、有効な教育活動にとっての「一つの特定の条件」を扱うことに限られていたとする[36]。特に、マクロフリンとタルバートは、「同僚性」の概念を提起したリトルの研究は、「同僚性」が教師の動機や充足にとって重要な要因であることを明らかにした研究であるとする。しかし、マクロフリンとタルバートは、「学校内外のいかなる種類の条件が教師の同僚性を高めるのか？」、「同僚性は職場の他の条件といかなる相互作用を経て教師の仕事に影響を与えるのか？」といった点が解明されていないと指摘する。マクロフリンとタルバートは、教師の現実における選択や適応を形作る「職場での生活の複雑さ」を研究として捉える必要があり、「教師たちが経験する現実」に迫る必要があるとする[37]。

マクロフリンとタルバートによるリトルの「同僚性」研究に対する批判は重要である。この批判は、本書の第三章でみてきた「同僚性」の批判の系譜（ハーグリーブズやヒューバーマンら）の批判とは性格を異にしているといえよう。マクロフリンとタルバートの批判は、リトルの問題意識（教師の仕事の複雑さを理解すること、本書第四章を参照）に即した内在的な批判として性格づけられよう。

マクロフリンとタルバートは、スタンフォードCRC研究を次のように特徴づけている。マクロフリンとタルバートは、「いかに教職が文脈によって形作られているのかを理解し、教育における有効な組織と政策の環境を作り出すためには、教師の仕事や教師の職場についての社会構築主義の視座が重要である」という[38]。さらに、「教師の職場環境に対する認識や経験、そして授業の目標や課題に対する教師の構想にとって、いかなる特定の文脈の条件がいかに重要であるのかを探究する教師の職場に接近する視座を『ボトムアップ』の視座と名づけよう」という[39]。

マクロフリンとタルバートは、スタンフォードCRC研究の探究が、予め「学校行政の単位」に境界づけられる探究でもなければ、「教室のドア」や「学校のフェンス」に閉ざされる探究でもないとする。マクロフリンとタルバートがスタンフォードＣＲＣにおいて推進する一連の研究は、教師の教育活動の「意味」を形成する「文脈」の概念を中心概念とする「ボトムアップの視座」において特徴づけられる研究なのである。[40]

(2)　スタンフォードＣＲＣ研究における「文脈」の射程

マクロフリンとタルバートの共著論文「問題としての文脈——中等学校の職場」において、スタンフォードＣＲＣ研究における「文脈」のマッピングの「第一歩」が踏み出されている（図5-1参照）。この図式化は、マクロフリンとタルバートの共著論文「問題としての文脈」を巻頭に置くマクロフリンとタルバートらの共編著『中等学校における教職の文脈』の内容を反映しており、同書の構成を概括するものでもある。

こうしたマクロフリンらによる教職の「文脈」の図式化は後に二度改訂されている（一九九三年及び二〇〇一年）。[41] この「文脈」の図式化の進展にスタンフォードＣＲＣ研究の展開を特徴づけることが可能であり、後の二つの図式については、本章の第四節（図5-2参照）及び第六章の第四節（図6-4参照）において取り上げる。ここでは、一九九〇年の共著論文において提起された教職の「文脈」の図式化の出発点を示しておこう。

図5-1には、五つの「文脈」の「層」が示されている。[42] それは、内側から外側に向けて、「教科領域／教科部」の層、「学校：構造と文化」の層、「学校セクター／政策システム」の層、「地域共同体　社会階級文化」の層、そして「教育の価値システム：社会的専門的共同体」の層の五つである。そのうち、内側の三つの層（「教科領域／教科部」、「学校：構造と文化」、「学校セクター／政策システム」の層）は、「組織的政策的文脈」として性格づけられ、外側の二つの層（「地域共同体　社会階級文化」と「教育の価値システム：社会的専門的共同体」の層）は、「社会文化的文脈」として性格づけられている。[43]

マクロフリンとタルバートは、中等学校においては特に「教科領域／教科部」の「文脈」が重要であるという。「教科領域／教科部」によって同じ学校であっても多様なトラッキングを示すことや、教師の協同や支援も多様であ

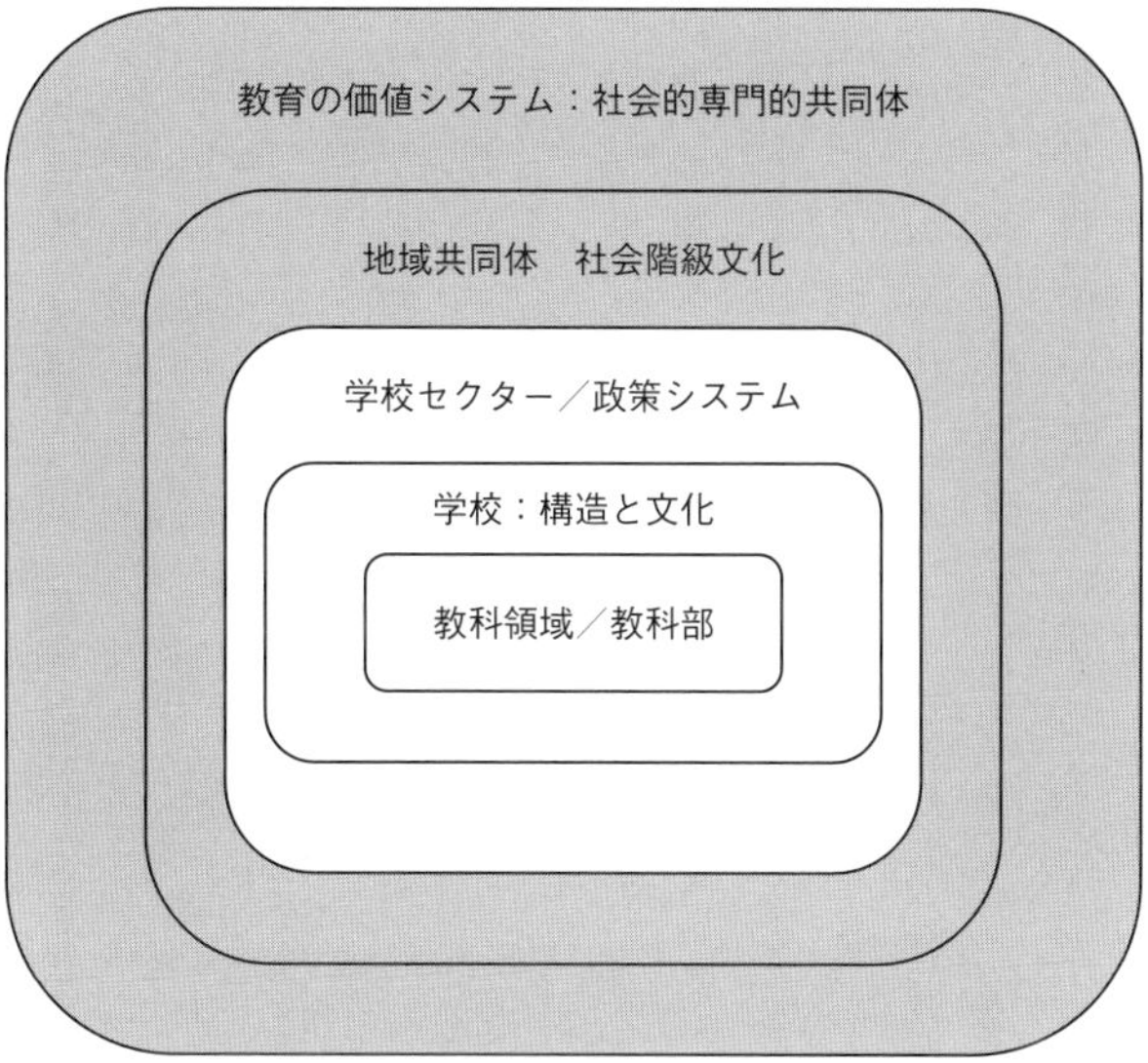

図 5-1　「中等学校の職場――埋め込まれた文脈」(44)
（黒：社会文化的文脈、白：組織的政策的文脈）

り、生徒の達成に対する期待も多様であるという。さらに、政策や改革のイニシアティヴにおいても「教科領域／教科部」は重要な単位として認識されており、教師の研修や教師のアイデンティティーの在り方において「教科領域／教科部」は多様性を示しているとマクロフリンとタルバートは注目している。(45)「教科領域／教科部」をめぐる考察は、本書において後に検討する今後のスタンフォードCRC研究の展開においても一つの鍵となっている。

こうしたマクロフリンとタルバートの議論において先に検討してきた「教師の視点」を起点とする「ボトムアップの視座」は明らかであるといえよう。改めてマクロフリンとタルバートは、この図に示された「文脈」を、「教師にとって現実的に意味のある文脈」として強調する。(46)さらに、マクロフリンとタルバートは、スタンフォードCRC研究のリサーチ・クエスチョンを次のように端的に述べている。「私たちは、教職のいかなる文脈が、教育の目標や役割の優先順位を決定し、指導上の選択を限定し、教師の態度に影響することを通じ、中等教育の専門家としての教師の仕事を形成するのかを問う」とする[47]。マクロフリンらは現場の教師の声に耳をそばだてるのである。

こうして一九九〇年のマクロフリンとタルバートの共著論文において、スタンフォードCRC研究の中心概念である「文脈」の概念を手がかりとする探究の起点が示されている。一九七〇年代に行われた「ランド・変革の担い手研究」の成果を基盤とし、一九八七年より着手されたスタンフォードCRC研究は、一九九〇年代を通していかなる進展をみせるのであろうか。

三　「専門家共同体」の概念の形成

スタンフォードCRC研究は、学校改革を推進する重要な概念を提起する。一九九三年のマクロフリンの論文によって初めて本格的に提起された「専門家共同体（professional community）」の概念である。

マクロフリンは、スタンフォードCRCにおいて共同研究を進めていたリトルとの共編著『教師の仕事——個人、同僚、文脈』（一九九三年）を公刊する[48]。マクロフリンは、この共編著に、論文「教師の職場の文脈において何が最も重要なのか?」を寄稿し、教師の「専門家共同体」の概念を提起する[49]。

「専門家共同体」の概念は、本書が照準を合わせる中心的な概念である。「専門家共同体」の概念は、一九九〇年代から二〇〇〇年代にわたって、授業研究、教師研究、学校改革研究、教育政策研究などの諸領域の教育研究において繰り返し参照される鍵概念となり、現実の学校改革の展開においても改革を推進する有効な方略となる。本書では、「専門家共同体」の概念の形成を、マクロフリンらが着手した「ランド・変革の担い手研究」を起点とする学校改革研究の系譜において見出している。

以下では、マクロフリンの一九九三年の論文を中心的に検討し、「専門家共同体」の概念が提起される論理を跡づけ、「専門家共同体」の概念の特質を明らかにしよう。

(1)「文脈」としての「今日の生徒」と教師の対応の三つの類型

①「今日の生徒」の特質

マクロフリンの一九九三年の論文「教師の職場の文脈において何が最も重要なのか?」は、教師が向き合う「生徒の特質」を教職の「文脈」として位置づけることから議論を展開する。マクロフリンは、かつてダン・ローティーによって教師の報酬やアイデンティティーの獲得が生徒に多くを依存していることが論じられたとするが、その後の学校の職場研究において「生徒」の視点からの考察が十分になされていないと問題を指摘する。[50] マクロフリンは、教師が学校や同僚や教室や授業について語る時、その中心には「生徒」が据えられているとする。[51] 教職の「文脈」として「生徒の特質」を位置づける議論は、前節にて検討した一九九〇年のマクロフリンとタルバートの共著論文では未だ展開されていなかった。

マクロフリンは、スタンフォードCRC研究が調査を行ったカリフォルニア州とミシガン州の高校の教師の多くが、学校を超えて、「今日の教室」が抱える困難を強調していたとする。カリフォルニア州やミシガン州の教師たちは、「今日の生徒（today's student）」が、「家庭の機能不全」、「仲間からの圧力」、「薬物の乱用」、「早期の妊娠」、「退学」、「家族や地域社会からの支援の欠如」といった重荷を様々に背負っていることを認めている。都市部の高校では、さらに、「長期欠席の蔓延」、「ギャング関連の暴力」、「多くの移民の子ども」、「不法滞在の若者」、「英語能力の欠如」といった難しさを抱える生徒が増えてきていると教師たちは報告する。

ある教師によれば、「一〇年、いや五年前でもこれほどの事態は見当たらなかった。本当に厳しい状況にある。子どもたちはきわめてストレスに満ちた環境を生きている。子どもたちの自尊心は最低レベルにあり、教師に対するプレッシャーも恐ろしい状況にある」という。

生徒の繰り返される転校も起きている（「生徒の流動性の割合の急上昇」）。ある教師は、「私が五年前にここに住み始めた頃は、一年に五〇人程度の生徒の出入りがあった程度だが、今は、一年間に七〇〇人の生徒が入れ替わっている。

先週は、出て行った多くの生徒と同じ数の生徒が転入してきた！」という。(52)
　スタンフォードCRC研究は、こうした高校が直面する困難を引き受け、「今日の生徒」や「従来とは異なる生徒」を、教職の「文脈」として組み入れているのである。

② 教師の対応の三類型

　マクロフリンは、「今日の生徒」に対する教室での教師の対応を、次の三つの類型に分けて提示する。「従来の基準を維持する」対応、「［教育内容の］範囲と達成に対する期待を下げる」対応、そして「実践と教育学を適応させる（adapt practices and pedagogy）」対応である。(53) この三類型は、後の授業の三類型の起点となっている（第六章にて検討）。

　第一の「従来の基準を維持する」とは既存の授業実践を続けることである。マクロフリンは、ここに、教師たちの「今日の生徒」に対する「シニシズム」が示されており、大きな困難の中にある多くの「今日の生徒」が「教室での失敗」を経験することになるという。ある英語教師は、「こんなにも『ジュリアス・シーザー』を教えるのに難儀したことはない……生徒の失敗に付き合っていくのにどうしたらいいのか分からない。私は自分の道を進むしかない」と話すという。同様に、従来の授業を続ける社会科教師は、「生徒たちが無情な一年を過ごし失敗に向かうこと以外に何が起こるか分からない。全てが無情だ……生徒たちは集中することも、席に着くことも、たった二、三分でさえできない」と話すという。(54)

　第二の「［教育内容の］範囲と達成に対する期待を下げる」とは、教育内容の範囲と達成の基準を変えてカリキュラムの「レベルを下げる」ことである。こうした対応には、生徒の自尊心を守るという「最善の意図」か、もしくは生徒の意欲や能力に対する「敬意の欠如」が背景にあるとマクロフリンはいう。マクロフリンは、こうした対応を取る教師においても苦悩が示されているという。ある教師は、「もし私が生徒たちが抱えているような家庭生活にあるのならば、厳しい教師を求めないと思う。これ［カリキュラムのレベルを下げる対応］が、教える責任と柔軟であることと生徒たちが望む授業との微妙な限界線なのだよ」という。ただし、こうした教室においては、生徒が学ぶことが少なくなることに加え、教師においても授業実践から引き出される「報酬」もまた少なくなっていることにマクロフリンは注意を向けている(55)。

そして第三に、「実践と教育学を適応する」とは、「今日の生徒」を引き受け、「実践を変革する」ことに取り組むことを意味している。「今日の教室において有効な授業の問題を、教育内容と教育学の従来からの規範的な視点ではなく、今日の生徒の関心と特質の観点から枠づける」ことである。具体的には、「グループ・ワーク」や「協力学習」などの新たな教室の編成を試み、生徒が「学習者としての積極的な役割」を発揮するような授業によって実現されているという。あるベテラン教師は、「私は、私がするべきことを根本的に変えなければならなかった。私はかつて生徒と共に作業をすることなど欲してはいなかった。なぜなら誰かが真似をすることを恐れていたからだ。今や、子どもたちが話し合うことを見ているだけだし、マイノリティーの子もいくつかの概念をはっきりと述べることができるようになった」と話すという。さらに、「今日の生徒」に対峙する苦闘から退職を考えていた教師は、「今、目の前にいる子どもたちと共により有効な授業とは何かを求めて取り組むようになり……喜びに満ちている。それは私の授業の再生（renaissance）だ」という(56)。

このようにマクロフリンは、「今日の生徒」に対する教師の対応を三つの類型に分けた上で、次の問いを提起する。「教師たちの生徒への対応の違いは何によってもたらされているのか?」、「なぜ、ある教師は基準を維持することを選択するのか?　もしくは「カリキュラムの」レベルを下げることを選ぶのか?　さらには、実践を改めることを選ぶのか?(57)」この問いが、教師の「専門家共同体」の概念の形成に向かう。

(2)　授業改革の「文脈」としての「専門家共同体」の概念の形成

マクロフリンは、次の二つの議論の段階を経て、教師の「専門家共同体」の概念を提起している。第一に学校レベルの差異であり、第二に教科部レベルの差異についてである[58]。

① 学校レベルの差異――ヴァレー高校とエスペランサ高校の比較

第一に、学校レベルの差異についてである。マクロフリンはスタンフォードCRC研究の対象校の中で、特に次の二つの公立の総合制高校に着目する。ヴァレー高校（カリフォルニア州アドベ・ビエホ学区）とエスペランサ高校（カリフォルニア州モスタサ学区）である（表5-1参照）。両校は、学校規模、教科の伝統、「今日の生徒」の多様性などにおいて同様の特徴を示す一方、学校レベルでの問題解決の活動や情報の共有のための「構造」の有無において対照的な性格を示しているという[59]。

ヴァレー高校では、「今日の生徒」に対して「従来の基準を維持する」対応がとられているという。ヴァレー高校のある教師は、「カリキュラムには何ら間違いはない。もし学びたいと思う生徒に対してならば、私は授業をすることができるし、全ては素晴らしいものとなる」と話す。さらに、ヴァレー高校の教師たちは、「今日の生徒」と向き合う教室を「戦場」のメタファーで捉えていた。こうしたヴァレー高校の教師たちの対応は、問題解決や情報共有のための学校レベルの「構造」を欠くことから導かれているとマクロフリンはいう。ヴァレー高校では、教師たちは、他の教室で起きている経験を知る術もなく、個別に対応を続け、教師たちの個々の信念が問われるような事態は起きていなかった[60]。

他方、エスペランサ高校の学校レベルの特徴は、ヴァレー高校とは対照的であり、エスペランサの教師たちは、「新たな授業の計画に対する期待」を表明し、「新たな生徒にとっての最善の方法についての同僚や管理職との継続的な議論」に参加している。エスペランサ高校の数学教師は、「私たちには素晴らしい教職員たちがいる……ここには何でもできるという感覚がある……さあ腕まくりしてその問題に大いに取り掛かりましょう」と語る。ここに、「今日の生徒」に対して「実践と教育学を適応する」同校の特徴が示されている[61]。

マクロフリンは、両校の対応の相違の要因を、両校の教職員の資質や専門職性に求めるのではなく、授業の計画づくりや問題解決活動を促進する「学校レベル」の「構造」に求めている。ヴァレー高校の教師たちは、無力感を感じ教室の「文脈」の変化に孤独に向き合い、従来からの規範的な実践と水準を維持し、学校の使命は「[今日のではない]古い」生徒の「文脈」に依存したままであり、多くの教室の現実には沿わず、他者からの支援のニーズを逃していたのである。

他方、エスペランサ高校の教師たちは、自分たちの実践を吟味し、より有効な対応に向けた集団的な取り組みに参加し、「今日の生徒」の観点から従来の実践を変革する必要を認識し、学校の使命を改めることに明確な注意を向け、新しい実践の展開のために同僚を励ましていたのである。マクロフリンは、両校の差異を生み出す要因を、学校レベルの「専門家共同体」に求めている(62)。

② 教科部レベルの差異――オーク・ヴァレー高校

さらにマクロフリンは、教科部レベルの差異に照準を合わせることで、「専門家共同体」の概念をより鮮明に示している。マクロフリンは、スタンフォードCRC研究が、ある一つの高校（カリフォルニア州モスタサ学区オーク・ヴァレー高校、表5-1参照）の教科部ごとの「同僚性」指標を調査したところ、教科部によってその値が大きく異なっており、「教科部の専門家共同体（departmental professional community）」の特質に迫ることになる。「教科部の専門家共同体」の教師たちは、「共同のプロジェクト」を展開し、「明日の、次週の、来年のために計画され共有される新しい教材について、日々会話を重ねることに満ちた職場」を経験していたのである(63)。

そこで、マクロフリンは、「専門家共同体」を次の四点において性格づける。

第一に、「専門家共同体」は、「革新と学習の規範」を有していることである。この指摘は、教師の「同僚性」の概念に対する批判の意味も含んでいることに留意しておきたい。マクロフリンは、「同僚性」指標において高い値を示す教科部に注目しているが、そこでは「同僚性」指標によって示される教師間の支援的な社会的関係に留まらない性格を示していたという(64)。それは、「教師たちが自分たちの仕事に熱心であり、その焦点が全ての生徒の成功を実現可能にするための方略を考え抜くことに当てられていた」とマクロフリンはいう。この指摘は、「専門家共同体」の概念が、教師の実践の「革新」と教師相互の「学習」の意義を強調する意味を帯びていることを示している。[65]

第二に、「専門家共同体」は、「省察、フィードバック、問題解決の能力」を強調している。マクロフリンは、「強力な専門家共同体それ自体では常に良いわけではない」と論じている。すなわち、信念を共有するだけでは、「時に誤った信念」を共有することにもいたり、「実践の変革」や「危険をはらむ省察」に抵抗し、教室実践の「唯一の最善の方法（one best way）」という思考方法を生み出しかねないとマクロフリンは指摘している。それゆえ「専門家共同体」には、「今日の生徒」に有効に対応する努力を続けるために欠かせない「省察、フィードバック、問題解決の能力」が重要な要素として含まれているのである。[66][67]

第三に、「専門家共同体」は、「民主的な意思決定」によって性格づけられている。マクロフリンは、「同僚性」指標において高い値を示していた教科部において、「教師のトラッキング（teacher tracking）」が、取り除かれるか避けられていたことに注目する。そうした教科部のほとんどにおいて、全ての教師が全てのレベルの教育内容を教えていたのであり、全ての教師に自分が教えたいコースについての発言権が認められていたとマクロフリンはいう。このことに関わってある社会科教師は、「［教科部のカリキュラムに関する］民主的な意思決定により、起こりうる災難を協同的な成長に向けた新しい可能性に開く」と語っている。[68]

そして第四に、「専門家共同体」は、「全ての生徒に対する有効な授業実践の開発を最優先する」ことに性格づけられている。これは第一の「革新と学習の規範」とも関わるが、「同僚性」に基づいた教科部では、生徒にとって有効ではない授業実践や、教師たちの士気をくじくような実践は認められていないとマクロフリンはいう。さらに、「全ての生徒に対する有効な授業実践の開発を最優先する」ことは、先にみてきた実践に対する「省察、フィードバック、問題解決の能力」を要請することとも関わっている。[69]

以上のように、マクロフリンが提起する「専門家共同体」の概念は、四つの特徴を有している。その上でマクロフリンは、「専門家共同体は、特定の教育内容と特定の生徒に対する実践の鏡（mirrors of practice）を提供する」とまとめ、「職場が教師となり、教師たちは学習者となる」と性格づけている。[70]すなわち、「専門家共同体」は、教師の実践を省察する機会を提供し、「専門家共同体」としての職場が教師に教え、教師は学ぶことを意味しているのである。

③　「専門家共同体」の概念――学校の「隠喩」としての戦略的概念

さらに本書では、同論文においてマクロフリンが、「専門家共同体」は学校の「隠喩」として使用していると言及することに注目している。[71]「専門家共同体」という学校の隠喩は、政策決定者に向けられている。

マクロフリンは、一般的な「公式組織」としての学校という隠喩が政策決定者に示唆するところは、「誘引」、「経営の構造」、「監督とアカウンタビリティ」、「ガヴァナンス」、「技術」、「職場の物質的側面」といった諸点であるという。

それに対して、「共同体」の隠喩によって学校の職場を捉えることにより、戦略的に学校環境の異なる側面を照らし出し、全く異なった政策の手段や研究の主題を提示することが可能になるとマクロフリンはいう。すなわち、「共同体」の隠喩は、「実践の規範や信念」、「同僚性に基づく関係」、「共有された目標」、「協同の機会」、「相互の支援や相互の義務」の問題を照射するとする。[72]

マクロフリンは、「共同体」の隠喩を使用することによって、政策決定者の関心を、学校に「共同体」を形成することを実現可能にし「反省的実践」を支援し促進する「専門家の文脈（professional contexts）」を活性化するような学校の「文脈」の諸条件に向けることができるとする。[73]

マクロフリンは、こうした「公式組織」としての学校から、「共同体」としての学校への移行により、「専門家共同体」としての学校への転換とそのための支援の問題を解明する新たな研究が導かれるとする。マクロフリンは次のような問いを提起する。「学校や学校間において強力な専門家共同体はいかにして生み出されるのだろうか？」、「私事性と伝統の規範に支配された文化を、実践の共有や省察や批判や介入を価値づける文化へと転換する専門家共同体は、いかに可能なのであろうか？」という[74]。ここに、マクロフリンによって「専門家共同体」としての学校を追求する学校改革研究が形成されたといえよう。

(3)「専門家共同体」のモノグラフ
――J・タルバートによる舞台芸術学校（イブセン高校）の叙述

リトルとマクロフリンの共編著『教師の仕事』には、これまで検討してきたマクロフリンの論文に加え、スタンフォードCRC研究に基づく「専門家共同体」のモノグラフが寄せられている。それは、タルバートによるイブセン高校（カリフォルニア州アドベ・ビエホ学区、表5-1参照）のモノグラフであり、論文「学校規模の専門家共同体の構築――舞台芸術学校の交渉された秩序」である[75]。こうしたモノグラフの蓄積を経て、スタンフォードCRCにおける高校改革研究の成果は、後の第六章において検討する二〇〇一年の著作（『専門家共同体と高校教師の仕事』）において定式化されるにいたる[76]。

さらに、タルバートのモノグラフの提出と同時期のスタンフォードCRC研究の展開を示す研究として、本章の第五節において取り上げているレスリー・シスキンの研究が挙げられよう（博士論文は一九九一年、その公刊は一九九四年。リトルとの共著の公刊は一九九五年）[77]。シスキンは、高校の教科部に焦点化する開拓的な研究を進め、スタンフォードCRC研究の対象校での集約的なフィールドワークに基づいた高校のモノグラフを示している。

ここでは、タルバートによる「専門家共同体」のモノグラフを手がかりに、マクロフリンによって提起された「専門家共同体」の概念を、具体的な高校改革の事例に即して補足することにしよう。

イブセン高校は、舞台芸術の学習を中心に据える公立のマグネット・スクールである。イブセン高校は、一九七八年に、舞台芸術のマグネット・スクールとしての特別な使命と、校長の強力なリーダーシップによって開校された中規模の高校である[78]。イブセン高校は舞台芸術における卓越性を求めると同時に教科の教育も重視している。イブセン高校では、舞台芸術教育を中軸としながらも、教科の教育や教科の教育を担う教師たちが周辺化されることなく、革新的な教育の実現に向けた努力が続けられているのである。こうしたイブセン高校の特徴は、校長ビートリス・ブロンソンのリーダーシップに拠るところが少なくないという。[79]

タルバートによるイブセン高校のモノグラフは、示唆的である。イブセン高校の革新的な教育は、このマグネット・スクールに通う生徒の特質、特に舞台芸術に関心を寄せる生徒たちの主体的な特質、さらに、舞台芸術の発表会の組織、発表会に向けた生徒と教師の幅広い協同的な活動によって説明することも可能である。しかし、タルバートは、ブロンソン校長を「転換のリーダー」[80]として性格づけ、ブロンソン校長がイブセン高校に、学校規模の「専門家共同体」を構築したことを報告しているのである。[81]

イブセン高校における学校規模の「専門家共同体」を構築する「転換のリーダーシップ」は、次の三点において特徴的であるといえよう。

第一に、ブロンソン校長が、多様な方法でもって、教科を担当する教師たちが学校の「協同的な」規範に適応するよう支援を続けたことである。タルバートは、他の学区の教師からは、「イブセンには科学の教師はいない」と揶揄する声も聞かれたとするが、実際にはイブセン高校では、科学や数学の教師たちの授業に専門的な価値を認める風土が作り出されていたという。特に、ブロンソン校長は、教科の教育を担当する教師たちの専門性開発を積極的に支援することに取り組んでいたという。こうした取り組みの成果は、イブセン高校に赴任した当初は難しさを吐露していたある数学教師が、イブセン高校での三年間の経験を経て、同僚教師との緊密な協同に従事し、学校規模の「専門家共同体」の積極的な成員として活躍するにいたったプロセスに示されているとタルバートはいう。[82]

第二に、イブセン高校には、「個人化」の規範が埋め込まれており、イブセン高校の共同体への教師の参加を支えていることである。「個人化」の規範とは、ブロンソン校長によって、「全ての人々に価値があり、全ての人々に差異があり、それゆえ特別である」というフレーズによって繰り返し語られているという。ブロンソン校長による規範化の意義は、生徒に対する彼女の献身的な対応において示されるだけでなく、「私の仕事は大人を動機づけること」と彼女自身が話すように、教師たちに対しても繰り返し「個人化」の規範が具体的に価値づけられていたという。さらにブロンソン校長は、学校規模としては中規模の高校であるイブセン高校において、生徒と教師たちの小規模の単位での活動を促進し、「個人化」を推進するために重要な構造を作り出していたとタルバートはいう(83)。

そして第三に、イブセン高校では「集団的な問題解決」が重視され、その実行においてブロンソン校長の積極的な役割が果たされているという。「集団的な問題解決」は、教師と生徒を含む全ての関係において重んじられており、先にみてきた「協同」の規範や「個人化」の規範の帰結として位置づけられ、イブセン高校の学校の使命の中心に据えられているという。例えば、職員会議において、ブロンソン校長のリーダーシップの下、様々な問題を隠したり(problem-hiding)回避したりするのではなく、そうした問題の意味を明確にし、それらに取り組む姿が観察されたという。こうした規範は、「私たちが共に取り組めば、どんな問題でも解決に向かう」という信念に表われているとタルバートは指摘している。このことによって、イブセン高校は、教師と生徒による「問題解決の共同体(problem-solving community)」を構成しており、また、イブセン高校は、スタンフォードＣＲＣ研究が対象とした一二の公立学校において「革新性」と「教師の専門的成長への支援」において最も高い値を示していることから、タルバートは、イブセン高校の協同的な文化は、教師と生徒に支援的な学習環境を提供していると指摘している(84)。

以上、タルバートによるイブセン高校の「専門家共同体」のモノグラフを取り上げてきた。タルバートのモノグラフは、イブセン高校に生じた学校規模の「専門家共同体」の輪郭を示すモノグラフであり、こうしたモノグラフの蓄積を経て、その共通項や差異に対する考察を深め、スタンフォードＣＲＣ研究における「専門家共同体」の概念はさらなる展開をみせることになる。

四　教職の多層的な「文脈」の探究

スタンフォードCRC研究の展開は、教職の「文脈」の概念の内包を豊かにする。一九九三年に公刊されたデービッド・コーエン、マクロフリン、タルバートの共同編集による『理解のための授業――政策と実践の課題』に、スタンフォードCRC研究の展開が示されている(85)。『理解のための授業』には、コーエン、マクロフリンを中心とする研究の系譜の研究者が結集し、授業改革を中軸とした学校改革を展望する重要な著作であるといえよう。

タルバートとマクロフリンは、『理解のための授業』に共著論文を寄せている。論文「文脈の中の教職の理解」である。この共著論文は、スタンフォードCRC研究の成果に基づき、教職の「文脈」の多層性を明示すると同時に、その各々の「文脈」についての考察の深まりを示している。それは、「多層的に埋め込まれた教職の文脈」の図式化（図5-2参照）に現れている(86)。先に本章の第二節において一九九〇年のマクロフリンとタルバートの共著論文に示されていた「文脈」の図式化（図5-1参照）と比較すれば、その「文脈」の概念の進展はより明瞭となろう。ここでは、この一九九三年のタルバートとマクロフリンの共著論文を手がかりとし、スタンフォードCRC研究の展開を特徴づける以下の諸点について検討しよう。

(1)　追求されるべき授業の概念――「理解のための授業」の提起

ここでは、まず、タルバートとマクロフリンの共著論文によって独自の概念として定式化された授業改革の特質を示しておこう。

タルバートとマクロフリンは、「理解のための授業（teaching for understanding）」の概念を提起する。「理解のための授業」は、知識、教師、教室の従来からの概念の転換を迫っている(87)。

第一に、知識についてである。タルバートとマクロフリンは、「学習者によって構築されるもの」としての知識の概念、「先行する知識、技術、価値、信念の文脈という状況に埋め込まれているもの」としての知識の概念を提起する。ここには、教師から生徒に伝達される所与の知識、生徒や教師や社会から脱文脈化された知識の概念からの転換が示唆されている。

第二に、「導き手としての教師、生徒の知識の共同構築者としての教師という概念」である。先の知識の概念の転換と関わって、所与の知識を伝達する教師、生徒に知識を注入する教師の概念からの転換が示されている。

第三に、「学習者の共同体（*community of learners*）としての教室」という概念である。「学習者の共同体」では、「目標や基準、相互信頼の雰囲気、真剣に学習することに伴う危機を引き受け、持続的な努力をすることにおいて生徒を支援するという行動の規範が共有されている」とする。(88)

これら三つの観点から構成される新しい授業の概念が、「理解のための授業」なのである。

(2)　教職の多層的な「文脈」

次に、タルバートとマクロフリンの共著論文は、スタンフォードCRC研究の展開が開示した教職の多層的な「文脈」を示している（図5-2参照）。ここでは、その多層的な「文脈」のうち本書の後の議論と関わる以下の諸点について検討し、一九九三年の時点で示された教職の「文脈」の特質を示しておこう。

第一に図5-2における「学校セクター／システム」に関わる「官僚制」であり、第二に「教科領域／教科部」及び「地域の専門家の文脈」に関わる「ディスコース・コミュニティー（discourse community）」であり、第三に「授業：教科と生徒」に関わる「トラッキング」であり、そして第四に「高等教育機関」についてである。

①　「文脈」としての官僚制及び集権的な教育政策

タルバートとマクロフリンが示す教職の「文脈」としての官僚制及び集権的な教育政策についての指摘は特徴的で

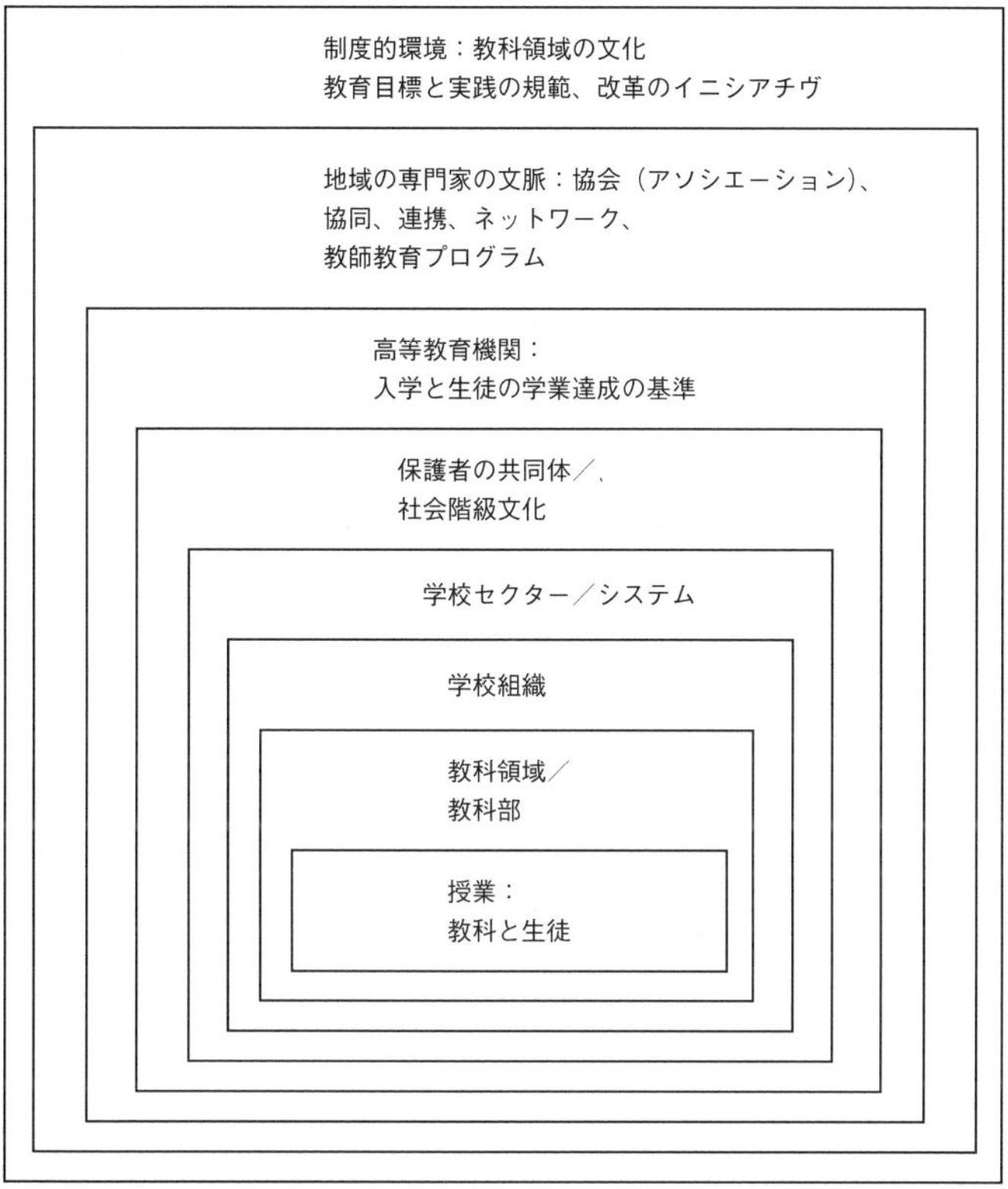

図 5-2 「教職の多層的に埋め込まれた文脈」(89)

あるといえよう。特に、タルバートとマクロフリンの指摘が、教育の官僚制及び集権的な教育政策への「無差別の厳しい非難」に対する批判を含んでいる点が重要である(90)。

　タルバートとマクロフリンは、集権的な教育政策の内容や管理の種類は、実際には多様であることに目を向ける必要があるとする。例えば、スタンフォードCRC研究が対象としたカリフォルニア州では、州政府主導の教育改革の政策によって、新たな教育の基準を含む州のカリキュラム（『フレームワーク』）や評価が開発されてきた。タルバートとマクロフリンは、このカリフォルニア州の集権的な教育政策が、研究者が官僚制の所産であるとする「授業のルーティン」への挑戦や、官僚制によって押さえ込まれてきたとする教師の「専門家として判断する能力」を高めることを課題としていることに注目する[91]。タルバートとマクロフリンは、教師の「専門職性」を支援し「理解のための授業」を促進しうる官僚制の特徴があり、官僚制の全てを否定することを問題視するのである[92]。

さらに、タルバートとマクロフリンは、授業に対する官僚制の効果は、きわめて多様な条件に依存していることに目を向ける必要があるとする。例えば、タルバートとマクロフリンは、スタンフォードＣＲＣ研究の調査から、同じ州の同じ学区の教師であっても、教師が認識する官僚制による管理の程度は、多様であることを見出している。教師の官僚制のコントロールについての認識は、その学校の授業についての規範、利用できる資源、校長のリーダーシップ、さらには、教科部や学校が「専門家共同体」として機能しているかどうかといったその他の「文脈」に依存して形成されているとする[93]。

タルバートとマクロフリンは、官僚制や集権的な教育政策について「脱文脈化」した議論に留めずに、教職に埋め込まれた多層的な「文脈」において、官僚制や集権的な教育政策を捉える視点を提起している[94]。

② 「文脈」としてのディスコース・コミュニティー

タルバートとマクロフリンは、「理解のための授業のディスコース・コミュニティー（discourse community）」について議論を展開する。「理解のための授業のディスコース・コミュニティー」とは、「理解のための授業」の基準を理解しその実行を促進する学校の境界を超えた「ディスコース・コミュニティー」を意味しており、「理解のための授業」の実現に向けた一つの教職の「文脈」であるとする[95]。

タルバートとマクロフリンは、「教師の同僚性に基づく関係や、授業の基準、学習の機会は、学校という職場に限られてはいない」という。すなわち、新しい授業の形式に対する教師の関心や、新しい授業の形式を学習する能力において、学校の境界を超えた「専門家ネットワーク（*professional networks*）」が重要な役割を果たしていることであり、そのネットワークを通じて「ディスコース・コミュニティー」が形成されていることへの注目である。[96]

ここでタルバートとマクロフリンが、「専門家ネットワーク」として言及するのは、先に検討した一九九一年のマクロフリンの論文において「専門家協会（professional association）」として機能するとその名が挙げられていた数学教師のための「都市型数学教育協同機構（ＵＭＣ）」や、英語教師のための「ベイ・エリア・ライティング・プロジェクト（ＢＡＷＰ）」であり、ここでは、こうした「専門家ネットワーク」が、教科に特化した高校教師の専門的成長を支援するネットワークとして位置づけられている。「専門家ネットワーク」に参加する教師たちが、自分たちの仕事や専門性開発における決定的な「文脈」として「専門家ネットワーク」を認識していることにタルバートとマクロフリンは注目している。[97]

大学と学校との協同もまた「ディスコース・コミュニティー」の形成に寄与しているという。ここで大学と学校との協同の具体的事例として挙げられているのは、ミシガン州立大学と学校現場による共同研究であり、『理解のための授業』に収められているデボラ・ボール（Deborah Lowenberg Ball、ミシガン州立大学、現在はミシガン大学）やマグダリン・ランパート（Magdalene Lampert、ミシガン州立大学、現在はミシガン大学）の研究である。大学の教育研究者や学区の教科の専門家を含めた大学と学校の協同においても、「理解のための授業のディスコース・コミュニティー」が形成されているとタルバートとマクロフリンは指摘する。[98]

③　「文脈」としての生徒のトラッキングと教師のトラッキング

タルバートとマクロフリンは、「生徒のトラッキング」もまた教師において重要な「文脈」であるという。「生徒のトラッキング」に対するタルバートとマクロフリンの批判は、「理解のための授業」の追求の観点から行われている。すなわち、テストの得点に基づいて生徒を割り振り「同質性」を保つグループによって授業を構成することは、「多様な学習者」の「共同体」において「知識の構築」に参加することを目指す「理解のための授業」の原理とは対照的である。[99]

さらに、タルバートとマクロフリンは、「生徒のトラッキング」に留まらず、それに対応する「教師のトラッキング」が引き起こされている事態を注視し、「教師のトラッキング」が教職の「文脈」として影響を及ぼしているとする。具体的には、低いトラックの授業を担当する教師が、高いトラックの授業を担当する教師よりも、「教科内容の知識」や「授業を想定した教材の知識」において相対的に「劣っている」とされる問題であり、教師が有している教育の信念の差異よりもそうした「専門知識」の差異が高校のトラッキングにおいて作用しているということである。[100]

「教師のトラッキング」は、「生徒のトラッキング」が引き起こす否定的な事態と同様に、例えば、低いトラックの授業を担当する教師が、他の同僚と比べて「専門的な支援」や「専門性開発の機会」へのアクセスを制限されるという問題を抱えるとタルバートとマクロフリンはいう。「生徒のトラッキング」に加え、「教師のトラッキング」を教職の一つの「文脈」として位置づけ、それが他の「文脈」との相互作用の中でどのような帰結をもたらしているのかをさらに解明する必要があるとタルバートとマクロフリンはいう。[101]

さらに、高校における「教師のトラッキング」の問題は、「低い学業達成を示す生徒に対して教師たちが低い期待しか寄せないのはなぜなのか」という解決されていない問題へと繋がるとタルバートとマクロフリンは指摘する。[102]「生徒のトラッキング」と「教師のトラッキング」の問題は、後に検討するシスキンの研究やタルバートの研究においても改めて取り上げられる。

④　「文脈」としての高等教育

タルバートとマクロフリンの教職の「文脈」論において、「教師の視点」すなわち「教師が経験する現実」に照準を合わせる「ボトムアップの視座」[103]からつぶさに探究を進めることで、よりマクロな「文脈」の影響を見出すことができると指摘する点は重要である。ここではタルバートとマクロフリンが指摘する「文脈」としての「高等教育」についても検討しよう。

「教師が経験する現実」における「文脈」としての「高等教育」は、複雑な事態を示している。タルバートとマクロフリンは、「体系化された知識の伝達」としての授業の概念は、単に伝統的な方法であることや個々人のルーティンとなっていること、さらには公立学校の官僚制によるだけではなく、「文脈」としての「高等教育」の影響が認められるとする。「文脈」としての「高等教育」が、高校教師に講義形式の授業に固執させ、「理解のための授業」に取り組むことを阻む機能を果たしているとタルバートとマクロフリンはいう。すなわち、大学への進学を希望する生徒を受け持つ高校教師たちが、「伝達志向の教育学」を有することを水路づけられているという[104]。

ここで、タルバートとマクロフリンが、「高等教育」という「文脈」が高校教師の認識において機能していることを問題化していることに留意しておきたい。「高等教育」という「文脈」の影響は、高校教師が、大学入学試験やその対策に追われることに留まらない。例えば、大学で行われている実際の教育は多様であるにもかかわらず、また、大学において必要とされるのは「批判的思考」や「問題解決」であるとされるにもかかわらず、大学では、大規模の講義形式の授業が行われ、大学教師によって伝達された事実や知識を習得していることが試される試験が繰り返されていると高校教師において把握されているという。すなわち、高校教師において、そうした「典型的」とみなされる大学の教育が「文脈」として機能し、生徒のためにその準備を行うこと（「伝達志向の教育学」を実行すること）を水路づけているとタルバートとマクロフリンはいう[105]。

(3)「システム的研究」としての政策研究の展望

さらに、タルバートとマクロフリンは、教職の「文脈」論を踏まえ、政策研究への示唆を明確にする。タルバートとマクロフリンは、政策研究が、学校改革における「システム的変化（systemic change）」を支援する戦略的な役割を果たす必要があるとし、政策研究が「システム的視座（systemic perspective）」を獲得することが必要であるとする[106]。

ここに示される「システム的（systemic）」という性格づけは、本書の第二章において検討したマクロフリンの一九九〇年の論文（「ランド・変革の担い手研究の再考」）において、「ランド・変革の担い手研究」の成果の再考に自ら取り組んだ際に言及されていた鍵概念であったことが想起されよう[107]。その上で、この一九九三年で展開された教職の「文脈」論を踏まえた「システム的視座」の進展は明らかである。特に、スタンフォードCRC研究の教職の「文脈」論は、当事者である教師においても政策決定者においても「当然視」されてきた教職の諸条件を照射し、それらの諸条件が教師の実践を枠づける「文脈」として機能していることに注目している。

タルバートとマクロフリンは、「『何が有効なのか（'what works'）』、もしくは政策が直接的に影響を及ぼす効果を解明する研究から、例えば、理解のための授業の実施といった望まれる政策効果を妨げる、もしくは実現可能にしている実践の文脈の側面を探究する研究への移行」の必要性を指摘する[108]。

言い換えれば、マクロフリンを中心とする学校改革研究の系譜において、「システム的視座」とは、一九九〇年代に影響力を持った、マクロな政策の視点から学校教育のシステムの「転換」を標榜する「システム的改革（systemic reform）」（マーシャル・スミス）では決してない。マクロフリンらの言う「システム的視座」とは、教職の「文脈」を鍵概念として、マクロな政策とマイクロな実践とを関連づけて学校改革の実現可能性を追求する視点を意味しているのである[109]。

五　高校改革における「教科部」の探究

スタンフォードCRC研究は、高校改革における「教科部（subject departments）」の機能に迫っている。その成果は、スタンフォードCRCの第一世代の研究者の一人であるシスキンとリトルの共編著『問題としての教科――教科の組織と高校』（一九九五年）に中心的に示されている[110]。高校における「教科部」を主題化する探究は、スタンフォードCRC研究において初めて本格的に開拓された研究領域であるといえよう[111]。本節では、シスキンの研究及びタルバートの研究を中心的に取り上げる。

シスキンは、スタンフォードCRC研究のフィールドワーク対象校への集約的な調査に基づき、高校の「教科部」を主題化する研究に取り組んだ。シスキンの博士論文（一九九一年、スタンフォード大学）の成果は、一九九四年に単著『知識の領域――中等学校における教科部』として公刊された[112]。続く一九九五年には、リトルとの共編著『問題としての教科』の公刊にいたり[113]、高校改革における「教科部」の探究を進めてきた。

一方、タルバートは、シスキンとリトルの共編著に論文「アメリカの高校における教師の専門家共同体の境界――教科部門の力と不安定性」を寄せている[114]。シスキンの「教科部」の研究において「専門家共同体」の用語は一度も使用されていないのに対し、タルバートの「教科部」の研究は「専門家共同体」の視点を有している。本書ではこのことに注目している。さらに、タルバートの研究もまたスタンフォードCRC研究に基づいており、シスキンの研究とタルバートの研究は同じ対象校に対する異なる接近として興味深い。

以下本節では、第一にシスキンの高校における「教科部」研究の特質を明らかにし、それを踏まえ、第二にタルバートによる「専門家共同体」の視点からの「教科部」研究の特質を明らかにする。ここで明らかにされる高校の「教科部」をめぐる研究は、次章において検討するスタンフォードCRC研究の成果の定式化に向けて重要な論点を提供している。

(1)　問題としての「教科部」――L・シスキンによる中等学校研究の特質

シスキンは、スタンフォードCRC研究に従事し、高校改革における「教科部」を主題化する研究を開拓した研究者の一人である。シスキンは、一九九一年にスタンフォード大学より博士号を取得し、博士論文と同名の最初の単著である『知識の領域』を一九九四年に公刊している[115]。シスキンの研究は、スタンフォードCRCの「中核的研究」の一環として行われており、シスキンは、スタンフォードCRC研究を特徴づける「ボトムアップの視点」や「教師の視点」からの研究を遂行している。[116]ここではまず、高校改革の研究に着手するシスキンの問題設定を特徴づけ、その上で、シスキンが迫る高校改革の実践を検討しよう。

① 「教科部」の不可視性

シスキンは、一九九〇年代までの既存の研究に対して、「教科部の不可視性」を問題として提起する。シスキンは、「教科部がアメリカの中等学校におけるおよそ普遍的な特徴となってきたにもかかわらず、教育研究において教科部はほとんど等閑視されてきた」とする。[117] シスキンは、中等学校における「教科部」に関する研究は、「英語科よりも数学科の方が保守的である」といった指摘や、「いくつかの学校では教科部が指導プログラムを管理している」といった一面的な見解を示すに留まっており、「教科部」を本格的に主題化する研究が十分に蓄積されていないとする。[118]

シスキンが中等学校の「教科部」に対する問題設定を行う上で、高等教育研究の蓄積を参照することは特徴的である。シスキンは、高等教育研究において、大学の「学部」は、学問的生活の諸現実を理解する上で中心に位置づけられていることを指摘し、大学の「学部」は、「その組織の使命に基づき、自分たちの言語、規範、時間、見地を発展させることへ向かう」「小さな世界、多様な世界」として描かれてきたことに注目する。[119]

その上でシスキンは、高校の「教科部」の特徴として次の四点を指摘している。第一に、教師間の社会的関係を形成する上で常に重要な役割を果たすこと（社会的関係）、第二に、高校の規模の拡大は全ての教職員の必要を一度に満たすことは不可能であり下位集団の発達が導かれること（学校規模と下位集団の形成）、第三に、下位集団の発達に繋がる教科の境界もしくは教科を越境する関係が組織のデザインや建築デザインによって作り出されること（空間の配置）、そして第四に、既存の教科の境界を再構築するような取り組みに対して外部の制度的影響は教科の専門性を志向することを基本にしていること（教科志向の制度の影響）の四点である。[120]

シスキンは中等学校の「教科部」を解体する中等学校改革論に対して問題を投げかけている。シスキンは、「教科部」を解体し「ハウス」を組織するなど教科横断の再編成を標榜する中等学校改革に問題を見出しているのである。

シスキンは、教師たちの教科に対する情熱に十分な注意を向ける必要があるとする。教師に教科を離れて授業を行うことを要請することで、皮肉にも、統合的な教科の教育が取り除こうとしていた教科書に沿うだけの授業や、知識を伝達する教育学を推進してしまうという問題が起きていることを強調するのである(121)。

②　教職の重要な「文脈」としての「教科部」

シスキンは、スタンフォードCRCの「中核的研究」のフィールドワーク対象校のうち、次の三校においてフィールドワーク調査を行い、高校改革における「教科部」の実践の展開に迫った。シスキンは、ランチョ高校（カリフォルニア州モスタサ学区）、オーク・ヴァレー高校（カリフォルニア州オーク・ヴァレー学区）、ハイランダー高校（ミシガン州バートン学区）の三校の実践に迫っていた（表5-1参照）。シスキンは、オーク・ヴァレー高校とハイランダー高校は、「典型的な」高校であるとし、特に、「教科部」を解体し「生徒中心」の改革に取り組んだランチョ高校の実践に注目している。シスキンは、ランチョ高校の改革の経験から、高校における「教科部」の「境界の強さ」、「教科部」の「復元力」を特徴づける。

ランチョ高校は、「教科部」を解体し、教師たちを教科を横断する三つの「助言ユニット」（もしくは「ラーニング・ハウス」と呼ばれる）に振り分ける高校組織の構造的な改革に取り組んできた。ランチョ高校の改革は、「助言ユニット」を組織することで、「教科中心の」伝統的な高校組織の構造から、「生徒中心の」構造へと転換することを目指していたのである。

しかし、シスキンは、ランチョ高校において「教科部」が、一時的に「助言ユニット」の構造の下で見えなくなるものの、次第に「再浮上する」特徴的な過程に注目している。ランチョ高校において「助言ユニット」を組織する努力は、教師たちの「井戸端会議」を組織するに過ぎなかったという(122)。

シスキンは、ランチョ高校の教師たちの経験を、「教科の吸引力」、「教科の制度化された結びつき／制度化された境界」、「安全地帯」の三点において性格づけている(123)。以下、それぞれについて検討しよう。

第一に「教科の吸引力」についてである。シスキンは、ランチョ高校の教師たちにおいて、「教科部」が解体される改革の過程にあっても、自分たちの仕事の詳細について語ることを求める時、教科それ自体が「吸引力」を有していることが明らかにされたという。高校において「教科部」に即してその時間と空間の配列が規定されることが、教師たちに「教科部」の影響力を示していたのである。しかし、ランチョ高校の改革のように「教科部」に即した時間と空間を再編成してもなお、教科それ自体が再び「時間や空間の配列を水路づける吸引力」を有しているという。[124]

第二に、「教科への制度化された結びつき／制度化された境界」についてである。シスキンは、ランチョ高校の教師たちが、「助言ユニット」に割り振られ、「教科部」へ帰属する構造を学校内において解体されてもなお、外部にある教科に基づく共同体への帰属意識について繰り返し言及していたことに注目している。ランチョ高校の教師たちは、「科学のカンファレンスに出かける必要がある」ことや、「教科に基づく試験の要求」、「教科の境界を仮定し、それを強いるカリキュラム改革の動向」について関心を寄せ続けていたのである。[125]

第三に、「安全地帯」についてである。シスキンは、「助言ユニット」に再編成されたランチョ高校において、教師たちの回想に即して、改革の「魅惑的な時代」が、「口論やストレスや混乱」が溢れる「騒然とした時代」へと移り変わったことを指摘する。この移行は、「助言ユニット」を強力に支えるシステムが崩れ始めたことに起因していたという。カウンセラーの支援、外部資金の支援、学区の支援が失われ、教師たちの改革への活力や関与が失われ、ランチョ高校の教師たちは、従来の「教科部」への撤退を始めたのである。教師たちにおいて「教科部」は、「友情や関心や仮説が共有される」「安全地帯」を提供していたのである。[126]

ランチョ高校の教師たちの「安全地帯」への撤退を、次の三つの「教科部」の展開において特徴づけよう。

第一に、真っ先に改革から撤退した科学科の教師たちである。ランチョ高校において科学の教室は、校内のガス線と水道線の構造に即しており、「助言ユニット」による再編成下においてもなお、「一つに群れ集まっていた」のである。この教室の構造により、科学科の教師たちは従来通り、互いの教室を行き来し、授業計画やテスト準備において協同し続けていた。ランチョ高校の科学科教師たちは、他教科の教師たちから「群れ」を成していると名づけられていた。科学科の教師たちは、科学教室の構造に即し、授業に必要な教材や器材を共有し、教室実践への協同を継続する「群れ」を成していたのである。科学科の教師たちは、そうした「砦」からあえて外に出る必要はなく、科学科の境界は「小高い石の壁」にたとえられていたという[127]。

第二に、数学科の教師たちもまた特徴的であった。科学科の「群れ」を成す教師たちが学校や学区の政策に対しても対外的な活動を展開していたのに対して、数学科の教師たちは、「長年の共同の経験（一九六〇年代からの経験）」と「強力な共通の仮説」によって結びつけられた「内側に引きこもる」「教科部」として性格づけられている。数学科の教師たちは他の「教科部」からの支援を受けないだけでなく、学区にも州に対しても、「内側に引きこもり」ながら抵抗を示してきたのである。ランチョ高校の数学科の教師たちは「厳格なテスト作り」に従事してきた。それは、生徒の達成度を測定し、そのそれぞれに対応する指導を展開し、さらにテストを課すという一連の実践である。こうした数学科の独自の取り組みは、学校からも学区からも州からも反対にあいながらも継続して実践されてきたという。数学科の教師たちは職員会議への欠席も含め、数学科の「教科部」の壁でもってバリケードを作ってきたのである。数学科の教師たちは内に籠りながら独自の数学指導の基本的な論理を強力に共有する「教科部」を形成してきたのである[128]。このランチョ高校の数学科が示す特徴は、後にみるタルバートの議論を呼び起こし、さらに、スタンフォードCRC研究の定式化においても教師共同体の一つの類型として検討されることになる。

そして第三に、英語科の教師たちである。英語科の教師たちは表立って改革に反対を唱えることはなかったものの、英語科の「教科部」へと静かに撤退していったという。英語科の教師たちにとって「教科部」は、科学科や数学科に示された「技術的政治的な」特徴づけよりも、「友情」といった「社会的な」側面においてその重要性が特徴づけられている。英語科としてのアイデンティティーよりも、「個々人のアイデンティティー」が英語科の「教科部」における社会的な側面によって支えられていたのである[129]。

ランチョ高校において「教科部」は明確な共同体として再浮上したのである。同時に、一つ学校においてそうした共同体が果たす機能が多様であることもまた示している。シスキンは、「教科部」が、学校資源を引き出すための政治的な場であり、教科の特質についての理解を共有する同僚教師とともに教科に即した仕事をやり遂げる場であり、個々人を支える個人的なつながりのための場でもあると指摘する。シスキンは、ランチョ高校の改革の経験から、「教科部」が、学校内に明確に定義された強力な共同体を形成する「復元力（resilient）」や、学校規模の共同体に対する「抵抗の（resistant）障壁」となるという示唆を引き出している[130]。

(2)「専門家共同体」としての「教科部」──J・タルバートによる議論の特質

タルバートは、シスキンとリトルの編著『問題としての教科』に、論文「アメリカの高校における教師の専門家共同体の境界──教科部の力と不安定性」を寄せている[131]。この論文は、その結論部において明記されているように、スタンフォードCRC研究の展開における「専門家共同体」の胎動を示している。「私たちは、教師の専門家共同体の輪郭、多様性、進展の過程を今まさに理解し始めたのである」とタルバートはいう[132]。

ここでは、タルバートの議論において次の二点に注目し検討する。一つは、「専門家共同体」としての「教科部」についてであり、もう一つは、先にみたシスキンの「教科部」研究に対するタルバートの考察についてである。これらタルバートの「教科部」論は、後にみるスタンフォードCRC研究の成果の定式化に向けて、重要な論点を含む議論として位置づけることができよう。

①「専門家共同体」と「教科部」

この論文においてタルバートが「専門家共同体」としての「教科部」について論じるにあたり、「専門家共同体」の概念を、教師の「同僚性（collegiality）」の概念からの発展として位置づけていることは注目されよう。すなわち、タルバートは、「専門家共同体」の概念を、「同僚性」と「専門職性（professionalism）」を構成要素とする概念として位置づけるのである。[133]

タルバートは「同僚性」の概念と「専門職性」の概念を明確に区別する。タルバートは、「同僚性」の概念を、教師の社会的関係を照射する概念として限定して捉え、「教師共同体」の用語で言い換えてもいる。すなわち、「「教師共同体としての同僚性という」この定義は、専門家のアイデンティティー／教科のアイデンティティーの共有や、専門技術的文化の共有という意味を含んでいない」とタルバートはいう。[134]

他方、タルバートは、教師の「専門職性」の概念を、「同僚性」の概念の内包から除かれた「専門技術的文化」（共有された指導の目標や信念）や、「職業倫理」（生徒へのケアリングと生徒への高い期待）、そして「専門家としての傾倒」（教職への従事）という三つの要素を下位概念として含む概念として定義している。[135]

ここで明示されているタルバートの議論は、スタンフォードCRC研究におけるコンセンサスでもあり、スタンフォードCRC研究において、教師の「専門家共同体」とは、「同僚性」（もしくは「教師共同体」）と「専門職性」の概念の合成によって定義されるにいたっているのである。[136]

タルバートは、スタンフォードCRC研究の質問紙調査（調査対象校はカリフォルニア州とミシガン州の公立の総合制高校計八校）に基づき、「教科部が、教師共同体と専門職性の全ての側面において有意な相関を示した」ことを指摘する。すなわち、「教科部」が「教師共同体（同僚性）」と「専門職性」からなる「専門家共同体」にとって最も影響力のある「教職の埋め込まれた文脈」であることが明らかになったという。[137]

その上でタルバートは、「強力な」「教科部」においては、「専門職性」のうちの「専門技術的文化」と「専門家としての傾倒」の高い値が示されるが、「専門職性」のうちの「職業倫理」（生徒へのケアリングと高い期待）に対しては正の相関が示されていないことに注目する。

そこでタルバートは、フィールドワーク調査に基づき、この点について考察を進める。タルバートは、「伝統的な」基準を保持していた「教科部」と、実践の「革新」に取り組んでいた「教科部」の差異に焦点をあてる。「伝統的な」

「教科部」では、特定のコースの生徒は「特定の知識」を獲得する必要があるとし、教師の仕事を「知識の伝達」と「テストの実施」として捉え、生徒の履修の失敗を「授業の基準の高さ」に起因するものとして捉えていた（授業そのものに要因があるとはみなさない）という。すなわち、生徒の履修の失敗に対応して新しい実践を試み、生徒に対する高い期待を維持しているわけではないのである。

一方、「革新的な」「教科部」では、それとは対照的に、「従来とは異なる生徒」が教科内容をよりよく理解できるように「授業のルーティンを変革する」ことに取り組んでおり、「生徒への関与」を中心とする仕事に従事するという特徴を示していたという。[138] すなわち、「教科部」への考察は、その強さ、弱さに注目するだけでなく、「教科部」の性格への注目が今後必要とされることがここに示唆されているのである。

ここでは、この「強力な」「教科部」の質的な差異への注目が、後に第六章で検討する教師共同体の類型論（「伝統的共同体（traditional community）」と「教師の学習共同体（teacher learning community）」の区別を含む）へと発展する議論の起点であることを指摘しておこう。[139]

② L・シスキンの「教科部」の探究に対するJ・タルバートの考察

タルバートの「教科部」論は、シスキンによる「教科部」論に対する独自の考察を含んでいる。シスキンの議論においては「専門家共同体」の用語は一度も使用されていないが、タルバートは「専門家共同体」の視点からシスキンの議論に対して考察を行っていることは示唆的である。さらに、タルバートの議論は、シスキンの議論と同じ調査対象校への指摘を含んでおり、同一の「教科部」に対する多元的な接近としても特徴づけられる興味深い議論であるといえよう。

ここで取り上げるタルバートの議論は、「専門家共同体」としての「教科部」の可能性や課題について、より広い視野から論じることに特徴がある。すなわち、タルバートは、「専門家共同体」としての「教科部」の特質が、教職の「制度的、組織的、社会的な諸条件の相互作用」によって生み出されているという視点を獲得している。

タルバートは次の三つの観点から議論を行っている。第一に、「多元的で競合する教育の目標」、第二に、「教師の教科の専門性における不平等」、第三に、「教科教育改革」についてである。(140)以下では、この三点に即して、タルバートの議論とシスキンの議論との対照性を示そう。

第一に、「多元的で競合する教育の目標」に関わる問題についてである。タルバートは、アメリカの公立高校における「多元的で競合する教育の目標」として、「基礎技能」、「良き仕事の習慣」、「学業達成」、「個人的成長」、「人間関係の技能」、「市民性」、「特定の職業技能」、「道徳的宗教的価値」といった目標を挙げる。こうした教育目標の多様性に関わってタルバートが、総合制高校におけるトラッキングについて言及している点に注目しよう。特に、生徒のトラッキングに対応する「教師のトラッキング」が問題となる。

タルバートは、「教師のトラッキング」の固定化を問題として指摘する。タルバートは、教師のトラッキングが固定化することで、教師の専門家としてのアイデンティティーに影響を及ぼすという。シスキンの議論において焦点化したランチョ高校と同じ学区にありスタンフォードＣＲＣ研究の対象校となっていたエスペランサ高校（カリフォルニア州モスタサ学区、表5-1参照）の数学科では、極端ではないトラッキングを示してはいるものの、担当授業の交替が高い頻度で行われたという。(141)それとは対照的に、ランチョ高校の数学科では相対的に「教師のトラッキング」が固定化されていたのである。

第二に、「教師の教科の専門性における不平等」の問題についてである。タルバートはさらに「教師のトラッキング」の問題と、教師の教科の専門性を所与とみなすか否かという問題と関わらせて議論を進める。

興味深いことに、先のエスペランサ高校の数学科とランチョ高校の数学科は、教師の数学科の学士号取得の割合がともに低く、五割に過ぎなかった。この両校の割合は、カリフォルニア州の数学科教師の学士号取得の割合が六五％程度であることを鑑みてもなお低い割合を示している。ランチョ高校の教師のトラッキングは、教師の専門性の程度に即して行われていた。ランチョ高校の数学科では、教師の学位でもって数学の授業の力量を「所与のもの」として固定化して捉えられていたのである[142]。

それに対してエスペランサ高校の数学科では、教師が数学を学ぶことや教師の専門性開発に中心的な価値が置かれていたのである。タルバートは、エスペランサ高校の数学科を「強力な教師の学習共同体」として特徴づけ、高い頻度で担当授業を交替させることが、教師の専門性開発の一環として位置づけられていることを示唆する。質問紙調査の結果からも、ランチョ高校の数学科とエスペランサ高校の数学科における教師の学習機会の差は明瞭であったという[143]。

第三に、「教科教育改革」についてである。タルバートは、さらに別の事例を取り上げ、教科の授業改革プログラムの導入に対する学校の対応の差異に注目する。

ジェファーソン高校（スタンフォードＣＲＣ研究の「中核的研究」の後の調査研究の対象校）の科学科は、科学教育改革プログラムの導入により科学科教師の分断が引き起こされてしまった。その分断は、生徒の評点方式をめぐる分断であった。ジェファーソン高校の科学科には、従来からの評点方式に価値を置き厳格な実践を進めていたグループがあったのである。それに対して新しいプログラムを導入する改革者は、「それは時代遅れである」と言及し、「教科部」の成功をいかに損なっているのかを説明したという。科学科は改革プログラムの推進派と、「時代遅れ」のグループとに分断される状況に陥ったのである[144]。

それに対してサン・ルシオ高校（先と同様にスタンフォードＣＲＣ研究の「中核的研究」の後の調査研究の対象校）の数学科は、授業改革プログラムの導入による改革の力動的な展開を示したという。タルバートはサン・ルシオ高校の数学科が従来から他校の数学教師や近隣の大学の研究者を「教科部」の共同体に参加させる「開かれたシステム」として機能していたと特徴づけている。サン・ルシオ高校の数学科では、そうした「外部者」が定期的な「教科部」の会議に参加することや、数学科の教師たちと協同することを当然のこととして捉えていたという。すなわち、サン・ルシオ高校の数学科の共同体は、より広範な数学教育改革の共同体との相互作用を通して、発展を遂げていたのである。[145]

もちろん、数学科の授業改革プログラムが要請する新しいカリキュラムの基準や新しい授業や新しい評価のガイドラインに対して、異議や葛藤は引き起こされている。しかし、そうした異議や葛藤は、数学教育をより良くしようという数学科の教師たちに共有された関与の文脈において引き起こされたのであり、改革プログラムをめぐって教師たちが分断されることはなかったという。タルバートはここから、「教科部」の境界を開かれたものにしている教師の「専門家共同体」の意義を認めている。[146]「教科部」の強力な境界は、教師の「専門家共同体」を必ずしも意味するのではないとタルバートは指摘するのである。

以上、タルバートによる「専門家共同体」の視点からの高校の「教科部」論を検討してきた。スタンフォードCRC研究の展開において、シスキンによる高校の「教科部」についての開拓的な研究に続き、高校の「教科部」をめぐる考察はその深化を示していたといえよう。特に、先にみてきたマクロフリンの論文によって提起された「専門家共同体」の概念と視点は、その議論の深化に大きく貢献していた。ここで展開された「教科部」論は、次章においてみるスタンフォードCRC研究の成果の定式化に向けて重要な論点を提示しており、教師の「専門家共同体」の「輪郭、多様性、進展の過程」はより一層鮮明に示されることになる。

注

（1）Milbrey Wallin McLaughlin and Joan E. Talbert, 2001, *Professional Communities and the Work of High School Teaching*, The University of Chicago Press, Chicago and London.

（2）Milbrey Wallin McLaughlin and Joan E. Talbert, 1993, *Contexts That Matter for Teaching and Learning: Strategic Opportunities for Meeting the Nation's Educational Goals*, Center for Research on the Context of Secondary School Teaching, Stanford University, CA, p.3及び、二〇一三年三月四日に筆者が行ったマクロフリンへのインタビュー調査より。

(3) McLaughlin & Talbert, 1993, *op. cit.*, pp. 22-23.
(4) Mibrey Wallin McLaughlin, 1991b, Enabling Professional Development: What Have We Learned? In Ann Lieberman and Lynne Miller (ed.), *Staff Development for Education in the '90s Second Edition, New Demands, New Realities, New Perspectives*, Teachers College Press, pp. 61-82.
(5) McLaughlin & Talbert, 2001, *op. cit.*, p. 7, Table 1.1. なお、alt. はオルタナティブ・スクールを意味する。
(6) McLaughlin, 1991b, *op. cit.*, p. 62.
(7) Lee Shulman, 1987, Knowledge and Teaching: Foundations of the New Reform, *Harvard Educational Review*, Vol. 57, No. 1, pp. 1-22.
(8) McLaughlin, 1991b, *op. cit.*, p. 68.
(9) McLaughlin, 1991b, *op. cit.*, pp. 68-69.
(10) McLaughlin, 1991b, *op. cit.*, p. 69.
(11) Judith Warren Little, W. H. Gerritz, D. S. Stern, J. W. Guthrie, M. W. Kirst, and D. D. Marsh, 1987, *Staff Development in California: Public and Personal Investments, Program Patterns, and Policy Choices*, Joint Publication of the Far West Laboratory for Educational Research and Development (San Francisco) and Policy Analysis for California Education (School of Education, University of California at Berkeley).
(12) McLaughlin, 1991b, *op. cit.*, p. 70.
(13) Little, Gerritz, Stern, Guthrie, Kirst, & Marsh, 1987, *op. cit.* なお、ＰＡＣＥは他に、スタンフォード大学及び南カリフォルニア大学とも連携している。
(14) McLaughlin, 1991b, *op. cit.*, p. 70.
(15) *Ibid.*
(16) McLaughlin, 1991b, *op. cit.*, pp. 70-71.
(17) McLaughlin, 1991b, *op. cit.*, pp. 71-72.
(18) McLaughlin, 1991b, *op. cit.*, p. 73.
(19) *Ibid.*

(20) *Ibid.*
(21) McLaughlin, 1991b, *op. cit.*, pp. 73-75.
(22) McLaughlin, 1991b, *op. cit.*, p. 75.
(23) McLaughlin, 1991b, *op. cit.*, pp. 76-78.
(24) McLaughlin, 1991b, *op. cit.*, pp. 76-77.
(25) McLaughlin, 1991b, *op. cit.*, p. 78.
(26) McLaughlin, 1991b, *op. cit.*, pp. 78-79. この「専門性開発を実現可能にする」という主題の探究は、第二章において検討した次の論文にもその必要性が示されている。Milbrey Wallin McLaughlin, 1991a, The Rand Change Agent Study: Ten Years Later, in Allan R. Odden (ed.), *Education Policy Implementation*, State University of New York Press, pp. 154-155.
(27) McLaughlin, 1991b, *op. cit.*, p. 78.
(28) McLaughlin, 1991b, *op. cit.*, pp. 78-79.
(29) McLaughlin, 1991b, *op. cit.*, p. 79.
(30) Milbrey Wallin McLaughlin, Joan Talbert, and Nina Bascia (ed.), 1990, *The Contexts of Teaching in Secondary Schools*, Teachers College Press.
(31) Milbrey Wallin McLaughlin and Joan Talbert, 1990, The Contexts in Question: The Secondary School Workplace, in McLaughlin, Milbrey Wallin McLaughlin, Joan Talbert, and Nina Bascia (ed.), *The Contexts of Teaching in Secondary Schools*, Teachers College Press, pp. 1-14.
(32) McLaughlin & Talbert, 1990, *op. cit.*, p. 1.
(33) McLaughlin & Talbert, 1990, *op. cit.*, pp. 4-6.
(34) McLaughlin & Talbert, 1990, *op. cit.*, p. 5.
(35) Judith Warren Little, 1982, Norms of Collegiality and Experimentation: Workplace Conditions of School Success, *American Educational Research Journal*, Vol. 19, No. 3, pp. 325-340.
(36) McLaughlin & Talbert, 1990, *op. cit.*, p. 5. 強調は引用者による。

(37) McLaughlin & Talbert, 1990, *op. cit.*, p. 5.

(38) McLaughlin & Talbert, 1990, *op. cit.*, p. 6.　強調は引用者による。

(39) *Ibid.*

(40) *Ibid.*　なお、リチャードソンらによって二〇〇一年の『授業研究ハンドブック第四版』に寄せられたレビュー論文において、マクロフリンらの研究は「シンボリック相互作用論」の立場からの研究として特徴づけられている。Richardson, V. and Placier, P., 2001, Teacher Change, in Virginia Richardson (ed.) *Handbook of Research on Teaching 4 th ed.*, American Educational Research Association, Washington, D. C., pp. 905–947.

(41) 一度目の改訂は、一九九三年のデービッド・コーエン、マクロフリン、タルバートの共同編集による『理解のための授業——政策と実践の課題』の一八九頁に示されている。David K. Cohen, Milbrey Wallin McLaughlin, and Joan E. Talbert (ed.), 1993, *Teaching for Understanding: Challenges for Policy and Practice*, Jossey-Bass Publishers, San Francisco, p. 189.　二度目の改訂は、二〇〇一年のマクロフリンとタルバートの共著『専門家共同体と高校教師の仕事』の一四四頁に示されている。後の第六章において検討するが、この二〇〇一年の著作はスタンフォードＣＲＣ研究の「中核的研究」の成果を定式化した著作である。Milbrey Wallin McLaughlin and Joan E. Talbert, 2001, *Professional Communities and the Work of High School Teaching*, The University of Chicago Press, p. 144.

(42) McLaughlin & Talbert, 1990, *op. cit.*, p. 8.

(43) この最も外側の文脈として位置づけられている「教育の価値システム」には国際的な比較研究が想定されている。各国ごとに教育の価値や学校組織のパターンが異なり、学校の自律性や保護者の選択や専門職性の概念や期待が異なっている。このレベルの文脈の相違もまた教師による自身の仕事に対する見方に影響を与えているとマクロフリンとタルバートはいう。McLaughlin & Talbert, 1990, *op. cit.*, p. 8.

(44) McLaughlin & Talbert, 1990, *op. cit.*, p. 9, Figure 1.1.

(45) McLaughlin & Talbert, 1990, *op. cit.*, p. 7.

(46) *Ibid.*

(47) *Ibid.*

(48) Judith Warren Little and Milbrey Wallin McLaughlin (ed.), 1993, *Teachers' Work: Individuals, Colleagues, and*

Contexts, Teachers College Press, New York, NY.

(49) Milbrey Wallin McLaughlin, 1993, What Matters Most in Teachers' Workplace Context? In Judith Warren Little and Milbrey Wallin McLaughlin (ed.), *Teachers' Work: Individuals, Colleagues, and Contexts*, Teachers College Press, New York, NY, pp.79–103.

(50) McLaughlin, 1993, *op. cit.*, pp. 81-83, p. 100 note 1.

(51) McLaughlin, 1993, *op. cit.*, p. 81.

(52) McLaughlin, 1993, *op. cit.*, p. 82.

(53) McLaughlin, 1993, *op. cit.*, p. 85.

(54) *Ibid.*

(55) McLaughlin, 1993, *op. cit.*, pp. 85-87.

(56) McLaughlin, 1993, *op. cit.*, pp. 87-89.

(57) McLaughlin, 1993, *op. cit.*, p. 89.

(58) McLaughlin, 1993, *op. cit.*, pp. 89-97.

(59) McLaughlin, 1993, *op. cit.*, p. 91.

(60) *Ibid.*

(61) *Ibid.*

(62) McLaughlin, 1993, *op. cit.*, p. 92.

(63) *Ibid.*

(64) 後の本章の第五節において言及するが、スタンフォードＣＲＣ研究において教師の「同僚性」の指標は鍵となる重要な指標であるが、その意味を「教師の支援的な社会的関係」に限定して用いられている。

(65) McLaughlin, 1993, *op. cit.*, p. 94.

(66) 強調は引用者による。ここで留意しておきたいことは、「専門家共同体」の概念を提起したこの論文において、教師共同体の保守性を批判する際に、「強力な専門家共同体」という表現が使われていることである。教師共同体の保守性に対する批判は、この後のスタンフォードＣＲＣ研究の展開においてさらに洗練され定式化をみるが、この一九九三年の論文の時点では、「強力な専門家共同体」という表現によって批判が論じられている。なお、教師共同体の保守性批判の定式化については、本章第五節において取り上げている。

(67) McLaughlin, 1993, *op. cit.*, p. 95. なお、この九五頁のマクロフリンの叙述において、professional communities を「専門家の共同体（communities of professionals）」と言い換える箇所があり、本書において professional community の訳語として、「専門的コミュニティー」、「専門的共同体」の訳語を採用せず、「専門家共同体」の訳語を充てる根拠としている。

(68) McLaughlin, 1993, *op. cit.*, p. 96.

(69) *Ibid.*

(70) McLaughlin, 1993, *op. cit.*, pp. 96–97. 強調は引用者による。

(71) McLaughlin, 1993, *op. cit.*, p. 99.

(72) *Ibid.*

(73) *Ibid.*

(74) McLaughlin, 1993, *op. cit.*, pp. 99–100.

(75) Joan E. Talbert, 1993, Constructing a Schoolwide Professional Community: The Negotiated Order of a Performing Arts School. In Judith Warren Little and Milbrey Wallin McLaughlin (ed.), *Teachers' Work: Individuals, Colleagues, and Contexts*, Teachers College Press, New York, NY, pp. 164–184.

(76) Milbrey Wallin McLaughlin and Joan E. Talbert, 2001, *Professional Communities and the Work of High School Teaching*, The University of Chicago Press, Chicago and London.

(77) Leslie Santee Siskin, 1994, *Realms of Knowledge: Academic Departments in Secondary Schools*, Routledge Falmer; Leslie Santee Siskin and Judith Warren Little (ed), 1995, *The Subjects in Question: Departmental Organization and the High School*, Teachers College Press, New York, NY.

(78) タルバートの論文によれば一九七八年開校と記されているが、二〇〇一年のマクロフリンとタルバートの共著の付録には一九七七年開校とされている。McLaughlin & Talbert, 2001, *op. cit.*, p. 168.

(79) Talbert, 1993, *op. cit.*, pp. 164–165.

(80)「転換のリーダー」の用語は、校長のリーダーシップ研究における「転換のリーダーシップ（transformational leadership）」から示唆を受けていることがタルバートによって明記されている。
(81) Talbert, 1993, *op. cit.*, p. 165.
(82) Talbert, 1993, *op. cit.*, pp. 173–175.
(83) Talbert, 1993, *op. cit.*, pp. 176–178.
(84) Talbert, 1993, *op. cit.*, pp. 179–180.
(85) David K. Cohen, Milbrey Wallin McLaughlin, and Joan E. Talbert (ed.), 1993, *Teaching for Understanding: Challenges for Policy and Practice*, Jossey-Bass, San Francisco.
(86) Talbert & McLaughlin, 1993, *op. cit.*, p. 189.
(87) Talbert & McLaughlin, 1993, *op. cit.*, p. 169.
(88) *Ibid.*
(89) Talbert & McLaughlin, 1993, *op. cit.*, p. 189.
(90) Talbert & McLaughlin, 1993, *op. cit.*, p. 172.
(91) *Ibid.*
(92) *Ibid.*
(93) Talbert & McLaughlin, 1993, *op. cit.*, p. 174.
(94) *Ibid.*
(95) Talbert & McLaughlin, 1993, *op. cit.*, p. 176.
(96) Talbert & McLaughlin, 1993, *op. cit.*, p. 177.
(97) *Ibid.*
(98) *Ibid.*
(99) Talbert & McLaughlin, 1993, *op. cit.*, p. 180.
(100) Talbert & McLaughlin, 1993, *op. cit.*, p. 179.
(101) Talbert & McLaughlin, 1993, *op. cit.*, pp. 180–181.

（102）Talbert & McLaughlin, 1993, *op. cit.*, p. 180.
（103）Talbert & McLaughlin, 1993, *op. cit.*, p. 181.
（104）Talbert & McLaughlin, 1993, *op. cit.*, p. 182.
（105）Talbert & McLaughlin, 1993, *op. cit.*, p. 183.
（106）Talbert & McLaughlin, 1993, *op. cit.*, p. 194.
（107）Milbrey Wallin McLaughlin, 1990, The Rand Change Agent Study Revisited: Macro Perspectives and Micro Realities, *Educational Researcher*, Vol. 19, No. 9, pp. 11–16; Milbrey Wallin McLaughlin, 1991a, The Rand Change Agent Study: Ten Years Later, in Allan R. Odden (ed.), *Education Policy Implementation*, State University of New York Press, pp. 143–155.
（108）Talbert & McLaughlin, 1993, *op. cit.*, p. 194.　強調は引用者による。
（109）二〇〇三年三月四日のマクロフリンへのインタビュー調査より。マーシャル・スミス（Marshall S. Smith）の「システム的改革」を批判したコーエンの論文は、David K. Cohen, 1995, What is System in Systemic Reform? *Educational Researcher*, Vol. 24, No. 9, pp. 11–17, 31.
（110）Leslie Santee Siskin and Judith Warren Little（ed.）, 1995a, *The Subjects in Question: Departmental Organization and the High School*, Teachers College Press, New York, NY.
（111）Leslie Santee Siskin and Judith Warren Little, 1995b, The Subjects Department: Continuities and Critiques, in Siskin and Little, *The Subjects in Question: Departmental Organization and the High School*, Teachers College Press, New York, NY, p. 4.
（112）Leslie Santee Siskin, 1994, *Realms of Knowledge: Academic Departments in Secondary Schools*, Routledge Falmer.
（113）Siskin & Little, 1995a, *op. cit.*
（114）Joan E. Talbert, 1995, Boundaries of Teachers' Professional Communities in U. S. High Schools: Power and Precariousness of the Subject Department, in Leslie Santee Siskin & Judith Warren Little（ed）, *The Subjects in Question: Departmental Organization and the High School*, Teachers College Press, New York, NY, pp. 68–94.

(115) Siskin, 1994, *op. cit.*
(116) Siskin, 1994, *op. cit.*, pp. 38–41.
(117) Siskin, 1994, *op. cit.*, p. 19.
(118) *Ibid.*
(119) Siskin, 1994, *op. cit.*, pp. 14–16.; Leslie Santee Siskin, 1991, Departments as Different Worlds: Subject Subcultures in Secondary Schools, *Educational Administration Quarterly*, Vol. 27, No. 2, pp. 137–138.
(120) Siskin, 1994, *op. cit.*, p. 70.
(121) Siskin and Little, 1995, Introduction: The Subjects in Question, in Leslie Santee Siskin & Judith Warren Little (ed.), *The Subjects in Question: Departmental Organization and the High School*, Teachers College Press, New York, NY, pp. 15–16.
(122) Siskin, 1994, *op. cit.*, pp. 52–53, p. 77.
(123) Leslie Santee Siskin, 1995, Subject Divisions, in Leslie Santee Siskin & Judith Warren Little (ed.), *The Subjects in Question: Departmental Organization and the High School*, Teachers College Press, New York, NY, pp. 33–40, Siskin, 1994, *op. cit.*, pp. 77–82.
(124) Siskin, 1995, *op. cit.*, p. 33.
(125) Siskin, 1995, *op. cit.*, p. 35.
(126) Siskin, 1995, *op. cit.*, p. 36, p. 39.
(127) Siskin, 1995, *op. cit.*, pp. 36–37.
(128) Siskin, 1995, *op. cit.*, pp. 37–38.
(129) Siskin, 1995, *op. cit.*, pp. 38–39.
(130) Siskin, 1995, *op. cit.*, p. 40.
(131) Talbert, 1995, *op. cit.*
(132) Talbert, 1995, *op. cit.*, p. 90.
(133) Talbert, 1995, *op. cit.*, pp. 71–75.

(134) Talbert, 1995, *op. cit.*, p. 69.
(135) Talbert, 1995, *op. cit.*, p. 72.
(136) Talbert, 1995, *op. cit.*, p. 73.
(137) Talbert, 1995, *op. cit.*, pp. 72-73.
(138) Talbert, 1995, *op. cit.*, p. 74.
(139) Milbrey Wallin McLaughlin and Joan E. Talbert, 2001, *Professional Communities and the Work of High School Teaching*, The University of Chicago Press, p. 62.
(140) Talbert, 1995, *op. cit.*, pp. 75-76.
(141) Talbert, 1995, *op. cit.*, p. 82.
(142) Talbert, 1995, *op. cit.*, pp. 84-85.
(143) Talbert, 1995, *op. cit.*, pp. 84-86.
(144) Talbert, 1995, *op. cit.*, pp. 87-88.
(145) Talbert, 1995, *op. cit.*, p. 88.
(146) *Ibid.*

第六章　M・マクロフリンの研究の系譜における「専門家共同体」の定式化

スタンフォード大学のミルブリィ・マクロフリンを中心とする研究の系譜において、教師の「専門家共同体（professional community）」の概念は定式化をみる。スタンフォードCRC（一九八七年開設）を拠点とする高校改革研究の成果の定式化である。

本章では、二〇〇一年に公刊されたマクロフリンとジョーン・タルバートの共著『専門家共同体と高校教師の仕事』を中心的に取り上げる。ここにスタンフォードCRCによる高校改革研究の成果が示されているからである。この共著の公刊は二〇〇一年ではあるが、スタンフォードCRCの高校改革研究が遂行されたのは一九八〇年代後半から一九九〇年代半ばまでであることに留意されよう。カリフォルニア州政府による「野心的な」教育実践を追求する主要教科の『フレームワーク』の開発という政策環境は、一九九〇年代後半以降に基調となるアカウンタビリティの要求による学校の管理強化政策とは性格を異にするからである。マクロフリンの研究の系譜における教師の「専門家共同体」の定式化は、「野心的な」教育実践を支援する教育政策の展開を背景としている。

本章では、この共著を手がかりに、教師の「専門家共同体」の概念を提起した高校改革研究の成果を、授業の三類型（第一節）、教師共同体の三類型（第二節）、教職キャリアの三類型（第三節）、教職の多層的な「文脈」（第四節）の四つの視点から検討しよう。

一　授業の三類型

スタンフォードＣＲＣの高校改革研究の成果は、二〇〇一年に公刊されたマクロフリンとタルバートの共著『専門家共同体と高校教師の仕事』において定式化され示されている[1]。本節では、この共著を手がかりに、教師の「専門家共同体」の概念を提起した高校改革研究の成果を、授業の三類型の視点から検討しよう（以下の記述において焦点化される高校の特徴については、表5-1を基にした表6-1参照）。

マクロフリンとタルバートによる授業の類型論は、教師が教室において直面する「ジレンマ」から書き起こされている[2]。それは、学ぶ意欲を欠き思うように学習が進まない生徒ペギー・スーをめぐるジレンマであり、教師が従来の規範からみて「理想的な」生徒とされるライアン・ムーアとの対比によって示される。教師は、思うように学習の進まないペギーのペースに合わせるべきなのか。それとも規定のカリキュラムを規則的に進めることを優先するべきなのか。「理想的な」生徒ライアンといかに向き合うべきなのか。マクロフリンとタルバートは、教師が教室において経験するジレンマは、「今日の生徒（today's students）」という「文脈」において苛烈に引き起こされているとする。

ここで検討するのは、「今日の生徒」という「文脈」を起点とする授業の三類型である。マクロフリンとタルバートが定式化する授業の三類型は、後にみる教師共同体の三類型、教職キャリアの三類型、そして教職の多層的な「文脈」のそれぞれの定式化の起点でもあり、スタンフォードＣＲＣ研究は、教室の実践に根差した学校改革研究であることに改めて留意しておきたい。

マクロフリンとタルバートは、『専門家共同体と高校教師の仕事』の第二章「高校教師の教室実践」において、授業の三類型を定式化し提示している[3]。ここでは、この授業の三類型について、「教室の三つ組」の視点（図6-1）か

表6-1　スタンフォードCRC研究のフィールドワーク調査実施高校の特徴

州	学区	学校	学校類型	都市の状況	学校規模	マイノリティーの生徒	貧困の生徒	特徴
カリフォルニア	モスタサ	ランチョ	公立	都市	大	中	中	数学科＝「伝統的共同体」
		エスペランサ	公立	都市	大	中	中	数学科＝「教師の学習共同体」
	オーク・ヴァレー	オーク・ヴァレー	公立	郊外	超大	高	低	社会科＝「弱い教師共同体」 英語科＝「教師の学習共同体」

＊学校規模（生徒数）：「小」＝＜885;「中」＝885-1500；「大」＝1501-2075；「超大」＝＞2075。マイノリティーの生徒（非白人もしくはヒスパニック）：「低」＝0-33％；「中」＝34-67％；「高」＝68-100％。貧困の生徒（食費補償）：「低」＝＜10％；「中」＝10-40％；「高」＝＞40％。

らの意味づけと、それぞれの授業類型に生徒の経験から迫るマクロフリンとタルバートの叙述に注目して検討しよう。

　マクロフリンとタルバートは、授業を捉える枠組みとして、「教師」「内容」「生徒」による「教室の三つ組」の視点を提示する。この三つの要素によって成立する授業という営みが、「専門家の実践（professional practice）」の中核を形成し学校の活動の中心にあることをマクロフリンとタルバートは改めて強調している。その上で、先に第五章第三節で検討してきた教職の重要な「文脈」の一つである「今日の生徒」に対峙する高校教師の授業の問題を、この「教室の三つ組」の構成の問題としてマクロフリンとタルバートは捉え直し、議論を展開している[4]。

　マクロフリンとタルバートが提示する授業の類型は、先の第五章第三節で取り上げた一九九三年のマクロフリンの論文（「教師の職場の文脈において何が最も重要なのか?」）において提起された教師の対応の三類型の延長線上にあり、この二〇〇一年の著作においてその定式化を認めることができる。

　「今日の生徒」に対峙する教師たちの授業は、次の三つの類型によって示されている。三つの類型とは、「従来の実践の実行」、「期待と基準を下げる」[5]、「学習者が参加する革新」の三つである（表6-2参照）。このうち、「学習者が参加する革新」として分類

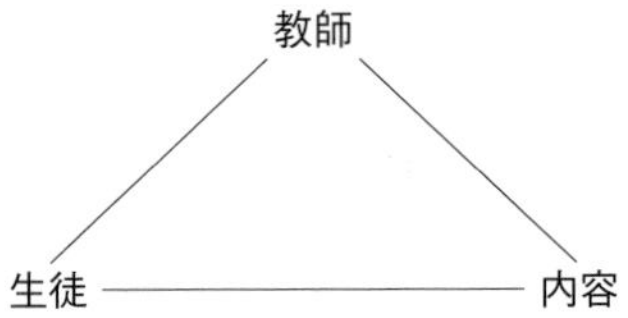

図6-1　「教室の三つ組」(6)

される授業実践において、「教室の三つ組」の関係の根本的な変革が生じていることに留意しておきたい。

(1)　「従来の実践の実行」

第一に、「従来の実践の実行」は、スタンフォードCRC研究が調査した多くの教室において見られた授業実践であり、「従来からのルーティン」を維持する実践である。教師たちは自分たちが教えられてきた方法で「今日の生徒」に教える。それは「教師中心」の講義形式の授業である。ここでは教科内容は「所与のもの」であり、先の思うように学習の進まないペギーをめぐるジレンマは所与の「ガイドライン」に即することで対応される。この実践のパターンは、教師を「熟達者」、生徒を「知識の受け手」として位置づける「専門家文化」に根ざした論理によって成立しているとマクロフリンとタルバートは指摘する(7)。

さらにマクロフリンとタルバートが、この「従来の実践の実行」を性格づける次の二点に注目しておきたい。一つは、「従来の実践の実行」は、教師において「高度の確実性（high degree of certainty）」を表現しているという指摘である。この「高度の確実性」とは特殊な確実性である。それは、「指導上の決定」における確実性であり、「由緒ある規律に即したルーティンや慣習的な指導の役割に根ざした専門家の信念」であるとマクロフリンとタルバートはいう(8)。先の「専門家文化」という表現とこの「専門家の信念」という表現の双方に留意する必要があろう。すなわち、「従来の実践の実行」という対応は、後にみる「学習者が参加する革新」や「理解のための授業」に向けた授業の改革を拒む強固な教師文化が形成されていることを示唆しているからである。この点は、後の教師共同体の類型論の議論へと関わ

表 6-2 「現代の教室の授業実践のパターン」[9]

実践のパターン	教室実践の諸次元			教育の成果
	生徒	内容	教育学	
従来の実践の実行	受動的な学習者の役割	静的な教科；所与の知識	所定の方法（ルーティン）、教師中心	従来の生徒のみの成功
期待と基準を下げる	受動的な学習者の役割	教科内容の水増し	所定の方法（ルーティン）、教師中心	全ての生徒の限られた成功
学習者が参加する革新	積極的な学習者の役割	動的な教科；知識の構築	所定の方法（ルーティン）ではない、生徒中心	従来とは異なる生徒の成功の増加

っている（「強い教師共同体」の一種である「伝統的共同体」の議論）。

もう一点注目されることは、「従来の実践の実行」をダン・ローティの指摘する「再帰的な保守主義（reflexive conservatism）」として性格づけている点である[10]。この「再帰的な」というローティの指摘がとりわけ重要である。すなわち、「従来の実践の実行」は、ペギーに示される学習への無関心や遅々とした学習を無視することではなく、それに対するある種の対処を含んだ上で保守的な実践が選択されているということである。マクロフリンとタルバートは、そうした対処は、「生徒の特性」に問題を帰属させ、教科内容の再吟味にはいたらないという対処であると指摘する。それゆえ、教師の認識においては、「今日の生徒」への対応として、従来からの「専門家の基準」と「教科内容の高潔さ」による「従来の実践の実行」という選択肢が正当化されているという[11]。ここに「従来の実践の実行」が教職において固着する理由（高校の多くの実践が「従来の実践の実行」であること）が示されており、授業の改革に向けた障壁の在り処が示されていることに留意しておきたい。

こうした「従来の実践の実行」において、ペギーのような生徒たちが否定的な経験を積み重ねることは想像に難くないであろう。ここでは、マクロフリンとタルバートが示す「理想的な」生徒ライアンの経験に即して検討しておこう。ライアンは教師が何を期待しているのかを知っており、よい成績の取り方も熟知している。ライアンは「疑問なんて何もないさ……僕たちの課題はすぐそこにあるから、僕たちがしなければいけないことを知るのは簡単さ」と話すという。しかし、彼は教師の期待にのみ従うことの代償にも気づいている。彼はライティングを好んでいる。「文章を書くことは楽しいよ。だけれど、僕は常に悪い成績を取ってしまうのではないかと不安でしょうがない。もし僕が好きなように書けば成績は悪くなってしまうと思う。学校は、先生が求めるように書くことが良いとされている場所だから」とライアンはいう。(12)

この「理想的な」生徒ライアンの経験が示す「従来の実践の実行」の意味にも留意する必要がある。「従来の実践の実行」によって教師の教室のジレンマは解消されたかにみえるが、生徒においてジレンマが生じているからである。このことは、後にみる「学習者が参加する革新」の授業において生徒の「自律性」が尊重されているという生徒の経験と対照的な性格を示している。

(2)　「期待と基準を下げる」

第二に、「期待と基準を下げる」実践についてである。これは、「従来とは異なる生徒」である「今日の生徒」に対して「カリキュラムのレベルを下げる」という対応であり、典型的には、「カリキュラムの内容を薄める」ことや「補習」型の授業を中心に据えることを意味している。具体的には、「文法と読解スキルのドリル」(英語科)や「ワークシートの反復学習」(生物科)などが実行されているという。こうした対応の背景には、第五章の第三節の検討と同様に、「生徒のために教室に支援的な環境を作り出そうという努力」がある場合と、「知的レベルを下げること」や「専門家としての投資の引きあげ (professional disinvestment)」といった教師側の「露骨な消極的な意図」がある場合とがあるとマクロフリンとタルバートは指摘する。(13)

マクロフリンとタルバートは、この「期待と基準を下げる」対応においても、「今日の生徒」の学業不振の問題が生徒に帰属させられているという。それは「今の生徒は、かつて私たちが受け持った良い生徒とは違う」と話す教師の認識に示されているという。それゆえ、「期待と基準を下げる」対応において、授業実践の従来からの枠組みは保持され、教室での教師と生徒の役割は変わることなく教科内容だけが削減されているのである[14]。

ここでマクロフリンとタルバートが、高校の低トラックの教室のエスノグラフィーに基づいたリバ・ページ（Reba Page）の知見を敷衍し、この「期待と基準を下げる」対応を性格づけていることに着目しておこう。ページは、低いトラックの教室を、遅いペースでカリキュラム内容の表面をなぞる「粗筋（skeleton）」パターン、生徒に欠けている基礎技能や事実についてのドリルを行う「スキル」パターン、そして楽しくて個人的に意味のある「レリバンス」パターンの三種によって特徴づけている。さらに、これらのパターンは、教科内容の知識をそれぞれ、「概念の体系」、「階層性」、「生活環境や将来との関係」において把握する知識観に拠っているという。マクロフリンとタルバートは、これら三種のパターンの全てが「期待と基準を下げる」授業実践において観察されたと指摘する[15]。

続けてマクロフリンとタルバートは、「期待と基準を下げる」最も典型的な事例として次のような生物科の授業に言及している（オーク・ヴァレー高校の第一〇学年）。そこでは、まず、一〇分の講義があり、その後に一〇分から二〇分の沈黙のワークシート作業（教科書の科学用語の概念の書き写し）があり、残りの二〇分から三〇分間は白ネズミと遊ぶか友達との談笑にあてられていたという。この事例も含め、「期待と基準を下げる」授業は、総合制高校の低トラックの教室において最も典型的に現れていたという[16]。

「期待と基準を下げる」授業を受ける生徒の経験は皮肉な事態を示している。マクロフリンとタルバートは、「生徒たちは、教師が彼ら彼女たちをどう見ているのかに鋭く気づいている」ことを強調する。さらに、生徒たちは、その正誤は別として、教師による生徒への期待の低さを、「人種差別の固定概念」によって解釈することも報告されているという。例えば、ランチョ高校のフィリピン系アメリカ人のある生徒の、「悪人について話す時、彼女［教師］は必ず黒人とギャングについて話す。全ての黒人が悪いかのように」という語りや、ラテン文化への敬意を示す服装で登校する生徒ソニアの、「私はアイライナーが濃いでしょ、時にびっくりするような服装で学校に来るのよ……それでね、例えば、一〇代の妊娠について教師が話す時、彼はこっち（教室にいるラテン系の生徒）を見るのよ……彼には偏見があると時に思うのよ」といった語りに示されているとする。[17]

「期待と基準を下げる」授業をめぐる事態もまた複雑である。たとえ教室に支援的な環境を作ることを意図して「期待と基準を下げる」対応を教師が選択したとしても、その帰結が教師の意図通りに生み出されるとは言い難いという事態である。「期待と基準を下げる」授業は、さらにスタンフォードＣＲＣ研究が展開する「教師のトラッキング」の問題に繋がっている。この点は後の第三節の教職のキャリアの三類型の項目においてさらに検討する。

(3)　「学習者が参加する革新」

第三に、「学習者が参加する革新」についてである。この対応は、「教師たちが授業において生徒の『積極的な役割』を確立し、生徒の関心や技能や先行知識に基づいて教科の知識を新たに構築しそれを深めること」を意味するという。マクロフリンとタルバートは、この志向性を、本書の第五章第四節において検討した「理解のための授業（teaching for understanding）」の実践の志向性と同様のものとして性格づけている。「学習者が参加する革新」として分類される授業は、「生徒」と「内容」、「教師」と「内容」、「教師」と「生徒」という「教室の三つ組」（図６-１参照）の全ての関係を根本的に変革することであるとマクロフリンとタルバートはいう。ここではそのそれぞれの関係について素描し、「学習者が参加する革新」の特質を示すことにしよう。[18]

まず、「生徒」と「内容」の関係についてである。例えば、エスペランサ高校の数学科（「専門家共同体」、表６-１参照）の教師が、「実践を再考するためには、いかに生徒が教科の学習に取り組んでいるのかを観察する必要があった」と語るように、「生徒」と「内容」の関係の変革は、「生徒中心の教育学」において特徴づけられる。エスペランサ高校の数学教師は、数学の原理を生徒が理解することを促すために「実験に基づくアプローチ」にたどり着いたという（図形を操作することを通して二次方程式を理解する実践など）。[19]

さらに、「生徒」と「内容」の関係の変革は、多様な形態の「グループ・ワーク」の展開においても特徴づけられる。それは、社会科（歴史）の「協力学習」、英語科の「ライティング・グループ」、数学科の「三人グループ」、科学科の「実験室ベースのグループ・プロジェクト」などである。ここで重要な点は、教師たちがグループ・ワークの価値を、生徒同士の支援や生徒の「自律性の感覚（sense of autonomy）」において説明する点であるといえよう。ある英語科教師は、「生徒たちは、自分たちのスタイルで学ぶことができていて、自分たちの学び方を自分たちで決めている。そのことで、生徒が生み出す成果の質において大きな違いがあることを認めることができる」と語る。[20] ここに、先に「従来の実践の実行」の対応の検討においてみた「理想的な」生徒ライアンが抱え込むことになったジレンマとの対照的な特徴をみることができよう。ライアンは教師の期待に即して文章を書き、自分の好むように書くことを抑制していた。その両者を分岐する鍵は、生徒間の協同的な活動の実現によってもたらされている。

「教師」と「内容」の関係についても変革がもたらされている。マクロフリンとタルバートは、教師が授業における生徒との新しい関わり方を見出すとともに、教師の教科内容の概念や理解の発達が促され深められると指摘する。「学習者が参加する革新」に挑む教師たちは口々に「[授業で取り組む]問題について考えることが重要だ」と強調するようになったという。ただし、こうした教師の学習やカリキュラムの革新に有効かつ必要とされる「専門的な資源（professional resource）」は、学校ごと教科部ごとに多様であることに留意する必要があるとマクロフリンとタルバートはいう。[21] この点については、後の教師共同体の三類型や、教職の多層的な「文脈」において再度検討する。

「教師」と「生徒」の関係においても変革が進むことになる。特に重要な点は、従来からの「教師中心」の授業の役割から脱し、「生徒中心」の教室環境を確立する上で、マクロフリンとタルバートが、教師の努力が「生徒の声を真摯に聴くこと」に注がれていたと強調している点である。この「生徒の声を真摯に聴くこと」は、教師が生徒の視点から授業を理解することを意味しているという。[22]

「学習者が参加する革新」を示す授業は、生徒においてどのように経験されているのであろうか。言語技能に困難を抱えていた生徒トーマスは、彼の社会科教師の授業がいかに素晴らしいのかを次のように話すという。「僕たちは、ものごとについて話し合い自分たちのために理解を深める機会に本当に恵まれている。彼［教師］は僕たちの意見を本当に尊重してくれるんだ。僕が書いたものが上出来のものではなくても、僕が考えたこと、僕たちがグループで見つけ出したことについて発言することができるんだ。［授業は］退屈なんかじゃないから、どんどん取り組めるんだ」という。マクロフリンとタルバートが指摘するように、トーマスの語りに、トーマス自身が授業における生徒の役割が変化していること、生徒と教師と内容との関係も変化していることの重要性を鋭く突いていることが認められよう(23)。生徒の鋭い視点は、教室に起きているラディカルな変化をつぶさに拾い上げているのである。

二　教師共同体の三類型

マクロフリンとタルバートは、『専門家共同体と高校教師の仕事』の第三章「授業実践の共同体」において、教師共同体の類型論を定式化し提示している(24)。スタンフォードCRC研究の展開において、教師の「専門家共同体」の概念は、第五章第三節においてマクロフリンの一九九三年の論文の論理を跡づけたように、「今日の生徒」に対峙する教師たちが革新的な授業実践に挑戦する「文脈」として提起されていた。ここで検討する教師共同体の三類型もまた、先にみてきた授業の諸類型を導く教職の「文脈」として提起されている。すなわち、「授業の伝統的な様式が教室においていかに展開されるのかは、専門家共同体の強度と性格に依存している」のである。その図式は次の図6-2に示される(25)。

マクロフリンとタルバートは、教師共同体の諸類型として、まずその「強度」に着目し、「弱い教師共同体」と「強い教師共同体」の区別を行う。その上で、教師共同体の「性格」に留意し、「弱い共同体」を、「従来の実践の実行もしくは期待の低減」と「孤独な革新」に分け、もう一方の「強い共同体」を、「伝統的共同体（traditional com-

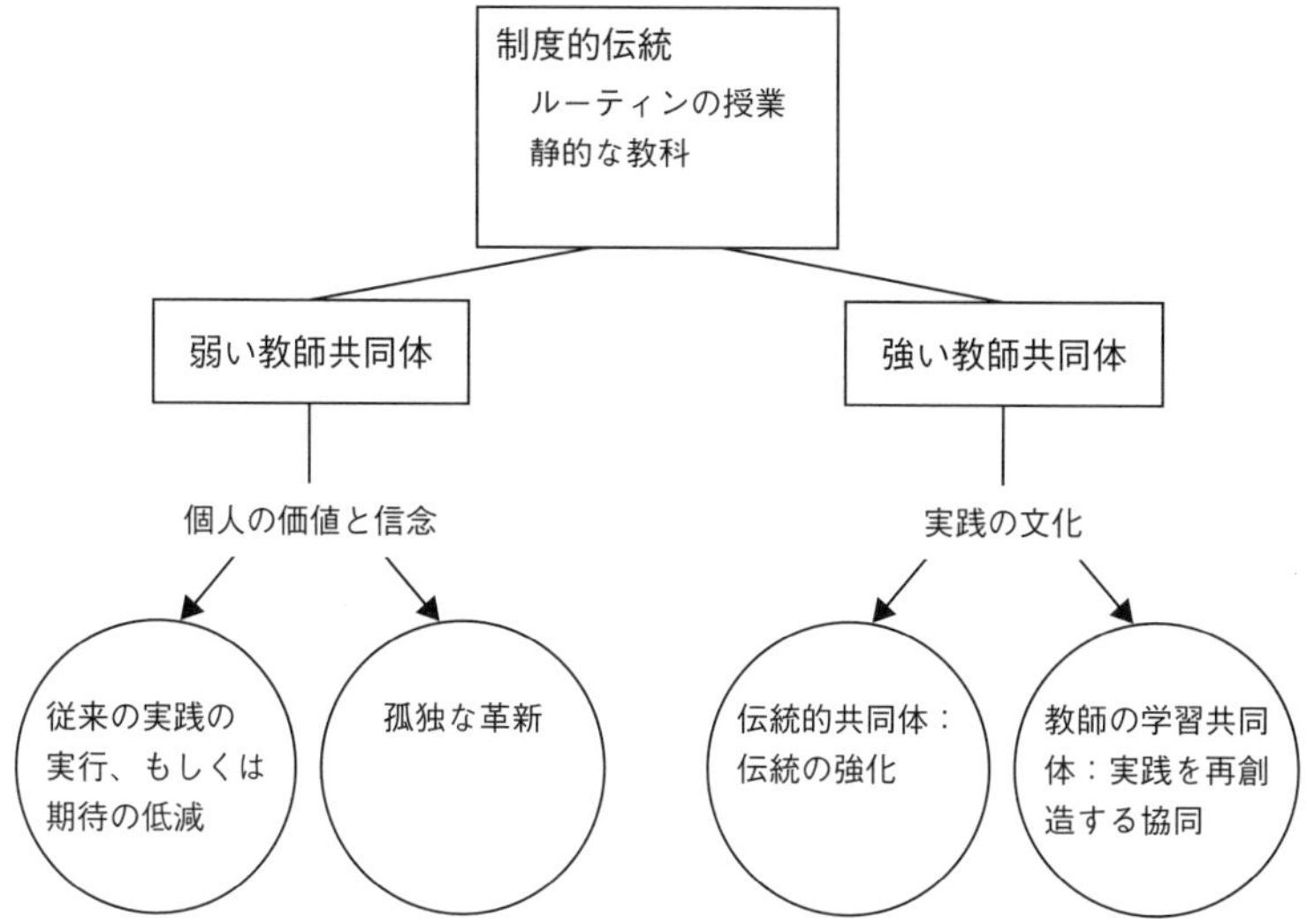

図6-2　「教職において教師共同体がいかに制度的伝統を媒介しているのか」[26]

munity)」と「教師の学習共同体（teacher learning community)」に分け、合わせて四種の教師共同体を提示している（図6-2参照）[27]。

この「教師の学習共同体」が、これまでに展開されてきた教師の「専門家共同体」の特質をより鮮明に示しており、重要な点は、「教師の学習共同体」と「弱い教師共同体」との区別、「教師の学習共同体」と「伝統的共同体」との区別にある。特に、「強い教師共同体」を「教師の学習共同体」と「伝統的共同体」とに弁別する議論は、本書第四章の「同僚性」の概念をめぐるAER誌上論争（一九九九年）におけるリトルの反論において言及されていた「専門家共同体」研究の重要な成果の一つであることが想起されよう[28]。

以下では、この二つの区別を提起するにいたる議論の展開を具体的な高校の事例に即して検討し、マクロフリンとタルバートが提示する教師共同体の類型論の特質を示すことにしよう。

(1) オーク・ヴァレー高校の社会科と英語科の比較
――「弱い教師共同体」と「教師の学習共同体」

スタンフォードCRC研究は高校の教科部の機能に着目してきた。マクロフリンとタルバートは、オーク・ヴァレー高校の英語科（「教師の学習共同体」）と社会科（「弱い教師共同体」）が示す差異に着目することで、「隣り合う強い教科部と弱い教科部」を鮮明に描き出している（表6-1参照）。英語科はスタンフォードCRC研究の調査の「専門技術的文化」の指標において最も高い値を示し、社会科は最も低い値を示していたという。マクロフリンとタルバートは、この同一の学校における教科部の差異に照準を合わせることで、担当する生徒という「文脈」を共有している教師たちの差異を際立たせている。(29)

マクロフリンとタルバートによるオーク・ヴァレー高校の二つの教科部についての叙述は次の三点における対照性を示すものとして特徴づけられよう。

第一に、教師の協同と実践の革新についてである。オーク・ヴァレー高校の英語科の教科主任の次の発言は興味深い。彼は、率直に言って英語科の三分の一の教師は依然として「古いスタイル」の授業を行っているという。英語科主任は、英語科では「あなたが必要とする授業の方法に対して真に開かれている」と述べているという。すなわち、オーク・ヴァレーの英語科では「『唯一正しい』実践という概念を退け、生徒の学ぶスタイルの多様性を尊重するように、個々の教師の特長を支えること」を規範としている。(30) その上で実践についての相互の支援やフィードバックといった教師の実践を中心とする協同を実現している。(31) 一方の社会科では、教科主任が指摘するように教科についての従来からの規範と従来からの指導方法によって授業実践は構成されている。そこでは、「社会契約説」の意味を生徒が思い出せなければジョン・ロックについてのドリルが課されるのである。(32) また、「私の教材」、「私の課程」という認識が強く、同僚教師を学びの「資源」とみることはなく、ましてや「同僚教師について積極的な用語で捉えられることもない」状況であるという。(33)

第二に、生徒の成功に対する責任についてである。オーク・ヴァレー高校の英語科では、なぜ期待通りに生徒の成果が上がらなかったのかをめぐり、授業に対する協同的な振り返りが行われている。それを踏まえ英語科では生徒の「集中的なケアを必要とするリスト」作りを定期的に行っているという。この過程そのものが教師たちのコミュニケーションと情報の共有を価値づける意味を帯びている。[34] マクロフリンとタルバートは、ここに「生徒の成功に対する教師たちの責任が明確に示されている」ことを指摘する。一方の社会科では、授業の成果が上がらない問題を生徒の学習態度に帰属させており、生徒の成功に対する責任の所在には英語科との明瞭な違いが認められる。それは、「教材が問題を引き起こしているとは考えられない（なぜなら教材は常に同じだから）。問題は生徒の学ぶ意欲によって引き起こされている」という社会科教師の語りに現れているという。[35]

第三に、「専門家の自律性（professional autonomy）」についてである。マクロフリンとタルバートは、「英語科の教師たちは社会科の教師たちと異なり、専門家としての自律性と管理（professional autonomy and control）を大いに経験している」と特徴づけている。すなわち、英語科教師たちは、「授業と学習についての選択を教師相互に理解しており、生徒の成功と失敗を自分たちの言葉で評価している」という。それに対して社会科の教師たちの眼差しは外側に向けられている。すなわち、生徒の失敗を生徒の能力に帰属させるだけでなく、教科の正当性や教育行政の官僚制に向けられるのである。ここでマクロフリンとタルバートが、この二つの教科部において「自律性」の意味が異なっていることを指摘している点に注目したい。社会科の教科部において「自律性」が意味するところは、教師の孤立であり、教師の個人主義と保守主義の規範の強化を示している。一方、英語科において「自律性」は、「専門家の自律性」と「強い共同体」との相即的な関係にあり対立していない。[36] この「専門家の自律性」については後に学区との関係において再度検討する。

（2）ランチョ高校の数学科とエスペランサ高校の数学科の比較
――「伝統的共同体」と「教師の学習共同体」

マクロフリンとタルバートの教師共同体の探究はさらに進む。それは、二つの高校の同一教科の教科部の差異の解明に向けられる。ランチョ高校の数学科とエスペランサ高校の数学科である。この両校は同じ学区（モスタサ学区）にあり、きわめて近くに位置していることから、近年の移民の増加の動向を反映した多様な人種構成を示す「今日の生徒」という「文脈」を共有している。スタンフォードCRC研究において、数学科は、教科部の特性として最も保守的な性格が明らかにされている[37]。

この両校の数学科についてはすでにシスキンによるモノグラフと、それに対するタルバートの考察において本書第五章第五節においても取り上げてきた特徴的な教科部である。ここでは、マクロフリンとタルバートにより、この両校の数学科は、実践の規範を確立する「強い教師共同体」の姿を示していると性格づけられている。しかし、ランチョ高校の数学科は、「『従来の実践を維持し』、十分な成績を示さない生徒を諦めている」のに対して、エスペランサ高校の数学科は、「新しい方法によって生徒の学びを支援する数学へと実践の改革に取り組んでいる」という対照性も示している[38]。

ランチョ高校とエスペランサ高校の「強い教師共同体」の性格を示す数学科の差異を最も示しているのは、それぞれの教師たちが開発する授業である。ランチョ高校の数学科では、「今日の生徒」に対して、階層的な教科内容を前提とし、それに即した厳格なトラッキングを実践している。その結果、ランチョ高校の数学科では、学区が示す補習的な数学よりもより低次元の「代数1／2」（通常のところ一年間の内容を二年間に水増ししたもの）を提供するにいたっている[39]。ここに、先に検討してきた「期待と基準を下げる」授業の類型において示された特徴である教科内容の「階層的な」知識観を認めることができよう。

一方、エスペランサ高校の数学科では、「今日の生徒」に向き合うことで、新たなカリキュラムである「代数入門」

を提供するにいたっている。エスペランサ高校の「代数入門」は、教科内容の知識観や生徒観の捉え直しによって支えられている。「代数入門」に携わる教師は、「九九を覚えていないことは、分数ができないことを意味するのではない」、「生徒には計算機を渡し、考えさせることに焦点を当てること！」と話しているという。(40)すなわち、エスペランサ高校の「代数入門」では「生徒が高度な授業に参加する機会を与える」ことに努力が傾けられている。ここに、ランチョ高校の数学科の「強力な教師共同体」とエスペランサ高校の数学科の「強い教師共同体」の性格の違いは明らかであろう。マクロフリンとタルバートは、ランチョ高校の数学科の「強い教師共同体」を「伝統的共同体」として、エスペランサ高校の数学科の「強い教師共同体」を「教師の学習共同体」として特徴づける。(41)

以上、「伝統的共同体」と「教師の学習共同体」の性格の差異について検討してきた。マクロフリンとタルバートの教師共同体の類型論において、この差異が重要な意味を帯びるのは、「強い教師共同体」の全てが教師の成功と生徒の成功を支援するわけではないこと、さらに、生徒に対して「不平等な」学習機会を提供するにいたっていることの問題化を可能にするからである。次に検討する教職キャリアの類型論においても再度取り上げるが、例えば、「強い教師共同体」であり従来の実践の実行を強化する「伝統的共同体」の性格を示すランチョ高校の数学科では、生徒の落第率の高さは数学科の教科の基準の高さを示すこととして教師は捉えている。「教師の学習共同体」の性格を示すエスペランサ高校の数学科では、全ての生徒が数学に取り組むための新しい実践のデザインを教師の協同によって実行していたこととは対照的である。(42)

三　教職キャリアの三類型

マクロフリンとタルバートによる教職キャリアの三類型は、同じ高校に勤務するものの異なる教科を担当する教師たちの次の語りに示される差異に照準を合わせることから書き起こされている。(43)教師たちは教職の「文脈」を異にす

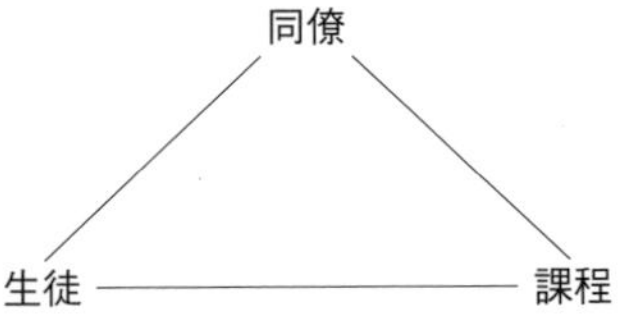

図6-3　「教職キャリアの支え」[44]

ることで、「専門家としての全く異なる世界を生きている」のである。[45] 教職キャリアの三類型は、『専門家共同体と高校教師の仕事』の第四章「共同体と教職キャリア」において示されている。[46]

「教師の学習共同体」としての性格を示すオーク・ヴァレー高校の英語科の教師は次のように語っている。「ここには素晴らしい教科部がある。教室の中でも、教室の外であっても、ここには本当にたくさんのものが私をわくわくさせている。だから私は、瑞々しくいられ、それが専門家であるということだと思う」という。他方、同校の社会科の教師からは、「私の第一の仕事は子どもたちを育てることではなくなっている。私たちは子どもたちに恐ろしいほどのプレッシャーをかけることが仕事になっている」「[ここでは]授業は軽視されている。子どもたちは知識への意欲がないのだから……私たちを専門家であるとは誰も思っていない」という声が聞かれている。マクロフリンとタルバートは、「一方の教科部においては『瑞々しく専門家であること』が示され、他方では『専門家の誇りや敬意』が失われ『教室から逃げ出す』欲望に苛まれている」ことを指摘する。[47] こうした事態の解明に迫るのがマクロフリンとタルバートによる教職キャリアの類型論であり、その戦略的概念は教職の「キャリア（career）」である（図6-3参照）。

マクロフリンとタルバートによる「キャリア」概念の提起には、従来からの「職階」や「昇進」を示す職業上の「公式の構造」としての「キャリア」の概念に対する批判が含まれている。マクロフリンとタルバートは、「キャリア」の概念を、教職に「内在的な報酬（intrinsic rewards）」として捉える概念化を提起している。マクロフリンとタルバートは、「構造の用語でキャリアを枠づける議論では、高校教師の専門家としての報酬（professional re-

表6-3 「教師の職業生活とキャリアのパターン」[48]

教職キャリアのパターン	教師の職業生活の諸次元		
	同僚関係	割り当てられる課程と生徒	専門家としての報酬
停滞・下降するキャリア【弱い共同体】	孤立する専門家；社会的関係による私事性の規範の強化	年功序列の論理：在職期間の特権	教える生徒によって変わる教職固有の報酬；生徒と専門職の社会的地位に基づく名声
相互に異なるキャリア【伝統的共同体】	課程のトラッキングと生徒のテストに関する調整	熟達の論理：資格証明による教師のトラッキング	教職の資格証明と職務による教職固有の報酬；資格証明された専門知識に基づく名声
共有・前進するキャリア【教師の学習共同体】	授業と学習に関する協同	平等の論理：担当課程のレベルは教師のローテーションによる	集団的な成功とともにある教職固有の報酬；専門的成長に基づく誇り

wards）すなわち、生徒や授業の課程や同僚との関係の質という重要な契機が見過ごされている」とする（図6-3参照）。マクロフリンとタルバートは、「時間をかけて形成される専門家としての報酬を得る経験」として「キャリア」の概念を捉える。それを踏まえれば、同一のシステムで働く教師たちが経験する「キャリア」が根本的に多様であること（「前進」「停滞」「下降」など）が明らかになるとする[49]。マクロフリンとタルバートは、教職キャリアの類型として、「停滞・下降するキャリア」、「相互に異なるキャリア」、「共有・前進するキャリア」の三つの類型を提示する（表6-3参照）。

(1) 私事性の規範と下降するキャリア

第一に、「停滞・下降するキャリア」は、今日の高校において典型的にみられる、「私事性の規範（privacy norm）」の支配的な教師間の関係において認められるキャリアとして、マクロフリンとタルバートにより性格づけられている。マクロフリンとタルバートは、「私事性の規範」が蔓延する高校において、教師たちは一種の「専門家の自律性」に誇りを感じるものの、そこでの仕事は孤立し、同僚からの支援を欠く状況に置かれているとする。さらに、「私事性の規範」や態が導かれるとマクロフリンとタルバートは指摘する[50]。

「孤立した状況」は「自己永続的」な性格を示すという。すなわち、同僚の教師において経験や資源を共有しないのであれば、教師たちは自身の経験や資源に執着するようになり、より一層、「私事性の規範」が強化されるという事態が導かれるとマクロフリンとタルバートは指摘する[50]。

マクロフリンとタルバートは、こうした「弱い教師共同体」において、「年功序列の論理（seniority logic）」により授業の課程と担当の生徒が割り当てられていることに着目する。特に、スタンフォードCRC研究が調査を行った時期において、「年功序列の論理」は、最も弱い立場に立たされる新人教師において、「教職の不安定さ」に帰結する事態を招いていたという。マクロフリンとタルバートは、こうした新任教師のキャリアにおける「一か八か」という状況は、広くアメリカの学校教育に認められる問題であり、新任教師が最も望まない課程を割り当てられるだけでなく、「弱い教師共同体」において同僚教師からの支援を欠く状況を導いていることを指摘する[51]。マクロフリンとタルバートは、「弱い教師共同体」では、「年功序列の論理」によって割り当てられた課程と生徒に依存し、「自身の専門家としての地位やキャリアの成功」を獲得しているとする。この特徴づけは、教師の認識において、様々な悪条件を抱える「今日の生徒」に対峙する教師の報酬を下降させている事態を指摘することに繋がる。すなわち、「弱い教師共同体」の教師たちが、かつては「中産階級の子息」の教育に携わっていたことに誇りを抱いていたのに対して、今日の「きわめて貧しく十分な教育を受けてきていない家庭の子どもたち」の教育に携わることにより、「専門家としての報酬」を減じているという事態である。ミシガン州のある教師は、「私は、私が教師であることは人には言わない」という[52]。教師が教師であることを人に伝えないという事態は深刻である。ここに、「弱い教師共同体」に潜む教職キャリアをめぐる危機的な事態が示されているといえよう。

(2)　階層化の規範と不平等なキャリア

第二に、「相互に異なるキャリア」についてである。この教職キャリアの類型は、「強い教師共同体」の一類型である「伝統的共同体」において特徴的なキャリアとして提示されており、「伝統的共同体」の教職キャリアをめぐる複雑な事態に照射している。

マクロフリンとタルバートは、「伝統的共同体」においては、教師間の関係や仕事の組織が、「トラッキング・システム」に即して構築されていると指摘する。すなわち、生徒の教科の習熟度に応じて教師の仕事が組織されているのである。マクロフリンとタルバートは、こうした教師間の関係は、「私事的でもなければ、協同的でもない」とする。むしろ、教師間の関係は、テストや評価、課程のスケジュールや、生徒の割り当てといった生徒のトラッキングに関する「調整」でしかないという[53]。

マクロフリンとタルバートは、「伝統的共同体」では、「熟達の論理（logic of expertise）」によって教師の仕事が割り当てられていると特徴づけている。すなわち、最も熟達した教師には最も学業的に進んだ生徒が割り当てられ、最も熟達していない教師に最も学業達成の低い生徒が割り当てられるのである。ここでは、「生徒が能力別編成のクラスに割り当てられるように、教師にもまたトラッキングが行われている」のである[54]。

ここでマクロフリンとタルバートは、高校のエスノグラフィーに基づく研究成果から、「全ての教師がトップのクラスを担当することを望んでいるわけではなく、とかく教師たちは、低レベルの課程の授業を担当することを避ける。これは、それが困難を伴うのと同時に、専門家としての低い地位に甘んじることを意味するからである」と指摘する。マクロフリンとタルバートは、低いトラックの授業を担当させられている教師が、「強い伝統的共同体」において「周辺化」されていること、そして「孤立し、報酬を獲得することもなく、自身の教職キャリアを不透明なものにしている」と指摘する。マクロフリンとタルバートは、「強い教師共同体」である「伝統的共同体」において、教師たちの専門的成長の機会が「きわめて不平等な」事態を示していると論じるにいたる[55]。「伝統的共同体」における教職キャリアは「相互に異なるキャリア」であることに加え、「教師のトラッキング」によって引き起こされる「不平等なキャリア」としての性格を含みうる危険性に留意しておく必要があろう。

(3) 協同の規範と前進するキャリア

第三に、「共有・前進するキャリア」が提示されている。このキャリアの類型は、これまでにみてきたようにオーク・ヴァレー高校の英語科やエスペランサ高校の数学科といった数少ない「教師の学習共同体」において認められるキャリアの特質を示している(56)。

マクロフリンとタルバートは、「教師の学習共同体」における課程の割り当ては、「平等の論理（equity logic）」によって貫かれているとする。すなわち、課程の割り当ては基本的には「ローテーション」によっており、最も熟達度の低い教師が最も困難な教室を担当するべきではないとされるという。ここに、「弱い教師共同体」における「年功序列の論理」とも「伝統的共同体」における「熟達の論理」とも異なる性格の論理によって、教師の仕事が割り当てられていることは明らかである。さらに、「教師の学習共同体」では、最も学業達成度の低い生徒たちの授業が「最も取り組み甲斐のある」授業として認識されているという指摘にも留意しておこう(57)。

マクロフリンとタルバートは、こうした「専門家共同体」は、教師の協同的な関係が基本とされることで、教科部が担当する課程と生徒についての多様な経験を共有する教師の学びの場となっているという。例えば、オーク・ヴァレー高校の英語科の教科主任は、「文学の探究」という授業を受け持つが、教師たちは「チーム」として仕事に従事しており、その授業づくりや授業の経験が教師間で共有されている。こうした共同体において教師たちは、「自分たちの協同的な仕事の中から報酬を獲得し、専門家として参加している」とマクロフリンとタルバートは指摘する(58)。

エスペランサ高校の数学科の教師もまた「専門的成長と全ての生徒に対する教科部の成功」から報酬を獲得しているとマクロフリンとタルバートはいう。エスペランサのベテラン数学教師の次の語りは重要である。「（専門家の報酬において）本当に重要なことは、教室の子どもたちとの経験である」とその教師はいう。マクロフリンとタルバートは、「公式の専門的技術や同僚の中での相対的な地位よりも、［エスペランサの数学科の］教師たちは、生徒の学びに眼差しを向け続けている」という。続けて、「ここの教師たちの協同は、教室での成功から内在的な報酬を獲得しており、同僚教師の学びと成功を支えることからも報酬を獲得している」と性格づけている(59)。

ここに、同じ学校にありながらも「弱い教師共同体」を形成するオーク・ヴァレー高校の社会科教師たちの教職キャリアや、同じ教科でありながらも「伝統的共同体」を形成するランチョ高校の数学科教師たちの教職キャリアとの差異は明瞭であろう。「弱い教師共同体」においては「停滞・下降するキャリア」が経験されており、「伝統的共同体」では「不平等なキャリア」の経験が余儀なくされているのである。「専門家共同体」であり「教師の学習共同体」が形成されている場においては、生徒と同僚の関係から教職に「内在的な報酬」が獲得されている。教師たちは、帰属する教師共同体の「強度」と「性格」の多様性において、すなわち教職の「文脈」の相違によって、全く異なる専門家としての世界を生きているのである。そのことを鮮明に示すのが、マクロフリンとタルバートによる教職キャリアの三類型である。

四　教職の多層的な「文脈」の射程

ここまでマクロフリンとタルバートによる「専門家共同体」の概念に関して、授業の三類型、教師共同体の三類型、教職キャリアの三類型のそれぞれの定式化を検討してきた。ここでは、教職の多層的な「文脈」として、校長、学区、州の機能について取り上げよう。マクロフリンとタルバートは、高校に構築される「専門家共同体」は、校長、学区、州という「文脈」の相互作用において生じているとする。

マクロフリンとタルバートは『専門家共同体と高校教師の仕事』の第五章「埋め込まれたシステムの文脈における教師の共同体」において、これまで学校の内側に照準を合わせていた視野を広げ、「専門家共同体」としての高校が埋め込まれている「文脈」への検討に着手している(60)。ここでは、「専門家共同体」の構築に対する積極的な機能と消極的な機能の対照性に着目し、以下、校長（エスペランサ高校とランチョ高校、いずれもモスタサ学区）、学区（モスタサ学区とオーク・ヴァレー学区、いずれもカリフォルニア州）、そして州（カリフォルニア州とミシガン州）のそれぞれについて検討しよう（表5-1、表6-1、図6-4参照）。

（1）「文脈」としての校長のリーダーシップ
――エスペランサ高校とランチョ高校の比較

マクロフリンとタルバートは、エスペランサ高校とランチョ高校の校長のリーダーシップの対照的な性格に着目している。両校は、カリフォルニア州のモスタサ学区において隣接する高校であり、裁判所命令による人種差別撤廃の政策と移民の増加の影響からきわめて多様な生徒（「今日の生徒」）を抱えるという共通点の多い高校である。しかし、こうした学校の課題に対する両校の校長のアプローチは対照的であったという。エスペランサ高校の校長は、学校の課題に対して学校の「共同体の問題」としてアプローチし、有効な授業を開発する「教師共同体」の能力を強化することに努めたという。他方、ランチョ高校の校長は、「個々の教師の実践と態度の問題」として位置づけ、「個々の教師の有効性」を高めることに焦点化したという(61)。

マクロフリンとタルバートは、エスペランサ高校の校長のヴィジョンを、「生徒の成功と教職員の協同の連関」の意義を強調することに認めている。エスペランサ高校の校長は自身の役割を「ヘッド・コーチ」であるとし、教師たちが授業改革に取り組むことや教師たちが自分たちの学びを重視することを支え励ますことに見出していたという。マクロフリンとタルバートは、こうした校長が確立せんとする規範や期待によって、エスペランサ高校の「専門家共同体」は構築の途上であると同時に、「専門家共同体」の性格を示す数学科が、他教科部からの嫉妬や陰口に苛まれることなく、実践に取り組めていると指摘している(62)。

一方のランチョ高校の校長は、「個々の教師」に焦点化し、特に「より力の弱い」教師への働きかけに取り組んでいたという。ランチョ高校の校長の方略は、「校長との一対一の話し合いに参加するよう教師たちを動機づけること」

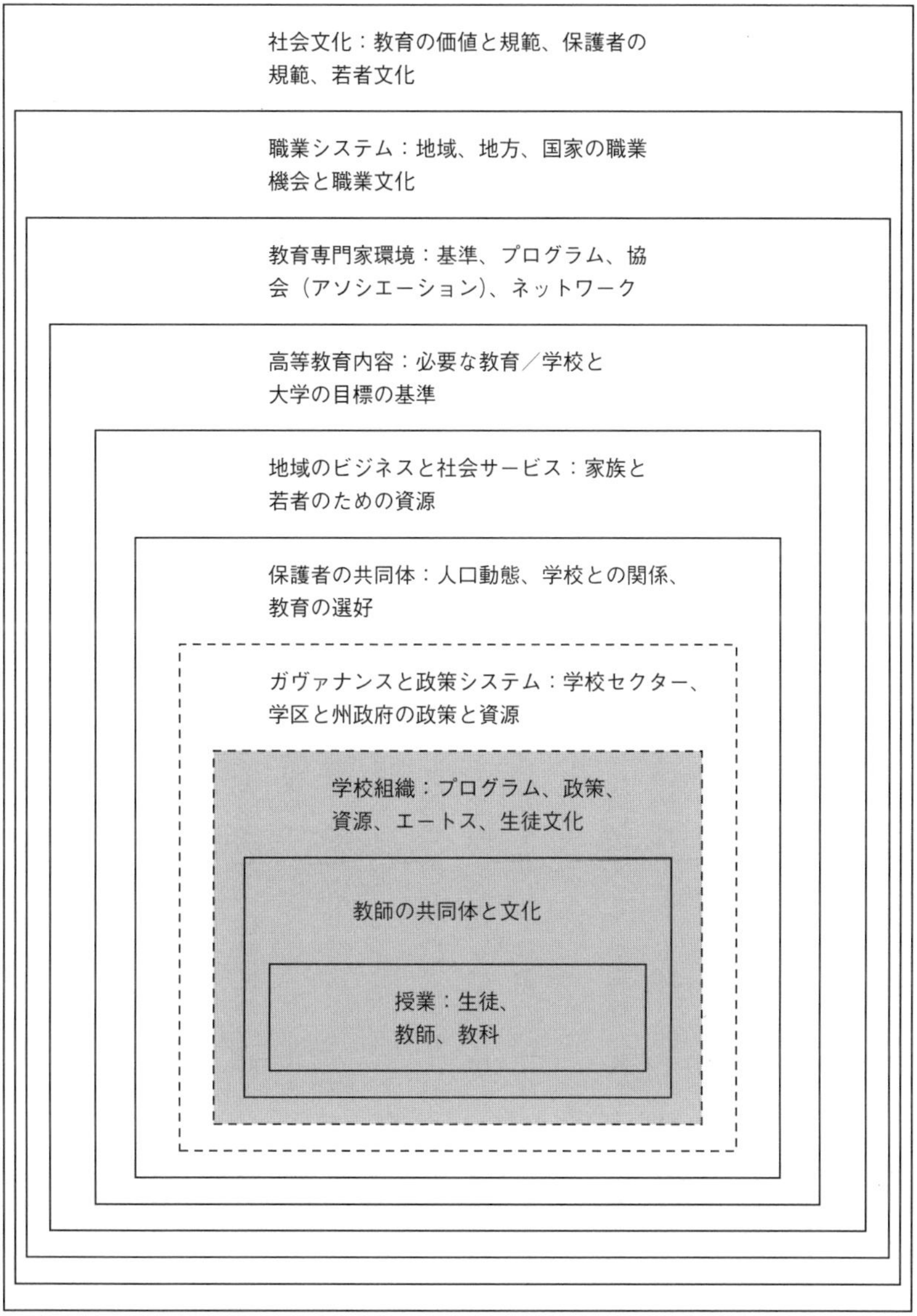

色囲み：学校の状況－社会的システムの条件と近接する過程
点線囲み：学校行政的文脈－システムの政策、資源、構造
実践囲み：制度的文脈－地域の共同体とより広い教育環境

図 6-4　「学校の多層的に埋め込まれた状況と文脈」(63)

に性格づけられるという。さらに、先に検討したシスキンの研究からも明らかなように、ランチョ高校は、教科部を解体し三つの「ハウス」に教師たちを再編成していたものの、その効果は認められず、むしろ教師間の関係が寸断される状況下にあった（その中で教科部共同体の再建と維持に努めていた教科部の一つが「伝統的共同体」である数学科）。[64]

さらに、次に検討する学区の問題とも関わるが、エスペランサ高校の校長が、モスタサ学区からの「緩衝材の役割」を果たしていたのに対し、ランチョ高校の校長は、「学区の政策が明確でなく学校の現実に一致していない」と認識しているものの、校長は学区に対して「為す術がない」と認識し「緩衝材の役割」を果たしていないという。それでは、モスタサ学区はいかなる特徴を示していたのであろうか。

(2)「文脈」としての学区と州
――モスタサ学区とオーク・ヴァレー学区、カリフォルニア州とミシガン州の比較

マクロフリンとタルバートは学区が教職の「専門家としての文脈」を作り出すと論じる。学区は、管理の方略を明確にし、専門性開発の機会を提供し、実践の規範を確立することを通して教職の「文脈」として重要な役割を果たし得るのである。

マクロフリンとタルバートは、先にみてきたエスペランサ高校とランチョ高校が属するモスタサ学区と、オーク・ヴァレー高校が属するオーク・ヴァレー学区の対照的な性格に着目する。モスタサ学区は「カリフォルニア州において最低」の学区と評されるように、「学区専門職性指標（District Professionalism Scale）」においてきわめて否定的な値を示し、一方のオーク・ヴァレー学区は教師たちからの熱狂的な支持を獲得している。モスタサ学区の教師たちは口々に教師たちへの敬意を欠く学区を非難するが、オーク・ヴァレー学区の教師たちは専門家としての活気のある環境であるとし「オーク・ヴァレーで働くことに誇りを感じている」という。[65]

モスタサ学区への教師の評価は厳しい。教師たちは「学区は常に全能の保護者として振舞っている」「学区は教師

たちを取り換え可能な部品として見なしている」と語るという。ランチョ高校の校長もまた「学区は私たちを言うことを聞かない子どもだと見なしている。だからお仕置きをしないといけないと……私たちは大人として扱われる必要がある」という。続けて「自律性というのは、［学校を］放っておくことではない。自律性は学区からの信頼に基づいて学校が改善に取り組むことを意味しているはずだ」と批判する。エスペランサ高校からも学区への評価は厳しい。エスペランサ高校の副校長は「教育長が高校の校長たちと関係づくりをしない」とし、モスタサ学区は学校現場とコミュニケーションをはかることに関心を寄せていないという。エスペランサ高校の校長もまた、「［前の教育長は学校に日常的に訪れ］それぞれの学校で何が起きているのか何が上手くいっていないのかについて知りつくしていた。今の教育長は一度も学校を訪れたことがない」という[66]。

一方、オーク・ヴァレー学区への評価は高い。オーク・ヴァレー高校の教師たちや管理職が、学区は、多くの方法でもって教師たちの専門職性を支援し学校レベルの学習共同体を支援していることを強調するのである。第一に、オーク・ヴァレー学区の政策が、教師たちの実践やカリキュラムの開発における「自由裁量」を認めていることにある。すなわち、学区が掲げる「卓越性」を主題としながら多様な実践の開発が許容されているという。第二に、学区は教師の学びや専門的成長を支援することに注力しているという。この点は先にみてきた一九九一年のマクロフリンの論文（「専門性開発を可能にする」）においても注目されていた点であり、オーク・ヴァレー学区は教師が参加する専門委員会によって専門性開発の活動の「多様なメニュー」を作り出しているのである。こうしたオーク・ヴァレー学区の取り組みを、マクロフリンとタルバートは、「ボトムアップの改革のためのトップダウンの支援」として特徴づけている[67]。

このようにモスタサ学区とオーク・ヴァレー学区は対照的な性格を示していた。ここでマクロフリンとタルバートが、「専門的自律性（professional autonomy）」について次のように言及している点は重要である。「こうした二つの学区の教師たちや管理職のコメントが強調しているのは、学校が認識する専門的自律性において、学区が明確な目標や優先順位を示すことの重要性である」。モスタサ学区のランチョ高校の校長が指摘していたように、学校の自律性は、学区からの学校に対する無関心でも学校に対する軽蔑によっても生み出されない。オーク・ヴァレー学区の取り組みが明示していたように、学区としての明確な政策を提示すると同時に、学校の自由裁量を認め、教師たちの専門性開発の機会を教師たちの手によって提供することが、学校の「専門的自律性」を確立する上で示唆的な事例を提供しているといえよう。

カリフォルニア州とミシガン州の差異にも言及しておこう。マクロフリンとタルバートは、カリフォルニア州の公立高校において「専門家共同体」が見出されたことについて、一九八〇年代後半から一九九〇年代前半までのカリフォルニア州の教育政策の蓄積に注目しているのである。マクロフリンとタルバートは、カリフォルニア州において、授業と学習の新しく開発された基準が主要教科の『フレームワーク』（州が開発した教科の基準）に具現化されていること、『フレームワーク』に関連して教師の専門性開発の活動や教科のネットワークが展開していることに言及する。例えば、モスタサ学区において「専門家共同体」の性格を示したエスペランサ高校の数学科は、学区の無策を超えて、州の取り組みやそこから派生した「専門家協会」や「インフォーマルなネットワーク」の資源によって支えられていたのである。マクロフリンとタルバートは、ミシガン州においては同様の構造を見出すことはできなかったという(68)。

注

（1） Milbrey Wallin McLaughlin and Joan E. Talbert, 2001, *Professional Communities and the Work of High School Teaching*, The University of Chicago Press, Chicago and London.
（2） McLaughlin & Talbert, 2001, *op. cit.*, p. 13.
（3） McLaughlin & Talbert, 2001, *op. cit.*, p. 18.
（4） McLaughlin & Talbert, 2001, *op. cit.*, pp. 13-39.
（5） McLaughlin & Talbert, 2001, *op. cit.*, p. 19.

（6）McLaughlin & Talbert, 2001, *op. cit.*, p. 18.
（7）*Ibid.*
（8）McLaughlin & Talbert, 2001, *op. cit.*, p. 21.
（9）McLaughlin & Talbert, 2001, *op. cit.*, p. 19.
（10）*Ibid.* 強調は引用者による。Dan C. Lortie, 1975, *Schoolteacher: A Sociological Study*, The University of Chicago Press, Chicago and London, pp. 229–232.
（11）McLaughlin & Talbert, 2001, *op. cit.*, pp. 21–22.
（12）McLaughlin & Talbert, 2001, *op. cit.*, p. 33.
（13）McLaughlin & Talbert, 2001, *op. cit.*, pp. 22–23.
（14）McLaughlin & Talbert, 2001, *op. cit.*, p. 23.
（15）McLaughlin & Talbert, 2001, *op. cit.*, p. 24.
（16）*Ibid.*
（17）McLaughlin & Talbert, 2001, *op. cit.*, pp. 35–36.
（18）McLaughlin & Talbert, 2001, *op. cit.*, p. 25.
（19）McLaughlin & Talbert, 2001, *op. cit.*, pp. 25–26.
（20）McLaughlin & Talbert, 2001, *op. cit.*, p. 27.
（21）McLaughlin & Talbert, 2001, *op. cit.*, pp. 28–29.
（22）McLaughlin & Talbert, 2001, *op. cit.*, p. 29.
（23）McLaughlin & Talbert, 2001, *op. cit.*, p. 37.
（24）McLaughlin & Talbert, 2001, *op. cit.*, pp. 40–65.
（25）McLaughlin & Talbert, 2001, *op. cit.*, p. 62. 強調は引用者による。
（26）McLaughlin & Talbert, 2001, *op. cit.*, p. 62.
（27）*Ibid.*
（28）Judith Little, 1999, Colleagues of Choice, Colleagues of Circumstance: Response to M. Fielding, *Australian Educa-*

tional Researcher, Vol. 26, No. 2, p. 40.

(29) McLaughlin & Talbert, 2001, *op. cit.*, p. 47.
(30) McLaughlin & Talbert, 2001, *op. cit.*, p. 48.
(31) McLaughlin & Talbert, 2001, *op. cit.*, p. 51.
(32) McLaughlin & Talbert, 2001, *op. cit.*, p. 49.
(33) McLaughlin & Talbert, 2001, *op. cit.*, p. 51.
(34) McLaughlin & Talbert, 2001, *op. cit.*, p. 52.
(35) McLaughlin & Talbert, 2001, *op. cit.*, pp. 52–53.
(36) McLaughlin & Talbert, 2001, *op. cit.*, pp. 54–55.
(37) McLaughlin & Talbert, 2001, *op. cit.*, p. 57.
(38) McLaughlin & Talbert, 2001, *op. cit.*, pp. 57–58.
(39) McLaughlin & Talbert, 2001, *op. cit.*, pp. 58–59.
(40) McLaughlin & Talbert, 2001, *op. cit.*, pp. 59–60.
(41) McLaughlin & Talbert, 2001, *op. cit.*, pp. 59–61.
(42) McLaughlin & Talbert, 2001, *op. cit.*, p. 63.
(43) McLaughlin & Talbert, 2001, *op. cit.*, pp. 66–67.
(44) McLaughlin & Talbert, 2001, *op. cit.*, p. 67.
(45) McLaughlin & Talbert, 2001, *op. cit.*, p. 83.
(46) McLaughlin & Talbert, 2001, *op. cit.*, pp. 66–92.
(47) McLaughlin & Talbert, 2001, *op. cit.*, pp. 66–67.
(48) McLaughlin & Talbert, 2001, *op. cit.*, p. 78.
(49) McLaughlin & Talbert, 2001, *op. cit.*, pp. 67–68.
(50) McLaughlin & Talbert, 2001, *op. cit.*, pp. 69–70.
(51) McLaughlin & Talbert, 2001, *op. cit.*, pp. 70–71.

(52) McLaughlin & Talbert, 2001, *op. cit.*, p. 72.
(53) McLaughlin & Talbert, 2001, *op. cit.*, pp. 72-73.
(54) McLaughlin & Talbert, 2001, *op. cit.*, p. 73.
(55) McLaughlin & Talbert, 2001, *op. cit.*, pp. 74-75.
(56) McLaughlin & Talbert, 2001, *op. cit.*, p. 75.
(57) McLaughlin & Talbert, 2001, *op. cit.*, p. 76.
(58) *Ibid.*
(59) McLaughlin & Talbert, 2001, *op. cit.*, p. 82.
(60) McLaughlin & Talbert, 2001, *op. cit.*, pp. 93-123.
(61) McLaughlin & Talbert, 2001, *op. cit.*, p. 101.
(62) McLaughlin & Talbert, 2001, *op. cit.*, p. 103.
(63) McLaughlin & Talbert, 2001, *op. cit.*, p. 144.
(64) McLaughlin & Talbert, 2001, *op. cit.*, pp. 103-105.
(65) McLaughlin & Talbert, 2001, *op. cit.*, pp. 106-110.
(66) McLaughlin & Talbert, 2001, *op. cit.*, pp. 107-110.
(67) McLaughlin & Talbert, 2001, *op. cit.*, pp. 110-111.
(68) McLaughlin & Talbert, 2001, *op. cit.*, pp. 115-116.

第Ⅳ部　教師の「専門家共同体」の新展開

第七章　教師の「専門家共同体」の波及
――M・マクロフリンとJ・タルバートによる研究の展開

一九九〇年代後半から二〇〇〇年代にかけて教師の「専門家共同体（professional community）」は新たな展開を遂げる。一九九〇年代半ば以降のアメリカの学校改革は、連邦政府の教育政策の展開により、基準の設定とそれに基づく標準化テストによるアカウンタビリティを要求する改革の推進力が加速した。ウィリアム・クリントン政権下、一九九四年には「二〇〇〇年の目標――アメリカを教育する法（Goals 2000: Educate America Act）」や、「アメリカ学校改善法（Improving America's School Act、以下IASAと略記）」が次々と成立した。

カリフォルニア州では、一九九七年に州規模の「標準テストの実施と報告プログラム（Standardized Testing and Reporting Program、以下STARプログラムと略記）」が、一九九九年には、「公立学校アカウンタビリティ法（Public School Accountability Act、以下PSAAと略記）」が制定されるなど、アカウンタビリティの要求による学校の管理が強化される。その前史として、本章で取り上げる、一九九五年に着手されたサンフランシスコ湾岸地区における「ベイ・エリア学校改革協同機構（Bay Area School Reform Collaborative、以下BASRCと略記）」の大規模な学校改革の展開を位置づけられよう。

BASRCは、アメリカ駐英大使を務めたメディア王ウォルター・アネンバーグ（Walter Annenberg）創設の「アネンバーグ財団（Annenberg Foundation）」の巨額の資金提供により先鞭がつけられた全米規模の学校改革である「アネンバーグ・チャレンジ（Annenberg Challenge）」の一環として出発している。一九九三年一二月一七日、ホワイトハウスにてアネンバーグ夫妻同席のもと、クリントンをして「アメリカの子どもたちへの素晴らしきクリスマス・プレゼント」と言わしめた「アネンバーグ・チャレンジ」である。

ＢＡＳＲＣの方略の中心は、教師の「専門家共同体」の形成と同時に、生徒の学業達成度の測定を中心とする「探究のサイクル（Cycle of Inquiry）」の強調にあった。ＢＡＳＲＣは、「ヒューレット財団（Hewlett Foundation）」の支援も獲得し、サンフランシスコ湾岸地区に展開した（「第一局面」の助成総額一億一二〇〇万ドル[1]）。ＢＡＳＲＣは、同湾岸地区の六郡（アラメダ、コントラ・コスタ、マリン、サンフランシスコ、サン・マテオ、サンタ・クララ）において、八七の学校を改革の拠点校である「リーダーシップ・スクール（Leadership School）」（助成対象）とし、さらに一四六校を「メンバーシップ・スクール（Membership School）」（助成対象外）とし改革の地域展開を準備した[2]。続く二〇〇一年からの五年間は、ヒューレット財団を中心とする支援により、サンフランシスコ湾岸地区の二五の学区における一二二校の学校改革が推進された（ＢＡＳＲＣの「第二局面」、資金総額四〇〇〇万ドル[3]）。

スタンフォード大学「教職の文脈に関する研究センター（Center for Research on the Context of Teaching、以下ＣＲＣと略記）」は、こうした一九九〇年代後半以降の学校改革の展開をむかえ、新たな評価研究に着手する（スタンフォードＣＲＣの「第二世代」と呼ばれる）。ここで、スタンフォードＣＲＣの「第二世代」の研究の展開を概括しておこう。

スタンフォードＣＲＣは、ＢＡＳＲＣと、ニューヨーク、シカゴ、フィラデルフィアの改革のネットワークを形成した「生徒を中心に（Student at the Center、以下ＳＡＴＣと略記）」（ドゥヴィット・ウォリス＝リーダーズ・ダイジェスト基金（Dewitt Wallace-Reader's Digest Fund）の支援）による大規模な学校改革の展開を追跡し、その評価を行う研究に着手した。両者とも一九九六年に改革が始まった。ＢＡＳＲＣによる学校改革の評価研究は、スタンフォードＣＲ

C単独で行われ、SATCによる学校改革の評価研究は、一九九七年にワシントン大学に開設された「教職政策研究センター（Center for the Study of Teaching and Policy、以下CTPと略記）」との協力によって遂行された[4]。

BASRCとSATCによる学校改革の展開は、二〇〇六年にティーチャーズ・カレッジ・プレスから出版されたスタンフォードCRCのミルブリィ・マクロフリンとジョーン・タルバートの共著『学校を基盤とする教師の学習共同体の構築――生徒の学業達成を向上させる専門家方略』において中心的に検討されている[5]。本書の第六章において検討した二〇〇一年のマクロフリンとタルバートの共著『専門家共同体と高校教師の仕事』[6]が、その開設から一九九〇年代にかけてのスタンフォードCRCの「中核的研究」の成果（「第一世代」）を示していたのに続き、この二〇〇六年の共著は、その後の一九九〇年代後半から二〇〇〇年代にかけてのスタンフォードCRC研究の成果（「第二世代」）を示す著作として位置づけられる。

さらに、二〇一四年に公刊されたニューヨーク大学のジョセフ・マクドナルド（Joseph P. McDonald）と「都市と学校研究グループ（Cities and Schools Research Group）」（マクロフリンとタルバートもその成員）の手になる『アメリカの学校改革――何が成功し何が失敗し、それはなぜか』にも言及しておこう[7]。この著書において、シカゴ、ニューヨーク、フィラデルフィア、そしてサンフランシスコ湾岸地区の「アネンバーグ・チャレンジ」を検討の遡上に載せたマクドナルドは次のようにいう。「サンフランシスコ湾岸地区において、学校改革の記憶が消されることは風土病（endemic）である。否、いかなる地域も同様である[8]」。それに付け加えて、「BASRCは、後に全米の学校改革に深く影響を与えることになる学校改革論議の先駆」であり、中でも「BASRCは、連邦教育法であるNCLBがそれを求める七年前に、人種ごとの学校の学業達成度のデータを集めることを主張していたのである[9]」。

以下では、まず、スタンフォードCRCによるBASRCの評価研究の形成と展開を検討し、BASRCが設定した教師の「専門家共同体」を含む改革の「活動の理論（theory of action）」を明らかにする（第一節）。次に、BASRC事務局長のメリル・ヴァルゴ（Merrill Vargo）のBASRCに対する省察を検討し、BASRCの当時の「選択」に迫る（第二節）。そして、スタンフォードCRC研究の成果の定式化を検討し、教師の「専門家共同体」の新展開が意味することに迫る（第三節）。続いて、SATCを始めとする同時期の多様なイニシアティヴによる学校改革も対象とし、「改革のコーディネーター」（第四節）と「変革の単位」としての学区（第五節）という二つの視点からの検討を行う。これらマクロフリンとタルバートの研究の展開の検討を通して、学校改革における教師の「専門家共同体」の波及に迫ろう。

一　スタンフォードCRCによるBASRCの評価研究の形成と展開
――改革の「活動の理論」の解明

本節では、スタンフォードCRCが二〇〇二年に公刊した評価研究の報告書（『ベイ・エリア学校改革協同機構――第一局面（一九九五―二〇〇〇年）の評価研究』）を手がかりに、その評価研究の形成と展開を明らかにし、BASRCが設定し教師の「専門家共同体」を含むことになった改革の理論を明確にする。(10)

(1)　スタンフォードCRCによる評価研究の形成と展開

スタンフォードCRCによるBASRCの評価研究の形成と展開を、「活動の理論」のアプローチと評価研究のデザインの二点において特徴づけよう。

①　「活動の理論」のアプローチ

スタンフォードCRCによるBASRCの評価研究は、「活動の理論」を主題化する評価のアプローチに特徴がある。すなわち、「私たち［スタンフォードCRC］は、このイニシアティヴによる全ての生徒の成果を評価するに留まらず、BASRCが有する、このイニシアティヴがいかになぜ成功するのかに関する明示的暗黙的な理論に基づく因果関係の仮説もまた評価する」。このアプローチは、「BASRCが、生徒の達成度に成果をもたらしたかどうか、どれほど成果をもたらしたのかに関する判断に加え、イニシアティヴの成功と失敗が、どこでどのようになぜ引き起こされたのかについての現場の知識を提供する」。スタンフォードCRCは、アメリカの学校改革に公的・私的資金が大規模に投資される時代を迎えるなか、「現場において、改革の理論と実施の方略がどう進展したのかについての評価」が、決定的に重要であるとする(11)。

詳しくみてみよう。スタンフォードCRCは、BASRCの「活動の理論」の中核に、『探究に基づく改革』のモデル」が据えられているとする。すなわちBASRCは、いかにして学校が授業と学習を改善するのかに関する特有の仮説と知識から成る「探究に基づく改革」モデルを有しているのである。ただし、当時においては、「探究に基づく改革」に関して、学校現場にも意見の相違が多く存在し、その知識の蓄積も限定的であった。BASRCのリーダーシップ・スクールの経験は、この改革モデルの実践と成果に関する新しく重要な知識を提供するとスタンフォードCRCは強調する(12)。

②　評価研究のデザイン

ここでスタンフォードCRCの評価研究のデザインを確認しておこう。BASRCの評価研究は、次の四種の調査を含んでいる。

第一に、リーダーシップ・スクール一〇校の長期的な事例研究である（表7-1）。これは、BASRCの改革の経験と探究の実践を実施する努力を記録する調査である。この長期事例研究の成果は、スタンフォードCRC研究の成果の中核を形成する（本章第三節）。第二に、より幅広くリーダーシップ・スクール二一校に対するフィールドワーク調査である。この調査は、先の一〇校に対する調査の密度を持たないが、「高校改革研究」、「リーダーシップ研究」、「BASRCの小学校における公平性を志向する探究の研究」など、各々に主題を掲げて接近した。第三に、集約的な質問紙調査である。リーダーシップ・スクール一八校の教師、全てのリーダーシップ・スクールの校長、全てのB

ASRCの改革コーディネーターを対象とする質問紙調査である。そして第四に、一九九九・二〇〇〇・二〇〇一年の「レヴュー・オブ・プログレス（Review of Progress、以下ROPと略記）」における全てのリーダーシップ・スクールの作成文書、二〇〇一年の「レヴュー・オブ・プログレス（ROP）」における質問紙調査、学校特性と生徒評価に関するカリフォルニア州教育省のデータの検討である。[13]

この調査デザインに関して、次の二点に留意しておこう。第一に、スタンフォードCRCは、BASRCの「活動の理論」を評価するために、事例研究を行う学校の「改革の多様な歴史」と「探究に基づく改革への準備（readiness）」に注目している点である。第二に、長期的集約的な事例研究により、「探究に基づく学校改革」の「発達段階（developmental stages）」を解明し、BASRCの改革モデルの可能性と課題を照射すると強調する点である（本章第三節）。[14] 評価研究におけるこうした強調点は、スタンフォードCRCの学校改革研究に独自である（表7-1参照）。

(2)　BASRCの「活動の理論」①――探究に基づく改革＝学校改革の理論

それでは、BASRCの「活動の理論」とは何か。スタンフォードCRCは、BASRCの改革のデザインの特徴は、「学校改革のヴィジョンと地域規模の改革の課題との密接な融合」にあり、「学校改革と地域規模の改革の理論の重なり合いを作り出している」とする（図7-1参照）。この「活動の理論」は、「組織改革、専門家共同体、ネットワーク、授業と学習」に関する研究と経験に基づいているという。[15]

また、この「重なり合う活動の理論」は、アネンバーグ・チャレンジとヒューレット財団の双方の志向の重なり合いの帰結でもあった。すなわち、アネンバーグ・チャレンジは、「学校を変革の単位とし、その変革を支援する資金は学区を通じてではなく学校へ直接届ける」ことを意図していた（この「変革の単位」をめぐっては本章第六節にて検討）。[16] マクロフリンは、この方針に、アネンバーグ財団のセオドア・サイザーの影響をみている。[17] 一方、ヒューレット財団は、地域規模のイニシアティヴの構築を意図し、アネンバーグ・チャレンジの要求を満たしながらも、サンフ

表7-1　BASRCの長期事例研究の対象校10校の概要[18]

	学年段階	食費減額者の割合	英語学習者の割合	学校規模（児童・生徒数）	「教師学習共同体」調査の結果（1998年）	全校規模の学校改革の歴史	CRC評価（1997/98年時）	CRC評価（2001年時）
学校A	K-8	81%	80%	710人	中程度		探究なし	BASRC離脱
学校B	K-6	60%	34%	400人	高度	「コマー・スクール」	探究なし	駆け出し
学校C	K-6	14%	5%	630人	高度	「子ども発達プロジェクト」	駆け出し	高度の中間
学校D	K-6	4%	7%	720人	中程度	「子ども発達プロジェクト」	駆け出し	中間
学校E	K-8	25%	13%	400人	高度	「発達的適切実践」	駆け出し	中間
学校F	6-8	71%	61%	1010人	低度		探究なし	駆け出し
学校G	6-8	42%	13%	840人	低度	SB1274、「エッセンシャル・スクール連盟」	駆け出し	低度の中間
学校H	9-12	12%	5%	1780人	低度	SB1274、「エッセンシャル・スクール連盟」	駆け出し	中間
学校I	9-12	3%	―	1020人	中程度	「オートデスク」	駆け出し	高度の中間
学校J	9-12	41%	26%	1970人	中程度		探究なし	高度の中間

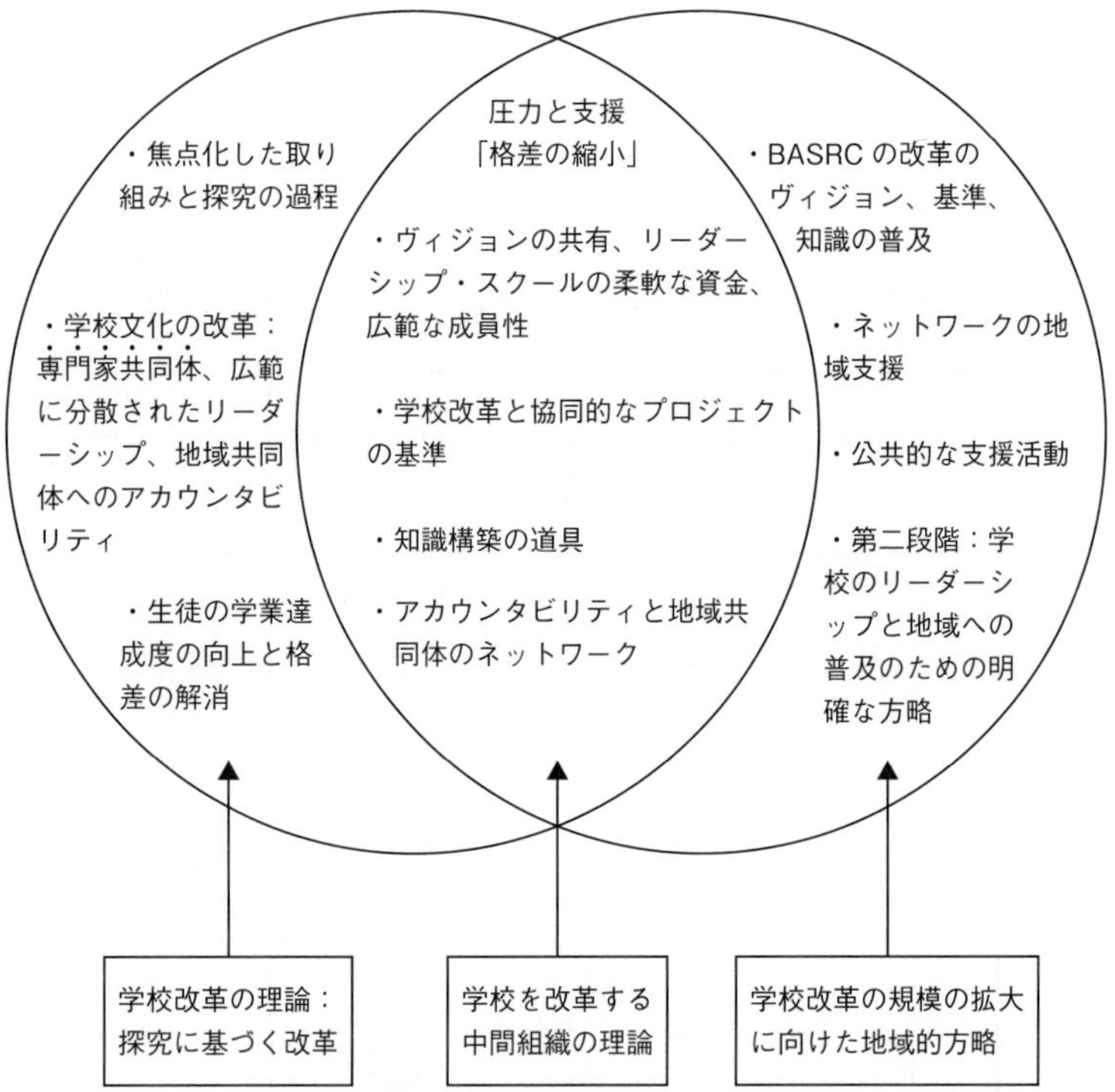

図 7-1 「BASRC の地域規模の改革の理論――重なり合う活動の理論」[19]

ランシスコ湾岸地区における大規模な学校改革のための能力の開発を求めていたのである。[20]

①　学校文化の改革

　ＢＡＳＲＣの「活動の理論」を、その他の数多の改革から区別するものは、学校を「変革の単位」とし「学校文化」の問題を中核に据えたことにあるとスタンフォードＣＲＣはいう。すなわち、ＢＡＳＲＣは、「よく知られる改革の方略に対する学校の対応は、最終的には学校文化の状態に依存する」という仮説を有している。[21] ＢＡＳＲＣは「学校文化の改革」を学校改革の根本的な問題とする（図7-2）。

　スタンフォードＣＲＣは、この学校改革の理論は、以下のような鍵となる一連の仮説を反映しているとする。第一に、「学校の改革は常に学校レベルにおいて起こる」、第二に、「カリキュラムと授業

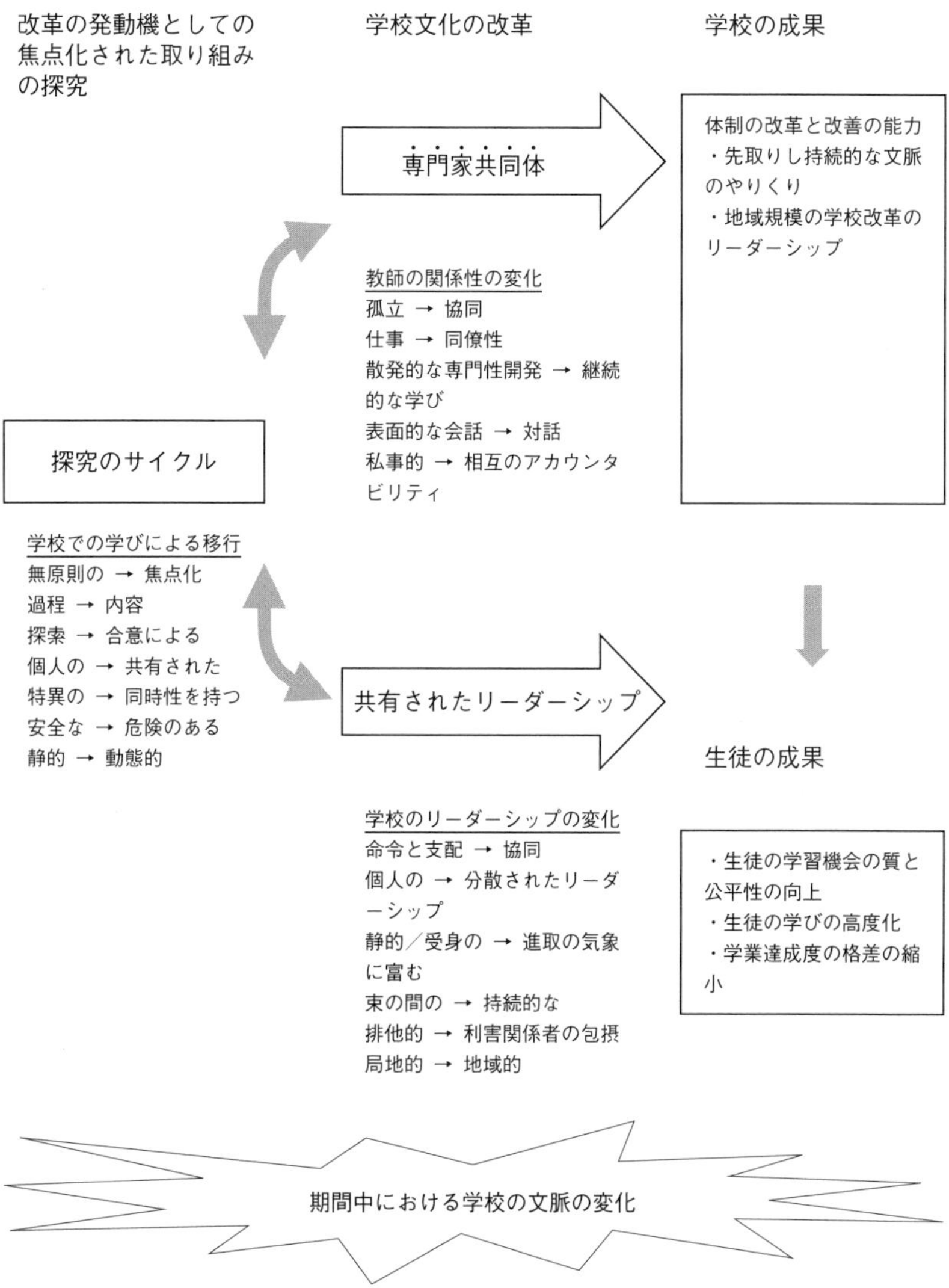

図 7-2 「BASRC の学校文化改革の理論」[22]

における有効な改革とは、パフォーマンスの基準とそれぞれの学校に固有の生徒の学習の必要とを結びつけることである」、第三に、「学校改革への傾倒と能力は、基準を満たさない生徒を中心に据えて構築される」、第四に、「学校の構造的な改革は、改革の努力を駆り立てるものではなく、改革の努力を支援するものである」、そして第五に、「生徒の学習の必要を示す根拠によって、教師の学習の必要は示される」という仮説である。(23)

その上で、ＢＡＳＲＣは学校文化の改革にあたり、「探究のサイクル（Cycle of Inquiry）」を中心に据える（図7-2参照）。スタンフォードＣＲＣは、この「探究のサイクル」のモデルが、ＢＡＳＲＣの学校改革の「活動の理論」の「表象」であるとみている。すなわち、図7-2に示される通りＢＡＳＲＣは、生徒の学業達成度の改善に向けた「探究のサイクル」の進展が、「より協同的で相互にアカウンタビリティを果たす」「専門家共同体」へと導き、リーダーシップもまた「より分散され進取の気象に富んだ持続的なもの」となるとする。詳しくみよう。

② 「探究のサイクル」

それでは「探究のサイクル」とは何か。スタンフォードＣＲＣは、「学校改革のアプローチであるＢＡＳＲＣの『探究のサイクル』は、学校が、生徒の学業達成度の問題とそれが学校の方針や実践とどう関連しているのかについての問題を提出し検討し対応するもの」であり、「ＢＡＳＲＣが試行錯誤の上、六段階の探究の過程として明記したのである（図7-3参照）。(24)この「試行錯誤」については後に検討する。

ＢＡＳＲＣは、「『探究のサイクル』により学校が、改革のための鍵となる問題領域を同定し、生徒の成果という根拠に基づいて改革の活動を評価し、さらなる継続的な改善のための知識を自ら産出する」と仮説を立てているとスタンフォードＣＲＣはいう。さらに、ＢＡＳＲＣは「探究のサイクル」は学年や教科や個々の教室といった学校の諸レベルを「相互に連結する体制」として作動するべきであると強調するに至る。「探究のサイクル」は、「改革の取り組みに結束性をもたらすと同時に、実践と生徒の成果との関係についての教師の学習と省察を支える」とする。(25)

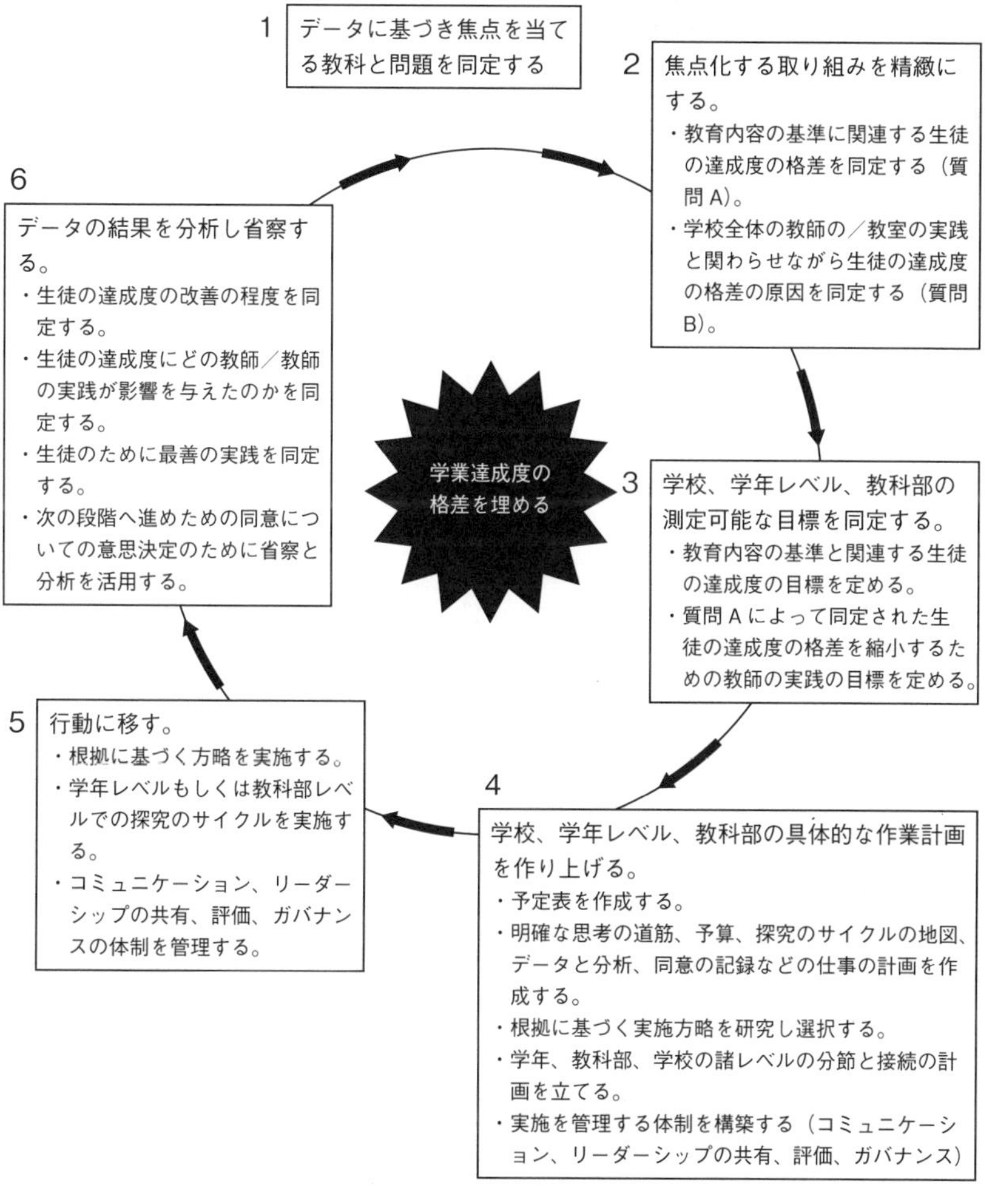

図 7-3 「探究のサイクル (2001) —— BASRC による学校改革の理論の発動機」(26)

③「専門家共同体」と「広範に分散されたリーダーシップ」

学校文化の改革の鍵は、「専門家共同体」と「広範に分散されたリーダーシップ」にある。スタンフォードCRCはBASRCの仮説を次のように指摘する。「BASRCは、生徒の達成度を改善するための体系的で持続的な改革を行う学校の能力は、学校文化の鍵となる側面の変革に依存している。それは、教師間の関係性とリーダーシップの状態である」(27)。すなわち、「専門家共同体」であり、「広範に分散されたリーダーシップ」である（図7-2を参照）。

スタンフォードCRCは、BASRCの仮説に「専門家共同体」が組み込まれているのは、学術研究の蓄積に基づいていることを強調する。「BASRCは、生徒と授業の改善に焦点化する学校共同体において教師の学習が生じるとみなしている」、続けて、「BASRCは、教師の学習と改革が学校共同体の状況に埋め込まれていることを強調する」。すなわち、学校外の資源に依存した個々人の教師の専門性開発という、教師の学習に関する既存の概念への「挑戦」である。BASRCの学校改革の理論は、「学校改革とは、根本的には、専門家共同体において持続的な探究と学習の状態を生じさせることである」と主張する(28)。

BASRCはリーダーシップの概念にも再考を迫っているとスタンフォードCRCはみる。「学校文化に深く切り込む改革は、ありきたりではないリーダーシップの仕事を求めている」。すなわち、「学校の行為者に広く分散された」リーダーシップである(29)。

「BASRCは、『探究のサイクル』を通じて学校のリーダーシップを分散させることを目指している」。スタンフォードCRCは、ここに、BASRCの暗黙の学校改革の理論が存しているとみる。すなわち、BASRCは、リーダーシップの役割に関して、「学区の階層制度における公式の権威に依存する指導的リーダーシップから、問題を問いかけ、データを検討し、教職員や地域共同体を学校改善の課題に巻き込むような探究的リーダーシップとして性格づけられる実践への移行」を暗黙的に意図している(30)。

(3)　BASRCの「活動の理論」②
――探究に基づく学校改革の支援と強化のための中間組織の開発＝地域規模の改革

次に、スタンフォードCRCが分節化する「中間組織」としてのBASRCの改革の理論を検討しよう（図7-1参照）。ここではまず、BASRCが抱えた中間組織のジレンマについて、次いで、BASRCが地域規模の改革のために設定した基準について検討しよう。

① 中間組織のジレンマ

BASRCは、「正規の教育体制の境界の内側にも外側にもこれまでに全く存在しなかった、学区や市や郡の管轄権の範囲を超えた教育者の共同体を構築する資源として尽くす中間組織として作り出された[31]」。特にBASRCは、生徒の学業達成度の「格差の縮小」を掲げる中間組織であり、「学校改革を強化する影響力を持つか否かは、現在の正規の教育体制では弱いか欠けているような支援を提供する能力にかかっているとみていた」のである[32]。

アネンバーグ財団とヒューーレット財団の資金により新しく作り出されたBASRCは、以下のジレンマを抱え続けることになったとスタンフォードCRCはいう。第一に、どのように中間組織として学校の仕事に「圧力」をかける（改革の進展のアカウンタビリティ）、「支援」を行うのか（研究への接近、協同の機会、専門技術的な支援）。第二に、どのように中間組織として学校の「内側」へ迫る目標の追求（探究のサイクル）と学校の「外側」を拓く目標の追求（地域での規模の拡大）との緊張のバランスをとるのか。そして第三に、どのように中間組織として「変動する政策下でのプログラムの安定性」を維持しながら組織の多彩な役割を管理し転換させるのか、というジレンマである[33]。難問である。

② 学校改革の基準の設定――「ポートフォリオ・レヴュー」から「レヴュー・オブ・プログレス」へ

そこで、BASRCが作成した学校改革の基準とルーブリックは注目される。「BASRCは、学校改革への申請とレヴューの過程を通じて学校改革の基準を制定し施行した」のである。スタンフォードCRCは、ここにBASR

Cの改革のデザインを支える鍵となる仮説を見いだしている。それは、「学校が、学校の改革の進展を採点する基準とルーブリックの開発と活用に参加することにより、ＢＡＳＲＣの改革のヴィジョンの理解を作り上げること」である[34]。すなわち、学校自身が改革のヴィジョンの理解を形成すること、そのための手段として改革の質を評価するルーブリックの開発と活用が行われたのである。

ＢＡＳＲＣの「第一局面」の五年間において、このルーブリックの開発は二つの段階を経る。第一に、改革の一～二年目に行われた「ポートフォリオ・レヴュー（Portfolio Review）」であり、第二に、改革の三～五年目に行われた「レヴュー・オブ・プログレス（Review of Progress、ROP）」である[35]。詳しくみよう。

ＢＡＳＲＣは、ＢＡＳＲＣの成員性を付与する学校、学区、支援提供機関を選定し、ＢＡＳＲＣが目指す学校文化の一連の基準を制定するために「ポートフォリオ・レヴュー」をデザインしたとスタンフォードＣＲＣはいう。すなわち「ポートフォリオ・レヴュー」は、学校がＢＡＳＲＣのリーダーシップ・スクールとして助成金を受け取るための第一段階となったのである。その際のルーブリックには五つの規準が含まれていた（図7-4参照）。第一に、「授業と学習の最善の実践」、第二に、「基準」、第三に、「改革の過程を管理する体制」、第四に、「連携」、そして第五に、「専門家共同体」である。スタンフォードＣＲＣは、このルーブリックの開発が、「ＢＡＳＲＣの学校全体の改革のヴィジョンを操作的に定義する初めての試み」であったとする[36]。

ＢＡＳＲＣの二年間の改革を経て、このルーブリックが改訂され、改革の評価活動が「レヴュー・オブ・プログレス（ＲＯＰ）」に改称されたことに注目したい。ＢＡＳＲＣへの申請と改革のヴィジョンの理解の形成を目指していた「ポートフォリオ・レヴュー」から、「ＢＡＳＲＣの学校文化改革のヴィジョンへの学校の関与と共通の理解の構築と活性化と同時に、改革の無理のない進展に対するアカウンタビリティを意図し」、「レヴュー・オブ・プログレス（ＲＯＰ）」が開発されたのである（図7-4参照）[37]。

この展開について、スタンフォードＣＲＣが、ＢＡＳＲＣ事務局長ヴァルゴの記述を引用し説明する点が興味深い。

ポートフォリオ・レヴュー

規準１：授業と学習の最善の実践と学校全体の改革への焦点
規準２：全ての生徒と大人に適した高い基準
規準３：改革の過程を管理する体制
規準４：鍵となる利害関係者との連携
規準５：専門家学習共同体

それぞれの規準は以下のものに跨って適用される：基準、授業と学習、継続的な改善の文化、人間化、体制と資源、アカウンタビリティ

レヴュー・オブ・プログレス

規準１：公平性と高度な基準の達成
基準；公平性と「探究のサイクル」；人間化、優先順位、根拠に基づく実践；連携と包摂
規準２：深まり
生徒/教師の関係性；教科の研究と専門性；カリキュラム・教育学・評価の探究と調整
規準３：広がり
利害関係者の参加とアカウンタビリティ；アウトリーチと包摂；全ての教師、全ての子ども、全ての学校の要素、共有されたリーダーシップ
規準４：学校を越えた繋がりの構築
外部専門家の活用；政策の文脈の管理；学校間の関係性の構築；共同体組織との連携構築
規準５：結束性と焦点の維持のための体制の構築
諸部分間の関係性；優先順位の問題への焦点；活動、影響、契機；資源の活用と調整

図7-4　「協同のための基準の設定――『ポートフォリオ・レヴュー』と『レヴュー・オブ・プログレス』の規準」[38]

ＢＡＳＲＣは、当初に開発したルーブリックが改革の進展の評価には適していないことを認識するにいたった。ヴァルゴは、「当初のルーブリックは、改革の体系的な地図であり、活動の理論（theory of action）を表してはいなかった。それは、改革の結果を記述しているに過ぎず、改革の仕事を記述してはいなかった。それとは対照的に、『レヴュー・オブ・プログレス（ＲＯＰ）』のルーブリックは、学校のためにＢＡＳＲＣの活動の理論を記述している」と強調する(39)。

さらにスタンフォードＣＲＣは、「レヴュー・オブ・プログレス（ＲＯＰ）」が、「学校全体の改革と学校の進展の期待の発達モデルを定義した」と、その意義を明確にしている。すなわち、改革の「発達段階」としての、「端緒（beginning）」「新興（emerging）」「体系（systematic）」「持続可能（sustainable）」の四段階である（表7-2～7-6を参照、五つの規準）。「ＢＡＳＲＣは、学校文化の改革には時間がかかり、生徒の学業達成度の向上は即座には起こりえないことを理解しており、それゆえ、ルーブリックの規準は、授業と学習の深く続く改善を約束する学校の文化的状態の変化に照射した」とスタンフォードＣＲＣはいう(40)。新たなルーブリックは学校文化の質的な変化を捉えるルーブリックとして開発されたのである。

「探究のサイクル」にも重要な改訂が行われている。それは、「『探究のサイクル』の第二段階と呼びうるアカウンタビリティの枠組みについてであり、『質問Ａ』『質問Ｂ』の組み込み」である（図7-3の2と3を参照）。「質問Ａ」とは「特定の教科領域に『どの生徒たち』が問題を抱えているのかを同定する」質問であり、「質問Ｂ」とは「学業達成度の格差を縮小するのは『どの実践／方略』であるのかを同定する」質問である。「この変化は、生徒の学習と学校の実践との繋がりに関して、より明確に学校の探究として焦点化することを目指していた(41)」。

二　Ｍ・ヴァルゴの省察──実践と政策に関するＢＡＳＲＣの「選択」

ＢＡＳＲＣの事務局長メリル・ヴァルゴは、二〇〇四年にＢＡＳＲＣの「第一局面」を主に省みる論文「ＢＡＳＲＣの選択と帰結――学校規模の改善を高度化する能力の構築」をランド研究所の論集に寄稿した。[42] ヴァルゴは「各々の選択は各々の帰結をもち未来の選択を大いに制約する」とし、ＢＡＳＲＣの「選択」を主題化しＢＡＳＲＣの経験を省みる。この「選択」は、学校改革の理論と実践と政策の交差する位置にあるといえよう。[43]

ＢＡＳＲＣの中盤以降に展開した州規模の「標準テストの実施と報告プログラム（ＳＴＡＲプログラム）」（一九九七年）や、学校管理を強化する「公立学校アカウンタビリティ法（ＰＳＡＡ）」（一九九九年）などの政策の展開は、ＢＡＳＲＣの学校改革の展開に影響を及ぼす。

ここで、ヴァルゴとスタンフォードＣＲＣの関係に付言しておこう。ヴァルゴは、ＢＡＳＲＣの事務局長に就くまで、カリフォルニア州における学校改革のリーダーとして活躍を遂げてきた。その際にヴァルゴは、スタンフォードＣＲＣの研究の成果に多くを学んできていた。すなわち、ＢＡＳＲＣにおけるヴァルゴの経験は、それまでのスタンフォードＣＲＣ研究の成果が新しい現実において問われたという意味も帯びよう。

本節では、ヴァルゴの二〇〇四年の論文を主な手がかりとし、まず、ＢＡＳＲＣの初期におけるヴァルゴの「選択」について、次に、ＢＡＳＲＣの展開に伴うさらなる「選択」について検討しよう。

(1) 初期の「選択」

ここではＢＡＳＲＣにおけるヴァルゴの初期の「選択」として、改革のヴィジョンの形成と翻案という二つの契機について検討しよう。

① ヴィジョンの形成――改革の広がりへの取り組み

ＢＡＳＲＣが掲げる学校改革のヴィジョンの形成は慎重に進められた。ＢＡＳＲＣは、教室レベルの改革の促進に関与するものの、特定の新しいカリキュラムや指導プログラムの普及は目指さなかったとヴァルゴは強調する。ＢＡ

のルーブリック（5年目、2000-2001年）の「規準1」[44]

体系	持続可能な改革
学校は、多くのカリキュラム領域における全ての生徒のために、時に社会的・倫理的領域を含みつつ、教育内容とパフォーマンスの関連付けられた基準を採用し活用している。 教師たちは、人間化と質の高い教育を作り出すため、カリキュラムを修正するために教育内容の基準を用い、（授業の）基本構造と実践を再組織するために社会的・倫理的基準を用いる。	教師たち、生徒たち、保護者たちが、教育内容とパフォーマンスの基準と関連付けられた評価を含む、知的・社会的・倫理的な一連の完成された基準を、理解し、活用している。 学校共同体が生徒の目標を再検討する際に、基準は定期的に修正されている。 学校共同体は、各々の生徒が高い基準に到達するために必要な個性化された支援を得ることを確かにするために、不断に、必要と効果と変化のさらなる追求を進めている。
学校が、生徒の達成度、基準、公平性、最善の実践に関する学校規模の同意と決定の中で、構成要素に分けられたデータを戦略的に利用している。 学校共同体が、公平性の明確な定義を開発し、それを達成するための特定の目標を設定している。 「探究のサイクル」の完全な実行の帰結として、学校は、生徒の学習の改善と達成度の格差の解消の根拠を示している。 こうした成果に基づいて、教師たちが、格差と機会の双方を同定し、授業方略の改善やその活用のためにデータ収集を修正し焦点化することに取り組み始めている。	教師たちと学校共同体が、より多くの生徒が高い基準に適うパターンを明らかに示し、達成度の格差を縮小するために多様なデータ資源を戦略的に活用している。 教師たちと学校共同体は、何が上手くいき、何が上手くいっていないのか、生徒の達成度の向上と格差の縮小のために次に求められることについて学ぶために、そうしたデータやその他のデータを不断に活用している。
多くの教師たちが、データが示すことと、専門性開発の、協同的に開発された全般的な計画に基づいて、基準や焦点化された取り組みや達成度の格差縮小や、全ての生徒の達成度の向上に結び付けられた、綿密な学びの経験（教科の知識、教育学、カリキュラム）に従事している。 教師たちは、個々の学びの必要を充たし達成度の格差を縮小するための一連の多様な授業方略を活用している。	教師たちは、継続的かつ戦略的に、生徒と教師の基準と結びついた、カリキュラムや指導実践のレパートリーを開発・拡張している。 教師たちは、公平性と生徒の達成度の向上を現実のものとしている。
多様な利害関係者が、学校の「探究のサイクル」に積極的に参加し、改革と帰結に対する責任を担い始めている。 焦点と注意は、達成度の振るわない生徒と保護者の参加を拡大するための方略に向き始めている。	学校は、多様な利害関係者が「探究のサイクル」の全ての局面に参加する方途を、先を見越して作り出し始めている；達成度の振るわない生徒と保護者が、決定に影響を与える介入に取り組み始めている。 保護者と地域共同体の成員は、学校の改革の取り組みを理解し支援し支持している。

表7-2 「レヴュー・オブ・プログレス（ROP）」

規準1：公平性と高度な基準の達成
私たちはどのように、生徒の達成度の向上と達成度の格差の縮小に向けて、事を成すのか？

端緒	新興
基準	
学校は、発達し続けることに着手し、焦点化した取り組みのために、教育内容の基準やパフォーマンスの水準を適応するか用い始めている。 基準はまだ不完全であり、生徒の知的・社会的・倫理的発達についての全ての範囲の学校の目標を有しているわけではない。 学校はカリキュラム、評価、生徒支援方略を開発しており、この仕事を焦点化した取り組みと基準に結びつけることを計画している。	学校は、焦点化した取り組みのために教育内容の高度な一連の基準を採用し、多くの教師たちが授業を導くためにそれらを用いている。 学校は、焦点化した取り組みのためにパフォーマンス基準を設定し、他の教科や社会的・倫理的領域にまで教育内容の基準を拡張し、その基準を評価やカリキュラム開発に結びつけ、最善の実践に基づいて行動している。 学校は、問いを定式化し、教育の公平性と達成度の格差縮小が具体的に意味するところについて対話することに着手している。
公平性と「探究のサイクル」	
学校のリーダーシップ・チームの幾人かの成員が、生徒の学びと焦点化した取り組みと関わりのある学校の実践についての根拠を集め始めている。 収集したデータの初めの分析が進行中である；よくある陥穽を避けるためにより注意深い焦点と計画が必要である：構成要素に分けるデータが不足している；分かりきったことを証明するデータ収集と分析；データ収集過程における短所を発見することを第一に導く分析。	多くの教師たちが、下位集団の生徒たちの達成度の格差を算入する問題を定義するために基礎となるデータ（時に構成要素に分けられている）を収集し活用し始めている。 多くの教師たちが、高度な基準と期待、質の高い学習経験に接近することにおける生徒の不公平の問題に取り組む計画を、同定し作成し始めている。 多くの教師がデータ分析に関わり、時に、学校規模の分析が行われている。 学校が、「データ過多」を経験したり、中心的な問題に関する困難を経験したりしている。
人間化、優先順位、最善の実践	
大半の教師たちが、学区や学校のリーダーシップや一人か二人の教職員によって同定された、現在のカリキュラムや指導のトピックに関連する専門性開発に従事している。 学校は、焦点化された取り組みと専門性開発の優先順位の結びつきを強める必要性を認め始めている。 何人かの教師は、個人的に同定した必要に適うようなネットワークや専門的組織において活動的である。	基準と焦点化された取り組みに基づいて、多くの教師たちが、特に達成度の振るわない生徒のために、授業と学習を改善する方法を学ぶ専門性開発に参加している；学校は、人間化と質の高い教育に接近する公平性を高める、代替的な学校の構造や実践を模索している。
連携と包摂	
何人かの教師、職員、専門的教育者たちが、焦点化された取り組みや仕事の計画や「探究のサイクル」の初動部分と関連する、対話、計画づくり、行為に従事している。	学校や教師たちは、保護者、生徒、多様な下位集団の成員を含む人々が、時に、基準、評価、カリキュラム、指導、最善の実践についての学校の仕事に参加し資源を投入することに参画する方途を見つけ出し始めている。

のルーブリック（5年目、2000-2001年）の「規準2」㊺

体系	持続可能な改革
「探究のサイクル」、「批判的友情」、ピア・コーチング、自己省察といった手立てを通して、教師たちが、自分たち自身の授業実践や生徒の強み・関心・必要の多様性の理解を深めている。 結果として、教師たちが、学習の経験を人間化し個性化する方法を学んでいる。 生徒たちが、より真正の学習の取り組みに、積極的に従事し始めている。	教師たちが、生徒の多様な強み・関心・必要について継続的に学び、重要な物事に全ての生徒が懸命に従事する一連の授業方略を用いて、個々の生徒の学習経験を人間化し個性化させている。 結果として、生徒と教師が、真正の学習に、継続的に積極的に従事している。
教師たちが、改善された生徒の達成度を支える新しい知識と技能を実施するために、学習と教科の専門性を深める、学校間、学校内のネットワークに参加している。 学校が、長期の専門性開発を支援し、より深い専門性開発を支援するために資源を調整している。	教師たちが、全ての生徒が高い基準に達することを支える環境を作り出すために、研究に基づいた教科の知識や授業の知識や生徒に関する知識を、定期的に活用している。 教室レベルの「探究のサイクル」と学校レベルの「探究のサイクル」が結び付き、学校共同体と学区が教師の専門的成長を支援する資源と構造の調整に、先を見越して取り組んでいる。
教師たちが、カリキュラム、授業方略、評価についての意思決定のために、研究と基準に基づく実践を活用している。 教師たちが、生徒の達成度の格差についての学校規模の探究の一部分として、自身の実践についてのデータを収集している。	教師たちが、定期的に、基準に基づく実践や現在進行している探究や結果の強化やカリキュラム・教育学・評価の調整に参加している。 教師たちが、継続的に、生徒の作業の質や達成度や生徒の声や構成要素に分けられたデータや公平性への示唆や教室実践の改善について、収集し分析し省察している。
教師たちが、生徒の達成度の格差の正直な同定、自己批評、教師個人と学校共同体の問題解決のための安定した方略として、協同を活用している。 教師たちが、教師たちや学校が絶えず学ぶことにより発達し変化する、最善の実践についての共有された信念を同定している。 協同的な構造が、新しい教師たちを支えている。 教師たちが、自分たちの仕事を評価し案内するために、教職専門家基準を活用し始めている。	生徒の達成度の格差についての正直な同定に基づいて、教師たちが、教室の結果に対する個人的な責任や、学校規模の構造と授業実践の質や一貫性や有効性に対する集団的な責任を引き受ける「批判的友人」として、協同的に仕事をしている。 教師たちが、学校規模の教職専門家基準への同意に基づいて、厳しい課題を要求し、省察し、個人的・集団的実践に参加している。

表7-3 「レヴュー・オブ・プログレス（ROP）」

規準2：深まり
私たちはどのように、教室の出来事を本当に変える程の深まりに向けて、事を成すのか？

端緒	新興
生徒／教師の関係性	
教師たちが、生徒の個々の差異に焦点を当て始め、生徒の強みと必要と関心の範囲を網羅するような多様な授業方略とカリキュラム教材を開発し始めている。 教師たちが、生徒に敬意を払い、生徒が懸命に取り組むことを期待する。	初期のデータ分析と教室の観察に基づいて、教師たちが、生徒の個々の強みと必要と関心により促すようなプログラムと授業方略を実施している。 教師と生徒の間に、相互の尊敬の念が育ち始めている。 教師と生徒が、質の高い仕事に向けてより高い期待を抱き受け入れている。 教師と生徒の相互作用が、相互のケアと尊敬となっている。
教科の研究と専門性	
教師たちが、個人で選択した教科教育プロジェクトや学問に基づくワークショップや夏期講習、大学開講の授業に、個人的に参加している。 教師グループが、しばしば、共通の関心と必要のある学問領域における知識と授業のアイディアを交換している。 学校で着手し始めた焦点化された取り組みが、教科の専門性に関するより協同的な仕事を生み出し始めている。	教師たちが、カリキュラムと指導の知識と技能を深めるために、学校間、学校内の公式、非公式の協同的な活動に参加し始めている。 教師たちが、専門性開発の個人的な領域と集団的な領域を定義し駆動させるために、焦点化された取り組みを活用し始めている。
カリキュラム・教育学・評価の探究と調整順応	
教師たちが、基準を開発し活用する、いくつかの側面に参加している：多くの教師たちが、「探究のサイクル」の計画づくりとその初動部分の実施の着手に取り組んでいる。 教師たちが、焦点化された取り組みと関連する生徒の達成度についてのデータ収集を計画している。	教師たちが、基準の開発を続け、基準と、改善された教室の実践の開発とを結びつけ始めている。 教師たちが、自分たちの実践の格差と生徒の達成度の格差のつながりを認め始めている。
教師文化と最善の実践	
教師たちが、学年レベルもしくは学問領域において、同僚と協同している。 協同の仕事と学習の焦点が、最善の実践を共有し、外部資源からの革新的な実践についての学習に当てられている。	教師たちが、学校内の配置の多様性において協同している：学年レベル、学年レベルを超えて、学問領域を超えたチームにおいてである。 協同の仕事と学習の焦点が、最善の実践についての同意に辿り着いている。 自己批評、自己省察のいくつかの能力が、出現している。 教師たちが、教職専門家基準の必要性について議論している。

のルーブリック（5年目、2000-2001年）の「規準3」[46]

体系	持続可能な改革
利害関係者と共同体の成員が、学校の改革の努力の所有権を引き受け、学校の政策やプログラムや実践や構造の大部分について検討している。 利害関係者の関心が、学校の活動計画を形作り、多様な共同体の成員が、その実施において重要な役割を担っている。 利害関係者が、改革の過程の自然な一部として葛藤を理解している；教師たちと他の利害関係者が、共通の目的と共有された同意に向けて、葛藤を潜り抜けて働くことを、心地よく感じ手馴れている。	多様な利害関係者が、生徒の達成度の検討や資源の投入や「批判的友人」や改善活動の計画や実行において、学校共同体に参加している。 学校が、生徒の達成度を向上させるより効果的な方略を生みだす双方向の学習の出来事と構造を提供している。 利害関係者が、学校改革の参加を拡大する自然な一部として葛藤を理解している；利害関係者が、問題を同定し優先順位を明確にし授業と学習環境を改善するために葛藤を認識し対峙している。
能動的なアウトリーチ、包摂、双方向のコミュニケーションが、学校の規範として立ち現れている。 教師たち、生徒たち、保護者、共同体の成員が、生徒の達成度を向上させるために、それぞれの取り組みを調整している。 共同体の成員が、学校共同体の生活と改革の取り組みに参加している。 多くの振るわない生徒と保護者が、パートナーとして参加し、その成功を支援するために、教育的経験の再考・調整・改善に影響を与えている。	能動的なアウトリーチ、包摂、双方向のコミュニケーションを通して、生徒たち、保護者、共同体の成員が、学校共同体と改革の取り組みの多様な側面に参加している（例えば、保護者と教師の対話；「探究のサイクル」の全ての局面；意思決定；アカウンタビリティの対話）。 有色の生徒たちと保護者が、生徒の教育的経験の改善において、欠くことのできない影響力を持ったパートナーとなっている。
カリキュラムと教師と生徒の関係性の基本的な変化が、ほとんどの生徒や保護者や教師に影響を与えている。 幅広く包括的な利害関係者（教師、生徒、保護者、学区、共同体の成員）が、責任を引き受け、学校改革の能力を築き上げている。 利害関係者が、新しい教師や職員が協同的な教師文化に参入できるよう、そして、改革の取り組みに新たな視点を与える貢献ができるよう支援している。 意思決定とリーダーシップを共有することが、幅広い学校文化の一部となりつつある。	ほぼ全ての教師と生徒が、カリキュラムと教師と生徒の関係性の基本的な変化による影響を受けている。 教室と学校規模の改善が、学習の文脈を形成するほぼ全ての側面に浸透している：すなわち、カリキュラム、教育学、評価、専門的成長と専門性開発、リーダーシップの能力、意思決定の構造、新任教師の導入、保護者と共同体のパートナーシップといった側面である。 学区と学校評議会との共同が、改革の過程を持続させるために必要な柔軟性、意思決定の自律性、資源の配分といったことを支援している。

表 7-4 「レヴュー・オブ・プログレス（ROP）」

規準３：広がり
私たちはどのように、学校共同体全体に影響を与える程の広がりに向けて、事を成すのか？

端緒	新興
利害関係者の参加とアカウンタビリティ	
何人かの利害関係者と学校共同体の成員が、「探究のサイクル」の初動が実施されている際に参加している。 多くの教師たちと利害関係者が、改革の活動と方略を効率的に有効に実行している。 利害関係者と個人の間の葛藤が、まだ表面化していない、もしくは、いくつかの遅れ、困難、混乱が表面化し引き起こされている。	利害関係者と共同体の成員が、学校の仕事の計画や、その影響についての基礎となるデータの収集と分析の実行に参加している。 学校の仕事は、利害関係者の疑問と関心を反映し始めている。 学校の仕事は、より多くの人たちに影響を与え、長期の実践に疑問を投げかけ始めている。 結果として、時に、改革の仕事の明確化を助け、時に、改革の勢いを止める、葛藤が引き起こされている。
アウトリーチと包摂	
学校が、振るわない生徒と保護者へのアウトリーチを含んで、より多くの参加を確かなものとするために、先を見越して、いくつかのアウトリーチと包摂の取り組みを実施している。 学校が、教育的サービスの改善の方法として、振るわない生徒の集団の見地と学校経験について学ぶ方途を探し出すことの重要性を現実のものとしている。	学校が、改革の取り組みへの参加を拡大するいくつかの有効な方略の活用に着手し、その結果、新たな声と見地が、特に有色の保護者の声と見地が、新しく展開する仕事において反映され始めている。 教師たちが、指導を改善し生徒の達成度を向上させるために、保護者との個人的なパートナーシップを築き上げることに優先順位を置いている。
全ての教師、全ての子ども、全ての学校の要素	
何人かの教師たちが、教室と学校の改革の取り組みに熱心に参加している。 その他の教師たちは、まだ改革の取り組みの周辺にいる；リーダーシップ・チームが、全ての教師たちの学校規模の参加に向けた方略の実施に着手している。	改革の取り組みが、数人に限られた能動的な小集団から、多くの教師たちや生徒たちや保護者に拡大している。 学校が、利害関係者を巻き込むための多様な方法を計画している。 リーダーシップ・チームが、教師の専門的力量を高めることに着手している。 教師たちと生徒たちの拡張しつつある集団が、学校のプログラムを評価し改善している。 何人かの生徒たちが、教室の経験において、変革や革新や改善を認め始めている。

のルーブリック（5年目、2000-2001年）の「規準4」[47]

事を成すのか？

体系	持続可能な改革
学校共同体の多くの成員と多くの教師たちが、改革のリーダーシップ・チームを務め、改革の取り組みの大きな絵の理解に他の人々を巻き込み、仕事の計画にある活動においてリーダーシップの役割を担っている。 校長とリーダーシップ・チームが、よく磨かれ広く行き渡ったリーダーシップの発達を維持する新たな方法をデザインしている。 リーダーシップの意思決定や優先順位や活動計画が、「探究のサイクル」の過程と達成に強く結びつき始めている。	リーダーシップの能力を発達させ支援することが、優先されて現在進行している。 校長とリーダーたちが、その他の人々が従事するようにモデルとなり支援している：問題や格差に対して開かれて正直に直面する；公平性と生徒の達成度に効果をもたらす一連の結束性のある方略を開発する。 複合的な「探究のサイクル」が、学校文化の一部となり、計画立案や意思決定やアカウンタビリティのシステムを導くものとして活用されている。
個々人と学校が、多面的な仕事を支援する学習の複数の関係性を維持している。 こうした関係性が、自己批評を支援し、自己診断を援助し学校がデータ分析に基づく仕事を調整することを奨励している。 学校が、全てのレベルの支援が調整され一貫性を持ち「探究のサイクル」と関連を持つことを確かにするために努めている。	教師たちと学校のリーダーシップが、注意深く選択された支援機関、ネットワーク、専門的組織、コンサルタント、学区との学習の関係性を構築し活用し維持することを習慣としている。 こうした学習の関係性が、学校が新しい課題に先を見越して取り組むことを促し；その結果として、学校の継続的な改善と改革の仕事を統合されたものとして捉えている。 学校が、全てのレベルの支援が調整され結束性を持ち「探究のサイクル」と関連を持つことを確かにするためのシステムを開発している。
学校の改革の文脈が、学区と共同体を含みこむように継続的に拡張されている。 学校が、支持者に応答するだけでなく、支持者にうまく対処し始めている。 校長とリーダーシップ・チームが、改革への学区の支援に関して、学区との同意を構築するよう努め始めている。すなわち、専門性開発のような重要な問題、教師の協同の時間の捻出、学校の資源を柔軟に活用する学校の必要の認可などである。	学校が、継続的な改革に必要な資源と支援を生み出すために、積極的に、共同体や学区や州の政策システムを含む文脈にうまく対処している。 校長とリーダーシップ・チームが、リーダーシップ（指導部）の転換（例えば、校長や教師リーダー）を見越して、継続的なリーダーシップを確かにする構造と過程を持ち合わせている。 学校が、学区との相互の学習、アカウンタビリティ、柔軟性の関係性を構築し、革新と生徒の達成度の改善のための支援を生み出している。
学校が、学区内とBASRCのネットワークや地域内において改革の仕事を共有することによって、双方向の学習に従事している。	学校が、生徒のために新しいパートナーや新しい学習を生み出し、学校の改革活動を改善し、その進展と課題を公的に共有するために、学区やBASRCや他のネットワークや地域において、多面的にリーダーシップの役割を担っている。

表 7-5 「レヴュー・オブ・プログレス（ROP)」

規準 4：リーダーシップ
私たちはどのように、リーダーシップを発達させ、リーダーシップの役割を引き受けるために

端緒	新興
リーダーシップの能力	
校長と教師たちが、改革の活動計画の意思決定と実行の主要な責任を取る、改革のリーダーシップ・チームを形成している。 学校は、「探究のサイクル」の初動部分を活用している一方、「探究のサイクル」の他の諸部分の目的は、リーダーシップ・チームの外部の人々には不明確なままである。	教師たちが、リーダーシップ・チームの重要な成員として仕事をしている。 教師たちが、改革の取り組みの大きな絵を理解し、活動計画の活動におけるリーダーシップの役割を果たしている。 このリーダーシップ・チームが、より幅広い教師たちと利害関係者からの意見を取り入れながら、意思決定の主要な責任を担っている。 「探究のサイクル」の初動部分が、適所に定まり、多くの個人の参加を遂げている。
関係性の学習	
学校において、多くの個人が学ぶ関係性に価値を置いている。 専門性開発と特定の支援機関との関係性が、項目ごとであり、相対的に短期間であり、もしくは焦点化された取り組みとのつながりが緩やかである。	校長とリーダーシップ・チームが、教師間の個人的、集団的な学習は、生徒の達成度の改善に向けて中心的な事柄であると捉えている。 その結果として、個人的、集団的な学習の関係性が（例えば、支援機関、ネットワーク、専門的組織、コンサルタント、学区のオフィス）、焦点化された取り組みに関する長期的で関連の強い仕事を支援するために発達している。
文脈のやりくり	
注意が、学校、生徒、教師、保護者、大半の中間的な利害関係者に向けられている。 校長とリーダーシップ・チームが、最も身近なパートナーの関心に応答しながら、彼ら／彼女らとの関係を構築することに努めている。 改革のより大きな文脈（学区、共同体、州の政策システム）への注意が欠けている。	注意が、学校、保護者、教師、生徒に向けられ、進学先の学校や「批判的友人」や他の学校とのつながりもまた作られている。 学校が、教師が協同する時間と方法を作り出している。 学校が、改革の仕事への柔軟性を促進し支援するために、学区との相互に利益のある関係性を構築する試みを行っている。
リーダーシップの役割	
学校が、学校自身の改革の仕事を超えるリーダーシップの役割を引き受ける準備が出来ているとは感じていない。	学校が、時折、学区内の、ネットワーク活動内の学校と、改革の仕事を提示し共有している。

のルーブリック（5年目、2000-2001年）の「規準5」[48]

体系	持続可能な改革
学校の改革の取り組みが、ヴィジョン・明確で焦点化された問題表明・焦点化された取り組み・基準・アカウンタビリティの枠組み・データのシステム・活動・仕事の計画と関連する、明示的な「活動の理論」と絶えずつながるようになっている。 学校が、ヴィジョンや基準や問題表明や仕事計画の整合性を発展させ維持するために、「探究のサイクル」の諸部分を定期的に活用している。 学校が、仕事において、学校共同体の幅広い部門間の取り組みに関わっている。	改革の多様な取り組み―全ての人々が参加している―が、相互依存のものと捉えられ、共有されたヴィジョンを達成することに向けてまとめられている。 明確な「活動の理論」が改革の仕事を導いている―すなわち、学校が、「探究のサイクル」を、ヴィジョンや基準や問題表明や仕事計画を結びつけ、改革の取り組みが生徒の達成度の改善に影響を与えることを確かにするために活用している。 学校が、学校共同体の全ての成員をこれらシステムの全ての部分に巻き込んでいる。
学校が、問題表明を定式化し、問題に最も影響を与えうる方略に焦点化し、生徒の達成度を向上させるために、構成要素に分けられたデータを収集し活用している。 教師、生徒、学校職員、共同体が、やむにやまれぬ仕事に関する明確で共有される優先順位を開発するために、データや道具や包括的な過程を活用している。 学校が、遂行した「探究のサイクル」の持続的な活用を通じて学校改革を支える全ての仕事や焦点化された取り組みを継続的に洗練させている。	個々の教師、教師のグループ、学校共同体の全体が、根源的な原因を理解するための問題や争点を解明し、焦点を当てるべき最も価値のある重要な問題を定義するために、継続的に共同的に仕事をしている。 学校が、学校の進展を記録し、生徒の達成度を改善するために必要なことや自分たちの位置を知るために検討すべき事例を作り出す能力を有している。
個々の教師と学校共同体の成員が、「今ここ」に調整するために、「探究のサイクル」の全ての要素を活用している。 学校が、生徒の達成度に肯定的な影響を与える確率を向上させるために、定期的に、資源を見直し調整し整頓している。 それゆえにますます、生徒の達成度の向上の具体的な根拠が、新しい方略の追求と既存の方略の調整を支えている。	学校が、改革の仕事の影響についての厳しい問いかけを支援し、大きな影響を示す改革を支えるために時間と方略と資源を調整するために、現在進行形のデータ・システムと「探究のサイクル」を活用している。 影響の具体的な根拠が、有望な方略の調整と拡張と同時に、新しい方略の実施を促している。 生徒の達成度の向上が、全ての生徒を高い基準に到達するように推進している。
学校が、時間、金、人を資源として考え、生徒の達成度に影響を与える能力（知識や技術）もまた資源として考えている。 学校が、仕事の計画を支援する資源を、戦略的に調整している。 校長とリーダーシップ・チームが、手に入れられる資金を基に計画を立てるのではなく、どうなりたいのかを出発点として計画を立て、それに見合う資源を探している。	資源の活用と生徒の達成度の因果関係についての明確な理解を反映して、意思決定がなされている。 学校が、資源を、現在の仕事の計画の目標と活動に即して調整する権限と習慣を有している。 学校が、仕事の計画を実行するための一貫性のある支援を提供するために、資金、資金調達の努力、タイム・スケジュール、人事、スタッフ開発を活用している。 学校が、生徒の必要に適合し改革の仕事を同定する活動にのみ、手に入れられる全ての資金を充てている。

表7-6 「レヴュー・オブ・プログレス（ROP）」

規準5：結束性と焦点
私たちはどのように、焦点を当て続けるために事を成すのか？

端緒	新興
諸部分間の関係性	
学校が、生徒の学習の特定の格差に焦点化する初動の問題表明を明確にしている。 新しい役割、活動、仕事の計画の要素が、計画中である。 リーダーシップ・チームが、改革の取り組みの一つひとつのつながりを作り出す必要を認識し始めている；問題表明；焦点化された取り組み；基準；アカウンタビリティの枠組み；データ・システム；活動；仕事の計画。 アカウンタビリティ問題へのデータの収集は計画中であるが、完全な「探究のサイクル」へのつながりは未だ明確ではない。	修正された問題表明と焦点化された取り組みが、初動の実施活動を導くのに活用されている。 学校が、焦点化された取り組み、データ収集の方略、アカウンタビリティの枠組みなど、改革の取り組みの一つひとつの密接なつながりを作り出す方法を探索している。 例えば、「探究のサイクル」への参加を増加させ発達させようとする方略；基礎となるデータの収集と、職員が次の段階についての意思決定のために収集されたデータを活用し始める。
優先順位の問題への焦点	
教師と学校職員が、多くの挑戦的な問題が混合していると見なしている。 教師と学校職員が、焦点化された取り組みを定義し、「探究のサイクル」を駆動させるために、それらの問題を仕分けし、生徒の学習に関する特定の問題を選定している。	焦点化された取り組みが、優先的なものとして定義され洗練され、生徒の達成度の格差が同定されている。 教師と学校職員が、生徒の達成度を向上させるために、大きく見込みのある特定の問題を選定し焦点を当てている。 その結果として、学校が、意思決定において活用するために、構成要素に分けられたデータを集めることを計画している。
活動、影響、契機	
学校が、独自の焦点化された取り組みとデータを収集し分析する初めの活動に着手している。 学校が、諸活動と生徒の必要と学習の格差を特定する仕事の計画によって浮上した活動とを関連させることに努めている。	学校が、データ分析やアカウンタビリティの対話や過去の仕事についての教師間の継続的な省察によって浮上した問題や課題に対応するために、仕事の計画を調整している。 教師たちと共同体の複数の成員が、学習の格差を同定するためにデータを活用し始め、その格差を縮小するために学校規模や教室での実践を調整する方法を模索している。
資源の活用と調整	
資金の分離されたカテゴリーからの予算が、仕事の計画の戦略的な支援と関連づけられて考慮されている。 仕事の計画のいくつかの部分が、資金、人、時間、人的準備において、資源不足にある。	学校が、時間、金、人を含んだ資源について考えている。 学校が、仕事の計画の戦略的な支援のために、いくつかのカテゴリーの資金を活用している。 仕事の計画のいくつかの部分が、資金、人、時間、人的準備において資源不足であるが、空いた人や時間が、創造的な方法で活用されている。

SRCは、カリフォルニア州がそれまでに数多の改革プログラムを先導してきたことを踏まえ、学校改革の目標を「より広範な用語でもって」定義するヴィジョンの作成に着手したのである。ヴァルゴは、リチャード・エルモアの言うところの学校の教育活動の「専門技術的中核（technical core）」に触れる事柄については、より「包括的な改革の全体像」を描くことに注意を払ったとする[49]。

BASRCのヴィジョンの作成には、学校、学区、財団、学校改革組織の代表らが集った。BASRCのヴィジョンは「改訂に開かれた草稿」であろうとしたとヴァルゴはいう。「カリフォルニア州において教育が高度に政治化された位置にある」との認識から、サンフランシスコ湾岸地区の教育者にとっての「頼みの綱」足ろうとしたからである。ヴァルゴは、当時における報道機関や政治家らによる「慢性的な『教育たたき』」の状況を指摘する[50]。

ヴァルゴは、BASRCのヴィジョンの形成過程は、サンフランシスコ湾岸地区の多様な教育共同体の参加を促すものであったとする。しかし同時に、こうしたヴィジョン形成の「選択」により、その後BASRCが、特定の指導プログラムの「引受人」の役割を担うことを難しくさせたとヴァルゴは指摘する[51]。

② ヴィジョンの翻案――改革の深まりへの取り組み

次いで、BASRCはそのヴィジョンを「一連の規準」に翻案する局面を迎える。ヴァルゴは、一九九〇年代初頭のカリフォルニア州の教育政策において、「生徒の学業達成度のデータ」と「結果に対するアカウンタビリティ」の双方が欠けていたことを指摘する。それゆえ、初期のBASRCでは、学校が改革に必要な「データや根拠」を探り当て活用することを助けることに焦点が当てられたのである[52]。

しかしながら、州が命じるテストを欠く中でBASRCは、「他の類のデータ」に焦点を当てた。すなわち、BASRCは、そのヴィジョンを改革の「発達段階」を記述する一連の「ルーブリック」へと翻案したのである（図7-4参照）。そのルーブリックは、生徒の取り組みと同時に大人の取り組みの「根拠」についての議論を含んでいた。「ルーブリック」の開発には、サンフランシスコ湾岸地区の幅広い教育共同体の参加を求めた[53]。

個別の教室レベルに留まらず、学校レベルの改革を強調し、その審査を重視するというＢＡＳＲＣの「選択」は、以下の「帰結」を生み出したという。すなわち、教師の「専門家学習共同体（professional learning community）」を構築することと、生徒の学業達成度の改善との間にある「すでに埋め込まれた遅れ」を明らかにすることになった。例えば、学校の「組織的能力」を構築することは大規模の高校よりも小学校の現実により適応的であることや、ＢＡＳＲＣの改革に取り組む高校はそもそも学校規模での「読み書き」への焦点化に進んで応ずる学校であること、さらには、都市部の小規模な高校では大半の生徒が「読む」ことに困難を抱えることなどである。[54] ＢＡＳＲＣは学校規模の改革を掲げることで学校規模の現実との隔たりを目の当たりにしたのである。

(2)　さらなる「選択」

次に、ＢＡＳＲＣの展開に伴うヴァルゴのさらなる「選択」について、州の評価の活用、改革の深まりと広がりに関して検討しよう。

①　州の評価の活用——改革の広がりに向けたさらなる取り組み

一九九〇年代後半、カリフォルニア州の教育政策は大きな転換を迎える。ヴァルゴは、一九九〇年代前半の「不景気と政治的行き詰まり」により、教育政策における州のリーダーシップが「空白」であったことと対照的であるとする。一転してカリフォルニア州は、「カリフォルニア・リーディング・イニシアティヴ」（一九九六年）、「標準テストの実施と報告プログラム（ＳＴＡＲプログラム）」や「公立学校アカウンタビリティ法（ＰＳＡＡ）」などにより、州規模のテストを導入し学校レベルでのアカウンタビリティの要求を強めたのである。[55]

ここでＢＡＳＲＣは、ある「選択」を行う。ＢＡＳＲＣは、データとアカウンタビリティへの焦点化を強化するために、学校レベルのアカウンタビリティを求める州の教育政策に即し、州が開発する「道具」を適用し活用することにしたのである。この「選択」についてヴァルゴは、ＢＡＳＲＣが学校への「階層序列的な影響力」を欠いていたこと、新たな州のテストのデータは「不十分」であったものの生徒の学業達成度の傾向に対する新しい洞察、特に、学業達成度の「格差」に対する洞察を得るためには有用であると判断したという[56]。

しかし、この「選択」にはBASRCにおいても異論があり、BASRCは「窮地に立たされた」。ヴァルゴは次のように言う。確かに、BASRCは教師や管理職と共にある強力な「草の根の」組織として、州の政策動向に対して批判的な態度を取り人望を集めることもできた。しかし、BASRCは長期的な視点から、BASRCの仕事を「新手の掛け値の高い州のプログラム」に沿わすことが、BASRCの使命の中心にある「振るわない」学校の教師や管理職の「最小必要量の関心」を集める唯一の方法であったとする[57]。

次第に、この「選択」の欠点が明らかになってきた。学校は、州が求めるアカウンタビリティへの対応に追われ、「授業や学習についての深く専門的な会話」や、「より診断的で真正の評価の開発や活用」が難しくなったのである。そこでBASRCは、データに基づく意思決定により継続的な改善を進める「探究のサイクル」に、より焦点を当てることにした。これは、それまでの組織的計画やポートフォリオの審査によるアカウンタビリティからの転換を意図した[58]。

BASRCの「探究のサイクル」は、学校のリーダーたちが授業と学習を改革する重要な道具となったのである。すなわち「探究のサイクル」は、学校のリーダーたちに、「学校文化」を改革し、教師の「専門家共同体」を構築し、「分散されたリーダーシップ」を育成することを促したとヴァルゴは強調する（図7-2参照）[59]。

ヴァルゴは、州の政策に即し、BASRCの中核的な方略の焦点を、生徒の学習と学校の改革の「より広義の根拠」ではなく「評価のデータ」に向けるという「選択」は、次の「帰結」を生み出したという。一つには、BASRCの改革の普及を促す上では効果的であった。教師や管理職が、BASRCとその取り組みを自分たちが注意を向けなければならない州の焦点に即したものであるとみなすようになったのである。「BASRCは周辺化されることを免れた」とヴァルゴは指摘する。州のアカウンタビリティが「構成要素に分けたデータ」と「生徒の下位集団の進

展」を強調したことは、生徒の学業達成度の「格差」について教師たちが語り合う「具体的な方法」を示したのである。(60)

一方、「標準化されたテストのデータ」についての議論は、教師たちに、「実際の生徒の学びの成果や作品」を基にした「豊穣で省察的な会話」を導くには至らなかったという。(61) カリフォルニアのテストのデータは、教室の実践の改革に対して必ずしも示唆的ではなかったのである。

② 教室レベルの改革へ——改革の深まりの再検討

「探究のサイクル」がBASRCのプログラムの中心になるに伴い、「探究のサイクル」はより具体的になったとヴァルゴは強調する。学校の継続的な改善に向けて「失敗の典型」を同定し理解することに長けていったという。ただし、この展開もまた論争含みであった。BASRCのネットワークの成員から、「BASRCは学校の助けとなる情報を提供してくれるというよりも、規則作りに励んでいるようだ」「BASRCはあたかも州政府のようだ」と批判が聞かれるようにもなったのである。(62)

ヴァルゴは、BASRCの「探究のサイクル」が他の類似の「データに基づく意志決定過程」とは異なる特徴を有していると強調する。すなわち、法令遵守の目的のためにデータを収集することに留まらず、組織的・個人的な学習への焦点化を続けたのである。具体的には、BASRCは、教師に対して、生徒の学業達成度に関する質問に留まらず、教師の実践に関する質問を課した。「質問A」「質問B」である（図7-3参照）。

この焦点化はBASRCにおいて不可欠であったとヴァルゴは強調する。BASRCは、教室レベルの改革のために、「質問A」「質問B」の実施を蓄積するにつれ、「探究のサイクル」の三つの発達段階を記述するに至った。「目録作成の段階」「実施の段階」「有効性の段階」の三段階である。(63)

「目録作成の段階」において興味深いのは、教師の側からの、「リーディングに困難を抱える生徒について、私たちはどのような根拠を持っているのか」という質問である。ヴァルゴは、この質問が、評価に不信を抱く教師たちにとって、評価そのものを吟味する出発点になるとみる。続く「実施の段階」では、「困難を抱えていると同定した生徒について、私たちは他に何を知っているのだろうか」という質問が興味深い。ヴァルゴは、ここに「診断的な評価」へと移行する芽を見いだす。「有効性の段階」では、教師たちが実行した方略の効果を問う。「私たちが標的とする生徒たちに対して方略Xは、いかなる効果があったのか」という類の質問である。[64]

さらに、ヴァルゴは、BASRCの「探究のサイクル」が教師の集団的な活動を強調し、カリキュラムや指導の研究に基づいた「最善の実践」を調査し適用し実施することを導くことを主張した。ヴァルゴは、学校規模の改革の焦点化こそが、教師たちが「専門家学習共同体」を築く基礎となる共通の仕事に従事することを導くとする。[65]

「探求のサイクル」とデータを強調するBASRCの「選択」により、以下のことも見えてきたとヴァルゴはいう。学校の問題を同定するにはあまりにも不十分なデータと学校が向き合っていたこと、改善を導くには質問が十分に構造化されていないことや授業や学習とあまりにも距離があること、「最善の実践」の概念があまりにも狭いか研究に基づいていなかったことである。さらには、依然としてデータは政治的でアカウンタビリティの道具として見なされBASRCの求めることの優先順位は低いままであること、貧困地区にあり最も改革を進めたい学校が「探究のサイクル」を教室の改革へと結びつけることが最も難しいことなどである。[66]

③　規模の拡大へ

学校改革の中間組織に過ぎないBASRCは、サンフランシスコ湾岸地区の六つの郡の二五学区に跨る改革の展開を、改革のネットワークを形成する方略によって支援するという「選択」を行った。[67]

しかし、そのネットワークもまた問題含みであったとヴァルゴは指摘する。学校を越えた教師のネットワークは、BASRCが作り出そうとしていた「学校を基盤とする専門家共同体」を欠く場合に意義を持つとヴァルゴは言う。すなわち、教師たちの仕事の環境が「専門家共同体」や「専門家のアイデンティティー」を欠く際に、教師のネットワークがそれを補填しうる。BASRCは、学校の内側や学区の内側における「専門家学習共同体」の構築を目指したのであり、教師たちが学校を越えたネットワークに「専門家のアイデンティティー」を求める状況を作り出すわけにはいかなかったとヴァルゴは言う。にもかかわらず、BASRCは改革の規模の拡大のためにネットワークの構造を必要としたのである。(68)

改革の当初においてBASRCは、学校がBASRCの助成金獲得の申請書の執筆に勤しむのではなく、既存の学校文化とは異なる新しい能力開発に取り組むための条件づくりに励んだ。すなわち、BASRCは、改革に関心を寄せる学校に呼びかけ、学校が「現実に取り組んでいる改革の事実」を用いてBASRCのヴィジョンを語るように導いたのである。そのため、応募者である学校や学区は、共同開発した一連の改革の「ルーブリック」を用い、改革の「ポートフォリオ」を準備するようになった。これらは、応募者の審査過程において「支えとなる申請書」として用いられたとヴァルゴは強調する。(69)

BASRCは、教師が現実に経験している改革の努力そのものを内容として含む手続きを活用したのである。ヴァルゴは、学校がBASRCのポートフォリオ作成や応募のためのセッションに参加することは、行政的な手続きとはかけ離れた「高度な専門性開発」の一部を成していたと強調する。回を重ね、このポートフォリオの活動は、学校、学区、財団、共同体の団体、大学、非営利組織等から約五〇〇人が協同する活動となった。ここにヴァルゴは、サンフランシスコ湾岸地区において、BASRCの改革の目的と方略の双方についての「総体的な合意」を形成する重要な道程としての意義を見いだしている。特に、オークランドとサンフランシスコという二つの主要な学区の教育者たちが、学校のポートフォリオの作成を「学校内部のアカウンタビリティ（internal accountability）」と「改善の努力」として組み込むことになったのである。(70)

ただし、ポートフォリオの試みは全ての学校において成功したわけではない。最も上手く機能した事例においてさえ、ポートフォリオ作成による応募は、あまりにも手間と時間がかかるため、改革の規模の拡大のための持続可能性には程遠かったのである。さらに、州による「掛け値の高い」アカウンタビリティ体制の採用は、こうした「同等の同僚による（peer-based）」アカウンタビリティから、「階層序列による（hierarchically based）」アカウンタビリティへと焦点の移行を導き、ＢＡＳＲＣはポートフォリオの試みの中止を余儀なくされたという。[71]

三　ＢＡＳＲＣにおける教師の「専門家共同体」の新展開

スタンフォードＣＲＣのマクロフリンとタルバートは、二〇〇六年に『学校を基盤とする教師の学習共同体の構築――生徒の学業達成度を向上させる専門家方略』を公刊した。ここに、マクロフリンとタルバートによるＢＡＳＲＣの評価研究の成果の定式化をみることができる。マクロフリンとタルバートは、ＢＡＳＲＣの学校改革の経験を踏まえ、既存の学校文化から「教師の学習共同体（teacher learning community）」への「発達段階（developmental stages）」を同定し、その「移行の課題（challenges of transition）」を特定する作業に着手した。

本節ではまず、マクロフリンとタルバートが注目した学校改革の希少な成功例であるポールセン小学校の事例について検討する。その上で、マクロフリンとタルバートが定式化した改革の「発達段階」と「移行の課題」について検討しよう。

(1)　ポールセン小学校における「教師の学習共同体」

マクロフリンとタルバートは、『学校を基盤とする教師の学習共同体の構築』の第二章「学習共同体へと学校文化を再構築する課題」において、スタンフォードＣＲＣが集約的なフィールドワーク調査を行った一〇校の中の一校である、ポールセン小学校の「教師の学習共同体」について叙述する（表7-1参照[72]）。

ポールセン小学校は、サンフランシスコ湾岸地区の都市学区に属す小学校であり、近年急速に児童の多様性が増し、「英語学習者」の占める割合が一九九七―一九九八年の一一％から二〇〇二―二〇〇三年には二四％に増加している。

ポールセン小学校は一九九六年よりＢＡＳＲＣに参加し、その改革の過程を通じて「教師の学習共同体」を構築するにいたる希少な学校である[73]。前節のヴァルゴの省察において、その局面ごとに立ち現れる学校改革の困難が明らかにされていたことを踏まえ、これが希少であることに改めて留意したい。

マクロフリンとタルバートは、二〇〇一年の共著『専門家共同体と高校教師の仕事』において定式化した「専門家共同体」を特徴づける三類型（本書の第六章）について、新たに「専門技術文化（technical culture）」、「専門家の規範（professional norms）」、「組織の方針（organizational policies）」の三つの観点から表7-7のように整理し提示する[74]。この新しい枠組みに即し、マクロフリンとタルバートは、ポールセン小学校における学校改革を、順に、「授業の改善に焦点化するためのデータの利用」、「専門職性の規範の強化」、「専門家の学習と公正のための組織化」の三点から特徴づける。

第一に「授業の改善に焦点化するためのデータの利用」についてである。ポールセン小学校では一九九六年より「探究に基づく学校改革」に着手し、児童の学業達成度のデータを詳細に検討し、「探究のサイクル」に従事し続けたという。ポールセン小学校の教師たちは、外部の支援者の力を借りながら、例えば、児童の学業達成度の格差が、人種、民族、ジェンダー、学年段階のいずれにおいて生じているのかを正確に同定し（特に読み書きにおいて）、指導のアプローチを改善することに努め続けた。マクロフリンとタルバートは、ポールセン小学校において、学業達成度のデータの利用方法が洗練されるにつれ、教師たちが、改善のために問題を同定し新しい課題を探ることを可能にしたことに注目する。特にポールセン小学校の改革の取り組みは、複数の学年レベルの「学習共同体」の集団的な取り組みを通して、改善に向けた探究や協同が行われたという。例えば、第二学年と第三学年の教師六人が一つのチームとなり、児童の学習を評価し、達成度の低い児童への指導や介入のデザインにおいて協同した。こうした地道な取り組みの積み重ねにより、ポールセン小学校において教師の協同と生徒の学業達成度の向上が実現したという[75]。

第二に、「専門職性の規範の強化」についてである。ポールセン小学校では、他の「教師の学習共同体」と同様に、教師たちが常に「全ての児童のための強力で集団的な傾倒」を行うことを表明していたという。マクロフリンとタルバートは「教師の学習共同体」の中心に「職業倫理」があることを強調する。マクロフリンとタルバートはポールセン小学校の教師の次の語りに注目する。その教師は「ここにいる子たちは私たちの児童である。『私のクラス』、『彼のクラス』ではない。ここの子たちは私たちの児童である」という。マクロフリンとタルバートは、ここに「全ての児童の成功に対する共有された責任」が認められ、そのための教師相互の「傾倒」と「信頼」をポールセン小学校では発達させてきたと指摘する。さらに、マクロフリンとタルバートは、「探究のサイクル」が、全ての児童の学びを改善することが可能であるという「証拠」を提供することから、ポールセン小学校において高度な「職業倫理」が発達し維持されていることにも注目している(76)。

第三に、「専門家の学習と公正のための組織化」についてである。マクロフリンとタルバートは、ポールセン小学校では、「データに基づく探究」のためのリーダーシップが、教師間において「幅広く共有される」ことを支援する組織化が進められたという。例えば、職員会議において、学校の意志決定や専門性開発や「探究サイクル」についての議論を、校長ではなく教師が促進するように改めたこと、さらには、教師のチームにより「探究」に従事する「スタッフ開発の日」を設定すること、第二・三学年の合同チームがＢＡＳＲＣの支援の下で五日間の自主研修日を獲得することなどである。こうした取り組みを積み重ね、ポールセン小学校では次第に、学年レベルを超えた「探究」や、学業達成度のデータに留まらない学校改善に向けた様々な取り組みが生み出されていった。ここにマクロフリンとタルバートは「授業改革の結束性」を見出しており、その「結束性」が学年を超えた教師の協同へと発展したと指摘する(77)。

ポールセン小学校の改革の歩みは、上記の地点にいたるまでに五年を費やしている。マクロフリンとタルバートは、この歩みを「教師の学習共同体に向けた愚直な活動」として性格づけている。この「愚直な（steady）」という形容には、エルモアとマクロフリンによるランド共同レポート『愚直な仕事』（一九八八年）が想起される（本書第二章）(78)。

表 7-7 「教師共同体の文化による相違点」[79]

専門家共同体の類型	典型的な〔弱い〕共同体	強い伝統的共同体	学習共同体
専門技術文化			
生徒についての信念	学業の成功は生徒の能力によって異なる	学業の成功は生徒の能力によって異なる	全ての生徒が高度な学業基準に到達することができる
学習者としての生徒の役割	教育内容の学習における受動的な役割	教育内容の学習における受動的な役割；上級クラスにおける積極的な役割	教育内容の学習における全ての生徒の積極的な役割
内容	教科書に基づく教科内容	連続的、階層的な教科の主題と技術	学問を基盤とする中核的概念による螺旋型カリキュラム
教育学	知識の伝達；教科書の範囲を重視	知識の伝達；教師の講義を重視	教科と生徒の知識の架橋；学習共同体
評価実践	教科書に基づく宿題とテスト；分布曲線に即した評点	生徒の振り分けと選抜のための特別テスト；分布曲線に即した評点	基準に基づいたルーブリックを利用したパフォーマンス評価；改善のためのフィードバック
専門家の規範			
同僚関係	私事性の規範により強化された孤立	生徒のテストと割り当ての方針に関する調整	授業と学習に関する協同；メンタリング
専門的知識・技術	私事的な実践を通して発達する専門的知識・技術	学問的知識に基づく専門的知識・技術	協同を通して共有され発達する知識に基づく集団的な専門的知識・技術
組織の方針			
教師に割り当てられるコースと生徒	年功序列制の特権	専門的知識・技術による教師のトラッキング	公正と学習のためにローテーションによるコースの割り当てとコースの共有
資源の配分	在職期間に基づく資源へのアクセス	教師の専門的知識・技術とトラックに即した資源へのアクセス	資源の必要と調達についての集団的な決定；資源の創出と共有

ただし、ＢＡＳＲＣの改革においてポールセン小学校に生じた「教師の学習共同体に向けた愚直な活動」は稀な事例であった。こうした学校改革の事例を基に、マクロフリンとタルバートは、ＢＡＳＲＣにおいて「教師の学習共同体」への質的な変容過程を探るため、「教師の学習共同体」の「発展段階」についての考察を進める。

(2)　「教師の学習共同体」の「発達段階」と「移行の課題」

マクロフリンとタルバートは、ＢＡＳＲＣのもと学校改革に取り組んだ一〇校の事例研究に基づき、五年間にわたる「教師の学習共同体」への展開についての分析を行った（表7-1参照）。そこからマクロフリンとタルバートは、既存の学校文化から「教師の学習共同体」への「発達段階」を同定し、その「移行の課題」を特定している。「教師の学習共同体」の「発達段階」とは、個々の学校における固有の改革の「歴史」や「探究のサイクル」への「準備」を考慮に入れた上で、広く共通してみられる改革の展開を跡づけたものである（表7-8参照）[80]。

①　「駆け出しの段階」

第一に、「駆け出しの段階（novice stage）」である。まず、ＢＡＳＲＣの改革に着手した一〇校全てが、「生徒の成長と課題を理解するために最も有効な基本となるデータを確定すること」に取り組んだとマクロフリンとタルバートはいう。教師たちは、「何が根拠として『重要』であり、何が生徒の成長を示すのか」という課題に取り組んだのである。マクロフリンとタルバートによれば、この段階から抜け出すことのできない学校もあったという（表7-1参照）。ＢＡＳＲＣにおいて、学校全体の基本となるデータを収集することが改革の第一歩となる[81]。

データの収集は、教師たちに大きな問題を課すことになった。すなわち、ＢＡＳＲＣの学校が集うカンファレンスにおいて繰り返し話題に上ったのは、データが明示されることに関する「恐怖」であったという。それは、学校の目標が達成できない時の「報復」の「恐怖」であり、教師たちの「自尊心」が傷つけられはしないかという「不安」であった[82]。

表 7-8 「探究に基づく改革の発達段階」[83]

	駆け出し	中間	先進
教師共同体	教師共同体の構築；協同の規範の発達	実践を問い直す規範の発達；共有された言語／解釈共同体の発達に着手	実践の改善と責任の共有に焦点化する学習共同体の生成
共有されたリーダーシップ	改革のための仕事を管理する体制の開発	改革における教師のリーダーシップの役割の拡大	より多くの教職員において改革の取り組みの主体である意識の確立
焦点化された取り組み	学校改革を推進する焦点化された取り組みの創出	ヴィジョンの明確化；ヴィジョンを実現する作業計画の開発	学校改革の取り組みの結束性の確立；外部からの圧力の管理
データの利用	データとその利用方法の価値を見出す	より良い方法で利用するためのデータの管理	データを管理する体制の開発
探究の手順	探究の実験と手続きの創出	授業と学習への焦点化；生徒の進歩を示す指標の同定	学校全体、下位集団、教室における探究の焦点と実践を関係づける

データ収集を起点とする「探究のサイクル」を進展させるためには、教師共同体に、「研究技能のレパートリーを開発すること」が求められた。すなわち、「リサーチ・クエスチョンを設定すること、問題を明示すること、分析の方略を構築すること」である。改革に取り組む学校が、「意義のある方法で」データを利用することが可能になることで、「根拠に基づく改革のプロセス」が加速し始めたとマクロフリンとタルバートはいう[84]。

こうして「駆け出し」の学校は、データを管理する体制づくりや、実践の改善のための「探究」の価値の理解に取り組むことになる。マクロフリンとタルバートは、教師間における知識の構築を促進する「改革コーディネーター」や、信頼や協同の規範の発達を支援する「管理職」の役割が重要であるとする。すなわち、「駆け出しの段階」から次の「中間の段階（intermediate stage）」に移行するためには、「探究のサイクル」において必要とされる技能や知識の発達に加え、相互の信頼や敬意を醸成し協同の規範を発達させるリーダーシップが必要となる[85]。

② 「中間の段階」

第二に、「中間の段階」である。「駆け出しの段階」から「中間の段階」へと移行した学校は、「探究のサイクル」を「教師共同体の構築」のために利用し始めるとマクロフリンとタルバートはいう。生徒の成果における「小さな改善」が、「探究のサイクル」と授業や学習の改革との結びつきを「可視化」し、学校が改革の進展を実感することが見られ始める。しかし、この「中間の段階」の学校において、「探究のサイクル」と実践の結びつきは容易に見出されるわけではなく、むしろ、学校文化を、「省察」や「根拠に基づく意思決定」や「協同」を実行する文化へと移行させることに取り組むことが中心となるとマクロフリンとタルバートはいう(86)。

「中間の段階」にある学校は、生徒のための「共有された目標」を明確にし、学校に「共通のヴィジョン」を構築することに努める。ここで重要なこととしてマクロフリンとタルバートは、「共有された言語の発達」もしくは「解釈共同体の発達」を指摘する。BASRCの「探究のサイクル」において、教師たちの「探究」を深化させ教室実践との繋がりを強化する基盤として、改革に取り組む「共通の語彙」と「共通の理解」を発達させる必要があるとマクロフリンとタルバートはいう。こうした過程を経て、「探究」が学校の意思決定や実践についての議論の中に「深く染み込む」ようになるという。ただし、「中間の段階」の学校では、学校全体にわたる「専門家文化」を構築するにはいたっていないことに留意する必要がある(87)。

「中間の段階」の学校では、教師たちが次第に「データを収集することは改革のプロセスの第一歩に過ぎないことを認識し始める」という。ある教師は、「データそれ自体が有用なのではない。データを用いて何をするのかが重要である」と語るにいたる。すなわち、データを収集することの「恐怖」が取り除かれ、データは教師たちが取り組むべき課題を同定する「資源」として位置づけられるようになる。この変化は重要である。マクロフリンとタルバートは、「生徒の成果」と「教室の実践」とを結びつけることは、全てのBASRCの学校において取り組まれる課題であるとし、「中間の段階」にある学校が、データを用いる能力を発達させるのに伴い、「データは問題の在りかを示すことに有用であり、その解決策を同定するものではないこと」を見出すにいたるという。データが示す特定の問題にいかに取り組むのかという意識が育たないままでは、教師たちは実践を改善する方法としての「探究の過程」に失望感を抱くようになる(88)。

改革に取り組む多くの学校が、数年を経てもなおこの「中間の段階」に留まっていたとマクロフリンとタルバートはいう（表7-1参照）。多くの学校において「探究のサイクル」は、学校改革実践の「道具箱」の中の「一つの道具」として利用することを超えず、実践を「問い直し省察し実行するサイクル」を深化させることはなかったという。マクロフリンとタルバートは、こうした学校の教師たちは、「探究の実践の手続き上の知識」を学んだだけであって、「探究の原理や探究の専門家の構え」を学ぶにはいたらなかったとする。

さらに、マクロフリンとタルバートは、この「中間の段階」に留まる学校では、「探究に基づく改革」を推進する「集団的な責任の規範」や「職業倫理」を発達させるにいたらなかったと指摘する。「こうした規範的な文脈なしには、データを利用する新しい実践が教師の学習共同体を発達させることはなかった」という。こうした「専門技術的、認知的、規範的な諸課題」に取り組むことが教師共同体を「中間の段階」から次の「先進の段階（advanced stage）」への移行を準備することになる(89)。

③　「先進の段階」

第三に、「先進の段階」である。マクロフリンとタルバートは、この「先進の段階」にある学校を、「探究の文化」が発達した「専門家学習共同体」として機能していると性格づける。教師たちは、「学校の問題を吟味し」、「データを収集し分析し」、「分析に基づいて新たな実践を試みる」という一連のプロセスに十全に参加し、そうした「探究」のプロセスの成功を、教室において有効な「活動可能な知識（actionable knowledge）」を生み出す程度において判断するようになるという。「先進の段階」にある学校では、「学校全体」が改革の「現場」であり改革の「焦点」となっており、教師たちの「探究」は、教科部や学年レベルのチームから各々の教室にいたるまで行き届いているという。

ある教師は次のように語る。「もはや、根拠に基づかずに実践について議論をすることや、そうした専門家のスタンスに『戻ることは想像できない』」という(90)。以下、この「先進の段階」の学校の特徴を検討しよう。

マクロフリンとタルバートは、教師たちのディスコースに注目する。マクロフリンとタルバートは、「先進の段階」にある学校では、「生徒の成績のパターン」に深く探りを入れる議論が展開されているという。例えば、「なぜ小学校の高学年において黒人とヒスパニックの児童の成績に違いが生まれているのか？」、「なぜ第一〇学年のラテン系の生徒の数学の成績の下降が繰り返されているのか？」、「なぜある一つの第三学年のクラスの児童の作文の技能が他よりも良い成績を示しているのか？」という問いである。マクロフリンとタルバートは、こうした問いが、「個人の責任の追及」や「非難」に向かうことなく、「教室の実践と生徒の成績との関連」を理解する努力に向けられていることが重要であるという(91)。

さらにマクロフリンとタルバートは、「共有された言語」は、「探究をめぐる学校の専門技術的文化の強度」を反映しているという。「先進の段階」にある学校では、「探究についての語彙」を「構築」している。例えば、ある教師は「この学校には共通の言語がある。前任校では、データが意味すること、基準が示すもの、ルーブリックとは何かについて理解している教師はごく少数に限られ、およそ三人程度としか議論をすることができなかった。しかし、この学校では、今や、あらゆる場所でそうした会話を進めることができる」という。マクロフリンとタルバートは、「共有された言語や理解」が、「探究」を進めるための基盤を構築していると強調する。そこでは、授業や学習についての議論が、教師の「意見」や「先入観」ではなく、「根拠」と「分析」に基づいているのである(92)。

マクロフリンとタルバートはまた、「先進の段階」にある学校の教師たちにおいて、生徒の成功に対する「集団的責任」の意識が浸透しているという。そこでは、成績の振るわない生徒についての議論が、「教師個人の実践」の観点からではなく、「学校共同体の実践」の観点から展開されているとする。それまでは「個人的で主観的な評価」から捉えられていた問題が、教師たちによって「客観的に」語られるようになり、「公正」の実現に向けた困難な道を進むという特徴を示している。マクロフリンとタルバートは、教師たちの「集団的責任」は、学校が「先進の段階」にあることとの明確な指標であるとし、教師たちの「継続的な学習と改善の基盤」を形成していると指摘する。(93)

四　多様なイニシアティヴによる学校改革
――「教師の学習共同体」の発達と「改革のコーディネーター」の役割

教師の「専門家共同体」の波及は、「教師の学習共同体」を発達させる、エティエンヌ・ウェンガーが言うところの「共同体コーディネーター」の仕事に負うところが大きい。本節では、BASRCや「生徒を中心に（SATC）」の学校改革における「改革のコーディネーター」の役割について検討しよう。「コーディネーター」の主題化は、BASRCも含む学校改革の新たな展開を示している。マクロフリンとタルバートは、『学校を基盤とする教師の学習共同体の構築』(94)の第三章「学校における実践共同体の発達」において、多様な改革のイニシアティヴによる学校改革の取り組みに迫る。

マクロフリンとタルバートは、「教師の学習共同体」の「発達段階」への考察を踏まえ、「教師の学習共同体」の発達を理解することが必要であることを強調する。この第三章「学校における実践共同体の発達」では、学校改革の「コーディネーター」の役割に焦点を当てながら「教師の学習共同体」の発達の軌跡を追っている。以下では、マクロフリンとタルバートが注目する三つの事例（表7-9参照）に即して、「教師の学習共同体」の発達と改革の「コーディネーター」の役割について検討しよう。

なお、マクロフリンとタルバートは、「教師たちの共同作業を調整し、教師の学習を導出する個人」に注目するが、改革のイニシアティヴのそれぞれにおいて同種の役割を担う者の名称は多様であり、それぞれの事例ではイニシアティヴに固有の名称を用いる。(95)

(1) BASRCの「改革コーディネーター」による「教師の学習共同体」の発達
――ベイ・エリア中学校の事例

一九九六年から五年間にわたってサンフランシスコ湾岸地区の学校改革を主導し支援してきたBASRCは、二〇〇一年から新たな改革の五年間を迎える（「第二局面」）。ここで検討するBASRCの「改革のコーディネーター」は、前節にて検討してきたポールセン小学校における五年間の改革を支援してきた経験を持つ「コーディネーター」であり、その経験と知識を踏まえ、二〇〇一年からはベイ・エリア中学校の改革の支援に着手している。マクロフリンとタルバートは、彼女が、教職員の協同を促し教師の学習を支えるために改革の「段階的な方略」を採用したことに注目している（表7-9の①参照）[96]。

この「コーディネーター」は、「第一段階」として、校長との共同作業により、読み書きにおける生徒の達成度の格差を示すデータを見出した。それを踏まえ、他の教師にも働きかけながら、通年にわたりリーディングとライティングの授業時間を増やす方針を固め、多くの教師たちの同意を獲得する。彼女の方針に即しながら、教師たちは新たな介入の実践の効果を測り、さらなる改善を進めるために生徒の達成度のデータを使用することになった。ここに、ベイ・エリア中学校に最初の「探究のサイクル」が確立することになる。もちろん、この段階では、新たな介入の実践に反対する教師グループや、懐疑的な教師もいるものの、学校規模のデータが示す生徒の達成度の格差に対しては関心を寄せており、新たに何かを試みることには同意を獲得していた[97]。

改革の「第二段階」は、次の年のスタートとともに着手された。生徒の達成度は、新たな介入の実践により改善がみられたものの、標準の学年レベルの成績には二年間にわたって到達することはなかったという。そこで「コーディネーター」は、教師たちの読み書きに対する専門的技術や知識を発達させる必要があると考え、ある教師グループを学校外部の集約的な専門性開発の機会に参加させたという。この教師たちは、週に一度集う読み書きの特別チームを形成し、「コーディネーター」との協同を重ね、学校の「共同体構築」の次の段階に向けてリーダーシップを発揮す

表7-9 「学校における教師の学習共同体の発達のためのデザイン」(98)

教師共同体の仕事の焦点	①評価〔データに基づく探究〕	②生徒〔学習者に焦点化する探究〕	③教科内容〔数学の授業と学習〕
共同体の境界	学校全体	教科横断の研究グループ	数学教師
共同体の発達の支援者	・学校改革コーディネーター ・読み書きの専門性開発者	・コンサルタントとしての専門性開発者	・コンサルタントとしての数学教育者
道具と知識資源	・探究のサイクル ・州/学区/学校の評価データ ・読み書きについての学校外部の専門性開発 ・読み書きの支援提供者 ・BASRC コーチ・ネットワーク	・生徒の作品を吟味するプロセス ・共有された書物 ・教室の道具、実践の観察、実践についての語り ・初等学校教師ネットワーク（ETN）；SATC パートナー	・CMP カリキュラム ・数学教育の授業（コンサルタントによる実施） ・ニューヨーク市数学プロジェクト（NYCMP）；SATC パートナー ・数学の専門家ネットワークと基準

るチームへと変容していったという。このチームは、教師たちの改革に対する認識や関心を調査し、改めて学校のテスト・データを示し、改革に向けて「総合的で根本的な提案」を行ったという。(99)

改革の「第三段階」は、このチームの提案を機に始まっている。このチームのメンバーたちは、「生徒の達成のパターン」と「読み書きの授業についての研究の成果」とをつなぎ合わせる取り組みを、他の教師たちとともに行い、テスト・データに示される生徒の読み書きにおける弱点を克服するための実践の改善に奔走したという。こうした取り組みを積み重ね、改革に消極的であった教師たちも、次第に、生徒の達成度の格差を克服する改革の必要性を認識し、学校改善のプロセスとして「データに基づく探究」の価値を認めるようになったという。(100)

この改革の取り組みにおいて、「コーディネーター」の果たした重要な役割は、「教師の学習共同体」の構築に向けて教師のリーダーシップを発達させたことにあるとマクロフリンとタルバートはいう。「コーディネーター」は、学区に雇われ地域において信頼される教育者であり、「探究に基づく改革」を推進させることに積極的に関わる教師たちを集め、専門的技術・知識や学校外の専門家ネットワークへの接近を支援するのに十分な役割を果たしているという。この改革の取り組みにおいて学校中に「分散されたリーダーシップ」が発揮されることで、学校規模の「共同体」の構築に寄与したとマクロフリンとタルバートは指摘している(101)。

さらに、テスト・データを利用する改革の取り組みは、学区からの技術的な支援を必要としており、「コーディネーター」はこの調整をはかりつつ、学校改革に対する学区の支援能力の開発にも寄与したという。「コーディネーター」は、学校に「分散されたリーダーシップ」を発達させると同時に、学校と外部の専門家ネットワークや学区との連絡を支援し続ける役割を担い、改革の取り組みを支え続けたのである(102)。

(2) ETNの「共同体ファシリテーター」の「生徒の作品を吟味する」活動による「教師の学習共同体」の発達
――ニューヨーク市中学校の事例

一九九六年に着手された「生徒を中心に（SATC）」による学校改革においても、教師の「専門家共同体」の波及を認めることができる。SATCは、「ドゥヴィット・ウォリス＝リーダーズ・ダイジェスト基金」の支援により、ニューヨーク、シカゴ、フィラデルフィアにおける学校改革を、各地の専門性開発組織との協同において推進した。その期間は一九九六年から二〇〇一年までの五年間である。スタンフォードCRCは、ワシントン大学「教職政策研究センター（CTP）」と協力し、このSATCによる学校改革の調査研究にも従事した(103)。

ここでは、ニューヨーク市の中学校の改革において、SATCと協同した「初等学校教師ネットワーク（Elementary Teacher Network、以下ETNと略記）」の共同代表を務める「共同体ファシリテーター」の役割を検討しよう（表7-9の②参照）。

この「共同体ファシリテーター」の改革の方略は特徴的である。それは、「生徒の作品を吟味する（look at student work)」「教科横断の研究グループ」を組織し、「全ての子どもを支援する臨床的な専門的技能」を発達させ、「教師の学習共同体」を構築することを目指すという改革の方略であった。(104)

この方略において「生徒の作品を吟味する」活動は特別な意味が込められている。第一に、「教師の授業」に直接焦点を当てるのではなく、「特定の生徒の学び」に焦点を当てるため、教師たちがこの協同的な活動に参加しやすいことが挙げられる。第二に、その上で、教師たちが協同的に「生徒の作品を吟味する」ことで、「教室での生徒の学びに対する理解を深め」、「生徒の成長をより良く支援する方法を考え出す」ことが目的に据えられている。第三に、教師たちが、「生徒の学びの観点から自分たちの授業を評価する」ことを学び、「生徒に向けてより有効なフィードバックを提供する」ことを学ぶための活動として位置づけられている。第四に、「従来からの学校の状況において最も困難と格闘している生徒の学びの必要性」に焦点を当てることで、「全ての生徒」の学びに対する責任を高め、学校共同体における「職業倫理」を高めることが目指されている。(105)ＥＴＮの「ファシリテーター」は、この「生徒の作品を吟味する」活動を中心とする改革の方略に取り組んだのである。

ＥＴＮの「ファシリテーター」は自身の役割について次のように語ったという。「教師たちが自分たちの仕事について話し合えるような、教師の支え合いによって満たされるべき余白を作り出すこと」。この「ファシリテーター」は、ニューヨーク市の中学校の教師たちとともに、進歩主義教育者であるパトリシア・カリーニ（Patricia Carini）の著作を中心に据え、「生徒の作品を吟味する」活動を繰り返し、教師たちの「省察」を促進することに努めたという。「ファシリテーター」は、こうした取り組みが「評価的」な活動にならぬよう、常に「生徒の作品」を通して「生徒そのもの」への理解を深める活動となるよう支援を続けたという。(106)

マクロフリンとタルバートは、こうした改革の取り組みが四年間を経た時点について、「教師たちは、自分たちが担当するそれぞれの生徒を見る目を養い、個々の生徒の知識や関心や文化や個性に即して授業を改善する能力を発達させることになった」と指摘している。さらに、「教師たちの教科を超えた協同の蓄積により、学校において実践を省察する規範を拡張し深化させることに貢献した」としている。この「生徒の作品を吟味する」活動を通した「省察の規範」の強化は、次にみる同じ学校において取り組まれていた数学教育を中心とする改革の取り組みにも影響を与えたことが認められるという。[107]

(3) NYCMPの「数学教育コンサルタント」による「教師の学習共同体」の発達
――ニューヨーク市中学校の事例

スタンフォードCRC研究が跡づけるSATCによるニューヨークの学校改革は、「ニューヨーク市数学プロジェクト（New York City Math Project、以下NYCMPと略記）」との協同においても展開している。先に検討してきたカリフォルニア州のBASRCの改革が「探究のサイクル」に、ニューヨークでのETNの改革が「生徒の作品を吟味する」活動に特徴づけられるのに対して、NYCMPは数学教育を中心とする学校改革の取り組みであり、数学教育者である改革の「コンサルタント」によって「教師の学習共同体」の発達が目指されている。この取り組みは、ニューヨーク市立大学リーマン校との協同によっても支えられている（表7-9の③参照）[108]。

この「コンサルタント」による取り組みは、第一に、教師の協同の基盤を作るために、学年レベルの教師のチームに共通の数学カリキュラム（「連結する数学プログラム（Connected Math Program、以下CMPと略記）」）に取り組むことを促すことにあった。数学の教師たちが共通のCMPの単元に取り組むことで、教師たちの授業に関する「情報の共有」を促し、教師たちが授業において直面する「困難を共有する」ことを促すことが目指されたのである。第二に、学校規模の数学教師の共同体に対しては、領域を横断する授業の問題について協同するために、数学の学びを評価する「生徒の学びの日誌（student journals）」を作成することを促したという。この「コンサルタント」は、「日誌」に基づく教師たちの省察の時間を組織し、教師たちの学びを支援するために、教師たちの議論における「問題を枠づける」役割を果たしたという。例えば、ある教師は、「生徒の強みと課題について省察するだけでなく、生徒の強みをいかにしてさらに発達させるのかについて省察するようになった」と語るにいたっている[109]。

このNYCMPの「コンサルタント」の仕事において、最も特徴的な役割は、上記のような改革の取り組みを支援することを通して、教師たちとの間に構築された「信頼」に基づき、ある教師の提案から始まった「授業コーチング」にあるといえよう。マクロフリンとタルバートは、この改革の取り組みが、「教師の共同体の発達を支援し授業の改善を導く熟練の授業のコーチングの条件と過程を示している」と位置づけている[110]。この「コンサルタント」による「授業コーチング」の試みについて以下の三点から検討しよう。

第一に、「コンサルタント」による「授業コーチング」の「内容」が、「数学の授業と学習のダイナミクス」に迫るものであったことである。この「コンサルタント」は数学教師の招きによって共同で授業を行ったという。すると、教師たちは、「熟練の数学の指導」によって自分たちの生徒がいかなる反応を示すのかを目の当たりにし、その影響は「強力」であったという。「コンサルタント」による数学指導は、それまでの学校内外での研修において議論を積み重ねてきた数学の授業の「原理」を実際の教室での「実践」に具体的に「翻案する」機会となったのである。ある教師は、この「コンサルタント」の「問いかけのスタイル」が印象的であったという。すなわち、生徒に対する「オープン・エンドの問いかけ」によって生徒たち自身が自分の数学的思考について意識的になる姿があったという。マクロフリンとタルバートは、このようにして、数学教師たちに新たな授業の「具体的なヴィジョン」が提供されたと同時に、生徒たちもまた新たな授業や学習に慣れることを促し、教師の授業改革を支援することにも繋がったと指摘している[111]。

第二に、「コンサルタント」による「授業コーチング」の焦点が、ある一人の生徒に向けられたことが、教師たちが自分たちの授業について再検討する契機となったという。それは、改革の二年目の際に、「コンサルタント」が生徒ミゲルの学びについて時間をかけて追跡したことである。ミゲルは、数学のいくつかの授業ではよく学んでいたものの、その他の授業では困難を抱えていたという生徒である。「コンサルタント」は、なぜミゲルの学びの経験が授業によってそれほどまでに異なっているのかを理解するために、一日を通してミゲルの学びを追いかけ、彼を受け持つ教師たちとも話し、彼のテストや作品を吟味し、彼と共に数学の問題に取り組むこともあったという。それを踏まえ、「コンサルタント」は、「ミゲルが基礎的で反復的な課題にはすぐに嫌気が差すものの、どの教科であっても高度な問題解決や問題の解き方についての議論には熱心に取り組んでいたこと」を教師たちに報告したという。数学教師たちは、この観察の報告を踏まえ、より生徒に即して授業を改善することで、ミゲルの成績は急に伸び始めたという。こうした経験が、数学教師たちを「学習者中心の実践（learner-centered practice）」への移行を促したとマクロフリンとタルバートは指摘している。ある教師は、「コンサルタント」から「生徒の考えを聞くことを学んだ。生徒が多様な方法で自分たちの学びを作り出し繋がりを見出していることを理解することを学んだ」と語っている。[112]「コンサルタント」による「授業コーチング」は、「学習者中心の実践」への志向性を具体的に育んでいるといえよう。

第三に、「コンサルタント」による「授業コーチング」は、教師たちが授業について「省察」する能力を発達させることを支援したという。「コンサルタント」は、教師たちが「省察する技能と習慣を学ぶこと」、「授業中の自己評価の技能と習慣を学ぶこと」の足場掛けをするために、自らの授業実践や「学びの日誌」という道具を導入したのである。教師たちの「省察」の能力は、週に一度の頻度で開催された「コンサルタント」との会議によって発達したという。特に、「日誌をつけること（keeping a journal）」によって、教師たちは、「授業についての考え」や「特定の生徒の学びについての気づき」を記録し、自分たちの授業を改善するために過去の歩みを辿り直すことを可能にしているのである。マクロフリンとタルバートは、こうした「省察的な実践が、コンサルタントが去った後も教師たちの学びを支える日常的な仕事の一部として組み込まれるようになった」と指摘している。[113]

以上見てきたように、ベイ・エリア中学校（ＢＡＳＲＣ）やニューヨーク市の中学校（ＳＡＴＣ）の学校改革において、「教師の学習共同体」の構築に着手する上で、それぞれの「コーディネーター」「ファシリテーター」は重要な役割を担っていた。マクロフリンとタルバートは、「コーディネーター」や「ファシリテーター」が三年から四年の歳月をかけて、教師たちが省察し協同する「専門家の規範（professional norms）」を構築したことは、従来からの教職文化に対する大きな変化を示しており、さらなる努力によって改善の取り組みが維持される必要があると指摘している。さらに、個々の生徒の学びに対する焦点化によって発達した「職業倫理」が、全ての生徒の達成度に対する期待を高めることへとさらに深められる必要があるとする。(114)

五　学校改革における学区の役割
――「変革の単位」としての学区

教師の「専門家共同体」が波及する一九九〇年代から二〇〇〇年代の学校改革の展開において、スタンフォードCRCの学校改革研究が、学区を学校改革の阻害要因と捉えるのではなく、学校改革における学区の役割を強調することは特徴的であるといえよう。マクロフリンとタルバートは、学区を学校改革における「変革の単位（unit of change）」として位置づけ、「公正」かつ「持続可能」な学校改革を追求する。(115)

（1）「変革の単位」としての学区の検討へ

ここでは、ワシントン大学CTPの研究リポートとして公刊されているマクロフリンとタルバートの共著『改革に取り組む学区――学区による学校改革支援の方法』（二〇〇三年）及び、『学校を基盤とする教師の学習共同体の構築』（二〇〇六年）の第七章「教師の学習共同体を支援する地域の学習システム」を手がかりとし、マクロフリンとタルバートが見出す「変革の単位」としての学区の役割について検討しよう。(116)

マクロフリンとタルバートは、一九九〇年代に本格的な展開をみる「エッセンシャル・スクール連盟」、「アネンバーグ・チャレンジ」、「二〇〇〇年の目標」などの一連の大規模な学校改革のイニシアティヴが、「学区は無能で救い難く」、「学校改革は学区という関門において失敗する運命にある」という見解を有し、改革の努力から学区を「除外」していると指摘する。[117] この見解は、先に見てきたように、「アネンバーグ・チャレンジ」の一環として遂行されたBASRCの「第一局面」（一九九六―二〇〇一年）においても影響力を持っていた（本章の第一節参照）。

マクロフリンとタルバートは、BASRCに参加していたサンフランシスコ湾岸地区の二つの学区（ハイランド統合学区とイースト・ベイ統合学区）及び、ニューヨーク市第二学区の改革を主導したアンソニー・アルヴァラド（Anthony Alvarado）のリーダーシップによる改革が行われたサンディエゴ市（一九九八年から二〇〇三年）の調査に基づき、学校改革における学区の役割を探究する。これら三つの学区は、いずれも、きわめて多様な生徒を抱えるカリフォルニア州に典型的な学区であり、ハイランド統合学区及びイースト・ベイ統合学区は中規模の学区（学校数はそれぞれ一三校と一一校）、サンディエゴ市はカリフォルニア州で二番目に大規模の学区（学校数一九〇校）である。[118]

(2) 学校改革と学区に関する「神話」の検討

マクロフリンとタルバートは、これら三つの学区における学校改革の展開を跡づけることで、学校改革と学区に関する既存の「神話」に再検討を迫る。[119] 以下、三点にわたり検討を進めよう。

第一の「神話」は、「教師と学校は、学区の強力な役割に抵抗する」という「神話」である。[120]

マクロフリンとタルバートは、学区の重要な役割として、「授業や学習の目標や基準の定義」、「学校への資源の配分」、「学区が設定する基準を充たすために必要な支援の校長や教師への提供」を挙げた上で、さらに、サンフランシスコ湾岸地区の両学区（ハイランド統合学区とイースト・ベイ統合学区）では、学校に多くの「権限」と「責任」が割り当てられていたとする。この両学区の教師や校長は、学区が「明確な基準」と「有効な支援」の双方を提供していると認識しており、強力な学区の役割の「価値を認めている」という（ある校長は「私たちの学区は本当に教師たちとともに働いている」と話す）。[121]

さらに、マクロフリンとタルバートは、この両学区が、授業や指導に関する決定を行う上で、「教師の参加」を「必要不可欠の要素」とする「包括的な計画作りの過程」を有することに注目する（ある行政官は「私たちは常に教師たちを巻き込んで仕事をしている。それは時に挫折があり時間のかかることではあるが、教師たちを含めてオーナーシップを持つという意図を常に抱いている」という）[122]。

ここからマクロフリンとタルバートは、学区の役割の「強さ」の問題に留めずに、学区の「いかなる」役割が「いかに」実行されているのかという問題を、改革における重要な教訓として引き出している。マクロフリンとタルバートは、サンフランシスコ湾岸地区の両学区が、「一〇年以上をかけて学区の役割を発展させてきた」のであり、学区の教師たちが「参加」と「公平」の感覚を有し、「彼ら彼女ら［学区］」と「我々［教師］」の「境界線に伴う緊張」を解消していると意味づける[123]。

マクロフリンとタルバートは、「基準に基づく学区の政策」は、生徒のための「公正」の問題にも取り組んでいるとする。例えば、ハイランド統合学区の教育長は、「公正とは、不平等な扱いを平等にすることを意味するのではなく、支援を必要とする人々への支援に努めることが公正である」という。ハイランド統合学区では、「貧困率」や「英語学習者の比率」のきわめて高い地域の学校の特別なニーズに対応することが掲げられているのである。マクロフリンとタルバートは、「公平」であることを標榜する学区の「強力」かつ「明確」な役割を踏まえ、同時代の多くの改革者によって喧伝される「学校レベルのコントロールの強化」（学区の除外）は、「学校システム」の観点から、「根本的」に「非民主的」な改革の方略であるという示唆を引き出している[124]。

第二に、「人事異動は、改革の努力を挫く」という「神話」についてである[125]。

この「神話」に対して、マクロフリンとタルバートは、サンフランシスコ湾岸地区の両学区が「教訓的な例外」を示しているとする。例えば、マクロフリンとタルバートは、ハイランド統合学区の「先見の明のある」教育長が、教師を巻き込む「戦略的な計画作りの過程」（「包括的な計画作りの過程」）を学区のシステムとして統合することにより、学区に「中核となる規範や機能」を残したことに注目している。事実、新たな教育長を迎えた学区の行政官は、「自分たちが築き上げてきたことを基礎として、また、自分たちが成し遂げてきた良きことを出発点として、新たなリーダーと共に仕事を継続しようと考えている」という。他の行政官もまた、「彼女［前の教育長］は、彼女が去った後にも持続するようなチームや構造やヴィジョンを築いてきた……私たちは多少歩みを遅くするかもしれないが、今こそ改革を実施しさらに深める時である」という(126)。

ここからマクロフリンとタルバートは、サンフランシスコ湾岸地区の両学区において、「計画作りの過程」や「包括的なコミュニケーションの方略」が、時間をかけて「学区の文化を織り成す一部」となっていることから、リーダーの交代が、学区の「優先事項」や「規範」の重大な変更の引き金とはならなかったとする(127)。

第三に、「地域の政治は、重要な改革課題を覆す」という「神話」についてである(128)。

まず、マクロフリンとタルバートは、学区に関する「既存の知恵」は、学区のリーダーたちに、「全ての人々に関わるような広範な目標を推進するよう助言する」とする。さらに、教育長や教育委員会は、「政治的なインパクトを最大化し、対抗的な反応の可能性を最小化する」改革（フレデリック・ヘス）に取り組むと捉えられているという(129)。

しかし、マクロフリンとタルバートは、三つの学区（サンフランシスコ湾岸地区の両学区とサンディエゴ市）のリーダーのいずれもが、「曖昧でない目標や優先事項」を明言していたことに注目する。特に、サンフランシスコ湾岸地区の教育長たちにおいては、「強力な」教育委員会によって、地域の政治情勢の舵取りを可能にし、「強力な」学区の役割が擁護されていたとマクロフリンとタルバートはみている。ハイランド統合学区の前の教育長は、改革に取り組む学区において、教育委員会と教育長との関係の構築が「鍵を握っていた」という。マクロフリンとタルバートは、こうした時間をかけた努力が、「政治劇」をほとんど無くした「結束力」のある教育委員会に帰結していたと捉えている(130)。

こうして、学区に関する三つの「神話」に再検討を迫るマクロフリンとタルバートは、学区が、「変革の単位」としての役割を時間をかけて構築し、学校改革の展開においてその役割を果たし続けることによって、「公正」かつ「持続可能」な学校改革が追求されると結論づけている。[131] 教師の「専門家共同体」が波及する一九九〇年代から二〇〇〇年代の学校改革の展開において、スタンフォードＣＲＣ研究は、学校改革における学区の役割を強調しているのである。ここで留意すべきは、「ランド・変革の担い手研究」を起点とする学校改革研究の系譜は、学校改革における教育行政の役割を一貫して追求し続けていることである。

注

（1）アネンバーグ財団が全米の公教育に出資した五億ドルのうち、ＢＡＳＲＣには二五〇〇万ドルが充てられ、ヒューレット財団からも二五〇〇万ドル、その他の公的及び私的な基金から六二〇〇万ドルの支援を受け、ＢＡＳＲＣは合わせて一億一〇〇〇万ドルの支援を受けた。Center for Research on the Context of Teaching Stanford University, 2002, *Bay Area School Reform Collaborative :Phase One（1995–2001）Evaluation*, Center for Research on the Context of Teaching, Stanford University, CA, p.1-1.

（2）*Ibid.*

（3）Joan E. Talbert, Aurora Wood & Wendy Lin, 2007, *Evaluation of BASRC Phase II : Evidence-based System Reform: Outcomes, Challenges, Promising Practices*, Center for Research on the Context of Teaching, Stanford University, CA, p.5.

（4）ワシントン大学ＣＴＰは、幼稚園段階から初等中等教育段階まで（K–12）の学校教育における「授業と学習の質」及び「教師の仕事を支援するシステム」の改革に関する研究を推進する「ナショナル・リサーチ・コンソーシアム（National Research Consortium）」であり、連邦政府の資金によって運営されている。このコンソーシアムには、スタンフォード大学、コロンビア大学ティーチャーズ・カレッジ、ミシガン大学、ペンシルヴァニア大学の研究者が集い、ワシントン大学を拠点大学としている。

（5）Milbrey Wallin McLaughlin & Joan E. Talbert, 2006, *Building School-Based Teacher Learning Communities: Professional Strategies to Improve Student Achievement*, Teachers College Press.

（6）Milbrey Wallin McLaughlin & Joan E. Talbert, 2001, *Professional Communities and the Work of High School Teaching*, The University of Chicago Press.

（7）Joseph P. McDonald and the Cities and Schools Research Group, 2014, *American School Reform: What Works, What Fails, and Why*, The University of Chicago Press, Chicago, IL.

（8）McDonald, 2014, *op. cit.*, p. 79.

（9）McDonald, 2014, *op. cit.*, pp. 74-75.

（10）Center for Research on the Context of Teaching Stanford University, 2002, *op. cit.*

（11）Center for Research on the Context of Teaching Stanford University, 2002, *op. cit.*, p. 1-2. 強調は引用者。

（12）*Ibid.*

（13）Center for Research on the Context of Teaching Stanford University, 2002, *op. cit.*, p. 1-3.

（14）Center for Research on the Context of Teaching Stanford University, 2002, *op. cit.*, p. 1-4.

（15）Center for Research on the Context of Teaching Stanford University, 2002, *op. cit.*, p. 2-1. 強調は引用者。

（16）Center for Research on the Context of Teaching Stanford University, 2002, *op. cit.*, p. 2-2, note 2.「専門家共同体」への強調は引用者による。

（17）二〇一三年三月四日のマクロフリンへのインタビュー調査より。なお、「第二局面」（二〇〇一―二〇〇六年）のＢＡＳＲＣでは、学区を改革の単位とする方略を強調している。Talbert, Wood & Lin, 2007, *op. cit.*, p. 2.

（18）Center for Research on the Context of Teaching Stanford University, 2002, *op. cit.*, p. 5-4, 5-8をもとに引用者が作成。

（19）Center for Research on the Context of Teaching Stanford University, 2002, *op. cit.*, p. 2-1. 強調は引用者。

（20）Center for Research on the Context of Teaching Stanford University, 2002, *op. cit.*, p. 2-2, note 2.

（21）Center for Research on the Context of Teaching Stanford University, 2002, *op. cit.*, p. 2-2.

（22）Center for Research on the Context of Teaching Stanford University, 2002, *op. cit.*, p. 2-4.「専門家共同体」への強調は引用者による。なお、元の図にはprofessionalとしか記載されていないが、本文の該当箇所と照合させればprofessional communityの誤植であることは明らかなため、ここではprofessional communityの訳語を宛てている。

また、教師の関係性の変化の「仕事→同僚性」も、元の図にはCollegiality→Workと記載されているが、ここも本文との照合により、Work→Collegialityの誤植であると判断し訳出している。

(23) Center for Research on the Context of Teaching Stanford University, 2002, *op. cit.*, p. 2-2.
(24) Center for Research on the Context of Teaching Stanford University, 2002, *op. cit.*, pp. 2-3-5.
(25) Center for Research on the Context of Teaching Stanford University, 2002, *op. cit.*, pp. 2-5-6.
(26) Center for Research on the Context of Teaching Stanford University, 2002, *op. cit.*, p. 2-5.
(27) Center for Research on the Context of Teaching Stanford University, 2002, *op. cit.*, p. 2-6.
(28) Center for Research on the Context of Teaching Stanford University, 2002, *op. cit.*, pp. 2-6-7.
(29) Center for Research on the Context of Teaching Stanford University, 2002, *op. cit.*, p. 2-7.
(30) *Ibid.*
(31) Center for Research on the Context of Teaching Stanford University, 2002, *op. cit.*, p. 2-8.
(32) Center for Research on the Context of Teaching Stanford University, 2002, *op. cit.*, p. 2-9.
(33) *Ibid.*
(34) Center for Research on the Context of Teaching Stanford University, 2002, *op. cit.*, p. 2-11.
(35) Center for Research on the Context of Teaching Stanford University, 2002, *op. cit.*, p. 2-21, Table 2.2.
(36) Center for Research on the Context of Teaching Stanford University, 2002, *op. cit.*, pp. 2-11-12.
(37) Center for Research on the Context of Teaching Stanford University, 2002, *op. cit.*, p. 2-12.
(38) Center for Research on the Context of Teaching Stanford University, 2002, *op. cit.*, p. 2-13.　強調は引用者。
(39) *Ibid.*　強調は原文イタリック体。
(40) *Ibid.*
(41) Center for Research on the Context of Teaching Stanford University, 2002, *op. cit.*, p. 2-13.
(42) Merrill Vargo, 2004, Choices and Consequences in the Bay Area School Reform Collaborative: Building the Capacity to Scale Up Whole-School Improvement, in T. Glenna, S. Bodily, J. Galegher, & K. Kerr (ed.), *Expanding the reach of educational reforms: Perspectives from Leaders in the Scale-Up of Educational Interventions*, Rand Corpo-

ration, Santa Monica, CA, pp. 565–602.

(43) Vargo, 2004, *op. cit.*, p. 585.

(44) Center for Research on the Context of Teaching Stanford University, 2002, *op. cit.*, pp. E-1-2. なお、「基準」の「体系」段階の訳出にあたり「質の高い教育」の文言を補足している。また、図7-4と対応のない箇所もある。

(45) Center for Research on the Context of Teaching Stanford University, 2002, *op. cit.*, pp. E-3-4.

(46) Center for Research on the Context of Teaching Stanford University, 2002, *op. cit.*, pp. E-5-6.

(47) Center for Research on the Context of Teaching Stanford University, 2002, *op. cit.*, pp. E-7-8.

(48) Center for Research on the Context of Teaching Stanford University, 2002, *op. cit.*, pp. E-9-10.

(49) Vargo, 2004, *op. cit.*, p. 581.

(50) *Ibid.*

(51) Vargo, 2004, *op. cit.*, p. 582.

(52) *Ibid.*

(53) *Ibid.*

(54) Vargo, 2004, *op. cit.*, p. 583. ここでヴァルゴは「専門家学習共同体」の用語を使用しているが、文脈上、それまでに使用してきた「専門家共同体」の言い換えであると判断される。

(55) Vargo, 2004, *op. cit.*, pp. 585-586.

(56) Vargo, 2004, *op. cit.*, p. 586.

(57) Vargo, 2004, *op. cit.*, pp. 586-587.

(58) Vargo, 2004, *op. cit.*, pp. 587-588.

(59) Vargo, 2004, *op. cit.*, p. 588.

(60) *Ibid.*

(61) *Ibid.*

(62) Vargo, 2004, *op. cit.*, p. 589.

(63) *Ibid.*

(64) Vargo, 2004, *op. cit.*, pp. 589-590.
(65) Vargo, 2004, *op. cit.*, p. 591
(66) *Ibid.*
(67) Vargo, 2004, *op. cit.*, pp. 591-592.
(68) Vargo, 2004, *op. cit.*, p. 592.
(69) Vargo, 2004, *op. cit.*, p. 594.
(70) Vargo, 2004, *op. cit.*, pp. 594-595.
(71) Vargo, 2004, *op. cit.*, p. 595.
(72) McLaughlin & Talbert, 2006, *op. cit.*, pp. 16-37.
(73) McLaughlin & Talbert, 2006, *op. cit.*, pp. 26-27.
(74) Milbrey Wallin McLaughlin & Joan E. Talbert, 2001, *Professional Communities and the Work of High School Teaching*, The University of Chicago Press, Chicago and London.
(75) McLaughlin & Talbert, 2006, *op. cit.*, pp. 27-28.
(76) McLaughlin & Talbert, 2006, *op. cit.*, pp. 28-29.
(77) McLaughlin & Talbert, 2006, *op. cit.*, pp. 29-30.
(78) Richard F. Elmore & Milbrey Wallin McLaughlin, 1988, *Steady Work: Policy, Practice, and the Reform of American Education*, The Rand Corporation, Santa Monica, CA.
(79) McLaughlin & Talbert, 2006, *op. cit.*, p. 19, Table 2.1.
(80) McLaughlin & Talbert, 2006, *op. cit.*, p. 30.
(81) McLaughlin & Talbert, 2006, *op. cit.*, pp. 30-31.
(82) *Ibid.*
(83) McLaughlin & Talbert, 2006, *op. cit.*, p. 36, Table 2.2.
(84) McLaughlin & Talbert, 2006, *op. cit.*, p. 31.
(85) McLaughlin & Talbert, 2006, *op. cit.*, pp. 31-32.

(86) McLaughlin & Talbert, 2006, *op. cit.*, p. 32.
(87) *Ibid.*
(88) McLaughlin & Talbert, 2006, *op. cit.*, p. 33.
(89) McLaughlin & Talbert, 2006, *op. cit.*, pp. 33-34.
(90) McLaughlin & Talbert, 2006, *op. cit.*, p. 34.
(91) *Ibid.*
(92) McLaughlin & Talbert, 2006, *op. cit.*, pp. 34-35.
(93) McLaughlin & Talbert, 2006, *op. cit.*, pp. 35-36.
(94) McLaughlin & Talbert, 2006, *op. cit.*, pp 38-63.
(95) McLaughlin & Talbert, 2006, *op. cit.*, p 42.
(96) McLaughlin & Talbert, 2006, *op. cit.*, pp. 45-47.
(97) McLaughlin & Talbert, 2006, *op. cit.*, p. 47.
(98) McLaughlin & Talbert, 2006, *op. cit.*, p. 45, Table 3.1.
(99) McLaughlin & Talbert, 2006, *op. cit.*, pp. 47-48.
(100) McLaughlin & Talbert, 2006, *op. cit.*, p. 48.
(101) McLaughlin & Talbert, 2006, *op. cit.*, pp. 48-49.
(102) *Ibid.*
(103) McLaughlin & Talbert, 2006, *op. cit.*, pp. vii-viii.
(104) McLaughlin & Talbert, 2006, *op. cit.*, p. 49.
(105) *Ibid.*
(106) McLaughlin & Talbert, 2006, *op. cit.*, pp. 49-50.
(107) McLaughlin & Talbert, 2006, *op. cit.*, p. 50.
(108) McLaughlin & Talbert, 2006, *op. cit.*, pp. 50-51.
(109) McLaughlin & Talbert, 2006, *op. cit.*, p. 51.

(110) McLaughlin & Talbert, 2006, *op. cit.*, p. 52.
(111) McLaughlin & Talbert, 2006, *op. cit.*, pp. 52–53.
(112) McLaughlin & Talbert, 2006, *op. cit.*, p. 53.
(113) McLaughlin & Talbert, 2006, *op. cit.*, p. 54.
(114) McLaughlin & Talbert, 2006, *op. cit.*, p. 55.
(115) Milbrey Wallin McLaughlin & Joan E. Talbert, 2003, *Reforming Districts: How Districts Support School Reform*, A Research Report, Center for the Study of Teaching and Policy, A National Research Consortium, university of Washington, Seattle, WA, p. 3.
(116) McLaughlin & Talbert, 2003, *op. cit.*; McLaughlin & Talbert, 2006, *op. cit.*, pp. 113–129.
(117) McLaughlin & Talbert, 2003, *op. cit.*, p. 5; McLaughlin & Talbert, 2006, *op. cit.*, pp. 118–119.
(118) McLaughlin & Talbert, 2003, *op. cit.*, pp. 6–7.
(119) McLaughlin & Talbert, 2003, *op. cit.*, p. 20.
(120) *Ibid.*
(121) McLaughlin & Talbert, 2003, *op. cit.*, pp. 20–21.
(122) McLaughlin & Talbert, 2003, *op. cit.*, p. 21.
(123) *Ibid.*
(124) McLaughlin & Talbert, 2003, *op. cit.*, p. 22.
(125) *Ibid.*
(126) McLaughlin & Talbert, 2003, *op. cit.*, pp. 22–23.
(127) McLaughlin & Talbert, 2003, *op. cit.*, p. 23.
(128) *Ibid.*
(129) *Ibid.*
(130) *Ibid.*
(131) McLaughlin & Talbert, 2003, *op. cit.*, p. 25; McLaughlin & Talbert, 2006, *op. cit.*, pp. 116–118.

第八章　J・リトルの研究の系譜における「専門家共同体」の展開

一九九〇年代後半から二〇〇〇年代にかけて、カリフォルニア大学バークレー校ジュディス・リトルを中心とする共同研究にて、「専門家共同体（professional community）」における教師のディスコースに迫る研究と実践が展開している。本章では、教師のディスコースに迫るリトルを中心とした共同研究に即して、「専門家共同体」の多様な展開を叙述することを課題とする。リトルらが接近する学校改革は、前章にて確認したカリフォルニア州におけるアカウンタビリティを要求する政策環境の中、高校に学校規模の教師の「専門家共同体」を築くことを目指した改革である。

第一節では、リトルの新たな問題設定の特質を明らかにし、リトルが迫る「専門家共同体」の実践を叙述する。リトルは「専門家共同体」研究が抱える「楽観的な前提」を指摘し、「専門家共同体」における「教室実践の表象」の探究に着手する。二〇〇〇年代初頭に公刊されたリトルの研究は、カリフォルニア州の高校の二つの教師グループにおける「専門家共同体」の胎動の局面に接近し、「専門家共同体」の「楽観的な前提」を再検討している。

第二節では、イラナ・ホーン（Ilana Seidel Horn、ワシントン大学、現在はヴァンダービルト大学）が迫る「専門家共同体」における数学科教師たちの特徴的な学びを取り上げている。ホーンは、カリフォルニア州の二つの高校の数学科の実践に接近し、教師たちのディスコースに焦点化することで、教師たちの学びの対照的な性格を示している。

第三節では、マーニー・カリー（Marnie Wills Curry、現在はカリフォルニア大学サンタクルーズ校）が迫った「クリティカル・フレンズ・グループ」による「専門家共同体」の形成と展開を叙述している。「クリティカル・フレンズ・グループ」は「エッセンシャル・スクール連盟」と連携する学校改革のネットワークの一つであり、校内に複数の教師グループを組織し「専門家共同体」の形成に取り組んでいる。カリーもまた高校の改革に迫る。

第四節では、リトルらによる一連の共同研究の成果の一つとして、二〇一〇年に公刊されたホーンとリトルの共著論文を中心的に検討している。リトルを中心とする研究の系譜は、「会話ルーティン」の視角から、「専門家共同体」における教師のディスコースの特質に接近している。これらの一連の研究成果は、社会言語学を基盤にしてきたリトルの研究の系譜の面目躍如たるものがあるといえよう。

一　「専門家共同体」における「教室実践の表象」
――二〇〇〇年代J・リトルらの共同研究の起点

一九九八年、スタンフォードCRCの共同研究に深く関わってきたカリフォルニア大学バークレー校のリトルは、同校を舞台とする新たな共同研究に着手する。その共同研究は、一九九八年から二〇〇二年にかけて『高校改革の文脈における教師の専門性開発』を主題とし、学校改革に取り組む高校の調査を遂行した。共同研究にはリトル、当時の指導生であったホーン、同じくローラ・バートレット（Lora Bartlett、現在はカリフォルニア大学サンタクルーズ校）らが参加し、教師の「専門家共同体」を形成する北部カリフォルニアの二つの高校（サウス高校とイースト高校）への集約的なフィールドワークが行われた。特に、ホーンは高校の数学教師としての経験を生かし、イースト高校の「代数グループ（Algebra Group）」のメンバーの一員として、バートレットもまた英語教師としての経験を生かし、同じくイースト高校の「アカデミック・リテラシー・グループ（Academic Literacy Group）」のメンバーの一員として継

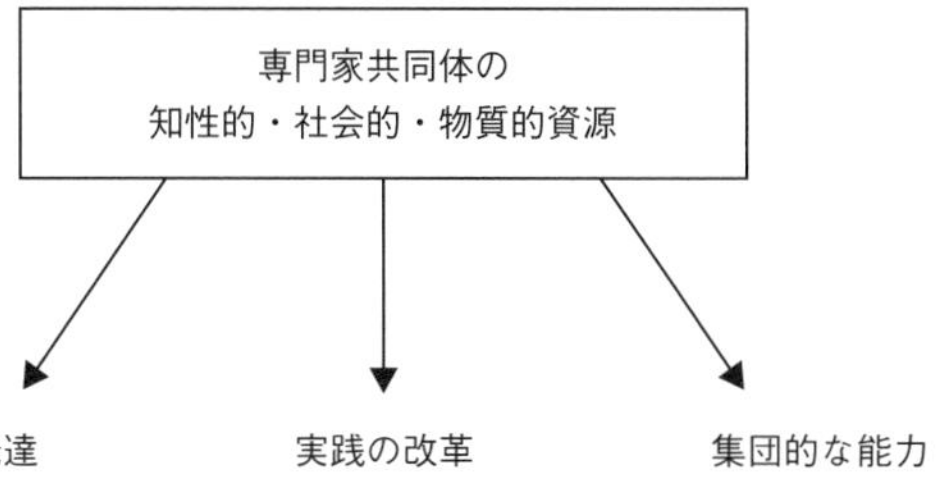

図8-1　「専門家共同体の楽観的前提」[1]

続的な参与観察に従事し、少人数のグループで行われた教師の専門性開発の実践に肉薄している[2]。

本節では、この共同研究『高校改革の文脈における教師の専門性開発』の成果を踏まえ、二〇〇二年、二〇〇三年に続けて公刊されたリトルの二つの論文を中心に検討する。二つの論文とは、『ティーチング・アンド・ティーチャー・エデュケーション』誌に掲載された「教師の実践共同体において学びを位置づける――日常の仕事の記録を分析する上での問題提起」（二〇〇二年）と、『ティーチャーズ・カレッジ・レコード』誌に掲載された「教師共同体の内側へ――教室実践の表象」（二〇〇三年）である。これらを手がかりに、二〇〇〇年代にリトルによって新たに開拓された「専門家共同体」の概念と実践の展開の起点を特徴づけよう[3]。

(1)　「専門家共同体」における「教室実践の表象」の探究

リトルは、「専門家共同体」の「楽観的な前提」を指摘し、新たな共同研究に着手する。リトルは、一九八〇年代以降の教育研究の展開を踏まえ、「専門家共同体が、教師の成長、学校の集団的な能力、学校の諸実践や授業の改善の重要な誘因となる」とする前提を、「ある種の」「楽観的な前提」として指摘する（図8-1参照）。続けてリトルは次のようにいう。「専門家共同体が教師の学びや授業実践の革新のための資源を構成する、特定のインタラクションやダイナミクスを検討する研究は相対的に少ない」とする。「専門家共同体が教師の学びを実現し創出する働きをしているならば、教師たちの間で実際に行われている話し合いの場においてこそ、それが明らかにされなければならない」とリトルはいう。[4] リトルを中心とする共同研究『高校改革の文脈における教師の専門性開発』は、「専門家共同体」の「内側」に分け入り、教師たちの具体的な会話に接近する。

リトルは、教師たちの会話における「実践の表象（representations of practice）」に注目している。リトルは、「教師たちの実践がいかにして知られ共有されるのか」が、「専門家共同体」における「根本的な問題」であるとする。なぜなら、共同体の「成員」において、「成員」の相互の仕事を参照できる程度（「観察の地平（horizon of observation）」）が、成員の学びを決定づけるからであるという。[5]

しかし、概して教師の仕事は孤立して行われており「観察の地平」は限られているとリトルはいう。さらに、リトルは、教師の「専門家共同体」においても、「実践の表情（face of practice）」が教師たちに共有され、「実践の透明性（transparency of practice）」（「実践の特異性、完全性、深み、ニュアンスが明らかにされる程度」）が高められるかどうかは、決して「楽観」できるわけではないとする。[6]

こうしてリトルは、教師のインタラクションの記録を分析する上で、次の二つの問いを掲げ、以後の探究に着手する。第一に、「教室の外での会話において、教室実践のいかなる側面が可視化されるのか、その透明性の度合いはいか程なのか」。[7] 第二に、「教師たちのインタラクションは、教師たちの学びの機会をいかに開き、もしくは閉じてしまうのか」である。

(2)　イースト高校の英語科と「アカデミック・リテラシー・グループ」による改革の着手

リトルは教師の「専門家共同体」における「教室実践の表象」にアプローチする。そのアプローチは、「専門家共同体」のいかなる相貌を明らかにするのであろうか。ここでは、共同研究『高校改革の文脈における教師の専門性開発』が調査を行ったイースト高校の「専門家共同体」の実践に迫ろう。リトルは、二〇〇二年及び二〇〇三年の論文において、イースト高校の「専門家共同体」についての分析に着手している。[8]

以下では、まずイースト高校における「専門家共同体」の形成と展開を概観し、リトルが分析するイースト高校の第九学年の英語科教師有志による「アカデミック・リテラシー・グループ」及び、イースト高校の英語科教師全体の実践に迫ろう。

①　イースト高校における「専門家共同体」の形成と展開

イースト高校は、カリフォルニア州のサンフランシスコ湾岸地区に位置する総合制高校であり、第九学年から第一二学年までの四学年、生徒数はおよそ一五〇〇人である（一九九九年から二〇〇〇年）。イースト高校の生徒は多様である。生徒の三四％がヒスパニック、二五％がアフリカ系、二三％が白人、九％がアジア系、六％がフィリピン系、三％がその他である。生徒の二五％が昼食の援助（無料もしくは減額措置）を受け、英語能力が不十分な生徒は一二％である。大学進学適性試験（SAT）の受験者は生徒の三八％（州の公立学校の平均は三七％）、そのスコアの中央値は州の公立学校の平均を下回っている[9]。

イースト高校において、学校規模の改革は低調である。学校規模の取り組みとしては、第九学年の数学科と英語科が生徒と教師の割合を二〇対一に設定する授業を行っていることや、第九学年の教師たちが月に一度集まり高校への移行に関する支援を調整していること、就職希望の生徒に関する取り組みが挙げられる程度であるという。イースト高校において際立っているのは、次節のホーンの研究において取り上げる数学科の改革の取り組みであり、もう一つは、ここで検討する改革の胎動を示している第九学年の「アカデミック・リテラシー・グループ」及び、英語科全体の取り組みである[10]。

以下では、一九九九年の秋に行われた「アカデミック・リテラシー・グループ」及び、英語科の各々の教師たちによる第一回目の協同の場面について、リトルの叙述に即し、その実践の特質に迫ろう。

②　「アカデミック・リテラシー・グループ」の改革の起点

「アカデミック・リテラシー・グループ」は、第九学年において「アカデミック・リテラシー」という新しい授業の実験的な試みに参加する五人の英語教師によって構成されている。教科主任パトリック、カレン、マーガレット、レイ、そしてローラ（リトルの指導生）の五人である。「アカデミック・リテラシー・グループ」は、リトルらの共同研究のフィールドワークが本格的に始められた一九九九年の秋に活動を開始している。(11)

「アカデミック・リテラシー」は、リーディングにおける「メタ認知方略」を重視し、生徒の読解の向上を目的とする授業である。イースト高校の教師たちは、近隣の高校が、「ストラテジック・リテラシー・イニシアティヴ（Strategic Literacy Initiative、以下ＳＬＩと略記）」と連携し授業改革を推進したことをモデルとし、改革の前年からＳＬＩのネットワークによる活動に参加し準備を進めてきたという。(12)ＳＬＩは、アメリカ西部の教育研究開発を行ってきた「ファー・ウエスト・ラボラトリー」の後継組織である「ウエステッド（WestEd）」（カリフォルニア州サンフランシスコ）の改革プログラムの一つであった。

イースト高校の「アカデミック・リテラシー・グループ」は、新年度開始から間もない九月一五日に、「アカデミック・リテラシー」の授業を進めてから初めての話し合いの場をもった。「アカデミック・リテラシー・グループ」では、先の五人の教師が同一の授業計画と教材を用いて授業を行い、相互の専門性開発に取り組むことを決めていた。グループで取り組む最初の単元の開発を任されたのは、教師カレンであった。カレンは九月一五日の話し合いに先立ち、非公式の会話から、グループの教師たちが彼女の開発した単元のスケジュールを早くも維持できていないことを耳にしていた。そこでカレンは第一回目の話し合いの冒頭において、単元の進捗状況を互いに報告し、その調整を図ることを提起した。(13)

第一回目の話し合いにおいて、教科主任であるパトリックは、カレンの作成した単元を「探索的に」実践していることを話している。「当初は二、三日間で実践しようと考えていたが、今は一日か二日で実践することが現実的であろうと考えている。……私のクラスにおいて重要だったことは……決まり事を作ることだった。決まり事を作ることで私のクラスでは実に早く進められている」とパトリックはいう。しかし、ローラとレイにおいて事態は異なっていた。ローラとレイは単元の実践に時間がかかり、「計画から遅れて（off-track）」いた。ローラは「生徒が混乱しノートの取り方にも苦戦していて、生徒への一対一の支援に時間がかかっている」と、レイは「私もローラと同様。でも、ある一つのクラスでは上手く進み始めてもいる。……今後、調整しなければならない」という。こうした教師たちの協同が始動する局面においてリトルは、教師たちが特定の生徒と教室のダイナミクスに対する「個別的な責任」と、カリキュラム内容とそのペースについての「集団的な同意」の間の「緊張」を見出している。ただし、単元開発を担ったカレンの発意に即して、この回の話し合いの大半は、「計画に即して（on-track）」単元を進めるための調整に向けられたという（「集団的な同意」の優先）[14]。

リトルは、この日のローラの次の発言に新しい可能性を見出している。それは、五人の教師が「計画に即して」単元を進めるために、金曜日の時間割に組み込まれていた「インディペンデント・リーディング」を取り除くことを検討していた時である。教科主任のパトリックは、「インディペンデント・リーディング」に「生徒たちがきわめて熱心に取り組む」ので授業時間から取り除く（生徒の自主的な取り組みに任せる）ことを提案したのである。教師マーガレットも続いて同意した。するとローラは、「私が何か間違っているのかしら？」と話し始める。ローラのクラスの生徒は「インディペンデント・リーディング」への傾倒を全く示さないという。「彼ら彼女らは読むことを止めてしまう」とローラはいう。するとマーガレットは、「それはクラスによるのよ。私が去年に取り組んだ時は今年と違って全く上手くいかなったから」という。続けて教科主任のパトリックも「それは教室の文化の問題だ」とし、マーガレットもまた「それはクラスの文化の問題。［今年の］私のクラスにはたくさんの読み手がいるだけ」という（この局面での同僚教師からの対応は後に第四節にて検討する「通常化（normalizing）」の問題として再度取り上げる[15]）。この後にローラは、話し合いの主題が「単元の調整」であったことに言及し、自らその後の議論を閉じたという。この一連の局面にリトルは注目している。

リトルは、この局面において、教科主任のパトリックとマーガレットがローラの困難を「教室の文化」の問題に帰属させ、ローラの「教師としての行為」とは切り離して論じているとする。このことでローラは「安心」を獲得したかもしれない。しかし、「生徒の傾向」や「教室の文化」に教師が直面する時に、「教師はなす術がない」という結論を導きかねないとリトルは指摘する。リトルは、この局面に、ローラが提起した疑問（「私がなにか間違っているのかしら?」）を起点に、「教師の仮説や議論や実践を吟味する」展開の可能性を見出している。しかし、「単元の調整」の問題が「宙吊り」にされ単元の開発者であるカレンが先の局面において「黙っていた」ことから、ローラ自身によって「単元の調整」へと議論の主題が戻されたのである。(16)

③　英語科教師たちの改革の起点

続いてイースト高校の英語科教師たちによって始められた教科部の話し合いの実態に迫ろう。イースト高校は英語科全体としても、生徒たちの「作文」や「文法の規則」の習熟に困難を抱えていることが繰り返し議論になっていたという。そこで、「アカデミック・リテラシー・グループ」と同じく一九九九年の九月から、英語科として月に一度この問題について議論することを決めたという。リトルが取り上げているのは、九月二〇日に行われた第一回目の話し合いの機会である。(17)

第一回目の話し合いの場は、教師ミユキとリンが議事を任され、彼女たちは「生徒のライティングへの教師のフィードバックに対して、生徒たちがいかに反応するか（しないのか）」を主題として掲げた。ミユキとリンは、英語科の教師たちがライティングについてどのような「目標」を個々に掲げており、どのような「フィードバック」を生徒たちに与えているのかについて話し合うことで、英語科としての「一貫した方針」を見出すことを期待していた。教科主任であるパトリックもまた、「実際に上手くいったコメント」「フィードバック」や上手くいかなかったコメント、生徒の変化を生み出したコメントについて議論して、それらを共有できればいい」とその場で言及し、ミユキとリンの努力を後押ししている。(18)

しかし、第一回目の英語科の話し合いにおいて議論が首尾よく展開することはなかった。リトルはまず、「教科部としての一貫性に向けた共通の関与」よりも「個々の指導のオプションの拡張」に向けて議論が展開したとみている。例えば、教師たちは、「[私は]コメントの語彙が少ない。だから私の用語が増えることを期待している」といった発言や、「『良い』か『悪くない』という評価を半分ずつ与えている……もっと創造的なコメントをする必要があることは分かっている」といった発言に終始したという。(19)

こうした展開においてリトルは、リンの次の発言に新たな可能性を見出している。リンは二人の生徒が書いたものの一部を話し合いの場に持ち込み、「私たちのコメントの規範」について話し合うことを提案したのである。同時にリンは、彼女が「物語文」を扱う授業において難しさを感じていることを披瀝したのである。「週末から考えていたのですが、コメントについて私たちが話し合うことはとても重要なことだと考えています。なぜなら私は、生徒に多様な見方をさせる物語文の授業にとても難しさを感じているのです。……生徒に解釈させることは私にとって初めての経験なのです」とリンはいう。さらにリンは、自分のコメントが「注目点はどこか」、「より深く読もう」、「なぜ?」に終始し、生徒に対して適切なコメントとなっているかどうか疑問に思っていること、生徒のライティングの課題を克服できるような「コメントの規範」について話し合いたいことなどを提起したのである。(20)しかし、リンの提案通りには議論は展開しなかったという。

この一連の局面についてリトルは、「教師の学習共同体の『楽観的な前提』が具現化されている実例」として捉えることも可能であるとする。しかし同時に、リトルは「リンの教室について同僚教師が理解するには限界がある」という問題を指摘する。リトルは、リンの「授業の表象」や「授業の表情」が可視化されていないことや、「物語文の授業」や「生徒へのコメント」において「リンの実践が内包するもの」を理解するための条件が整えられていないという構造的な問題を指摘する。(21)

事実、後続の話し合いでは、時間の限りもあり、リンやミユキが提案したようには議論は展開しなかった。リンは話し合いの最後に「別の方向に議論を持っていこうとしたこと」を反省する弁を述べたという。これに対して「そんなことはないわよ」と述べる教師や、「規範についての議論が出来なかったこと」を反省する教師がいたという。[22]

④　「専門家共同体」における「教室実践の表象」

リトルはこれらの事例を踏まえ、「専門家共同体」における「教室実践の表象」について考察を加えている。

リトルは、「アカデミック・リテラシー・グループ」におけるローラの語り、英語科の話し合いにおけるリンの語りは、自身の教室での実践についての語りであり、教師たちの話し合いの場に持ち込まれることで「脱文脈化（de-contextualized）」されているとする。この「脱文脈化」された「実践の表象」が「実践の表情」を十分に伝えることができず、その「透明性」に難があったことは見てきた通りである。[23]

しかし、リトルは「脱文脈化」された「実践の表象」は、教師たちの話し合いの場において「再文脈化（recontextualized）」されることを指摘する。なぜなら、「他者の物語、思索、説明、コメント、冗談、非難、観察の意味を形成することは、教師たちの集団的な実践の中心的かつ構成的な特質を示している」からであるとする。すなわち、「グループの共同行為のための実質的な資源を提供し、授業実践の支配的な志向性を伝え、そのグループにおいて教師であることの意味を交渉している」とリトルはいう。この意味において、「教室実践の表象」として何に焦点化するのか、それはいかに取り上げられ、取り上げられないのかという問題が、「専門家共同体」の中心問題となるとリトルはいう。[24]

二　「専門家共同体」における高校数学科教師たちの学び
――Ｉ・ホーンの研究

ホーンは「専門家共同体」における数学科の教師たちの学びを探究する研究に着手した。

ホーンはリトルの指導生であり、リトルの共同研究『高校改革の文脈における教師の専門性開発』に参画し、二〇〇二年に博士論文『仕事の学び――高校改革の文脈における数学科教師の専門性開発』をカリフォルニア大学バークレー校に提出し博士号を取得している[25]。

ホーンは、サウス高校とイースト高校（前節と同じ学校）の数学科への一八ヵ月間（一九九九年から二〇〇〇年）にわたる集約的なフィールドワークに基づき、「学校改革に取り組む高校の数学教師たちが、教科、生徒の学び、教育学について、彼ら彼女らの仕事の文脈を通して、いかに学んでいるのか？」という問題に取り組んだ[26]。

ホーンの博士論文の中心的な成果をまとめた論文が、二〇〇五年の『コグニション・アンド・インストラクション』誌に掲載されている。論文「仕事の学び――高校数学科における状況に埋め込まれた教師の学び」である[27]。

以下では、まず、二〇〇二年の博士論文及び二〇〇五年の論文を手がかりに、サウス高校とイースト高校における「専門家共同体」の形成と展開の特徴を叙述する。次に、それを踏まえ、ホーンが接近した「専門家共同体」における数学科教師たちの学びの実践について検討しよう。

(1)　サウス高校とイースト高校における「専門家共同体」の形成と展開

サウス高校とイースト高校は対照的な性格を示している。以下ではホーンの記述に即し、学校規模の改革に取り組んできたサウス高校及び、学校規模の改革は低調なイースト高校における実践の展開を素描しよう。

①　サウス高校における「専門家共同体」の形成と展開

サウス高校は、カリフォルニア州のサンフランシスコ湾岸地区に位置する総合制高校であり、第九学年から第一二学年までの四学年、生徒数はおよそ八〇〇人である。サウス高校の生徒は多様である。一九九九年から二〇〇〇年において、生徒の三七％が白人、二三％がフィリピン系、二一％がヒスパニック、一三％がアジア系、六％がアフリカ系である。生徒の一五％が昼食の援助（無料もしくは減額措置）を受け、英語能力が不十分な生徒は三％である。大学進学適性試験（ＳＡＴ）の受験者は生徒の五〇％（州の公立学校の平均は三七％）、そのスコアの中央値は州の公立学

校の平均を下回っている。(28)

サウス高校は、長年にわたり学校規模の改革に取り組み、強力な「専門家共同体」を形成している学校として知られているという。サウス高校は、一九九〇年代の初頭に、学校の「ラディカルな再構造化」に着手したのである。サウス高校の教師たちは、「全ての生徒に『最高の質の教育』を提供することを掲げ、様々な学校規模の改革に取り組んできた。サウス高校は、中等学校改革グループ「エッセンシャル・スクール連盟」のメンバーとして長年にわたり改革を進め、さらに「カリフォルニア学校再構造化デモンストレーション・プログラム」に参画した四二の高校の一つでもあった。(29)

ホーンが調査した一九九九年から二〇〇〇年の間には、サウス高校は、「ベイ・エリア学校改革協同機構(30)（ＢＡＳＲＣ）」の改革の拠点校である「リーダーシップ・スクール」として実践を続けている（ＢＡＳＲＣによる学校改革の展開については本書第七章参照）。

サウス高校において、「エッセンシャル・スクール連盟」のメンバーとして改革に取り組んできた経験は、サウス高校の重要な文脈を形成している。サウス高校では「エッセンシャル・スクール連盟」に共通の改革原理（「連盟の一〇の改革原理（Coalition's Ten Common Principles）」）を掲げ、教師たちの「研究グループ」の組織、「総合的な生徒プロジェクト」、「卒業のためのポートフォリオの作成」などに取り組んできた。(31)

ただし、後にみるようにホーンが取り上げるサウス高校の数学科は特異な性格を示している。サウス高校では「エッセンシャル・スクール連盟」の改革原理に即した取り組みは、主に人文社会科学系の教科において盛んであり、特に、英語科と社会科の教師たちの協同による「総合的な単元開発」が行われてきたという。(32)ホーンが迫るサウス高校の数学科はどのような実践の展開をみせるのだろうか。

② イースト高校の数学科における「専門家共同体」の形成と展開

イースト高校の学校全体の特徴及び、英語科の有志による「アカデミック・リテラシー・グループ」と英語科全体の取り組みについては前節にて検討してきた。イースト高校においては学校規模の改革は低調であり、アメリカにおいて「典型的な」総合制高校の性格を有しているとホーンは指摘する。[33] イースト高校の英語科の教師たちによる改革の「胎動」の局面については、前節にてリトルの研究に即して叙述してきた。ここでは、イースト高校の中で長年にわたり授業改革に取り組んできた特徴的な数学科について概観しておこう。

イースト高校の数学科の改革は一九八〇年代中頃に着手されている。改革の契機は、外部機関による評価報告書にあった。その報告書は、イースト高校の生徒が「トラッキングのプログラムにおいて数学を学ぶことが出来ていない」こと、さらに「全ての数学の授業においてその半数が次のレベルに進めていない」ことを浮き彫りにしたという。この報告書を受け、当時の数学科の教科主任エマは、サンフランシスコ湾岸地区の数学教師たちの専門性開発を担う「ベイ・エリア数学プロジェクト（Bay Area Mathematics Project、以下ＢＡＭＰと略記）」と連携し改革に着手したのである。[34] ＢＡＭＰは「カリフォルニア数学プロジェクト（California Mathematics Project）」の地域組織の一つであり、カリフォルニア大学バークレー校と連携する組織である。

イースト高校の数学科の教師たちは、ＢＡＭＰのワークショップが導入する「問題解決活動」に生徒が取り組む姿を目の当たりにし、「生徒の能力に対する『嬉しい驚き』」を感じたという。当時の教科主任エマは、ランド研究所のジェニー・オークス（Jeannie Oakes、後にカリフォルニア大学ロサンゼルス校）のトラッキングについての著作を読み込み、イースト高校の数学科においても「脱トラッキング」を導入することを決意する。エマは校内のカリキュラム会議において「私たち（数学科）がトラッキングの最中にあるのだから、全てのものごとが能力別に編成されてしまっている」と問題を提起し、少人数の教師による実験的な「脱トラッキング」のカリキュラムに着手したという。[35]

「脱トラッキング」のカリキュラムは様々な困難と向き合いながらも、数学科の教師たちの努力により次第に成果を示し、「脱トラッキング」の数学のカリキュラム開発を通して近隣の大学の研究者と連携を深めていったという。なかでも一九九〇年代半ばにスタンフォード大学の研究者を中心に開発されていた「複合的指導（Complex Instruction)」(「協力学習」の系譜に連なるグループ学習を中心とする授業の方法)の導入は、イースト高校の数学科の教師たちの授業改革を促進してきたという[36]。

こうして、イースト高校の数学科は「全ての教師が週に一度集い、授業計画や生徒の学びについて議論し合い、様々なアイディアを共有する」ことに取り組み続け、「専門家共同体」を形成しているのである。教職三年目の教師キャリーは、教職課程の指導教官から「北部カリフォルニアにおいて最も協同的に仕事をしている数学科」として紹介されたという。現在の教科主任の一人である教師ギエルモ(教職一〇年目、イースト高校一〇年目)もまた、イースト高校の数学科の協同的な文化について、「私たちは互いの創造性に基づいて仕事をしている。ただし、それは常に同僚性に基づく文脈においてである」と指摘しているという[37]。

ホーンが本格的な調査を行った一九九九年から二〇〇〇年にかけて、イースト高校の数学科は、七人の数学教師と一人の特別支援教育の教師の有志による「代数グループ」を形成しており、さらに、二人のインターンと三人の教育実習生を受け入れている[38]。ホーンが迫るイースト高校の数学科はどのような実践の展開を示しているのだろうか。

(2) サウス高校の数学科とイースト高校の「代数グループ」の教師たちの学び

ホーンは、二〇〇五年の論文「仕事の学び——高校数学科における状況に埋め込まれた教師の学び」において、サウス高校の数学科とイースト高校の「代数グループ」の実践を対照的に描き出している[39]。ここでは、ホーンが注目する「改革のアーティファクト」としての共通言語と、「教室実践の描写様式」の二点に即し、両校の数学科における実践の展開の差異を検討しよう。

① 改革の共通言語

サウス高校の数学教師たちは、「少なく学ぶことは多くを学ぶこと(less is more)」の標語を、イースト高校の数学教師たちは、「グループで学ぶに値する課題(group-worthy problems)」の標語を改革の共通言語として有していると

$$x+3x=4x$$
$$3x^4+4x^4=7x^4$$
and
$$(34)(4)^{n+3}+(5)(34)(4)^{n+3}=(6)(34)(4)^{n+3}$$

図8-2　教師ダンが示す数学の課題例

いう。ホーンは、これらの標語を「改革のアーティファクト」として捉え、それが教室の実践においていかに具体化されているのかに注目する[40]。

サウス高校とイースト高校の二つの標語は、実践レベルにおいて対照的な帰結を生んでいる。

「少なく学ぶことは多くを学ぶこと」は広く知られているように、「エッセンシャル・スクール連盟」の改革原理の一つである。「連盟の一〇の改革原理」によれば、「少なく学ぶことは多くを学ぶこと」とは、「カリキュラムの決定は、単に教育内容の範囲を網羅する努力ではなく、生徒の習得と達成を目的とすることによって導かれなければならない」と要約されている[41]。

しかし、サウス高校の数学教師たちは、学校規模の改革を数学の教科においていかに実現するのかについて、十分な議論を積み重ねる時間を欠いてきたという。確かにサウス高校の数学教師たちは、教師の研究グループや教科部の会議などには定期的に参加している。しかしながら、数学教師たちにとってそうした機会は、州や学区、様々な外部資金提供者からの「官僚制の要求」に応える時間に費やされ、数学の「授業」や「学習」について吟味する機会は限られてきたという[42]。

「少なく学ぶことは多くを学ぶこと」の改革の標語についての解釈は、サウス高校の数学教師たちにおいて「個別的に」行われている。

サウス高校の数学科での経験が最も長い教師ダン（教職九年目、初任からサウス高校）は、この標語に関わって、授業において数学的な目標の「性格」を教えることを強調しているという。ダンは「性格」について次のような例（図8-2参照）を示し、それを「本質的に同じ

問題」として授業で扱い、「一見かけ離れた問題」を「関係づけて」解くよう支援することを心掛けているという。(43)

数学科主任バーバラ（教職二五年目、サウス高校六年目）は、「既存のカリキュラムからいくつかの主題を取り除くことを正当化する」こととして、若手教師ノア（教職二年目、初任からサウス高校）は、「授業についての考えには至っていない」と話しているという。ホーンは、ダン、バーバラ、ノアの授業を観察し、三者の教室には、サウス高校の学校規模の改革の取り組みは届いていないと指摘している。(44)

他方、イースト高校の数学教師たちは「グループで学ぶに値する課題」という改革の標語を共有し、協同でのカリキュラム開発に取り組んでいる。「代数グループ」は「脱トラッキング」のカリキュラム開発のために「グループで学ぶに値する課題」を戦略的に組み入れているのである。(45)

「代数グループ」において「グループで学ぶに値する」に込められた意味は、「生徒」、「教科」、「授業」の概念にまで広く及んでいるという。「代数グループ」の教師たちは、次のように「グループで学ぶに値する」ことの意味を定式化している。①「全ての生徒が有能である」、②「生徒は協同的なグループにおいて相互に学び合う」、③「数学は柔軟性があり、疑問と議論に開かれている」、④「教師は生徒に即して数学の意味を解明しなければならない」、⑤「数学の学びに対する線形的な見方を問い直す。補習は高度な数学に迫るために不可欠であるわけではない」、⑥「数学の授業の『外側から内側へ（outside-in）』のアプローチ。数学の重要な概念に働きかけることが生徒の一貫性のある概念の理解を助ける。既存の授業に支配的な細分化し系統立てる方法とは対照的なアプローチである」。これら六点が、「代数グループ」において掲げられている。(46)

例えば、⑥の「外側から内側へ」の標語は、イースト高校の数学科の教科主任の一人であるギエルモが、教師たちの話し合いの場において繰り返し言及する標語の一つでありという。生徒の「グループ学習」を組織するために「複合的指導」での研修を積むことで数学科の教師たちの共通の言語が作り出されているという。(47)「グループで学ぶに値する課題」としてホーンは、次の課題（自動販売機について、図8-3参照）を取り上げている。

自動販売機

ある工場の食堂に飲み物を売る自動販売機が置いてあります。典型的な一日では、

・飲み物の在庫は半分の状態から起動し、
・午前９時より前、午後５時より後には飲み物は販売せず、
・午前中と昼食の時間（午前 10 時半から 11 時、午後１時から２時）の混む時間帯を除けば、一日を通して頻繁に利用されるわけではないです。
・昼食前には飲み物を完全に補充します（およそ 10 分程度の作業）。

午前８時から午後６時までの自動販売機の飲み物の数をグラフによって示しましょう。

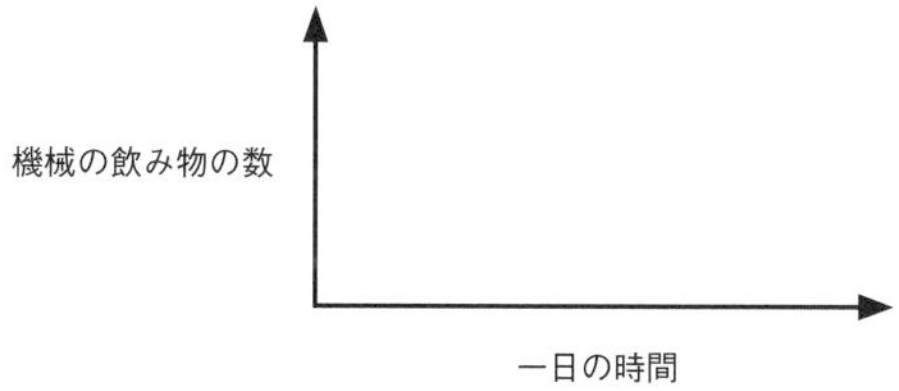

図 8-3　「代数グループ」が示す数学の課題例

この課題は、現実世界の文脈に即しながら、「グラフの変化」、「傾き」、「割合」といった数学の重要な概念の理解を含んでおり、生徒がグループで議論することで多様な解法を吟味することが目指されている[48]。

さらに「代数グループ」では年に一度、夏の五日間を「代数週間」として設定し、一年間のカリキュラムについて見直す機会をもっている。ホーンが観察した一九九九年八月一六日の「代数週間」の話し合いでは、「グループで学ぶに値する課題」について再検討が行われたという。そこでの話し合いを通して「代数グループ」では改めて「グループで学ぶに値する課題」の特徴として、①「重要な数学的概念の解明につながること」、②「生徒がグループで学ぶ良さを引き出す複合的な問題を含むこと」、③「多様な表現方法（経験的、一般的の双方）を可能にすること」、④「多様な解決の筋道が準備されていること」を確認し合ったという[49]。

サウス高校とイースト高校の数学教師たちは、

共に改革の共通言語を有していた。しかし、サウス高校では改革の共通言語について教師たちが話し合う場は限られており、実践の改革には必ずしも繋がってはいない状況にあった。一方、イースト高校の数学教師たちは、「脱トラッキング」のカリキュラム開発の文脈において戦略的な改革の共通言語を有し、その意味するところを豊かにする教師たちの協同の場が数多く準備されていたといえよう。

②　教室実践の描写様式

次に、ホーンが注目する「教室実践の描写様式」について検討しよう。

ホーンは、教師間の会話において教室の出来事を描写する方法として、「授業の再演（*teaching replays*）」と「授業の試演（*teaching rehearsals*）」と名づける二つの方法に注目している。「授業の再演」とは「教師と生徒の役割を演じながら教室の出来事の詳細な説明を提供する」ことであり、「授業の試演」とは「教師の予測に基づき教室のインタラクションを教師が演じる」ことを意味している[50]。

サウス高校の数学教師たちの会話において、「授業の再演」と「授業の試演」はほとんど現れなかったとホーンはいう。サウスの数学教師たちは「生徒の数学的思考」について議論することは稀であった。例えば、「授業の試演」においては同僚教師に授業の説明の仕方を披露するだけであったり、「授業の再演」においては生徒のふざけた行動を面白がる機会を提供するに過ぎなかったという。サウス高校の数学教師たちは効果的な説明の方法を共有したり、情緒的な支援を獲得することにのみ価値を認め、互いの実践の詳細について語り合い吟味し合うことは稀であったとホーンはいう[51]。

他方、イースト高校の数学教師たちの会話には頻繁に「授業の再演」と「授業の試演」が現れており、さらに「生徒の声」や「生徒の思考」を多分に含んだ「授業の再演」や「授業の試演」であったとホーンは特徴づけている。イースト高校の数学教師たちにおいて「授業の再演」と「授業の試演」は、相互の実践についてのコンサルテーションの基盤を形成していたという[52]。

ホーンはイースト高校の数学教師たちの「授業の再演」と「授業の試演」の具体的な事例を次のように示している。教育実習生であるベリンダと教科主任であるギエルモによる週に一度の「メンタリング」の場面である。ベリンダは、「生徒たちがグループの中で問いかけられた時にどう答えるべきか」という問いをギエルモに投げかけ、授業中のある二人の生徒（デーヴィッドとエンジェル）のやり取りを描写する。グループ学習の中でエンジェルがデーヴィッドに質問する。するとデーヴィッドは「こうやればいいんだよ」と素っ気なく返事をしたという。エンジェルは満足できない様子であったが、さらにデーヴィッドに質問することはなかったという。この描写を踏まえギエルモは、「あなたはそこで何も言わなかったの？」とベリンダに問う。ベリンダは、「何もしなかった」と答え、さらに「エンジェルが何を考え何をしようとしていたのか確信が持てなかったから」と言う。この一連の会話に、ホーンは「授業の再演」を見出し、メンターであるギエルモのこのクラスについての「文脈的な知識」を踏まえ、ギエルモが直接この場面を観察していなくても、授業の一場面が「具体的に」描写されているとする(53)。

この「授業の再演」の局面は、続く「授業の試演」の局面を準備した。先に続いてギエルモは、ベリンダが二人の生徒のやりとりに注目したことを「感心すべき感受性」であると評価し、ギエルモによる「授業の試演」が示される。ギエルモは「エンジェル、あなたが問いかけたことは素晴らしいこと。デーヴィットは答えようとしたんだね。でも、デーヴィットの返事はどうだった？」と「授業の試演」を示し、教室での実践に直接取り入れられるような「言語」をベリンダに提供する(54)。

この一連の局面においてホーンは、ベリンダがエンジェルとデーヴィットのやり取りにおいて積極的な役割を果たすことを「想像し直す」方法が示され、その役割を果たす具体的な問いかけの「モデル」が示されていると指摘する。この「問いかけ」のモデルの提示は、教師が生徒のグループ学習を促進する能力を発達させる道を開いているとホーンは意味づけている。特にホーンは、サウス高校においては、「個別的に」グループ学習を取り入れていた教師が、「生徒はグループ学習のやり方を知らず、グループ学習は一定の生徒において成功するだけだ」と一人で結論づけていたこととの対照性を指摘している。[55] ベリンダとギエルモの「メンタリング」の場面において、「生徒の思考」を含んだ「授業の再演」と「授業の試演」が立ち現れることで、ベリンダの教師としての学びの機会に繋がっているのである。

三　「クリティカル・フレンズ・グループ」による「専門家共同体」の形成と展開
——M・カリーの研究

カリーは、「専門家共同体」が構築する「学校改革と教師の専門性開発のための資源」について探究する研究に着手した。

カリーもまたリトルの指導生の一人である。カリーは、二〇〇三年に博士論文『クリティカル・フレンズ——高校改革における教師の専門家共同体の事例研究』をカリフォルニア大学バークレー校に提出し博士号を取得している。[56]

カリーは、「エッセンシャル・スクール連盟」と連携し「クリティカル・フレンズ・グループ（Critical Friends Groups）」（学校を基盤とし教科横断の教師の会話による探究を主とするグループ）を校内に形成することで、「専門家共同体」の構築に取り組む高校への三年間（一九九九年から二〇〇二年）にわたる集約的なフィールドワークを行った。カリーの調査は、「太平洋岸北西部」に位置するリヴィア高校において行われた。[57]

カリーの高校改革の調査もまた、リトルと指導生を中心とする共同研究の一環として行われている。共同研究『授業改善のために生徒の作品を見ること』（一九九九年から二〇〇一年）である。この共同研究では、全米規模で学校改革を展開する「エッセンシャル・スクール連盟」、「アカデミー・フォー・エデュケーショナル・デベロップメント（Academy for Educational Development）」、「ハーヴァード・プロジェクト・ゼロ（Harvard's Project Zero）」の三つの組織に注目し、それらのイニシアティヴによる学校改革に取り組む六つの学校の調査を行った。[58] カリーの調査はその一部を成しているのである。

カリーの博士論文の中心的な成果をまとめた論文が、二〇〇八年の『ティーチャーズ・カレッジ・レコード』誌に掲載された。論文「クリティカル・フレンズ・グループ――授業改善と学校改革を目指す教師の専門家共同体に埋め込まれた可能性と制約」である(59)。

以下では、二〇〇三年の博士論文及び二〇〇八年の論文を中心的に検討し、まず、リヴィア高校における「専門家共同体」の形成と展開の特徴を叙述し、次に、カリーが接近した「クリティカル・フレンズ・グループ」の実践について検討しよう。

(1) リヴィア高校における「専門家共同体」の形成と展開

リヴィア高校は、「太平洋岸の都市周辺」に位置する総合制高校であり、第九学年から第一二学年までの四学年である。「エッセンシャル・スクール連盟」に参画し「クリティカル・フレンズ・グループ」による改革に着手した一九九七年から一九九八年においては、生徒数およそ一〇〇〇人、生徒の四六%が白人、二二%がアフリカ系、二二%がアジア系、三%がヒスパニック、一五%が昼食の援助（無料もしくは減額措置）を受けていた。二〇〇一年から二〇〇二年には、生徒数一〇五〇人、生徒の六二%が白人、一八%がアジア系、一一%がアフリカ系、六%がヒスパニック、八%が昼食の援助（無料もしくは減額措置）を受けていた(60)。

「クリティカル・フレンズ・グループ」の成り立ちについて触れておこう。「クリティカル・フレンズ・グループ」は「エッセンシャル・スクール連盟」から生まれている。特に、「エッセンシャル・スクール連盟」が「旅（Trek）」と名づけた学校改革の方略に端を発している。「エッセンシャル・スクール連盟」において、「旅」とは、学校改革の相互理解及び相互評価のプロセスであり、学校改革に着手するために、各々の学校の文脈を理解し省察し、目標を設定し行動計画を立てる「一年間に及ぶプロセス」である。このプロセスにおいて、学校を超えて改革の当事者たちが相互に「クリティカル・フレンズ」の役割を担うことが重視されていたのである[61]。

一九九四年には、ブラウン大学の「アネンバーグ学校改革研究所（Annenberg Institute for School Reform）」において、学校改革と教師の専門性開発のアプローチの一つとして「クリティカル・フレンズ・グループ」の定式化が着手され、その後二〇〇〇年代に向けては、「ナショナル・スクール・リフォーム・ファカルティー（National School Reform Faculty、以下NSRFと略記）」において学校改革の鍵となる方略として発展をみせている[62]。二〇〇一年現在では、「クリティカル・フレンズ・グループ」は、「月に一度二時間程度、自発的に集う八人から一二人程度の教育者から成る専門家学習共同体」を意味しており、教師たちの協同的な会話を促進するために開発された多様な「プロトコル（protocols）」を用いて実践の改善に取り組んでいる。

リヴィア高校における「クリティカル・フレンズ・グループ」の改革は、英語科主任マキシン・リー（教職三五年目、リヴィア高校二五年目（二〇〇一年時点））のイニシアティヴによって着手された。マキシンは、州の「ティーチャー・オブ・ザ・イヤー」にも選ばれた経験を持つ熟練教師である。マキシンは一九九七年の夏に、二人の同僚教師とともに、NSRFの「クリティカル・フレンズ・グループ」の「コーチ」のための研修に参加した。マサチューセッツにて行われた一週間の集約的な研修を経て、マキシンを含む三人の教師たちは、一九九七年の秋、リヴィア高校における「クリティカル・フレンズ・グループ」の形成に着手したのである[63]。

リヴィア高校では、一九九四年より、「エッセンシャル・スクール連盟」の改革の「共通原理」を取り入れた実践を積み重ねてきていた。四人の教師と一人の図書室司書の五人が自発的に「エッセンシャル・スクール連盟」の地域フォーラムなどに参加し続け、学校規模での改革の取り組みを準備してきたのである。リヴィア高校は、一九九七年の「クリティカル・フレンズ・グループ」の形成でもって、正式に「エッセンシャル・スクール連盟」に参画し、改革に本格的に着手したのである[64]。「エッセンシャル・スクール連盟」に参画する学校の多くが外部から改革の「コーチ」を招きその専門性に頼る傾向に対し、リヴィア高校では、「校内の」専門性を高めることに努力を傾けたという[65]。

マキシンを中心とする改革の初年度には、およそ半数の教職員（三三人、校長、養護教諭、カウンセラーを含む）が自発的に「クリティカル・フレンズ・グループ」による改革に参加し、マサチューセッツでの研修を受けてきた三人の教師を「コーチ」とし、三つの「クリティカル・フレンズ・グループ」を校内に組織した。月に一度、「クリティカル・フレンズ・グループ・デイ」を設定し、「生徒の学業達成度を向上させるための実践の改善」を中心的な主題とする三時間に及ぶ話し合いをもったという。この話し合いは教職員の自宅に集まって行われている(66)。

「クリティカル・フレンズ・グループ」による改革の取り組みは、リヴィア高校において漸進的に実を結び始める。一九九八年には第九学年において、一九九九年には第一〇学年において、「個性化とプロジェクト志向の学び」を目指す「脱トラッキング」のカリキュラム開発に着手している。二四人の教科教育の教師を、八五人から九〇人の生徒を担当する六つの「チーム」に分けるなど、「エッセンシャル・スクール連盟」の「共通原理」に即した学校規模の改革も進展をみせるにいたっている(67)。

こうした「教師による教師のための」改革が、教師の「専門家共同体」の形成を導いているとカリーは指摘する。リヴィア高校の校長であるアレック・ゴードンは、「教師の専門性開発の最も重要な形態は、教師たちが「クリティカル・フレンズ・グループにおいて」自分たちの手によって仕事を組織することであり、自分たちの手によって専門性開発を運営し、それぞれの研究を遂行することである。教師たちは専門家なのだから」と話している(68)。リヴィア高校の教師たちによる改革の歩みは、校長の確かな見識によっても支えられているといえよう。

リヴィア高校において二〇〇一年から二〇〇二年にかけては、七人の教師が「クリティカル・フレンズ・グループ」の「コーチ」の研修を受け、七つの「クリティカル・フレンズ・グループ」が組織されるにいたっている。この年に新しく組織された二つのグループは、「新任教師の専門性開発」と、「カウンセラーの専門性開発」という特定の目的を持つグループとして組織されており、改革の五年目をスタートさせている(69)。

ただし、未だリヴィア高校の全ての教師が「クリティカル・フレンズ・グループ」に参加しているわけではない。

「クリティカル・フレンズ・グループ」への参加率は、主要教科の教師の八五％（四一人中三五人）、その他の教科の教師では四七％（一五人中の七人）である（合わせると七五％）。校長のアレックは特に、主要教科の教師の参加率（八五％）は、「改革を進めるために必要な最小必要量」に達していると積極的に評価しているものの、数学教師では七人中三人が参加せず、体育教師では三人全てが参加していないという状況である(70)。

(2)　リヴィア高校の「クリティカル・フレンズ・グループ」の実践の展開

①　英語科主任マキシンの「クリティカル・フレンズ・グループ」

リヴィア高校の改革の中心は、英語科主任マキシンを「コーチ」とする「クリティカル・フレンズ・グループ」の実践にある。ここでは、二〇〇一年の四月に校長アレックの自宅にて午後一時頃から午後四時頃まで行われた話し合いについて検討しよう。この日は、「クリティカル・フレンズ・グループ」が準備する「プロトコル（議事計画）」のうち、「文献に基づく議論」が一つと、「アトラス（ＡＴＬＡＳ）」（後に詳述）が二つ行われた(71)。参加者は一一人であり、校長アレック、英語科主任マキシンを始め、数学、社会、歴史、化学、芸術、健康、子どもの発達、カウンセラー、助手を含む多様なメンバーによって構成されている(72)。

この日の「クリティカル・フレンズ・グループ」の実践は、二〇〇八年のリトルとカリーの共著論文「授業と学習についての会話の構造化――プロトコルに基づく会話における証拠の利用」においても検討されている(73)。ここでは、カリーの博士論文及び二〇〇八年のリトルとカリーの共著論文を手がかりに、マキシンの「クリティカル・フレンズ・グループ」における「アトラス」の「プロトコル」を活用して展開された教師たちの会話に接近しよう。

まず、「アトラス」の「プロトコル」とは、一九九〇年代に「ニュー・アメリカン・スクール（New American School）」や「ハーヴァード・プロジェクト・ゼロ」などと連携した学校改革プロジェクト「全ての生徒のための真正の授業、学習、評価（Authentic Teaching, Learning, and Assessment for all Students、ATLASと略記）」において開発された「プロトコル」である。マキシンの「クリティカル・フレンズ・グループ」では、「アトラス」の「プロトコル」が頻繁に利用されている。(74)

「アトラス」の「プロトコル」の特徴は、「生徒の作品を見るための過程」にあるとマキシンは指摘している。「アトラス」の「プロトコル」は次の五つの段階を有し、それぞれの段階に即して実践者への手引きが示されている（表8-1左から二列を参照）。第一に「導入」の段階（二分）、第二に「生徒の作品を観察し描写する」段階（一〇分）、第三に「生徒の作品を解釈する」段階（一〇分）、第四に「教室実践のための示唆」の段階（一〇分）、そして第五に「今回の過程について省察する」段階（一〇分）である。(75)

リトルとカリーは、「アトラス」の「プロトコル」に注目する理由として次の二点を挙げている。第一に、「教師たちは、たとえ生徒の作品が目の前に提示されたとしても、生徒の思考やパフォーマンスに焦点化することに難しさを感じている」からである。すなわち、教師たちが「生徒の理解（もしくは理解できなかったこと）の根拠についての議論から、早急に教室実践の一般的な議論へと飛躍する傾向」にあることをリトルとカリーは指摘する。すなわち、「教室実践や生徒の思考の具体やパターンやニュアンスについて考察すること」が疎《おろそ》かにされがちであるとする。

第二に、教師たちの会話の多くが、「生徒の困難や格闘を示す根拠を提供するよりも、模範的な生徒の作品を持ち寄る」会話となる傾向があり、「生徒の作品を分析するよりも、『良い作品』を共有し確認する衝動に駆られている」という。(76)これらの課題は次にみる教師シェルビー（教職九年目、健康教育）の実践をめぐる「アトラス」の「プロトコル」に即した話し合いにおいても現れている（表8-1、右一列を参照）。いずれも、教師の仕事を洞察した留意点である。

② 教師シェルビーの実践をめぐる「アトラス」の「プロトコル」

教師シェルビーは、「精神衛生」の「暴力」についての単元において、「説得的な小論文」の課題を生徒に出した。

	したのかについて考えることに向かうこと。	ったことを残念がった。エヴァレットとアイリーンはシェルビーの説得的な小論文という課題について必要とされることについて疑問を投げかけ、生徒たちがそれを理解するに及んでいないことを示唆した。シェルビーは黙したままノートをとっている。（6分16秒）
4. 教室実践のための示唆（10分）	グループの観察と解釈に基づき、その作品が授業や評価について示唆することについて議論する。	ムリエルは、シェルビーの説得的な小論文のための授業に貢献するよう第4段階を導く。シェルビーから3つ目の小論文が提示される。マキシンは、（あくまでも生徒の作品の描写と解釈に基づこうと）教師たちの会話が「偏見」に陥らないよう努める。その後、グループでは授業についての以下のような示唆を提示する。小論文を書き直すこと、説得的であることのモデルを示すこと、小論文の典型を示しモデルと関連づけること、課題をより焦点化すること。シェルビーは黙したままノートをとる。（10分5秒）
5. 今回の過程についての省察（10分）	今回の過程がいかに機能したかについて省察する。生徒や同僚、あなた自身、あなたの実践について得た新たな洞察を共有する。	シェルビーは、授業にて扱った課題や生徒の単元のフォルダーを提示し、生徒たちが理解に至らないことに対する失意を吐露する。シェルビーはグループに対して先に示唆された点はすでに実行済みであるとし、授業で配布するプリントやさらなる示唆について議論が進む。今回の過程についての省察の時間は全体の1%に満たなかった。（13分30秒）（以上およそ42分）

表 8-1 「アトラス・プロトコル」とシェルビーの実践をめぐる事例の概要(77)

「アトラス・プロトコル」の諸段階	実践者への手引き	シェルビーの事例の概観
1. 導入（2 分）	ファシリテーターは、グループに向けて、非難をしないこと、協同すること、共通認識を重視することといった諸規範について思い起こさせる。教師は、簡潔な課題の説明とともに生徒の作品を提示し、生徒や作品の質について先に特徴づけることを控える。	シェルビーは「暴力」についての単元について簡潔に説明する。シェルビーは、「説得的な小論文」を書くために、生徒に、暴力を減らす方法を 3 つ挙げること、その根拠として事実もしくは引用を 2 つ組み入れることを指示したことを説明した。2 人の生徒の小論文を配布し、必要以上の説明はしなかった。（実際は 3 分 18 秒）
2. 生徒の作品を観察し描写する（10 分）	グループは生徒の作品から可能な限りの情報を集める。グループのメンバーは、生徒の作品を観察し描写することに専念し、生徒が行ったことについての解釈や質についての判断を控える。もし解釈や判断が現れたら、ファシリテーターは、その証拠についての描写を求めなければならない。	最初のコメント（ソフィア）が評価的であり（「彼女（生徒）（の作品）は説得的ではない」）、評価の段階に入り込んでいた。さらにアイリーンも説得的な小論文のために何が必要なのかという疑問を提示し、（ファシリテーター役であった）ムリエルが、それは解釈であるとし第 2 段階でのコメントに留めることを求めた。しかし、結局のところ続くコメントは評価的であった。シェルビーは黙したままノートを取っている。（7 分 13 秒）
3. 生徒の作品を解釈する（10 分）	グループは、生徒が行ったことの意味やその理由について考える。グループは、多様な解釈を見出すこと、その証拠の種類と質に照らして解釈についての評価を行う。証拠からグループのメンバーは、生徒が思考したこと、生徒が理解したこと理解できなかったことについて考え、生徒が課題についていかに解釈	グループは 2 つの小論文を比較しながら説得的であることについての生徒の理解について評価する。学校で学んだことと生徒自身の経験について議論が交わされる。ムリエル（シェルビーとチームを組んでいる）は、生徒アイーシャの小論文執筆を支援した経験を話し、アイーシャが自身の感情を書き切れなか

この日シェルビーは、「暴力防止」を主題とする二人の生徒の小論文を持参した。「アトラス」の「プロトコル」のファシリテーターは、シェルビーとチームを組む助手ムリエルが務めた。(78) 以下ではこの日の教師たちの会話を特徴づけている次の二つの局面に焦点を当て、その実践の展開を検討しよう。

(a)「生徒の作品を観察し描写する」段階

まず、「プロトコル」の第二段階の局面である（表8-1参照）。第二段階は「生徒の作品を観察し描写する」段階である。教師たちは生徒の小論文を読み、話し合いが始められた。生徒アイーシャの小論文が話題に上げられた。社会科教師ソフィアは、「彼女［アイーシャ］の［小論文］が説得的でないのは、おそらく、彼女が詳細について何ら論じていないからだと思う。議論を支持する具体的な例が一つもないのだから……もちろん、彼女の見解は非常に明確で、問いの枠組みもまた明確なのだけれども……」と、早々に「評価的なコメント」を行う。するとマキシンは、「今のは、問いの枠組みについて言及しているのかな。例えば、『いかに暴力に対して関与するのか』が問いの枠組みだったということ？」と返している。ソフィアはマキシンの問いかけに応えながらも、「あらら！ごめんなさい。私はそう言おうとしたのではなくて」と、「生徒の作品の描写」に限った段階において自身の発言が相応しくないとし、発言を止めている。(79)

続いて数学教師アイリーンもまた、「私が思い浮かんだことは、生徒は、説得的な小論文とは何を意味するのかについて、どれだけ理解しているのだろうかということ」と話す。すかさずマキシンは、「なぜなら？何を見てあなたはそのように思ったの？」と返している。アイリーンは「アイーシャのものを読んで」とし、続けて「説得的な小論文が意味するところが私には明らかではないから……」とコメントしている。すると、ファシリテーター役を務めていた助手ムリエルは、「アトラス」の「プロトコル」に即し、「そうした点は、次の段階である生徒の作品を解釈する段階に進んでからにしましょう」と発言している。(80)

この局面についてカリーは、リヴィア高校の教師たちの特徴的な文脈を指摘している。カリーはまず、リヴィア高校の教師たちが教科を超えて、小論文を含む「ライティング」のカリキュラム開発に積極的であるという。健康教育の教師シェルビーが生徒の小論文を「クリティカル・フレンズ・グループ」の話し合いに持参したことをはじめ、社会科教師ソフィア、数学教師アイリーンもまた「説得的な小論文」についての議論に積極的に参加している。カリーは、この基盤に「エッセンシャル・スクール連盟」の「共通原理」の一つである「教育のジェネラリストであること」が貫かれているとする。その意味においてシェルビーの実践をめぐる議論は、シェルビーだけでなくグループにとって関心の高い議論であるとカリーは指摘している(81)。

その上で、ファシリテーターの助手ムリエルを含めマキシンによる「アトラス」の「プロトコル」に即した方向づけもまた特徴的である。カリーは後日、この局面についてマキシンとともに振り返る機会をもっている。マキシンは、話し合いの後に訪れてきたシェルビーには個人的な指導を行ったことを話し、次のように振り返っていたという。マキシンは、あの話し合いの局面において、「私は、『あなたの生徒の小論文は説得的ではない。だから、あなたが必要なことはこれだ』と話すことを控えていた。なぜなら、生徒の作品を見つめ、それが示すものを理解する一連のプロセスを皆で共有したいと考えていたから」という。さらに、数学教師アイリーンが関心を示していた「説得的であること」について、マキシンは「それを定義することから始めずに……生徒の作品を見つめることから始めること」に重きを置いていたという(82)。ここに、教室実践の具体について考察しようとするマキシンの努力は明らかである。

(b)「教室実践のための示唆」の段階

二つ目に、「プロトコル」の第四段階の局面に注目しよう（表8-1参照）。第四段階は、「教室実践のための示唆」について語り合う段階である。ファシリテーターのムリエルが、この第四段階への移行を告げると、シェルビーは「是非とも！」と、実践についての助言を請うている。するとマキシンは、「では、［数学教師］アイリーンが課題について話していた問題に戻りましょうか」と言い、アイリーンは「生徒が、説得的な小論文とは何かについてどれほど理解していたのか、そもそも説得的な小論文とは何が期待されているのかについて、私は確かにしたい」と話している(83)。

ここでファシリテーターであるムリエルが「シェルビーは説得的な小論文の構成を持ってきています」と言い、グループに対して三つの目の小論文が配られることになる。するとマキシンは「それはこの会の後で見るということでもいい？」と言い、「それ（三つ目の小論文）によって私たちの会話が偏見を持ってはいけないから」と話している。すなわち、マキシンは、ここまでに見てきて解釈を行ってきた二つの小論文に基づいて、第四段階である「教室実践のための示唆」について語り合うことを強調しているのである(84)。

しかし、このことと関わってか、その後のグループでの議論は、早急に「助言を与えるモード」に移行していったとカリーは指摘している。例えば、「生徒に小論文を書き直させること」、「（弁護士のような専門家、過去の優秀な生徒、公刊されたテキストから）説得的であることのモデルを提供すること」、「小論文の典型を示しモデルと関連づけること」、「課題をより焦点化すること」などが提案されたという(85)。

こうした提案についてカリーは、「生徒の作品（student work）」に焦点を当てる「アトラス」の「プロトコル」の議論が、「教師の仕事（teacher work）」に焦点を当てることに移行したことを見出している。すなわち、そこでは、「生徒の説得的な小論文を書く能力を発達させる［教師の］実践はいかに失敗したのか」が問われている。この一連のプロセスにおいて、「教師の仕事」についての「助言」を繰り返す教師たちはその答えを「推測し続け」、シェルビーは「頷き続け」るしかなかったとカリーは見ている(86)。

事実、次の第五段階の局面においてシェルビーは、先に提出された「教師の仕事」の代替案は既に実行済みであることを告げている。ここに、この第四段階の冒頭に「是非とも！」と意気込んでいたシェルビーとは対照的な様子を見て取ることができるだろう。

以上、マキシンを「コーチ」とするリヴィア高校の「クリティカル・フレンズ・グループ」の実践について、シェルビーの実践をめぐる「アトラス」の「プロトコル」に即した実例の特徴を検討してきた。メンバーの入れ替えを経ながらも、リヴィア高校に「クリティカル・フレンズ・グループ」を導入してきたマキシンを中心とするグループは、二〇〇一年に五年目を迎えていた。「生徒の作品を見つめる」努力は容易ではなく、日々の実践を通して愚直に進められていることが示されていた。

四　「専門家共同体」の「会話ルーティン」
――教師の「専門家のディスコース」の探究へ

二〇〇〇年代リトルを中心とする研究の系譜は、二〇一〇年に公刊されたホーンとリトルの共著論文において、その成果の定式化を示している。二〇一〇年の『アメリカン・エデュケーショナル・リサーチ・ジャーナル』誌に掲載されたホーンとリトルの共著論文「実践の問題に注意を向けること――教師の職場でのインタラクションにおける専門家の学習のためのルーティンと資源」である[87]。この共著論文において取り上げられている実践は、イースト高校の「代数グループ」と「アカデミック・リテラシー・グループ」の実践である。ホーンとリトルは、その両実践の対照的な性格を示しながら教師の「専門家のディスコース（professional discourse）」の特質について検討している。

二〇〇〇年代のリトルを中心とする研究の展開は、次のように跡づけられよう。まず、本章の第一節にて中心的に取り上げた二〇〇二年、二〇〇三年のリトルの論文に続き、二〇〇七年にはリトルとホーンの共著論文「実践の問題の『通常化』――会話のルーティンを専門家共同体の学びの資源に転換する」[88]、同じく二〇〇七年にはリトルの論文「専門家の学びと指導の意思決定の資源としての教室の経験についての教師の説明」[89]、そして前節において取り上げた二〇〇八年のリトルとカリーの共著論文の公刊という展開である。この一連の展開において、「専門家共同体」の「楽観的な前提」に挑戦する探究が進められてきたのであり、二〇一〇年のホーンとリトルの共著論文は、教師のディスコースに注視し続けたそれらの成果の定式化を行った論文として位置づけることができよう。

本節では、まず、二〇〇七年のリトルとホーンの共著論文を取り上げ、彼女たちが提起した実践の問題の「通常化（normalizing）」の概念を検討し、その特質に迫る。それを踏まえ、二〇一〇年のホーンとリトルの共著論文を手がかりとし、イースト高校の「代数グループ」と「アカデミック・リテラシー・グループ」の実践に迫ることにしよう。

（1）「専門家共同体」における実践の問題の「通常化」

二〇〇七年のリトルとホーンの共著論文において、実践の問題の「通常化」の概念が提起された[90]。この実践の問題の「通常化」の概念は、後に検討する二〇一〇年のホーンとリトルの共著論文においても中心的な概念として位置づけられている[91]。ここでは、二〇〇七年の共著論文を手がかりとし、実践の問題の「通常化」の概念の特質を明らかにしよう。

リトルとホーンは「通常化」を次のように定義する。教師の会話において実践の問題を「通常化」するとは、「ある問題を通常である（normal）、すなわち教室での仕事や教師の経験において予期された一部分であると特徴づける展開（moves）」であるとする[92]。

リトルとホーンは、実践の問題の「通常化」が、実践の問題を提起した教師に対して「安心」を与え（「よくやったよ。気にすることないよ。」）、教師間における「連帯」を築く（「誰にでも起こることだよ。」）という機能を有していると する[93]。言い換えれば、「通常化」は、実践の問題を教師が直面する問題として「正統化する」ことでもある[94]。

ただし、リトルとホーンは、「通常化」を概念として提起する中心的な理由は次にあるといえよう。それは、リトルとホーンは、教師たちによる問題の「通常化」が、以下の二つに大別される展開を導くという。それは、「授業から離れる」会話となるか、それとも、「集団の注意を向ける対象として授業に向かう」会話となるかという二つの展開である[95]。

「授業から離れる」会話には、「咄嗟の説明」（例えば、「それはクラスの文化の問題だよ。」（この発言は、本章の第一節にて取り上げたイースト高校の「アカデミック・リテラシー・グループ」での発言であることを想起されたい））や、「即座の警句」（例えば、「クリスマスが過ぎれば笑えるよ。」）などがある。一方の「授業に向かう」会話は、「問題の詳細を引き出し分析を誘うことでより深い議論の出発点となるような問いに結びつく」会話である（例えば、「アリス、教室が大騒ぎになった原因は何だろうね？」（この発言は、イースト高校の「代数グループ」での発言であり、後に検討するように教師の学びの機会を開く発言として位置づけられる発言である(96)））。

ここで、なぜ、「咄嗟の説明」や「即座の警句」ではなく「授業に向かう」会話を、リトルとホーンが重視しているのかを検討しておこう。それは、リトルとホーンが、「授業に特有の複雑さと多義性」について繰り返し言及していることに理由を求められよう(97)。すなわち、教師の実践の問題を「咄嗟の説明」や「即座の警句」によって処理してしまうのではなく、「授業に向かう」会話によって「授業の複雑で多義的な性質を明らかにし、分析と省察を行うべき問題が開示」されるのである(98)。このように授業を「複雑さ」や「多義性」によって性格づけるリトルとホーンの認識は、次節以降の検討においても留意すべき重要な視点である。

「授業から離れる」会話は、教師の学びを制約する会話であり、「授業に向かう」会話は、教師の学びの機会となると性格づけられよう。リトルとホーンは、「授業に向かう」会話を「教師たちが自分たちの教育学的推論を相互に明瞭なものにする」と意味づけてもいる(99)。教師の会話における「通常化」に後続する会話の質に、教師の学びの可能性が依存するのである。ゆえに、教師の「専門家共同体」における実際の教師の会話において「教師の学びを位置づける」にあたり、「通常化」の概念は重要となる。

(2)「専門家共同体」における「会話ルーティン」

二〇一〇年のホーンとリトルによる共著論文「実践の問題に注意を向けること」は、新たに「会話ルーティン（conversational routines）」を中心概念とし、イースト高校の「アカデミック・リテラシー・グループ」と「代数グループ」の実践の特質に迫っている(100)。ここでは、まずホーンとリトルが提起する「会話ルーティン」の概念を特徴づけておこう。

ホーンとリトルは、「会話ルーティン」を、「ある社会的集団において、パターン化され繰り返し現れる会話の展開される方法」と定義する。[101] この「会話ルーティン」は、「展開（*moves*）」によって構成される。「展開」とは、「後続する話し手の反応を準備し、もしくは制約することによってインタラクションを進展させる」単位を指している。[102] ホーンとリトルは、「会話ルーティン」に着目することによって、さらに教師の学びの機会の解明に接近するのである。

「会話ルーティン」のアイディアは、組織社会学において提起された「組織ルーティン（organizational routines）」の概念に基づいている。ホーンとリトルは、「安定性（stability）と変化（change）の双方の資源となり得る」という「組織ルーティン」の性格に注目し、教師たちの「会話ルーティン」に迫る。[103] この「安定性」と「変化」は、ホーンとリトルにおいて、「構造（structure）」と「行為主体性（agency）」の用語によっても表現されている。[104] ホーンとリトルによる「会話ルーティン」への注目は、教師たちのコミュニケーションにおける「安定性」と「変化」の双方に目を配ることが明示されているのである。

① 「アカデミック・リテラシー・グループ」（イースト高校）の「会話ルーティン」

ここでは、ホーンとリトルの共著論文を手がかりとし、イースト高校の「アカデミック・リテラシー・グループ」の実践に迫ろう。

ホーンとリトルは、教師の学びの機会が「制約」される事例として、この「アカデミック・リテラシー・グループ」における「自伝的作文」をめぐるエピソードを取り上げている。本章の第一節においても取り上げたように、「アカデミック・リテラシー・グループ」は、イースト高校の第九学年の新しい授業（「アカデミック・リテラシー」）の実験的な試みに参加する英語科教師有志五人によって構成されたグループであり、同一の授業計画と教材を用いて、授業の改革と教師の専門性開発を実現することを目指していた。

「アカデミック・リテラシー・グループ」の「自伝的作文」エピソードを特徴づけるのは、教師レイを起点とする一連の会話である。このエピソードにおいて「実践の問題」を提起したのがレイである。レイは、単元開発を任されていた同僚教師カレンが提示する「自伝的作文」の授業案に対して問題を提起する。カレンは「自伝的作文」の単元の端緒として、「初めての読書の経験を思い出すこと」を生徒に求めることを計画していた。しかし、レイは、「私には「初めての読書経験を思い出せと言われても」何も手がかりがない……何も思いつかない」と発言する。ここに、ホーンとリトルは、「自伝的作文」の単元をめぐる「実践の問題」が提起されたことを見出している。しかし、レイの問題提起は同僚教師によって直ちに「通常化」されはしなかった。レイの発言は、同僚教師から、「そうだとしても、でもね……」と「現実的な意味のない（irrelevant）」発言として扱われたり、冗談によってかわされたりしたのである。(105)

ここで「現実的な意味のない」という用語に留意しておきたい。本書第四章で検討したAER誌上論争においてリトルが、フィールディングの「ラディカルな同僚性」の概念に対し、「現実的な意味のない議論が禁止され」ることを批判していたことが想起される。「自伝的作文」のエピソードにおいてレイの問題提起が「現実的な意味のない」議論とされることで、その後に開かれるはずであった教師の学びの機会が制限されているのである。

その後も繰り返しレイが様々な問題を提起することで、ようやくレイが提起する問題が同僚教師によって「通常化」される。しかし、レイが提起する問題は、授業案を提案する教師が準備する手立てを正当化する問題として扱われ、「アカデミック・リテラシー・グループ」において、レイの問題提起が深められることはなかったのである。(106)すなわち、レイの問題提起は、授業案を説明する語りの中で、授業の手立ての「リハーサル（walk-through）」（もしくは「授業の試演」（ホーン））によって解決済みの問題かのように扱われるのである。この「自伝的作文」のエピソードにおいて、レイが一貫して「他者からのアドバイスを受動的に受け取る人」として位置づけられているとホーンとリトルは指摘している。(107)

この事例において、レイの提起する問題（「生徒「の作文用紙」が白紙のままであること」や、「生徒に何を援助することができるのか」）は、その後、「私はレイのジレンマを理解するわ」といった他の同僚教師の発言を引き出すにいたる。[108] それでも、こうした教師間のインタラクション自体が授業案づくりやカリキュラムの調整を目的として設定されていたため、レイの提起する問題は授業案の修正によって引き取られるだけに終始したのである。

ホーンとリトルが「自伝的作文」エピソードから示唆する問題は、次の二つである。それは、会話に参加する教師たちの「行為主体性」の問題と、「授業の実現可能性を高めること」と「授業そのものの理解を深めること」の間に潜む「緊張」の問題である。[109] すなわち、第一に、繰り返し実践の問題を提起したレイが「行為主体性」を発揮することなく、「受動的な」立場に置かれ続けたことである。第二に、実際の授業実践の事前に開催される「アカデミック・リテラシー・グループ」の会話の機会において、「授業そのものの理解を深めること」よりも、指導案の修正に終始し、常に「授業の実現可能性を高めること」が優先されたことである。これらの特徴により、教師の学びの機会が「制約」されていることは、それとは対照的な事例として分析される次の「混乱する教室のアリス」のエピソードとの対比においてより明らかになる。

②「代数グループ」（イースト高校）の「会話ルーティン」

イースト高校は、学校規模の改革は低調であったが、「アカデミック・リテラシー・グループ」に先んじて改革の実践を蓄積してきた「代数グループ」があった（本章第二節参照）。イースト高校の「代数グループ」は、一九九〇年代から授業改革に取り組んできた数学科教師たちを中心に形成され（七人の数学教師、一人の特別支援教育の教師）、さらに、二人のインターンと三人の教育実習生を受け入れていた。

ホーンとリトルが取り上げる「混乱する教室のアリス」のエピソードは、新任教師アリスの実践をめぐる「代数グループ」の週に一度の話し合いの場において観察されたエピソードである。この話し合いには、イースト高校の数学科の教科主任であるギエルモ（教職一〇年目、イースト高校一〇年目）や、アリスのメンターを務めている同じく数学科の教科主任であるジル（教職五年目、イースト高校三年目）らが参加している。[110]

まず、ホーンとリトルが「混乱する教室のアリス」のエピソードを性格づける三つの「会話ルーティン」を確認しておこう。第一に、問題を特定する「詳述（specifying）」、第二に、問題の特質や原因についての説明を改訂する「改訂（revising）」、そして第三に、授業の原理を一般化する「一般化（generalizing）」である。[111] ホーンとリトルは、これら三つに「通常化」を加えた四つの「会話ルーティン」を通して、教師たちが授業実践について学ぶ機会となるインタラクションの空間が作り出されているとする。[112]

「混乱する教室のアリス」のエピソードは、授業を終えて教室から飛び出してきた教師アリスによって口火が切られている。アリスは、興奮が冷めやらぬうちに、自分の教室で生徒にジオボードの教具を渡すや否や、教室が大騒ぎになってしまったことを同僚教師に話し出したのである。すると、「代数グループ」の同僚教師たちは、「私のところの四階のようだ」（教科主任ギエルモ）、「私も！」などと発言が続いたのである。ここに、ホーンとリトルは、アリスの実践の問題の「通常化」の局面を見出している。

さらに、アリスのメンターでもある教師ジルは、「私たち皆が分かっていることだけれども、それ〔アリスの混乱する教室〕は私たちが格闘し《ヽヽ》てい《ヽ》ることね」と返答が続いたことは重要な契機であったといえよう。ホーンとリトルは、ジルの発言によって、アリスの経験が、「授業を行う上で特有の風土病（endemic）」として性格づけられたと意味づけている。[113]

ホーンとリトルは、この「通常化」の局面が、「容易な結論」（例えば、「九年生はそういうものだよ」）や、「即座の警句」（例えば、「何かを操作させることは全ての子どもにおいて上手くいかない」）に陥らなかったことに注目している。すなわち、「通常化」の「会話ルーティン」に引き続いて、実践の問題を提起し探究する上での教師の「行為主体性」が発揮される後続の発言が準備されていると意味づける。[114]

事実、「通常化」に続いた「詳述」や「改訂」の局面において、「行為主体性」の発揮と特徴づけられる発言が授業者であるアリスにも同僚教師にも見出される。「通常化」の局面から「詳述」の局面へと展開させたギエルモの次の発言は重要であった。「アリス、教室が大騒ぎになった原因は何だろうね？　もしかしたら生徒たちはジオボードで遊びたかったのかもしれない。でも生徒たちにはその時間がなかった」とギエルモは言う。[115]　ここから「詳述」の局面に移行している。このギエルモの問いに答えようとするアリスに、教室で起きた出来事の解釈者として「行為主体性」が維持されている。アリスは、その場で言葉を模索しながら「［ジオボードを用いて授業を行おうとした数学の］概念が生徒たちにとって難しかったことが原因かもしれない。分からないけれども」と話す。[116]　このアリスの発言に示されるように、教室で起きた出来事（「大混乱」）の意味が探索され「改訂」されている。

続く局面は「一般化」の局面である。[117]　ここでいう「一般化」には、ホーンとリトルによって特別な意味が込められていることに留意しておきたい。すなわち、ホーンとリトルは、「会話ルーティン」の「一般化」を、観念的な一般化として捉えるのではなく、具体的な教室の様々な出来事や、それについての教師たちの多様な語りを通して達成される「一般化」として位置づけている。こうした「一般化」によって、教室の出来事に埋め込まれ深く根差した「授業の知識」が生み出されるとホーンとリトルはいう。[118]

例えば、「混乱する教室のアリス」のエピソードの終盤において、教科主任であるギエルモが、「［教室での］初めての活動における『避けられない』混乱」について語る。この語りは、ギエルモ自身の具体的な経験に基づいた語りでもあり、ホーンとリトルは「実行可能な授業の原理（actionable principles for teaching）」が語られていると意味づけることに留意したい。[119]　そして、「教師の期待が教室の現実によって満たされない時、教師は大混乱を経験する」とまとめられるこの授業の原理を、「そうした実践の問題を解決する行為主体として教師を位置づける原理」としてホーンとリトルは性格づける。[120]　ここに授業における実践の問題の解決にあたる「行為主体」として教師が明確に定位されており、そのための議論として同僚間のインタラクションが位置づけられているのである。

さらに、「混乱する教室のアリス」のエピソードにおいて、同僚教師の発言が、教室の出来事を再解釈する「展開」を生み出している。先にみたように、アリスは「教室の大混乱」の理由をその場で探り、生徒たちの「数学的概念」

の理解の不足が大混乱を引き起こしたのではないかという解釈を行っていた。この解釈に関わってギエルモは、八年生を受け持った自身の経験から、生徒たちは、実は、面積の考え方（縦の長さ×横の長さ）を理解していたからこそ、ジオボードの正方形の数を数えていたのではないかという。すなわち、アリスとは異なる解釈を独自に行い、「大混乱」の教室において生徒たちは、数学的概念を用いて「正しい」ことを行っていたのではないかという。[121] ホーンとリトルは、この事例の分析では、こうした解釈がアリスの新たな理解につながったかどうかは明らかではないが、少なくとも、多様な解釈に触れる機会となったことは確かであるとする。[122]

「混乱の中のアリス」のエピソードの数ヵ月後にはアリスへのインタビューが行われている。アリスは数学科の教師たちの「同僚性」について次のように振り返る。「何かに挑戦することを見守ってくれるし、上手くいかなかった時には何故そうなったのかを問いかけてくれる。……［たとえ上手くいかなくても］『それは失敗ではないよ。挑戦なのだから』と声をかけてくれる」とアリスは振り返る。[123] このアリスの振り返りは、「混乱する教室のアリス」のエピソードがアリスを支える「専門家共同体」の存在を傍証しているといえよう。

以上みてきたように、「混乱する教室のアリス」のエピソードにおいて、「通常化」に引き続く「会話ルーティン」は、「詳述」「改訂」「一般化」によって特徴づけられた。これら一連の「会話ルーティン」の「展開」が教師の学びの機会を開いたことは明らかである。その鍵となる特質として、教師が、それぞれの語りの「行為主体」として位置づけられ続けたことが挙げられよう。「代数グループ」に特有の一連の「会話ルーティン」において、それぞれの教師が「行為主体」として発言権を行使していると性格づけられる点が、教師の学びの機会を開く鍵として捉えられることができよう。

注

（1） Little, 2003, Judith Warren Little, 2003, Inside Teacher Community: Representations of Classroom Practice,

Teachers College Record, Vol. 105, No. 6, p. 914, Figure 1.

(2) Judith Warren Little, 2002, Locating Learning in Teachers' Communities of Practice: Opening up Problems of Analysis in Records of Everyday Work, *Teaching and Teacher Education*, Vol. 18, No. 8, pp. 917–946; *op. cit.*, pp. 913–945.

(3) Little, 2002, *op. cit.*; Little, 2003, *op. cit.*

(4) Little, 2003, *op. cit.*, pp. 913–914.

(5) Little, 2003, *op. cit.*, p. 917.

(6) Little, 2003, *op. cit.*, pp. 917–918.

(7) Little, 2003, *op. cit.*, pp. 920–921.

(8) Little, 2002, *op. cit.*; Little, 2003, *op. cit.*

(9) Ilana Seidel Horn, 2002, *Learning on the Job: Mathematics Teachers' Professional Development in the Contexts of High School Reform*, Unpublished Doctoral Dissertation, University of California, Berkeley, p. 19.

(10) Horn, 2002, *op. cit.*, pp. 52–53.

(11) Little, 2002, *op. cit.*, p. 921.

(12) *Ibid.*

(13) Little, 2003, *op. cit.*, p. 931.

(14) Little, 2003, *op. cit.*, pp. 931–933.

(15) Little, 2003, *op. cit.*, pp. 933–935.

(16) Little, 2003, *op. cit.*, p. 935.

(17) Little, 2003, *op. cit.*, p. 921.

(18) Little, 2003, *op. cit.*, pp. 921–922.

(19) Little, 2003, *op. cit.*, p. 923.

(20) Little, 2003, *op. cit.*, pp. 923–924.

(21) Little, 2003, *op. cit.*, p. 925.

(22) Little, 2003, *op. cit.*, pp. 925-926.
(23) Little, 2003, *op. cit.*, pp. 935-936.
(24) Little, 2003, *op. cit.*, p. 936.
(25) Horn, 2002, *op. cit.*
(26) Horn, 2002, *op. cit.*, p. 3, pp. 16-31.
(27) Ilana Seidel Horn, 2005, Learning on the Job: A Situated Account of Teacher Learning in High School Mathematics Departments, *Cognition and Instruction*, Vol. 23, No. 2, pp. 207-236.
(28) Horn, 2002, *op. cit.*, p. 19.
(29) Horn, 2002, *op. cit.*, pp. 35-37.
(30) *Ibid.*
(31) Horn, 2005, *op. cit.*, pp. 212-213.
(32) Horn, 2002, *op. cit.*, pp. 40-41.
(33) Horn, 2005, *op. cit.*, p. 213.
(34) Horn, 2002, *op. cit.*, p. 46.
(35) Horn, 2002, *op. cit.*, p. 47.
(36) Horn, 2002, *op. cit.*, pp. 47-48.
(37) Horn, 2002, *op. cit.*, p. 48.
(38) Horn, 2002, *op. cit.*, p. 24.
(39) Horn, 2005, *op. cit.*
(40) Horn, 2005, *op. cit.*, p. 217.
(41) *Ibid.*
(42) Horn, 2005, *op. cit.*, pp. 217-218.
(43) Horn, 2005, *op. cit.*, p. 218.
(44) Horn, 2005, *op. cit.*, pp. 218-219.

(45) Horn, 2002, *op. cit.*, p. 127.
(46) Horn, 2002, *op. cit.*, p. 131.
(47) Horn, 2002, *op. cit.*, pp. 128–129.
(48) Horn, 2002, *op. cit.*, pp. 123–124.
(49) Horn, 2002, *op. cit.*, p. 127.
(50) Horn, 2005, *op. cit.*, p. 225.
(51) Horn, 2005, *op. cit.*, pp. 225–226.
(52) Horn, 2005, *op. cit.*, p. 226.
(53) Horn, 2005, *op. cit.*, pp. 226–227.
(54) Horn, 2005, *op. cit.*, pp. 227–228.
(55) Horn, 2005, *op. cit.*, p. 228.
(56) Marnie Willis Curry, 2003, *Critical Friends: A Case Study of Teachers' Professional Community in a Reforming High School*, Unpublished Doctoral Dissertation, University of California, Berkeley.
(57) Curry, 2003, *op. cit.*, pp. 59–60; Marnie Curry, 2008, Critical Friends Groups: The Possibilities and Limitations Embedded in Teacher Professional Communities Aimed at Instructional Improvement and School Reform, *Teachers College Record*, Vol. 110, No. 4, p. 739.
(58) Curry, 2003, *op. cit.*, pp. 59–61.　共同研究『授業改善のために生徒の作品を見ること』の概要については、例えば、Judith Warren Little, Maryl Gearhart, Marnie Curry, and Judith Kafka, 2003, Looking at Student Work for Teacher Learning, Teacher Community, and School Reform, *Phi Delta Kappan*, Vol. 85, No. 3, pp. 184–192.
(59) Curry, 2008, *op. cit.*, pp. 733–774.
(60) Curry, 2003, *op. cit.*, p. 96.
(61) Curry, 2003, *op. cit.*, pp. 7–8.
(62) Curry, 2003, *op. cit.*, pp. 8–16.
(63) Curry, 2003, *op. cit.*, p. 99.

(64) Curry, 2003, *op. cit.*, p. 96.
(65) Curry, 2003, *op. cit.*, p. 99.
(66) Curry, 2003, *op. cit.*, pp. 100–102.
(67) Curry, 2003, *op. cit.*, pp. 96–97.
(68) Curry, 2003, *op. cit.*, p. 101.
(69) Curry, 2003, *op. cit.*, p. 102.
(70) Curry, 2003, *op. cit.*, pp. 102–106.
(71) なお、この日の午後○時半から午後一時一六分までは「昼食と非公式なつながり」の時間に充てられている。すなわち、メンバーは、昼食をともにした後に、「プロトコル」に基づいた話し合いに参加するのである。カリーは、こうした「昼食と非公式のつながり」の時間を、メンバーにおける「共同体構築（community bulding）」のアプローチの一つとして意味づけており、「共同体構築」は「指導改善」と「学校改革」の基盤として位置づけられている。Curry, 2003, *op. cit.*, pp. 9–10, pp. 131–134, pp. 177–178.
(72) Curry, 2003, *op. cit.*, p. 177.
(73) Judith Warren Little and Marnie W. Curry, 2008, Structuring Talk about Teaching and Learning: The Use of Evidence in Protocol-Based Conversation, in Lorna M. Earl and Helen Timperley (ed.) *Professional Learning Conversations: Challenges in Using Evidence for Improvement*, Springer, pp. 29–42.
(74) Little & Curry, 2008, *op. cit.*, p. 32.
(75) *Ibid.*
(76) Little & Curry, 2008, *op. cit.*, p. 31.
(77) Curry, 2003, *op. cit.*, p. 198, Table 6.3 及び Little and Curry, 2008, *op. cit.*, p. 32, Figure 3.1 を参考に筆者作成。シェルビーの実践をめぐる「アトラス・プロトコル」の事例については、Curry, *op. cit.*, pp. 194–219; Little and Curry, 2008, *op. cit.*, pp. 32–37.
(78) Curry, 2003, *op. cit.*, p. 78, p. 199.
(79) Curry, 2003, *op. cit.*, pp. 199–205; Little and Curry, 2008, *op. cit.*, pp. 33–34.

(80) Curry, 2003, *op. cit.*, pp. 204–208; Little & Curry, 2008, *op. cit.*, pp. 34–35.
(81) Curry, 2003, *op. cit.*, p. 206.
(82) Curry, 2003, *op. cit.*, pp. 206–208.
(83) Curry, 2003, *op. cit.*, pp. 211–212; Little & Curry, 2008, *op. cit.*, p. 35.
(84) Curry, 2003, *op. cit.*, p. 212.
(85) *Ibid.*
(86) Curry, 2003, *op. cit.*, pp. 212–213.
(87) Ilana Seidel Horn & Judith Warren Little, 2010, Attending to Problems of Practice: Routines and Resources for Professional Learning in Teachers' Workplace Interactions, *American Educational Research Journal*, Vol. 47, No. 1, pp. 181–217.
(88) Judith Warren Little & Ilana Seidel Horn, 2007, 'Normalizing' Problems of Practice: Converting Routine Conversation into a Resource for Learning in Professional Communities, in Stoll, L. & Louis, K. S. (ed.) *Professional Learning Communities: Divergence, Depth and Dilemmas*, Open University Press, pp. 79–92.
(89) Judith Warren Little, 2007, Teachers' Accounts of Classroom Experience as a Resource for Professional Learning and Instructional Decision Making, In Moss, P. (ed.) *Evidence And Decision Making, 106 th Yearbook of the National Society for the Study of Education*, Blackwell Publishing Malden, Massachusetts, pp. 217–240.
(90) Little & Horn, 2007, *op. cit.*
(91) Horn & Little, 2010, *op. cit.*
(92) Little & Horn, 2007, *op. cit.*, p. 81. この「展開（moves）」という言語学に特有の用語の使用においてもリトルの社会言語学者としての側面が現れている。
(93) *Ibid.*
(94) Little & Horn, 2007, *op. cit.*, p. 88.
(95) Little & Horn, 2007, *op. cit.*, p. 82.
(96) Little & Horn, 2007, *op. cit.*, p. 84.

(97) Little & Horn, 2007, *op. cit.*, p. 88.
(98) Little & Horn, 2007, *op. cit.*, p. 89.
(99) *Ibid.* この二〇〇七年の共著論文は「強力で公的な教育学的推論」の性質を特定することを今後の研究の課題として締めくくられている（p. 91）。
(100) Horn & Little, 2010, *op. cit.*
(101) Horn & Little, 2010, *op. cit.*, p. 184.
(102) *Ibid.*
(103) ここでホーンとリトルが援用する組織社会学の研究は、Feldman, Martha, & Pentland, Brian, 2003, Reconceptualizing Organizational Routines as a Source of Flexibility and Change, *Administrative Science Quarterly*, Vol. 48, pp. 94-118. 二〇〇六年一一月に行ったジュディス・リトルへの筆者によるインタビュー調査の際にも、「組織ルーティン」の概念について示唆を受けた。その際に示された文献もこのフェルドマンらの一連の共同研究であった。なお、リトルとホーンの二〇〇七年の共著論文においても「ルーティン」の用語が使用されてはいるが、明示的にフェルドマンらの研究への言及はなく、「組織ルーティン」「会話ルーティン」の概念の使用もない。筆者が渡米した二〇〇六年頃からは、このホーンとリトルの二〇一〇年の共著論文における「会話ルーティン」のアイディアが生み出される途上にあったといえよう。
(104) Horn & Little, 2010, *op. cit.*, p. 184.
(105) Horn & Little, 2010, *op. cit.*, pp. 203-204.
(106) Horn & Little, 2010, *op. cit.*, p. 204.
(107) Horn & Little, 2010, *op. cit.*, p. 207.
(108) Horn & Little, 2010, *op. cit.*, p. 205.
(109) Horn & Little, 2010, *op. cit.*, p. 208.
(110) Horn & Little, 2010, *op. cit.*, pp. 193-202; Horn, 2002, *op. cit.*, p. 24.
(111) Horn & Little, 2010, *op. cit.*, p. 193.
(112) *Ibid.*

(113) Horn & Little, 2010, *op. cit.*, p. 194. この「格闘している」という用語は、授業実践の複雑さや多義性に挑む合言葉として、「代数グループ」において共有されていたという。こうした視点は、ホーンとリトルらによる集約的なフィールドワークに基づくことで見出されているといえよう。

(114) *Ibid.*

(115) Horn & Little, 2010, *op. cit.*, p. 195.

(116) *Ibid.* [　] 内は引用者補足。

(117) ホーンとリトルは、スーザン・ジュロー (Susan Jurow) の数学の教室の分析を引用し、「一般化」を定義する。ジュローは「一般化とは……個人の思考によって生み出されるものというよりはむしろ、人々、会話、記録に広く分散した活動の結果生み出されるものである」という。Jurow, Susan, 2004, Generalizing in Interaction: Middle School Mathematics Students Making Mathematical Generalizations in a Population-Modeling Project, *Mind, Culture, and Activity*, Vol. 11, No. 4, pp. 279-300. ジュローは二〇〇一年にカリフォルニア大学バークレー校にて博士号を取得している。

(118) Horn & Little, 2010, *op. cit.*, pp. 197-198.

(119) Horn & Little, 2010, *op. cit.*, p. 198. [　] 内は引用者補足。

(120) *Ibid.*

(121) Horn & Little, 2010, *op. cit.*, p. 199.

(122) *Ibid.*

(123) Horn & Little, 2010, *op. cit.*, p. 201.

第九章　教師の「専門家共同体」の新たな展開
――スタンフォード大学の研究の系譜

本章では、スタンフォード大学の研究の系譜に即し、「専門家共同体（professional community）」の新たな展開として、一九九〇年代後半から二〇〇〇年代にかけてスタンフォード大学にて博士号を取得した新しい世代の研究を中心的に取り上げている。

第一節では、ジョエル・ウエストハイマー（Joel Westheimer、現在はオタワ大学）による研究に即し、「専門家共同体」の「イデオロギー」と実践について叙述している。ウエストハイマーによる「専門家共同体」への接近は、カリフォルニア州の二つの中学校の対照的な実践の展開を「イデオロギー」に注目して示す特徴的なアプローチといえよう。

第二節では、ベティー・アキンスティン（Betty Achinstein、現在はカリフォルニア大学サンタクルーズ校）による研究に即し、「専門家共同体」の「葛藤」と実践について叙述している。アキンスティンはマイクロ・ポリティクスのアプローチによって「専門家共同体」に接近しており、ウエストハイマーが主題化した「イデオロギー」の探究を、さらに「葛藤」に焦点化することで深化させている。アキンスティンは、「ベイ・エリア学校改革協同機構（ＢＡＳＲＣ）」にも参加するカリフォルニア州の二つの中学校における対照的な実践の展開に迫っている。

第三節では、シンシア・コバーン（Cynthia Coburn、ピッツバーグ大学を経て、カリフォルニア大学バークレー校、現在はノースウエスタン大学）の研究に即し、「専門家共同体」の実践と政策について叙述している。コバーンはカリフォルニア州におけるリーディング教科の政策の展開を踏まえ、「専門家共同体」において教師たちが政策と実践をいかに接続させているのかに迫っている。このコバーンの研究において、教育政策実施研究と「専門家共同体」研究の新しい世代における合流の一端を認めることができる。コバーンが取り上げる小学校もまたＢＡＳＲＣに参加しており、「専門家共同体」の実践と政策の視角から、その具体的な相貌に迫ることにしよう。

一　「専門家共同体」のイデオロギーと実践
――Ｊ・ウエストハイマーの研究

教師の「専門家共同体」の展開は、新しい世代の研究者による新たな探究により、その展開の多彩な相貌が照らし出されている。新しい世代の研究者による「専門家共同体」の探究を検討することで、その一端に迫ろう。

本書では、次の三人の研究の展開に注目している。ウエストハイマー、アキンスティン、コバーンの三人である。この三人は、いずれも一九九〇年代後半から二〇〇〇年代にかけてスタンフォード大学にて博士号を取得した研究者であり、ここまで本研究において跡づけてきた学校改革研究の系譜の新たな展開として位置づけることができよう。

ウエストハイマーは「専門家共同体」の「イデオロギー」を主題化し、アキンスティンは「専門家共同体」の「葛藤」を主題化し、コバーンは「専門家共同体」の政策と実践を主題化していた。博士号取得後、ウエストハイマーはニューヨークの学校改革を支援し、アキンスティンとコバーンはスタンフォードＣＲＣの共同研究にも深く関わり、特にアキンスティンはＢＡＳＲＣの学校改革に、コバーンは「生徒を中心に（ＳＡＴＣ）」の学校改革の支援にも携わった(1)。

本節ではまず、「専門家共同体」の「イデオロギー」に迫ったウエストハイマーの研究の展開を検討することにしよう。

ウエストハイマーは、スタンフォード大学にて博士号を取得した後に、ニューヨーク大学に所属し、一九九八年には博士論文の成果が単著として公刊された。ティーチャーズ・カレッジ・プレスから出版された『学校教師の間――教師の仕事における共同体、自律性、イデオロギー』である[2]。この研究成果の中心は、翌一九九九年に、『エデュケーショナル・アドミニストレーション・クオータリー』誌に掲載された論文「共同体と帰結――教師の専門家としての仕事におけるイデオロギーと実践への探究」に示されている[3]。

本節では、一九九八年の単著及び一九九九年の論文を手がかりに、「専門家共同体」の「イデオロギー」を主題化したウエストハイマーの探究を、ウエストハイマーが迫った二つの中学校の実践に即して検討しよう。

(1)「専門家共同体」の多様性――ブランダイス中学校とミルズ中学校の比較

ウエストハイマーは、教師の「専門家共同体」の「イデオロギー」の探究に着手した。ウエストハイマーは、「専門家共同体」の多様性を照射するために「専門家共同体」の「イデオロギー」に着目したのである[4]。

ウエストハイマーは、先行研究に基づき教師の共同体を特徴づける以下の五つの観点を析出する。「共有された信念」、「相互作用と参加」、「相互依存」、「個人の視点や少数派の視点への関心」、「意味のある関係」の五つである[5]。ウエストハイマーは、これら教師の共同体の特徴を踏まえた上で、さらに教師の共同体の多様性を明らかにするために、教師の「専門家共同体」の「イデオロギー」の差異に注目するのである。

ウエストハイマーは、教師の「専門家共同体」を構築していると教育関係者から評価されているカリフォルニア州の二つの中学校の調査に取り組んでいる。ブランダイス中学校とミルズ中学校である。ウエストハイマーのフィールドワーク調査は、およそ一年半にわたり、教師の諸活動の観察と記録、教師や行政官へのインタビューの実施を含んでいる（調査期間は一九九三年から一九九四年）。以下では、ウエストハイマーの叙述に即し、この二つの中学校の「専門家共同体」の実践について検討しよう。それを踏まえ、ウエストハイマーによる「専門家共同体」の「イデオロギー」の探究に迫ろう。

①　ブランダイス中学校の「専門家共同体」――「専門家の自律性」の追求

ブランダイス中学校は、白人の上流・中産階級の居住区である都市郊外に位置し、貧困層の生徒は全体の五・五%、およそ一割の生徒が英語能力が十分ではない英語学習者、校内では一七の言語が交わされるという学校である。ブランダイス中学校の生徒の成績は、州や連邦政府の標準テストにおいてトップクラスの成績を示しており、調査当時から過去五年間においてカリフォルニア州からその優秀さが二度表彰された(6)。

ウエストハイマーの調査は、ブランダイス中学校において最も特徴的な第六学年の教師グループについて行われている。ブランダイス中学校の第六学年には特別な経緯がある。元来、ブランダイス中学校は第七・八学年を有する中学校であったが、一九八七年の「カリフォルニア中等学年特別委員会（California Middle Grade Task Force）」の改革リポートを受け、一九九一年より第六学年が小学校から中学校へと移転されたのである。ブランダイス中学校に新設された第六学年は、既存の第七・八学年とは異なり、「教科を超えたチーム」として機能することを託され、全ての教師を新たに採用し、一一人の教師によって出発したのである。ブランダイス中学校の第六学年は校舎の構造においても他学年とは独立しており、週に一度の第六学年の教師による会議、「リーダーシップ・チーム」の会議（予算、カリキュラム、学校方針などについての話し合い）、二人から三人の四つに分かれた「チーム」による準備会議（朝の七時半からの生徒の様子や相互の単元についての話し合い）を継続的に開催してきたという。その蓄積を通して、教師たちが「専門家として」仕事に従事し、お互いの考えを「共有」することに努め、「専門家共同体」を構築してきたという(7)。

ウエストハイマーの調査は、この改革の取り組みの三・四年目に行われたことになる。

ブランダイス中学校の第六学年のある教師は、ブランダイス中学校に赴任するまでの二校の経験を踏まえ、「ここでは専門家として扱われるという極めて重要な違いがある……専門家として扱われることは、専門家として仕事をすることに繋がり、同時に同僚を専門家として扱うことを導いている。ここでは本当にお互いを尊敬していることが感じられる」と話しているという(8)。

ブランダイス中学校の第六学年の教師たちは、「教育の哲学を共有すること」に焦点化するよりも、「個々の教師の努力や関与を尊重すること」に努めているとウエストハイマーは特徴づけている。第六学年の「指導主任」を務めるジムは、「私たちは何が正しいのかについては同意していないかもしれない。しかし、皆がそれぞれに最善を尽くすために模索し試行錯誤を続けているのは確かである」と話すという。他の同僚教師もまた、「ここには同意しないでいられる余地があって、物事に多様な方法で取り組むことのできる余地がある」という。スクール・カウンセラーもまた、「それぞれの教師が自分のスタイルを持っている」とブランダイス中学校の特徴を指摘しているという(9)。

ここにウエストハイマーは、ブランダイス中学校では、「教師間のインタラクションは、良い授業と良い学習を追求する教師を支援することを重視し」ており、ブランダイス中学校の「専門家共同体」は、「医師や弁護士の実践」のように、「専門家の自律性（professional autonomy）」を尊重していると指摘する。ブランダイス中学校の専門性開発の機会もまた、そうした特徴を反映し、「個人の実践の関心に即した特定の教科教育」や、「教師個人の成長に特化した機会」を提供しているという(10)。

さらにブランダイス中学校の「専門家共同体」では、「教師相互の支援」と「自律性の尊重」が認められたものの、「集団的な仕事」や「特定の集団的な使命」を有していないことや、職員会議や公式の意思決定の場において「葛藤」が表明されることはほとんどなかったとウエストハイマーは指摘している(11)。

こうした叙述を踏まえ、ウエストハイマーは、先に取り上げた教師共同体を特徴づける五つの観点から、ブランダイス中学校の「専門家共同体」を次のように性格づけている。

第一に「共有された信念」についてである。ブランダイス中学校では、個々の教師が「必要であるとする内容」を

「必要であるとする方法」において教え、同僚からの「支援を期待する」と同時に「支援を提供する」という「個人の権利」に関する「信念」が共有されているという。

第二に「相互作用と参加」についてである。ブランダイス中学校では、職員会議への「公式的な参加」から、「非公式の会話」及び、「消極的な参加（沈黙）」にいたるまで幅広い形式の「参加」がみられたという。第六学年の「カリキュラムのデザインや実施」については、専ら個々の教室実践に焦点が当てられ、稀に協同がみられる程度であったという。また、「アイディア」、「アドバイス」、「省察」が教師間において頻繁に交わされるが、それは、「個々人の取り組みを皆が認識するため」になされていたという。

第三に「相互依存」についてである。「相互依存」は、「カリキュラムの共有」や「時に行われる協同的な授業づくり」においてみられ、ブランダイス中学校の教師たちは、「アイディア」と「省察」において同僚に依存していたという。

第四に「個人の視点や少数派の視点への関心」についてである。同僚間において見解が異なり、「異義」の表明にいたる可能性がある際に、ブランダイス中学校の教師たちは、「個々の教室実践を通じて自身のアイディアを追求すること」が奨励されるという。もしくは、「幅広く定義され共有された規範に自分のアイディアを適合させること」が求められていたという。

そして第五に、「意味のある関係」は「学校外」でもたれ、「個々の教師の良き生活」には一般的な関心を寄せるが、「個人的な関係」と「専門家としての関係」はおおよそ区別されていたという(12)。

② ミルズ中学校の「専門家共同体」――「共同体の内在的価値」の追求

(a)「専門家共同体」の形成

ミルズ中学校の「専門家共同体」はブランダイス中学校の第六学年の「専門家共同体」とは対照的な性格を示している。ウエストハイマーはこのことに注目している。

ミルズ中学校はカリフォルニア州における「典型的な大都市の学校」であり、生徒の三八％がヒスパニック、二〇％が「他の」白人、一四％が中国系、九％がアフリカ系、六％がフィリピン系である[13]。ミルズ中学校は一九二四年に創立しているが、人種差別撤廃政策により一九八四年にミルズ・アカデミック中学校として新たに開校されている。一九八四年の開校に際しては、裁判所命令の人種差別撤廃計画の下、そのほとんどを新たな教職員と共に出発したという（四〇人の教師のうち三三人が新たに赴任）。当時は学区の最底辺の学業達成度を示しており、開校の際には新しい校長が「学業達成度をトップの学校にすること」を掲げ、事実、ウエストハイマーが調査を行った一九九三年から一九九四年の時点では学区の学業達成度のトップクラスに位置している。ミルズ中学校もまた幾度となく表彰されており、市内全域から多くの生徒が集うほどであるという（入学は無試験）[14]。ウエストハイマーの調査は、ミルズ中学校の新たな出発から一〇年目を迎えた時期にあたっている。

(b)　「専門家共同体」の展開

ウエストハイマーは、調査の初日に学校中を回り、教職員同士が「きわめて友好的」であり、ミルズ中学校という場と同僚への「深い愛着」を有していることを感じ取ったという。第七学年の言語科目を担当するある教師は、ミルズ中学校の「共通の使命感（sense of common mission）」について次のように話すという。その教師は、かつての勤務校においても少人数ながら「団結心」を持っていたが、しばしば他の同僚からの「嫉妬」や「妨害」にあっていたと語り、「ミルズに来るまで、共通の目標に向かって学校全体で動いていることを感じることはなかった」という[15]。

ミルズ中学校では、「多様な集団的なプロジェクト」に従事することや「基本となる教育の目標や価値」を共有することを基盤とし、「専門家文化（professional culture）」を構築し維持しているとウエストハイマーは指摘する。ミルズ中学校の「専門家文化」は、「個々の教師の成功や失敗、希望や不安、ヴィジョンや制約の全てが織り合わせられている」とウエストハイマーはいう[16]。

ミルズ中学校の教師たちは、一〇〇人の生徒と四人の教師（言語科、数学科、理科、社会科）から成る「ファミリーズ」を単位として活動している。また、ミルズ中学校の教師たちは、きわめて多くの校内のプロジェクトに参加しているという。それは、一人あたり三～四つの委員会への参加、教科横断のカリキュラムづくり、職員会議への積極的な参加、「ファミリー」の会議、教科の会議、地域の協議会への参加などである。ミルズ中学校の教師たちには、学校において長い時間を過ごし、週末の参加も含まれているという。ウエストハイマーは、ミルズ中学校の教師たちは、「専門家としてのインタラクション」と「個人的なインタラクション」の双方が交わされる機会がきわめて多いと指摘している(17)。

ミルズ中学校の開校以来の「集団的な使命」に関わって、第八学年の言語科教師レナの次のエピソードは象徴的である。レナは、開校の初日に、校長が全ての教職員に向けて「学区の最底辺にあるこの学校を、学区のトップの学校にすること……それが私たちの使命であり、私たちがすべきことである」と語りかけたことを鮮明に記憶しているという。ミルズ中学校にはその開校の経緯から「同意判決に基づく一〇の信条」を有しており、ここにミルズ中学校の「集団的な使命」が示されている。それは例えば、「全ての個人は相互依存と文化的多様性に特徴づけられる世界において生活し労働するために学ばなければならない」、「全ての個人は学ぶことができる」、「もし個人が学ばない時、彼ら彼女たちを担当する教師はその失敗の責任を引き受け、適切な再教育を施さなければならない」と明示されている。校長はこれらを踏まえ、レナを含めた全ての教職員に対して「何も書かれていない白い紙」を示し、「あなたは生徒に何を求めるのか」と問うたという。これは毎年の年度初めにも行われ、新しく赴任した教師にも、「あなたは何を大切にしているのか」を問うことが続けられているという。レナは、全ての子どもたちが学校の資源に対して「平等に」アクセスできる必要があり、「トラッキング」はそれを制限することを主張したという。さらに、他のある教師は中国系のバイリンガルの生徒の要望について主張するなど、ミルズ中学校では、それぞれの教師の関心事が、分断されることなく、「パズルの一片」として捉えられているとウエストハイマーはいう(18)。

ミルズ中学校では毎年、教科横断のカリキュラム作りを進めている。それは「学びの挑戦」や「意識の啓発月間」

といった活動として行われている。そこでは、「性差別」、「人種差別」、「差別」、「同性愛嫌悪」といった主題や、「世界のエイズ」、「ロドニー・キング事件［一九九一年ロサンゼルス］」などが題材として扱われ、教師が協同してカリキュラム作りに携わるという。ある理科の教師は、「ここでは多くの人が非常に政治的である。これは重要なことで……私たちも常に自分たちのこととして議論しなければならない。意識の啓発月間［やその他の教科横断のカリキュラム単元］を通して、チームである私たちは、大きな問題について真剣に話し合わなければならないし、一定の基本原則について私たちの全てが同意する方法を理解するようになった」と話しているという[19]。

これらの叙述を踏まえ、ウエストハイマーは、教師共同体を特徴づける五つの観点から、ミルズ中学校の「専門家共同体」を以下のように性格づけている。

ミルズ中学校の教師たちは、第一に、教育を「社会の変革の手段」として捉える「信念」を共有しているとする。ミルズ中学校のある教師は、「この国は［様々な側面において不利な立場にある］子どもたちを無視してはいけない。私たちは彼ら彼女たちを必要としている。この意識は、この学校の教師たちの力強い関与の根本にある」と述べているという。

第二に、ミルズ中学校の教師たちは、きわめて数の多い「共同体の業務」に「参加」している。第三に、ミルズ中学校の教師たちは、「教科横断のカリキュラム作りとその実施」や、「共通のヴィジョンの授業のための集団的な実践」を通して、教師間における「相互依存」の関係を発達させている。第四に、ミルズ中学校の教師たちは、同僚からの「異議」に耳を傾けることを重視している。そして第五に、ミルズ中学校の教師たちは、「学校外の生活」と「学校内での専門家としての生活」とを結合させているとウエストハイマーは指摘する[20]。

(2)「専門家共同体」の対照的なイデオロギー――「自由主義」と「集団主義」

ウエストハイマーは、以上のように叙述してきたブランダイス中学校とミルズ中学校の二つの教師の「専門家共同体」を、「自由主義（*liberal*）」と「集団主義（*collective*）」の用語を用いて特徴づけることを試みている。[21]「自由主義」と「集団主義」について、ウエストハイマーは次のように論じている。

「自由主義」の共同体では、「個人の権利と責任」が重視される。「自由主義」の共同体の成員は、「個々人の目標」を維持し、それを「自立的に」追求するとウエストハイマーはいう。「自由主義」の「専門家共同体」において教師は、「相互に支援」しながらも、それぞれの「多様な目標」、「多様な方略」、「多様な実践」を伴って、「自律的に」「作用し合う」とする。[22]

他方、「集団主義」の共同体では、その成員は「共有された目標」を持続させることが重視される。「集団主義」の共同体の成員の仕事は、「相互に織り合わされ」、その成員は「共同体の生活」に「参加」することが重要なこととされる。「集団主義」の共同体には、人々を共同体の生活に引き入れる「強力な社会的な契約」が存在するという。「集団主義」の「専門家共同体」において教師は、「相互依存的」で「協同的」に仕事を行い、「自身の見解を表明すると同時に見解は聞き入れられる」とウエストハイマーは指摘する。[23]

ウエストハイマーは、「自由主義」の「専門家共同体」と「集団主義」の「専門家共同体」の特徴を表9-1のように示している。このうち、1から8までが、それぞれの「『専門家共同体』の特徴」を、9から11までが、それぞれの「『専門家共同体』に向けた過程」の特徴を示しているという。[24]さらに、ウエストハイマーは、この表が「連続体」を表現していることを強調している。ウエストハイマーは、この表に示された特徴は、必ずしも「自由主義」と「集団主義」の両極を示しているわけではなく、ブランダイス中学校とミルズ中学校の「専門家共同体」が、決して「自由主義」と「集団主義」の「純粋な」「イデオロギー」によって特徴づけられるわけではないと指摘する。[25]

ウエストハイマーが提起した諸特徴のうち、次の二点についてブランダイス中学校とミルズ中学校の実践に即して検討しておこう。

第一に、表9-1の二番目に記されている教師の「個人の責任」と「集団の責任」についてである。

表 9-1 「教師共同体の特徴」[26]

		自由主義		集団主義	
1	←	共同体内の関係は、権利と責任によって次第に意味が明確にされる。	―	共同体内の関係は、ケアリングと相互依存によって次第に意味が明確にされる。	→
2	←	生徒、カリキュラム、躾に対する、個人の仕事と個人の責任。	―	生徒、カリキュラム、躾に対する、共同作業と集団の責任。	→
3	←	教師のディスコースは、生徒、問題、カリキュラムのアイディア、方略に限定される。	―	教師のディスコースは、教育の目的、原理、哲学を含む。	→
4	←	階層的な学校経営；役職に即したリーダーシップ。	―	分散型の学校経営；能力に応じたリーダーシップ。	→
5	←	私的な（教室の）問題が助言と共感を引き出す。	―	私的な問題が公的な責任を引き出す。	→
6	←	公的な議論の場でほとんど声は聞かれない；異議は水面下に、表明された異議は周辺化される。	―	公的な議論の場において多くの声が聞かれる；異議が引き出され、時に異動の引き金ともなる。	→
7	←	道具的な価値としての共同体という意識。	―	固有の価値としての共同体という意識。	→
8	←	同質性の意識と共同体内における順応。	―	個性的であることの意識と共同体内におけるアイデンティティ。	→
9	←	子どもたちと授業に対する幅広い関与の方法に基づく緩やかな雇用の基準。	―	協同的で共同作業についての共有された信念に基づく選択的な雇用の基準。	→
10	←	形式的な職員活動と強制されない参加。	―	組織化された職員活動の確保と参加風土の醸成。	→
11	←	カリキュラムの目標については、個人の主導性、個人の権利、教師と生徒に対する個人の責任が強調される。	―	カリキュラムの目標については、教師と生徒の間の相互依存と集団的な活動が強調される。	→

＊ 1~8までが各々の「専門家共同体」の特徴を、9~11までが各々の「専門家共同体に向けた過程」の特徴を示している。

ブランダイス中学校の「専門家共同体」では、「生徒」や「カリキュラム」に対する教師の「個人の責任」が重視され、「同意しない余地があり、多様に行う余地がある」ことを意味していた。すなわち、ブランダイス中学校において、「教師の集団的な活動は、個人の目標の達成を追求する個々の教師を助ける限りにおいて重視される」。それに対して、ミルズ中学校の「専門家共同体」では、「教職の多様な側面」に対する「集団の責任」を特徴としていた。すなわち、ミルズ中学校では、「共同作業が、参加、相互作用、相互依存の関係を実現する共同体の理想そのもの」であったとウエストハイマーは指摘している(27)。

例えば、ブランダイス中学校において新任教師が教室の生徒の「躾の問題」を相談した時、ベテラン教師は、その新任教師を支援するためにその教室を訪れ、授業を観察し、学級経営についての「技術的な助言」を「個人的に」行ったという。他方、ミルズ中学校において新任教師の生徒の「躾の問題」が提起されると、その問題は「生徒の文化」と「大人（教師）の文化」の関係の問題として捉えられ、ある新任教師の「私的な」問題は、同僚教師の「集団の責任」を伴う「公的な」問題として扱われたという(28)。

第二に、表9-1の三番目の「教師のディスコース」についてである。

ウエストハイマーは、ブランダイス中学校の教師たちの議論は、「実践」と「教育学」の問題を中心とし、「授業」や「生徒」についての「アイディア」や「物語」を共有していたとする。ブランダイス中学校の教師たちが有する「教育の原理」は多様であるため、「公的な会話や交流」では「教育の目的や原理や哲学」についてではなく、「カリキュラムのアイディアや方略」に焦点化されていたとウエストハイマーは指摘する。他方、ミルズ中学校の教師たちは、「教育の原理や哲学」を探究する会話を頻繁に行っていたという。ミルズ中学校の教師たちは、年度当初から「学校のために何が重要であるのか」について議論を行っていたのである(29)。

以上、ウエストハイマーの研究を手がかりとして、教師の「専門家共同体」の「イデオロギー」と実践について検討してきた。ウエストハイマーは、「共同体は決して中立的ではない」とし、教師の「専門家共同体」の多様性に迫

るために、「イデオロギー」の主題化に着手したのであった。(30)

二　「専門家共同体」の葛藤と実践
――B・アキンスティンの研究

一九九〇年代シカゴでの「民主的な実験」を標榜する学校改革に教師として参加した経験を持つアキンスティンは、スタンフォード大学にて、教師の「専門家共同体」の「葛藤(conflict)」を主題化する研究に着手した。アキンスティンの研究は、スタンフォードCRC研究の一環として遂行されており、一九九〇年代後半にかけてアキンスティンが集約的な調査を行った二つの中学校の「専門家共同体」は、カリフォルニア州サンフランシスコ湾岸地区におけるBASRCによる学校改革にも参加している。

アキンスティンの博士論文の成果は、二〇〇二年にティーチャーズ・カレッジ・プレスから『学校教師の共同体、多様性、葛藤――見えない繋がり』と題して公刊され、(31)同時に二〇〇二年の『ティーチャーズ・カレッジ・レコード』誌には、その成果の中心をまとめた論文「共同体の中の葛藤――教師の協同のマイクロ・ポリティクス」が掲載されている。(32)

アキンスティンの研究は、前節にて検討したウエストハイマーの研究から強く影響を受けている。ウエストハイマーは、アキンスティンの博士論文のメンターの一人でもあった。

アキンスティンはスタンフォード大学にて博士号を取得した後、BASRCのディレクターを務め学校改革の支援にも従事した。その後、カリフォルニア大学サンタクルーズ校の「ニュー・ティーチャー・センター(New Teacher Center)」のプログラム・ディレクターとなり、現在も同校に在籍している。

本節では、まず、「専門家共同体」の「葛藤」を主題化したアキンスティンの研究を特徴づけるマイクロ・ポリティクスの視点を明らかにする。その上で、アキンスティンが調査を行った二つの中学校の「専門家共同体」の実践に即し、アキンスティンによる「専門家共同体」の「葛藤」の探究に迫ろう。

(1)「専門家共同体」のマイクロ・ポリティクス――「葛藤」、「境界」、「イデオロギー」

アキンスティンは博士論文を単著として公刊するにあたり、その題目にある変更を加えている。その変更は、アキンスティンの視角を示している。

一九九八年に提出した博士論文の題目は、『結びつく繋がり――教師の専門家共同体の葛藤』であった。この「結びつく繋がり（ties that bind）」というフレーズが、二〇〇二年の単著としての公刊にあたり「見えない繋がり（ties that blind）」という副題に変更されている（『学校教師の共同体、多様性、葛藤――見えない繋がり』）。アキンスティンは、「結びつく繋がり」という表現では、「専門家共同体」を特徴づける「ヴィジョンや実践の共有」を示唆してしまうと考えた。すなわち、「共通のものによる結びつき」を重視するあまり「共同体における多様性」が見失われ、その「多様性」ゆえの「葛藤」の役割が看過されないよう、「見えない繋がり」とあえて表現したという[33]。

アキンスティンは、「明確な価値や目標を共有すること」を重視する「組織の合理性の理論」とは異なる視点から、教師の「専門家共同体」に接近することを試みるのである。教師の「専門家共同体」に対するマイクロ・ポリティクスのアプローチである。アキンスティンは、教師の「専門家共同体」における「葛藤」、「境界」、「イデオロギー」に注目する（表9-2参照）[34]。アキンスティンは、「教師の共同体を作り出す重要な契機である、協同することやコンセンサスを形成することそのものが、葛藤を生み出している」と問題提起する[35]。アキンスティンは、マイクロ・ポリティクスのアプローチによって、教師の間で「葛藤」が生じるところに、その共同体の「境界」が明るみになり、その共同体を特徴づけている「イデオロギー」が顕になる事態に迫るのである。

(2)「専門家共同体」における「葛藤」の「回避」と「包含」
──ワシントン中学校とセサル・チャベス中学校の比較

アキンスティンは、教師の協同的な改革の努力によって「専門家共同体」を形成していると学校内外から認められているカリフォルニア州の二つの中学校（双方、ＢＡＳＲＣに参加）の調査に取り組んだ。ワシントン中学校とセサル・チャベス中学校の二校である。アキンスティンの調査期間は、一つの学校に四年間（一九九四年から一九九八年、そのうち集約的な調査は二年間）と、もう一つの学校には集約的な調査を一年間（一九九六年から一九九七年）である。[36]学校への調査では、およそ五〇人の教師と行政官へのインタビュー、公式・非公式の会議やインタラクションの観察と記録、学校関係文書の分析、教師の質問紙調査を実施している。[37]以下では、その二つの中学校における「専門家共同体」の形成と展開を、アキンスティンの分析に即して検討しよう（表9-2参照）。

① ワシントン中学校の「専門家共同体」──「葛藤」の「回避」

(a)「専門家共同体」の形成と展開

ワシントン中学校は、サンフランシスコ湾岸地区の都市部に位置する公立学校であり、第七学年と第八学年の二学年およそ七〇〇人の生徒を有する学校である。生徒はきわめて多様である。生徒の三七％がラテン系、二六％がフィリピン系、一二％がアジア系、一二％が白人、九％がアフリカ系、三％が太平洋諸島系、一％がネイティヴ・アメリカンである。生徒のおよそ三分の二が移民か移民の二世にあたり、六〇％の生徒が英語以外の母語を話し、最近一〇年間で白人の割合が一〇％下がりラテン系がその分増えたという。ワシントン中学校は一九八四年には給与をめぐる教師のストライキを経験し、一九八九年には学区行政官が学校の「再構造化」に着手し、「脱集権化」と「学校現場の裁量の拡大（予算や資源など）」が行われている。[38]

校長（テッド、白人男性）は一九八七年にワシントン中学校に赴任し、学校の「再構造化」の改革に関わり、中学校の改革を支援する資金を獲得し、教科横断のティーム・ティーチングや教師の協同といった改革に取り組んできた。

ワシントン中学校は、ＢＡＳＲＣによる学校改革にも参画し、改革の拠点校である「リーダーシップ・スクール」としての役割を担っている（第七章参照）。ワシントン中学校は、カリフォルニア州から幾度も表彰された経験を有している。(39)

ワシントン中学校には二九人の教職員がおり、その多くが白人女性であり（非白人は二人、男性は六人）、生徒の多様性に比べてきわめて教職員の同質性が高い。校長は、ワシントン中学校を、「白人女性の学校」と呼び習わしているという。多くの教師が、ワシントン中学校に五年以上在籍しており（そのうち五人は二〇年以上）、離職率は低く、離職者は一年に一人か二人程度であるという。(40)

ワシントン中学校の教師たちは、一九八九年の学校「再構造化」以来、各学年に二つずつの教科横断チームに所属し、毎週火曜日の朝（八時二六分から一〇時）に会議を行い（火曜日の生徒の登校はその分遅くに設定）、統合カリキュラムの単元開発に取り組んでいる。ワシントン中学校では、毎年、その協同の成果をポートフォリオにまとめて報告しているという。(41) さらに、各教科部では共通のパフォーマンス基準を有しており、改革の取り組みを調整する学校規模の意思決定の会議も開催されている。(42) こうした教師の協同的な教育活動の蓄積を通して、ワシントン中学校には強力な「専門家共同体」が形成されてきたのである。アキンスティンが調査した一九九六年から一九九七年は、学校の「再構造化」による改革の取り組みから七年から八年を経過した時期にあたっている。

(b)　「三割の子」と教師エリザの離職

ワシントン中学校の「専門家共同体」は、その使命と教師間の緊密な関係に特徴がある（表9-2参照）。アキンスティンは、ワシントン中学校は、学校を、「現代社会の生産的な成員として生徒を社会化する」、「個人の能力に応じて前進する平等な機会を全ての生徒に提供する」場所として捉えていると指摘する。(43)

ワシントン中学校に長く在籍する教師カレンは、学校改革の取り組みは「社会を変えることではなく、生徒の成績を上げること」にあると明確に語るという。同じくカレンは、同僚教師間の関係について、「専門家であり友人であ

表9-2 「教師共同体の葛藤をめぐるマイクロ・ポリティクスの過程の連続体」(44)

葛藤に対する態度	回避 葛藤の排除、迅速な緩和、放出；調和と意見の一致を求める；低水準の異議；葛藤を私事化する非公式の仕組みは活発である一方、公的な議論の仕組みは限定されたレパートリーしかない。 「私たちが葛藤を目にしないための方法が組み込まれている。校長はコンセンサスの用語を多用する」（ワシントン中学校の教師）	包含 信念と実践の多様性に基づいた批判的な省察により、葛藤を認め求め所有する；積極的な異議と多様な視点のための機会；公的な議論の仕組みの広範なレパートリー。 「葛藤が表面化する時…それが現実である。私たちには、常に他の可能性に開かれている」（チャベス中学校の教師）
境界の政治学	統一／排他的 強固な社会的結びつき；共同体における同質性；余所者に対する障壁を形成する堅固な境界。 「私たちは、同意しない者には出て行ってもらう」、 「彼らに対応することができず、彼らが他の皆を感染させるのだから、彼らを外に追い出す」（ワシントン中学校の教師）	多様／包摂 個々人のアイデンティティと下位集団のアイデンティティが発達する；信念と参加者の異質性が発達する；流動的な社会的な配置；つながりを作り出す開かれた境界；時に分裂する。 「ここには異議を唱える余地が多くある」、 「アフリカ系アメリカ人の若者の要求に私たちは応えていない」（チャベス中学校の教師）
イデオロギー	主流／適合 現状の社会に対する社会化を行うという学校の目的、主流のイデオロギー；教師の役割は社会化である；外部環境からの支配的なメッセージと適合する学校内のイデオロギー。 「社会を変革することではなく、生徒の成績を向上させること」（ワシントン中学校の教師）	批判／対抗 現状の社会を再生産するのではなく変革するために批判的な思考と行為のできる者を育てるという学校の目的、批判的なイデオロギー；変革の主体としての教師；外部環境からの支配的なメッセージとは葛藤を引き起こす学校内のイデオロギー。 「教育は解放でなければならない。それは既存の社会システムに対する挑戦であり、既存の社会システムを変革することである」（チャベス中学校の教師）
組織の変革と組織学習	安定／静的 既存の社会的関係と規範の維持をもたらす解決策。 「私たち自身を守ることでもある（既存の躾の指針を強化する理由）」（ワシントン中学校の教師）	変革／学習 核となる規範を疑問に付すことにいたる葛藤；組織の変革；組織学習の可能性。 「それ［IRISE プログラム、アフリカ中心のカリキュラムと教育学］を試みてみよう…そうすれば、何が上手くいかないか分かるはずだろう」（チャベス中学校の教師）

る（professional friends)」と話す。「私たちは協同し互いを好んでいる。ここには本当に、全ての職員において、特別で強力な協同の意識がある……［それは］愛情であり温かさであり、きわめて緊密な協同である」という。さらにカレンは「［教師の］チームの同僚性は授業にとってとても良いこと。でも葛藤は良くないこと。なぜなら、葛藤は個人的なことに過ぎないから。私たちは互いに友人であるのです」という。他の教師サラもまた、「これほどに親密な友人のいる職場で働いたことは今までない……葛藤が生まれたら、それは頭の問題ではなくて、心の問題……私は葛藤には情緒的に対応する」と話すという。[45]

アキンスティンは、ワシントン中学校において、「葛藤」は「私的な領域」へと追いやられていると指摘する。なぜならワシントン中学校においては、「迅速なコンセンサス」（校長）が求められ、「統一感」が求められているからである。[46]

ワシントン中学校では「全ての生徒が学ぶことができる」という教職員の信念を重視している。しかし、他の見解も聞かれるという。アキンスティンは、公式の職員会議の場において、教師たちが、学業や行動の面で問題を抱える生徒たちを、「問題児」、「手に負えない」、「集団生活に適応できない」、「頭に来る」生徒と表現していることに注目している。特に、ワシントン中学校では教師たちが繰り返し言及する言葉があるという。それは、「三割の子（the 30%）」という言葉である。これは、一九九五年にワシントン中学校の二人の教師が、自校について、「三割の子が学業の面でも行動の面でも失敗している」と調査報告した文言に基づいているという。この「三割の子」には、成績において二つ以上の「D」か「F」が付けられている生徒、行動において「N（not-acceptable)」が付けられている生徒、学校規模の生徒主催活動から除外されている「非参加リスト」の生徒（一三％）が含まれている。その報告書には、「三割の子には代替的な種類の学校が必要である。私は通常の学校が彼ら彼女らに対応できるとは考えられない」と記されていたという。[47]

こうした事態に異議を唱えたのが、特別支援教育を担当する教師エリザであった。アキンスティンは、数は少ないながらもいくつかの教師チームの会議や個別インタビューにおいて、「三割の子」についての「葛藤」を抱え、教師の役割について考え直す必要を提起する教師もいたという。しかし、その「葛藤」の表明は、公には一枚岩の対応をみせていた「三割の子」問題に意義を唱えることを意味し、誰もが口にしなかったという[48]。ワシントン中学校に存在していた「見えない繋がり」が表に現れることはなかったのである。

しかし、エリザは違った。エリザは、「三割の子」に対して、「私たちにはまだ何かできることがある」と考えていた。エリザはついに、あるグループでの議論の際に、彼ら彼女らに対する「非難のアプローチ」を問題とした。エリザは、「教職員として［三割の子について］話す時、私には彼ら彼女たちの変化を期待するのではなく、非難することが多いと感じる。私はかつて、他の教師から、『あなたは私たちが対応できる［生徒の］集団を理解しないといけない。彼ら彼女らの親は子どもと話さないし、彼ら彼女らも親とは話さない。あの子たちには親からの支えがない。私たちには出来ることはない。何かが出来るとなぜ悩むのか？』と言われたことを思い出します」と話したという[49]。エリザはワシントン中学校の「専門家共同体」に「葛藤」を引き起こしたのである。

エリザはその後、アキンスティンとの個別インタビューにおいて、「私は、私たちがそうした黒人の子どもたちについてどう語り合ったらいいのか単に分かっていないだけだ［という事実に］立ち戻るべきだと思う」と話したという。アキンスティンは、ワシントン中学校において、そのほとんどは、生徒の問題を「個人」に帰属させるか、「心理学」や「病理学」の用語によって枠づけており、エリザが「人種」について言及したのはきわめて稀な語りであったという。しかし、このエリザのように生徒の問題に取り組む方法について「異議」が唱えられる場面は、その後もほとんど観察されなかったとアキンスティンは指摘する[50]。

この年度を終えると、エリザはワシントン中学校を去ったという[51]。

(c)　生徒ラニの処分と教師カレンの擁護

もう一つ、ワシントン中学校に生じた特徴的な事態をみておこう。

ある一一月の職員会議において、「問題児」に対する「不満」が表出されたのである。アキンスティンはここにワシントン中学校の「専門家共同体」に生じる「葛藤」とそれに対する「対応」の「典型」を見出している(52)。

その日の職員会議では「躾の問題――反抗的な生活態度の生徒」という主題が含まれていたという。特に、アフリカ系の第八学年の女子生徒ラニが関わった特定の「事件」が念頭に置かれていたのである。第八学年の教師チームの一人カレンは、ラニを校長室へ連れ出す際に激しい抵抗にあい、「暴力的攻撃的に私に向かってきた」ことや、「手を振り上げ威嚇してきた」こと、カレンは、「他の生徒を守るために教室のドアを閉めると、ラニがドアを叩き続けた」ことを報告している。その場には校長と教頭が駆けつけ、ラニは怒り続けたものの、五日間の停学処分となったという。職員会議では、ラニの退学処分や法的な対応の可能性が議論され、今後は「より厳しい規律」を求めることが話されたという(53)。

その後の三月にも、ラニが関わった同様の「事件」が起こっている。ワシントン中学校の教師たちは、放課後の遅くまでラニについての議論を続けたという。アキンスティンは、例えば、教師マリアが、「彼女たちに対応できないのであれば、彼女たちを外に出すべきだ。彼女たちの影響が他の生徒に感染してしまう」と話すように、ワシントン中学校の教師たちにおいて「問題児」の行動を「医学的隠喩」（「感染」）でもって同定する語りが繰り返し現れていることを観察している。三月の職員会議においては、「教育活動の多様なアプローチを模索する大人側「教師」の責任」に言及する教師や、ラニと深く関わってきた教師カレンもまた、学校規模の改革の取り組みが「学業面」に傾斜しているのではないかと問題を提起し、生徒への「情緒的な対応」を模索する発言を行っていたという。しかし、同僚教師の多くは、一連の「事件」は「生徒個人の問題」であるとし、「教育活動の改革」という教師の取り組みの問題ではないという見解を即座に返したという。さらに、カレンと一〇年以上チームを組んできた教師パムは、カレンの「友人」として発言している(54)。パムは、カレンが傷つき「駐車場で泣き明かしている」のを見て、「私も心を痛めている」、「それが全てである」と発言している。ここからアキンスティンは、ワシントン中学校の「専門家共同体」

における「同僚教師との関係を固く守る」特徴を見出している。(55)

興味深いことに、ワシントン中学校の教師たちへの質問紙調査は、ワシントン中学校の教師たちが「葛藤」を「回避」するよりも「包含」していると認識していることを示していた。この調査結果は、アキンスティンの視角から「葛藤」の「回避」において特徴づけられたワシントン中学校の「専門家共同体」の姿とは対照的である。この点についてアキンスティンは、ワシントン中学校の教師たちの認識における「葛藤」の「包含」は、「同僚との関係を固く守る」ことを意味していたのではないかという解釈を示している。(56)

②　セサル・チャベス中学校の「専門家共同体」――「葛藤」の「包含」

(a)「専門家共同体」の形成と展開

アキンスティンは、ワシントン中学校とは対照的な性格を示す「専門家共同体」として、セサル・チャベス中学校を描き出している（表9-2参照）。

チャベス中学校は、カリフォルニア州の都市部に位置する公立学校であり、第六学年から第八学年までの三学年およそ五〇〇人の生徒を有する学校である。チャベス中学校の生徒もまたきわめて多様である。四四%がラテン系、二九%がアフリカ系、一二・八%が「他の白人」、三・四%が「他の非白人」、三・四%がフィリピン系、二・九%が中国系、〇・八%がアメリカン・インディアンである。四分の一以上の生徒が、英語能力が不十分か英語を全く話さない生徒、三分の二の生徒が教育上不利な状況にある生徒、一八%が特別支援教育の生徒である。(57)

チャベス中学校の学区もまた他の都市部と同様に、人種差別撤廃闘争、予算の危機、政治的対立、大規模な官僚制度の問題などを経験してきたという。一九八二年には人種差別撤廃の「同意判決」を受け、チャベス中学校もまた一つの「同意判決に基づく哲学的信条」に則り教育活動を行うことが求められている。チャベス中学校での勤務にはこの「信条」への同意が必要とされている。チャベス中学校は一九八九年に一度、学区の基準を満たしていないとして閉校となり、その後一九八九年の中頃に、新しい校長と新しい教職員（およそ九割の教職員が新たに赴任）を迎え再出発している。チャベス中学校では様々な改革の取り組みから、一九九二年頃から学校風土が改善してきたとされている。[58]

チャベス中学校には四二人の教職員がおり、教職員の人種の点においても教職の信念においても多様であるという。六一・九％（二六人）が「他の白人」、一六・七％（七人）がラテン系、一四・三％（六人）がアフリカ系、二・四％（一人）が「他の非白人」、二・四％（一人）がフィリピン系、二・四％（一人）が中国系である。この教職員の人種の多様性は、生徒の人種の多様性を反映することが意図されている。チャベス中学校の教師の多くは、チャベス中学校は離職率が高いことを指摘しているという。一九九〇年代初頭の離職率は三〇％を超えていたが、一九九六年には一七％に、一九九七年には一〇％へと下降する傾向が報告されている。[59]

アキンスティンの調査時の校長は白人女性のジュリーであった。アキンスティンの調査の一年目の時点でジュリーは、チャベス中学校での四年目を迎えており、その後一九九七年まで校長を務めた。校長ジュリーは、民主的な校長であり、きわめて協同的でもあり、彼女自身「葛藤」への開かれたスタンスを示していたという。ジュリーは、「葛藤についての会話が新たな思考を生み出し新たな方法を生み出す」と語っていたという。[60] さらにジュリーは、チャベス中学校の教職員において「学習者の共同体（community of learners）」を形成することを重視し、「［教職員の］協同は、学校文化の一部として、あらゆる場所で行われている」と語っている。[61] チャベス中学校では、「ファミリーズ」と呼ばれる学年レベルの教科横断チーム（週に二度の会議）や、教科ごとのチーム（週に一度の会議）、学校全体の職員会議（木曜の早朝）、教師、保護者、生徒による「再構造化協議会」（隔月の開催）など、教師の教育活動を中心とする多くの協同の機会を組織している。[62]

チャベス中学校は、地域レベルから全米レベルにいたる多様な学校改革のイニシアティヴに参画してきた点に特徴がある。チャベス中学校は、「エッセンシャル・スクール連盟」の地域組織「ベイ・エリア・エッセンシャル・スクール連盟（Bay Area Coalition of Essential Schools、以下 BayCES と略記）」のメンバーであり、「エッセンシャル・スクール連盟」の「共通原理」に即しながら独自の改革に取り組んできた経緯を有している。さらに、一九九一年から五年間にわたり、カリフォルニア州の学校改革支援の資金を獲得し、授業や学校経営について自発的な改革を進めてきた。さらに、「プロトコル」と呼ばれる特有の探究のプロセスに基づく改革についても州からの支援を受け、改革の取り組みついての「データ」を収集し検討することを積み重ねてきたという(63)。

「データに基づく改革」の取り組みはチャベス中学校の教師たちの「専門家としての仕事」として埋め込まれることになり、次の改革を準備したという。それがＢＡＳＲＣである。チャベス中学校は、一九九六年から始動したＢＡＳＲＣによる学校改革にも参画し、リーダーシップを発揮する役割を担ったという。ＢＡＳＲＣには、特に、アフリカ系の生徒と英語能力の十分でない生徒の成功を期して改革に参加し、学校規模での「探究のサイクル（Cycle of Inquiry）」に取り組むことになった（第七章第一節及び図7-3参照）。この他にも学校改革を支援する「プロジェクト・リスペクト（Project Respect）」や「パートナーズ・イン・スクール・イノヴェーション（Partners in School Innovation）」とも連携し、改革の実践を蓄積している。こうした取り組みを積み重ね、チャベス中学校には「専門家共同体」が形成されているのである(64)。

(b)　チャベス中学校の教師の信念

チャベス中学校の教師たちが有する教育の「イデオロギー」は、チャベス中学校の「同意判決」や人種差別撤廃の方針に強く結び付けられている。アキンスティンは、「同意判決」や人種差別撤廃の背景にある「社会変革の場所としての学校」の価値を共有する教師がチャベス中学校に集っていると指摘している(65)。

アフリカ系の教師サミュエルは、「私は、教育は解放であるべきだと考えている。それは既存の社会のシステムに対する挑戦であり、社会のシステムを変革することである」と指摘している。同様に教師ベンは、「ここにいる人々の多くは、政治的な活動の背景を持っていると私は考えている。だから、批判的に思考する技術や能力が際立っている」という。アキンスティンは、チャベス中学校の教師たちの「イデオロギー」に、批判的教育学（critical pedagogy）を標榜するヘンリー・ジルー（Henry Giroux）の思想の強い影響を認めている。[66]

チャベス中学校の教師たちの「葛藤」に対するスタンスも特徴的である。[67] アキンスティンはチャベス中学校の教師たちは、「イデオロギーや専門家としての差異による葛藤に対して開かれており、積極的に関与している」と特徴づけている。教師サラは、「葛藤が必要であり、葛藤が引き起こされる時、それは不快なものかもしれない。けれども、私たちは物事を解決するためには葛藤が必要であり、私たちは現状に留まっていてはいけない」という。教師サミュエルは、「現実に向き合うこと（get real）」を強調する。この「現実に向き合う」という言葉は、チャベス中学校の教師たちに広く共有されている言葉であることをアキンスティンは観察している。サミュエルは、「葛藤が顕わになる時、人は不愉快に感じるかもしれない。でも、それが現実であり、それに向き合う必要がある」と話しているという。事実、チャベス中学校の教師たちへの質問紙調査の結果は、教師たちが抱える高いストレスを示しており、チャベス中学校の離職率の高さもそれを傍証しているといえよう。[68]

(c)　IRISEプログラムをめぐる論争

「知性的教育的卓越性のための責任（Infusing Responsibility for Intellectual and Scholastic Excellence、以下IRISEと略記する）」プログラムをめぐる論争は、チャベス中学校の「専門家共同体」を象徴的に示しているということができるだろう。

IRISEプログラムとは、「アフリカ系中心」のカリキュラムと教育学を導入する革新的な実践プログラムである。一九九五年から一九九六年においてチャベス中学校では、アフリカ系の生徒の学業達成度の低さが大きな問題とされた。[69] この頃の同校では、州の支援による教師のアカウンタビリティを求める改革が進められていたのである。

白人の教師ピーターは、「私たちはあまりにも多くのアフリカ系の子どもたちをカウンセリング施設に送り出している」と指摘し、同様に白人教師のゲーリーは「私たちは同意判決に基づく学校であるにもかかわらず、アフリカ系の若者たちの必要に見合った仕事が出来ていない」という。そこで、アフリカ系の教頭イヴがかつて学区レベルでの

ＩＲＩＳＥプログラムの作成に携わっていたこともあり、アフリカ系の教師ラリーとサミュエルの二人が夏期の研修に参加し、アフリカ系の成績の振るわない生徒一五人を一クラスとする授業（合わせて四クラス、半日の授業）の実施を提案することになったという。(70)

一九九六年の春の職員会議においてアキンスティンは、ＩＲＩＳＥをめぐる論争が引き起こされるのを目撃している。当初は、学校の「資源の配分」をめぐる問題として議論されていたという。通常の教室では三〇人を一クラスとしていたのに対し、ＩＲＩＳＥプログラムは一五人を一クラスとしていたからである。しかし、次第に、「資源の配分」の問題を超えて、「人種統合」の問題、「トラッキング」の問題、「人種による隔離」の問題といった教育の基本的な価値や目標をめぐる議論へと展開したのである。(71)

教師ターニャは、「私たちはまだ哲学において同意に辿り着いていない」とし、「私は根本的には人種統合主義者です。でも同時に、この学校の［既存の］構造では、アフリカ系の生徒の一定のグループに対して十分に機能していないとも感じている。だから私は、このプログラムが上手く機能するかどうかは、一つのチャンスであると考えている」という。これに対して白人教師ピーターは、「これはトラッキングであって人種による隔離である。それを意味していないだろうか」という。この種の危惧は広く教職員に分かち持たれていたとアキンスティンは指摘する。教師ケイティもまた、「私たちは統合に向けて取り組んできた。異種混淆のクラスにも取り組んでいる。あなたたちもそれを求めているのではないの？」という。これに対してアフリカ系の教師サミュエルは、「最終的な決定は、この学校で満足していないアフリカ系の生徒にある……彼ら彼女らは自分たちが望むもの価値あるものを手に出来ていないと感じているのではないだろうか」とし、白人教師のアンナは、「私たちは、黒人が未だに白人と同じように幅広い選択肢があるとは感じていないという事実にきちんと目を向ける必要がある」とした。その後、ＩＲＩＳＥプログラムは、教師、保護者、生徒の参加による「再構造化協議会」にて、「実験的に」実施することが決定されたという。(72)

アキンスティンは、こうしたＩＲＩＳＥをめぐる「葛藤」が表出されることを通して、「全ての生徒の学業達成の向上を支援し、いかに公正であることを保障するのかという学校の壁を超えて広く社会に向けた議論にいたっている」と指摘する(73)。さらに、チャベス中学校では、ＩＲＩＳＥプログラムを通して、「人種意識」についての専門性開発を継続し、黒人の教師を増やし、テスト準備についても改善に取り組んだという。アフリカ系の生徒を中心とした学業達成の格差の問題は、ＢＡＳＲＣへの参画の契機ともなっており、その後も改革が続けられることになったという(74)。

しかし、こうしたさらなる改革の取り組みも常に「脆さ」を抱えているとアキンスティンは指摘している。チャベス中学校の教師の中には、ＩＲＩＳＥプグラムの成果について、「体系的な分析」を行っていないことに不満を持つ教師もおり、ＩＲＩＳＥプログラムの実施に伴う第八学年の教師たちに課される様々な授業の調整が、依然として大きな負担となっているという。チャベス中学校の「専門家共同体」における協同的な結び付きには、「脆さ」も同時に抱えているとアキンスティンはみている(75)。

以上、アキンスティンの研究に即して、「専門家共同体」の「葛藤」と実践について検討してきた。アキンスティンは「葛藤」の「回避」と「包含」の区別に即して、ワシントン中学校とチャベス中学校の「専門家共同体」の特徴を表9-2のようにまとめている。この表が、「葛藤」の「回避」と「包含」の「連続体」を示している点は、先に検討してきたウエストハイマーの留意点と同様である。

アキンスティンの探究は、ウエストハイマーが着手した教師の「専門家共同体」の「イデオロギー」の探究をさらに進め、「専門家共同体」における「葛藤」をめぐる教師の複雑な意識を解明し、「専門家共同体」において格闘する教師たちの実践の機微に肉薄している。

三　「専門家共同体」の実践と政策――Ｃ・コバーンの研究

本節では、コバーンの研究に即し、「専門家共同体」の実践と政策の主題について検討しよう。

コバーンは、先に検討したアキンスティンらとともに、スタンフォードCRC研究の「第二世代」の研究者として位置づけられている新しい世代の研究者の一人である。コバーンは、二〇〇一年にスタンフォード大学に博士論文『リーディングの意味形成――制度的環境と教室におけるリーディングの論理』を提出し博士号を取得している。(76)

本書では、コバーンの研究において、教育政策実施研究と「専門家共同体」研究の新しい世代における合流の一端を見出している。コバーンの研究の特徴は、「専門家共同体」の実践と政策を主題化し、実践と政策の「年代順の配列（chronology）」に注目する歴史的な視角から「専門家共同体」に接近する点にあるといえよう。

コバーンは、二〇〇〇年代にかけて次々と博士論文の成果を学術論文にまとめ公刊している。以下では、二〇〇一年の博士論文及び、その主要な成果をまとめた二〇〇〇年代の二つの論文（「リーディングについての集団的意味形成――専門家共同体において教師はいかにリーディングの政策を媒介するのか」（二〇〇一年）、「脱結合を超えて――制度的環境と教室の関係の再検討」（二〇〇四年））(77)を主な手がかりとし、コバーンの探究に即して「専門家共同体」の実践と政策の検討を行おう。

（1）「集団的意味形成」――「専門家共同体」における実践と政策の媒介過程

コバーンは、教室の実践と政策とが教師の「専門家共同体」において媒介される過程の解明に着手する。

教師の「専門家共同体」に接近するコバーンの視点は、「集団的意味形成（collective sensemaking）」の概念によって特徴づけられる。コバーンは「意味形成理論」を手がかりとし、「専門家共同体において教師たちが、リーディング指導についてのメッセージや圧力をいかにして適合し採用し組み合わせているのか、もしくは無視しているのか」、そして、「そうした熟考がいかにして教室の実践を形作っているのか」に接近する。(78)

ここに、コバーンのスタンス、すなわち、政策と実践における「外側から内側へ」と「内側から外側へ」の双方を視野に収める態度を見出しておくことは重要である。コバーンは、制度的環境の影響のみを強調するのでもなく、また、政策の「ハリケーン」に対して「波立たない」教室を強調するのでもない方途を探る(79)。コバーンは、制度的環境の論理と教室の論理を析出し、それらが媒介される場として教師の「専門家共同体」を位置づけるのである。この媒介過程こそが「集団的意味形成」の過程である。

すなわちコバーンは、伝統的な実践の規範を超えて革新的な専門職性や専門技術的文化を有することを示したマクロフリンらの教師の「専門家共同体」研究の意義を強調した上で、それは「ある瞬間」の教師たちの関係の検討に留まっているとする。コバーンは、教師たちが政策の論理を教室に持ち込む際に、それを教師の「専門家共同体」において社会的に構築し再構築する過程の解明に取り組むのである(80)。

そこでコバーンは、次のように諸概念を準備する。すなわち、コバーンが注目するのは、教師たちが「既存の実践」や「既存の世界観」の「レンズ」を通して外部環境からの「新しいメッセージ」を認識し理解を形成することである。さらに、そうした「意味形成」は、「個人的に」行われているだけではなく「社会的に」行われていることにコバーンは注目する（図9-1参照(81)）。

コバーンは、「社会的に」行われる「意味形成」の特徴について次の二点を指摘する。

第一に、「集団的」であることである。外部環境からの「メッセージ」についての「意味形成」が「集団的に」行われることで、その組織や職場に特徴的な「文化」、「信念」、「ルーティン」となる「共有された理解」が構築されるとする。

翻って、第二に、教師が「埋め込まれた文脈」に「状況づけられている」ことである。すなわち、「教科部」や「作業部会」といった組織のサブユニットの「規範」や「ルーティン」、「組織の価値」や「組織の伝統」、「より広範な専門家文化」もまた、教師たちの「意味形成」の「レンズ」を提供しているという。コバーンは、そうした「埋め込まれた文脈」が、「誰が、誰と、何について語り合うのか」という「社会的な相互作用のパターン」に影響を及ぼ

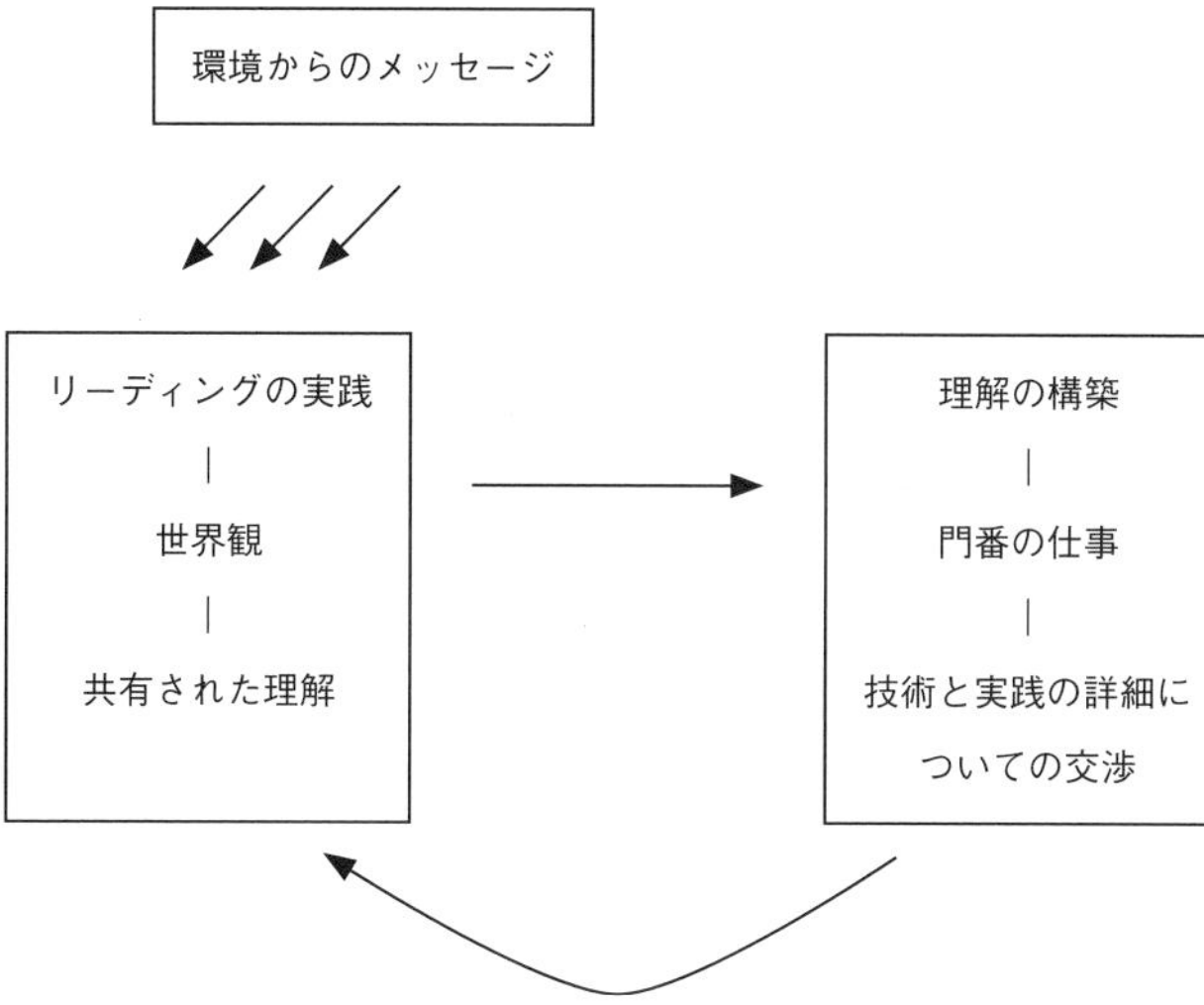

図 9-1　「意味形成の概念モデル」[82]

すことに注目する[83]。

その上でコバーンは、「集団的意味形成」の過程を、次の三つの下位過程において特徴づける（図9-1参照）。第一に、個人間の相互作用を通じた「理解の構築」、第二に「門番の仕事」、そして第三に「技術と実践の詳細についての交渉」の三つの過程である。コバーンは、この三つ特徴的な過程のそれぞれが、先に示した教師たちの「既存の実践」、「世界観」、「共有された理解」の影響を受けながら遂行されるとする[84]。

ここで、こうした教師の「専門家共同体」に迫るコバーンの理路が史的な性格を帯びていることに留意しておこう。カリフォルニア州におけるリーディング指導の論理は、次にみるように変転する。その変遷に伴い、教師たちの「実践」や「世界観」は形成される。そしてそれらは、「既存の実践」や「世界観」としてさらなる「集団的意味形成」を準備する。すなわち、コバーンが強調するのは、「教師は歴史の中に（*in*）在り」、「教師は歴史として（*as*）も在る」ことである[85]。

(2) カリフォルニア州におけるリーディング指導の論理の変遷――外側から内側へ

教師の「専門家共同体」の実践と政策の媒介過程に迫るコ

バーンの探究は、カリフォルニア州における「リーディング指導」の展開に向けられている。

まず、カリフォルニア州におけるリーディング教科の政策は、一九八〇年代後半以降に二度の大きな転換を迎えている（図9-2参照）。一九六〇年代以降のリーディング指導の代名詞とされる「基礎技能運動（basic skills movement）」から、一九八七年の『英語教科のフレームワーク（*English-Language Arts Framework*）』（カリフォルニア州教育省）を起点とする「文学に基づく指導」へと転換され、一九九五年には『全ての子どもを読み手に（*Every Child a Reader*）』（カリフォルニア特別委員会リーディング教科リポート）により「バランスのとれた基礎技能（balanced basic skills）」へと二度目の転換を経ている。

こうした政策転換は、カリフォルニア州の教師たちにおいて、第一に「フォニックス」、その次に「ホール・ランゲージ」、その次に「バランスのとれた指導」へと変遷するカリフォルニア州の「リーディング戦争」として広く認識されているという[86]。言い換えれば、「基礎技能」を重視する「保守的」な指導から、「文学」そのものを重視する「革新的」な指導、そしてカリフォルニア州のテストスコアの不振から「保守的」な指導へと揺り戻す「バランスのとれた指導」へという政策の展開である。

その上でコバーンは、博士論文を基に、「保守的」な指導と「革新的」な指導の「中間派」とされる「リーディング・リカヴァリー（Reading Recovery）」プログラム（「早期リテラシー」）のカリフォルニア州における普及の動向を一九九〇年以降の展開に見出している。それを踏まえコバーンは、カリフォルニア州のリーディング教科の政策の展開を、「基礎技能指導」、「文学に基づく指導」、「早期リテラシー指導」[87]、「バランスのとれた基礎技能指導」の四つのリーディング指導の系譜とその展開として特徴づけている（図9-2参照）。

(3) ステイデル小学校の「専門家共同体」におけるリーディングの実践と政策
——内側から外側へ

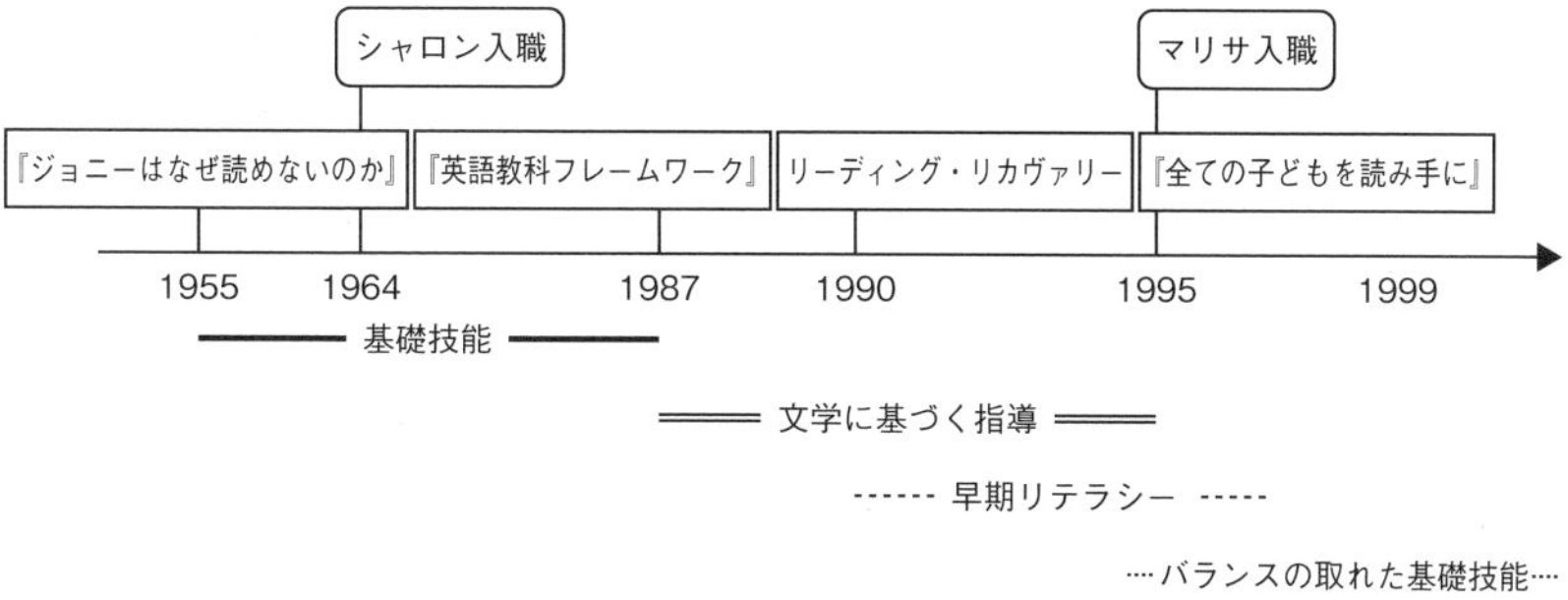

図9-2　カリフォルニア州におけるリーディング教科の政策の変遷と2人の教師の入職時期[88]

それでは、コバーンによる「専門家共同体」の実践と政策の探究を、一つの小学校（ステイデル小学校）を舞台とする実践の展開に即し検討しよう。なお、以下の実践の展開において中心的な人物となる二人の教師（シャロンとマリサ）の入職時期は図9‐2を参照。

① ステイデル小学校における「専門家共同体」の形成と展開

ステイデル小学校は、カリフォルニア州の都市部に位置する公立小学校であり、中規模の都市学区に属し、幼稚園から第五学年までの六学年およそ七〇〇人の生徒を有している。ステイデル小学校の生徒は多様である。コバーンのフィールドワーク調査が行われた一九九八年から一九九九年においては、生徒の五五％がアジア系（大半が中国系、その他はフィリピン系）、二八％がラテン系、一三％がアフリカ系、三％が白人、〇・一％が太平洋諸島系である。生徒の六七％が昼食の援助（無料もしくは減額の措置）を受けており、英語能力が不十分な生徒は四八％に上る。教師も多様である。三三人の授業担当の教師のうち、四八％が白人、三三％がアジア系、一二％がアフリカ系、六％がラテン系である。カリフォルニア州の学業達成度指標（Academic Performance Index、以下ＡＰＩと略記）によれば、州の全ての学校のランキングにおいてステイデル小学校はおよそ中程度に位置する。[89] カリフォルニア州では一九九八年よりＡＰＩによる学校のランク付けが着手されていた。[90] さらに、一九九九年には「公立学校アカウンタビリティ法（ＰＳＡＡ）」が制定され、ＡＰＩを用いたアカウンタビリティのシステムが構築されることになる。

ステイデル小学校におけるリーディング教科の授業実践に関わる改革の歴史は、一九八六年に遡るとコバーンはみている。ステイデル小学校は、一九八六年に新しい校長を迎え、裁判所命令による人種差別撤廃プログラムの実行が課されている（「同意判決学校」）。新たに赴任した校長リン・トーマスは、ステイデル小学校の教師たちに、協同的なカリキュラム作りや評価のプロジェクト、「文学に基づく」アプローチの専門性開発に取り組むことを促し、そのために必要な新しい教職員も雇用し、六年以上にわたって改革に取り組んだという。この時期の改革の取り組みを経て、ステイデル小学校のリーディングの授業の様式は、「基礎技能」アプローチから「文学に基づく」アプローチの要素を多分に含む様式へと変化したという(91)。

一九九四年には、次の校長キャサリン・タナカを迎えている。コバーンの調査時（一九九八—一九九九年）の校長もこのキャサリンである。キャサリンは赴任当初、「授業と学習」についての学校規模の改革から、「学校風土」の改善に向けた一連の改革に取り組むことを重視し、学校運営を進めたという。例えば、生徒の健康の改善を目的とする「ヘルシー・スタート」、生徒と教師が協同し協力することを学ぶ「トライブズ」といった個別のプログラムの導入である。こうした個別の取り組みを蓄積しながら、ステイデル小学校は、リーディングの授業改善のための専門性開発の機会には、継続して教師を送り出してきたという。

さらにステイデル小学校は、一九九七年よりBASRCによる学校改革に参画している。コバーンの調査は、BASRCによる改革の二年目を迎えた時期にあたっている。ステイデル小学校は、BASRCの「リーダーシップ・スクール」として、リーディング教科を改革の中心とし、「学年ごとの基準の設定」、「生徒の学業達成度の評価」などに取り組むことになったのである(92)。

② ベテラン教師シャロンを中心とする第一学年の「評価」をめぐる「集団的意味形成」

コバーンは、ステイデル小学校の学校規模の「専門家共同体」に対して、よりマイクロな教師共同体の実態に迫り

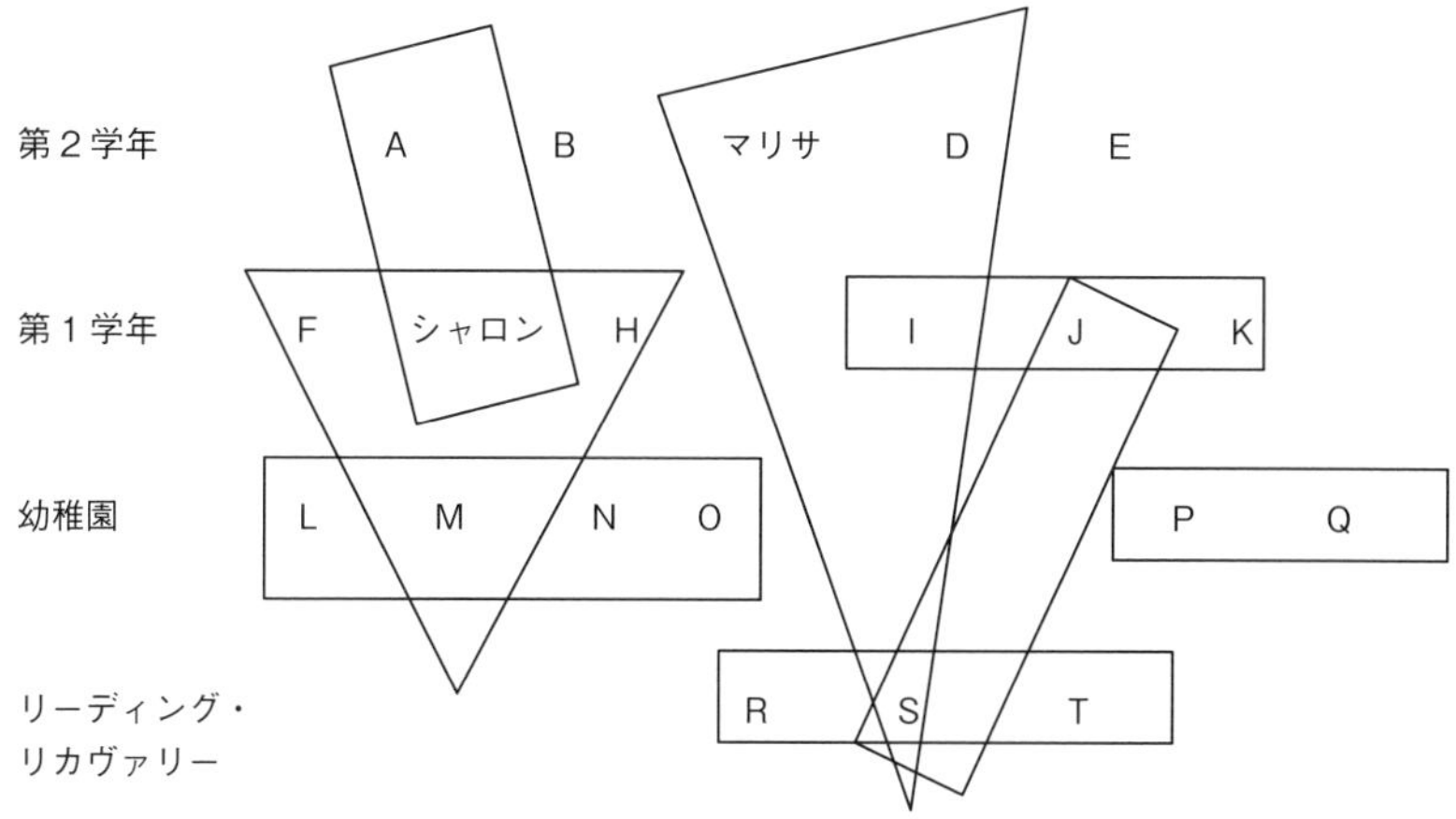

＊実践の枠は、同様の政策の論理に根ざした「実践」と「世界観」を有する教師共同体を示している。

図9-3 「ステイデル小学校の低学年におけるマイクロな教師共同体」(93)

（図9-3参照）、調査年度における政策と実践の「集団的意味形成」の過程を検討している。コバーンは、リーディング教科の実践の特徴は、低学年の実践においてより顕現するとし、主に第一、第二学年の教師共同体に接近する。さらに、コバーンは複数人の教師に対して、そのオーラル・ヒストリーを聞き取ることで、その教師の実践に示されているリーディング指導の政策の「来歴」を明らかにすることを試みる。

以下ではコバーンの調査を基に、改革の二年目を迎えていたBASRCによる実践の展開を中心的に取り上げ、ステイデル小学校の「専門家共同体」の実践と政策について検討しよう。

(a)「評価」の「意味形成」

ここでは、まず、第一学年に所属するベテラン教師シャロン（教職三四年目）を中心に、BASRCの取り組みと関わる「評価」をめぐる「集団的意味形成」の過程を取り上げよう。

教師シャロンは、一九六四年に教職に就き、一九七一年からステイデル小学校に勤務している（図9-2参照）。シャロンの「実践」と「世界観」のベースは、「基礎技能」にあり、以後に経験する政策の転換は、「基礎技能」の「レンズ」を通して「意味形成」を行ってきた。[94]

一九九八年から一九九九年の一年間にわたり、シャロンは第一学年に所属する教師たちとより多くの時間を過ごすことになった（図9-3参照）。ステイデル小学校が前年から参加するＢＡＳＲＣによる学校改革が、学年レベルでの教師の活動を促し、教科の「基準の設定」や「評価の実践」を行うことを求めたからである。

ＢＡＳＲＣのために、月に一度の二時間の会議、月に一度の半日の「研修日」、年間に九日分の「専門性開発の日」などが組織された。シャロンはこうした活動を通して、学年の教師たちと共に、リーディングの「評価」をめぐる「多重のメッセージ」についての「意味形成」に取り組むことになった。

シャロンは、ここ数年来、「基礎技能」の論理に根差した「実践」や「世界観」を有する同僚との協同の経験を蓄積し、マイクロな教師共同体を形成してきた（図9-3、教師Ｆ、シャロン、Ｈ、幼稚園段階のＭの四人）。これに対して、ＢＡＳＲＣが課す学年レベルでの協同的活動には、シャロンたちとは異なり、「文学に基づく指導」や「早期リテラシー」の論理に根差した「実践」や「世界観」を有する教師たち（図9-3、教師Ｉ、Ｊ、Ｋの三人）が含まれている。ここにコバーンは、第一学年の教師たちの会話が、「教育学の多様性」のために「時に困難を抱えていた」ことを観察している。それと同時に、この第一学年の会話に、ステイデル小学校のリーダーシップ・チームからの「メッセージ」（リーダーシップ・チームのレンズを通過した「メッセージ」）の影響を、コバーンは見出している。[95]

まず、ＢＡＳＲＣは、学校改革の中心的なアプローチとして「継続的な評価」の活動（「探究のサイクル」）を据えている。一般的な専門性開発が、特定の指導方略や教材に焦点を当てるのに対して、ＢＡＳＲＣは、教師の焦点を「評価の実践」に向ける。この改革の特質により、それまでは、第一学年の多くの教師たちが、「指導の意志決定のための非公式の評価」[96]及び「生徒が理解したか否かをみる公式の評価」に傾斜していたことに再考を迫る機会となったとコバーンは指摘する。

ステイデル小学校のリーダーシップ・チームは、ある特定の「評価の実践」に注目していた。リーダーシップ・チームは、補習の個別指導プログラム（主に低学年用）である「リーディング・リカヴァリー」の訓練を受けた教師たちを呼び（図9-3参照）、「リーディング・リカヴァリー」に特化する「評価の実践」である「ランニング・レコード（running records）」（子どもが用いている「ディコーディングの方略」を評価し、子どもに有効なレベルの「読み物」を決定するための評価の形式）の専門性開発を提供することを決定したのである。ステイデル小学校の教師たちにとっては、BASRCによる「評価実践」として「ランニング・レコード」を採用するかどうかを検討する前に、リーダーシップ・チームによって「ランニング・レコード」の採用が水路づけられたのである。リーダーシップ・チームのこの判断は、「他のBASRCのリーダーシップ・スクールが採用していること」や「全米」での広がり、『役立つ』という評判」に依存していたことがコバーンの聞き取りによって明らかにされている。(97)

ステイデル小学校の上級の学年では、「ランニング・レコード」が「読解」を評価するものではないことから、その採用を見送っていたが、第一学年（及び第二学年）の教師たちは学年単位の「評価実践」の中核として「ランニング・レコード」を採用することになった。(98)

(b)　「ランニング・レコード」の「意味形成」

コバーンは、第一学年の「集団的意味形成」が、「教育学の境界線（pedagogical line）に即して分裂する傾向にあった」という。教師シャロンを始めとするグループ（教師F、シャロン、H）は「基礎技能」の論理に根ざした「実践」と「世界観」を形成していたのに対して、若手教師三人（教師I、J、K）は教員資格認定プログラムにおいて教育を受けた「文学に基づく指導」や「早期リテラシー（リーディング・リカヴァリー）」の論理に根ざしていたからである（図9-3参照）。(99) この相違は、単に「保守的」もしくは「革新的」な教育学の相違に留まらず、それぞれの入職以来のカリフォルニア州におけるリーディング指導政策の「来歴」を反映しているとコバーンは捉える。

第一学年の教師グループにおいて交わされる会話は、次のように示されている。ここでは、「ランニング・レコード」を学年レベルで実施する上での共通の手続き（使用するテキストへの挿絵の有無）についての話し合いを取り上げよう。

シャロンは、「私たちは、これ（学区によってさらに別の評価のために作成されたレベル別のテキスト）を基にランニング・レコードを行うことができる」という。それに対して若手教師エリス（教職一年目）は、「私は挿絵のある物を使いたい。なぜなら、挿絵は読むことにおいて大切な一部であるから」といい、もう一人の若手教師タリア（教職二年目）もまた、「エリスに賛成。挿絵無しでは私の嫌いな物（標準化テスト）のよう。挿絵は、読む上で重要な一部である」という。シャロンは、「でもね、これ（挿絵無しのテキスト）には、発音すべき単語がある。子どもたちがこれを見て、本当に発音できるのかどうかを見ることが重要である」と返す。

ここにコバーンは、「基礎技能」の論理に根ざし「フォニックス」指導に「一義的」に注意を向けるシャロンと、「早期リテラシー」の論理に根ざし「より広範な」ディコーディングの方略を支持するエリス及びタリアにおける相違を見出している。第一学年の「集団的意味形成」において、こうした相違を調停するような方法はついに見出されなかったという。同様の事態においても、最終的にはシャロンの支持する方法が学年の共通の方法として採用されたという。(100)

しかし、シャロンにおいて、幅広く第一学年の教師と共にBASRCの改革の過程に参加することは、新しい種類の評価を彼女の教室に持ち込む帰結を生んだという。それまでのシャロンにおいて「公式の評価」とは、年度始め（リーディングのグループ分け）と年度末（学校規模のポートフォリオ評価）に行っていただけであり、「子どもの技能」については専ら「非公式の評価」に頼っていたのである。さらに、シャロンは、以前に専門性開発の機会にて「ランニング・レコード」について学んだ経験を有していたが、「実施上の負担の重さ」と「評価としての価値を認められず」、その実施については「拒否」していたのであった。しかし、学校規模の改革の取り組みと学年レベルでの取り組みを通して、シャロンは、「ランニング・レコード」を実施するための「時間」や「同僚からの支援」を獲得し、「ランニング・レコード」による「評価実践」に取り組むようになったのである。(101)

ここにコバーンは、シャロンが同僚教師との協同を通して、「何が良い評価であるのか」についての彼女の見解が、「より非公式の評価」から「個別化された公式の評価」へと移行していることを見出している。年度末にシャロンは、「ランニング・レコードのように、子どもたちに対して個別に評価を行うことができれば、より正確な評価となる」と語るにいたったという[102]。

ただし、学区や校内の専門性開発において「ランニング・レコード」は、「継続的な評価」として強調されているものの、シャロンを含め第一学年の教師たちにおいては、「総括的な評価」として捉えられたままであるという。コバーンは、この「評価の実践」をめぐる「意味形成」において、「総括的な評価」としての「評価の実践」という既存の枠組みから「共有された理解」が形成されていることが示唆されるとする[103]。

③　若手教師マリサを中心とする第二学年の「評価」と「実践」をめぐる「集団的意味形成」

第二学年の教師マリサは教職四年目を迎えていた。マリサは教職に就くまでのおよそ一〇年間、特別支援教育の専門職補佐を務めていた。マリサは、「日々格闘している子どもたちのニーズ」に対する深い関心を抱いているとコバーンは指摘している[104]。マリサにとって一九九八年は、ステイデル小学校での三年目の年であった[105]（図9-2参照）。

先に検討した第一学年の教師チームと同様に、マリサを含め第二学年の教師たちもまたＢＡＳＲＣの一環として、学年レベルでの「評価の実践」に取り組むことになった（図9-3参照）。コバーンは、マリサを含む第二学年の「集団的意味形成」の過程は、「意味形成」の「反復的な特質」を示していると指摘する。すなわち、外部からの「メッセージ」についての同僚教師との「継続的なインタラクション」が、マリサの「実践を再考させ、活動とアプローチのレパートリーを拡張する」ことを促すことになったという。特に、マリサにおいては、「非公式の状況」における「同様の考えを持った同僚」とのインタラクションと、「公式の場」における「異なる信念を有し異なる実践を行っている同僚」とのインタラクションの双方から影響を受けることになったとコバーンは指摘している[106]。

先の教職三四年目を迎えていた教師シャロンの「理解」や「世界観」が、彼女のキャリアに支えられ安定した実践を示し、同僚との「集団的意味形成」を通して、漸進的な実践の改良を見せていたのに対し、教職四年目のマリサにおいては、その「理解」や「世界観」をめぐる力動的な過程を示すことになるといえよう。

以下では、このマリサを中心とする第二学年の「専門家共同体」における「ランニング・レコード」をめぐる「意味形成」及び、「読解」をめぐる「意味形成」の二つの過程を検討することにしよう。

(a)　「継続的な評価」の「意味形成」

第二学年の教師たちもまた、第一学年の教師たちと同様に、リーディング教科の評価プログラムの作成に従事しながらも、リーダーシップ・チームによる「ディコーディング」評価の重視という方針に対応することが求められた。第二学年においても、「ランニング・レコード」を採用することが決められたという。

当初マリサは「継続的で公式的な評価」に「嫌悪感」を抱いていた。しかし、第二学年の教師たちとの長期間にわたる会話を通して、「継続的な評価の論理についての理解を深め」、「表面的ではない方法での評価の実施」に着手したという。

ここにコバーンは、評価についての基本的な概念を変えることなく「ランニング・レコード」を使い始めた第一学年のシャロン（「総括的な評価」としての「ランニング・レコード」）とは異なり、評価の概念を拡張し洗練させ「ランニング・レコード」を自身の教育活動の中に統合させたマリサの変革の過程を見出している(107)。詳しくみてみよう。

マリサは教職に就いてからの三年間、リーディング指導の意思決定を行うにあたって、専ら「非公式の評価」に依拠してきたという。教職二年目には、メンターの教師の影響から「ランニング・レコード」を行った経験もあった。しかしマリサは、「ランニング・レコード」が課す生徒との一対一の評価を行う時間を捻出することの難しさや、「ランニング・レコード」が示す詳細な評価の情報が彼女の実践の意志決定に対して必要な情報であるとは思われず、「ランニング・レコード」を使い続けることにはいたらなかったという。マリサは、「それ［ランニング・レコード］はきわめて技術的であって、私自身はもっと自由な感覚で人間全体でもって［子どもたちに向き合って］いたい」と話していたという(108)。

一九九八年の始めに第二学年の教師チームは、ＢＡＳＲＣの一環として「ランニング・レコード」を用いることを決めた。この教師グループの決定に伴いマリサは、「私たちのＢＡＳＲＣの仕事として決まったのだから、それを受け止めて、私も取り組むことにした」という。その年度の当初、マリサは、教室の全ての子どもたちに対して「ランニング・レコード」を実施するものの、彼女の実践における意思決定を導く評価としては用いず、「表面的な方法」で「ランニング・レコード」を行っていたという。特に、マリサは、すでに実施していたリーディングのグループ分けを「正当化」する手段として「ランニング・レコード」を用い、グループ分けの決定を覆すことはなかったという(109)。

しかし、継続して行われた学年レベルでの評価についての話し合いの機会が、マリサに対して、「より継続的な方法で公式の評価を用いる」ことを求めることになったという。学年レベルでの話し合いにおいて、マリサは、自分の「評価の基準」を問われ、その返答に窮する場面があったという。そうした過程を経て、マリサは、年度途中の二月には、学業達成の振るわないグループの子どもたちに対して、「半ば定期的に」「ランニング・レコード」を実施し始めたという。ここにコバーンは、マリサが、「単に子どもの間違いの数を数えること」から「子どもたちの間違いの種類に注意を向けるようになった」ことを指摘している(110)。

マリサは「ランニング・レコード」の実施を積み重ねることで、「ランニング・レコード」の評価としての強みである「子どもが用いるディコーディング方略」の解明に、夢中になって取り組むようになり、マリサが子どものリーディングの過程を捉える上での「窓」を獲得することになったとコバーンはいう。マリサは、学業達成が振るわない子どもたちのグループのリーディング指導の意志決定のために、「ランニング・レコード」を用いるようになり、「ランニング・レコード」の実施頻度も増していったという。この年度の終りにかけてコバーンは、マリサが、ほぼ週に一度のペースで「ランニング・レコード」を実施する「ルーティン」を作り出しただけでなく、「授業を導く継続的な評価の利点についての新たな理解を形成した」とみている。マリサは、「それ「ランニング・レコード」は本当に価値のあるものだと思う。だから今、私は常にそれを行っていこうと思っている」と話すにいたったという。[111]

しかし、マリサは、学業達成の振るわない子どもたちのグループにのみ「ランニング・レコード」の実施を限定している。コバーンはここに、マリサの「格闘している子どものニーズ」に特別な関心を向ける「歴史」を見出しており、そこで形成されたマリサの「世界観」が、学業達成の振るわない子どもたちに限った「ランニング・レコード」の実施の優先を導いていると指摘する。[112]

このようにして「ランニング・レコード」をめぐる「意味形成」の過程は、マリサの評価に対する「既存の世界観」や「既存の実践」を再考する機会を提供することになり、マリサの実践における変容を導くことになったのである。

(b)「読解」の「意味形成」

マリサを含めた第二学年の教師たちは、「読解」をめぐる「多重のメッセージ」とも対峙している。マリサは、BASRCの活動が、「読解」の授業の際に改めて「何を教える『べき』なのか」について「思い起こさせた」と話しているという。BASRCはマリサに「読解」についての「多様なメッセージ」と向き合わせることになったのである。それは一方では、BASRCが提供する専門性開発の機会が示す「より高次の読解」を求める「メッセージ」であり、一方ではBASRCが求める評価の過程と関わる「標準化テスト」の圧力による「読解」の「技能」を求める「メッセージ」であった。マリサと同僚教師たちは、こうした「多様なメッセージ」について「交渉する」場に立たされることになったのである。[113]

それゆえここに、コバーンは、専門性開発の機会がマリサの授業と学習についての「中核となる仮説」と関わる「メッセージ」を提供したものの、マリサの実践に対して部分的な影響を与えるに留まったこと、そして「標準化テスト」の「規制的な圧力」がマリサの実践にある変更を強いたものの、彼女の実践の「中核」には届いていないことを見出している。[114]詳しくみてみよう。

ステイデル小学校のリーダーシップ・チームは、秋に、BASRCが提供したある専門性開発に参加したという。それはリーディング教科についての専門性開発であり、全米で著名な研究者による発表が企画された。それは、「リーディングの技能」ではなく、認知科学の成果に基づいた「リーディングの方略」を重視する発表であり、「標準化テスト」が求める「読解」とは対照的な内容であったという。この「リーディング方略」のアプローチに、校長キャサリンはとても感銘を受けた。キャサリンは、かつてカリフォルニア州における数学改革に取り組み、「問題解決方略」に基づく数学の改革を推進した経験を有していたからである。キャサリンを含めリーダーシップ・チームは早速、「リーディング方略」を重視する研修を校内で開催した。(115)

校長キャサリンを中心とするリーダーシップ・チームの「メッセージ」を、第二学年の教師たちは受け取っている。マリサを含め第二学年の教師たちもまた、「リーディング方略」について話し合う機会をもち、数学の「問題解決」のように、子どもたちに「自分の回答の正当化」を求めることを議論したという。さらに第二学年の教師たちは、自発的に研修会を開き、先の研究者の本を読み込み議論することを重ねていった。(116)

こうした経験を経てマリサは、その本のアイディアについての理解を深め、「リーディング方略」のアプローチが、「単に子どもたちに回答の正当化を求めることではない」という「理解を形成」したという。マリサは「読解の授業は、単にひとまとまりの文章を子どもたちに与えて、いくつかの質問をすることではない。読解には、より複雑な思考の過程がある……単にページの上に置かれた単語を理解することではない。子どもたちが理解するということは、それまでの経験、読んできた他の本、周りの人が言ってきたことなどが関わっている。それが思考である……思考することと、知識を持つこととは、そうした見えない全体的な関係を形成することである」と話すにいたったという。

マリサは元来、「読解を批判的な思考や省察」として捉える「世界観」を有しており、マリサはそれに基づき、「リーディング方略」のアプローチに親和性を抱き、上記のような「リーディング方略」に対する原理的な理解を深めたのである。マリサは、リーディングの実践において、読み物についての考えを深め合う議論の場を持つ「落ち着いた」授業づくりに取り組み、子どもたちの「リーディング方略」を深める試みを始めたという(117)。しかし同時に、マリサは「標準化テスト」の圧力にも向き合っていた。「標準化テスト」は、まさに「ひとまとまりの文章を子どもたちに与えて、いくつかの質問をすること」を強調していた。

「標準化テスト」の圧力は、ステイデル小学校において複雑に生じている。一九九七年にカリフォルニア州はSAT9による州規模の新しい「標準化テスト」を課していた（STARプログラム）。学区もまたこの「標準化テスト」に基づく成果を各学校に求め、その圧力は増幅していたのである。

さらにコバーンは、評価と生徒の成果に焦点化するBASRCの活動が、「最も具体的な方法」で「教室に圧し掛かる圧力」をもたらすことになったと指摘する。事実、マリサは「このBASRCの仕事に伴って、全ての子どもたちの（私は言うのも憚られる）テストの成績を上げろという、より一層のメッセージを受け取っているし、私たちの言語科目においても、それを明確に宣言していることも知っている」という(118)。

マリサはこうした事態において、次のように対応することになった。まず、「リーディング方略」を中心に据えた「落ち着いた」授業は時間がかかり過ぎるとし、時間が取れる時に「付加的な」機会として実践することにした。さらに、「標準化テスト」の圧力に対しては、ステイデル小学校の多くの教師たちと同様に、テストの六週間ほど前からテスト準備の授業に切り替え、「技能」指導や大量の「ワークシート」に取り組む授業を行うことにした。マリサにおいて、「標準化テスト」志向の授業は、「哲学的に反している」にもかかわらず、「標準化テスト」の圧力によって持ち込まれる「メッセージ」が、マリサの実践に色濃く影響を与えているのである。第二学年の教師たちにおいても、「テキストの多様な解釈」から、「標準化テスト」に必要とされる「一つの正解」を求める指導に転換するなど、「標準化テスト」の圧力の影響をコバーンは見ている(119)。

以上、コバーンの研究に即し、教師の「専門家共同体」の実践と政策について検討してきた。コバーンの探究は、「専門家共同体」におけるきわめてマイクロな実践の展開を、マクロな教育政策の展開と関連づけて描き出す特徴的な試みであり、教育政策実施研究の展開と、「専門家共同体」研究の新たな結節点として位置づけることができよう。それゆえ、一九九〇年代後半以降のアカウンタビリティの要求による学校の管理強化の政策の学校現場への影響を、コバーンの理路に即し、私たちは接近することができたのである。

注

（1）Milbrey Wallin McLaughlin & Joan E. Talbert, 2006, Building School-Based Teacher Learning Communities: Professional Strategies to Improve Student Achievement, Teachers College Press, pp. vii–xii.

（2）Joel Westheimer, 1998, *Among Schoolteachers: Community, Autonomy, and Ideology in Teachers' Work*, Teachers College Press, New York. この単著においてスタンフォード大学のラリー・キューバン（Larry Cuban）、ネル・ノディングス（Nel Noddings）、リー・ショーマン、ミルブリィ・マクロフリンらに謝辞が記されている。さらに裏表紙には、スタンフォード大学以外のウエストハイマーと関係の深い次の三人の研究者が文章を寄せている。それは、ミシガン州立大学のスザンヌ・ウィルソン（Suzanne M. Wilson）、イリノイ大学のウィリアム・エイヤーズ（William Ayers）、そしてホフストラ大学のメアリー・アン・レイウィッド（Mary Anne Raywid）の三人である。

（3）Joel Westheimer, 1999, Communities and Consequences: An Inquiry into Ideology and Practice in Teachers' Professional Work, *Educational Administration Quarterly*, Vol. 35, No. 1, pp. 71–105.

（4）Westheimer, 1999, *op. cit.*, pp. 71–73.

（5）Westheimer, 1999, *op. cit.*, pp. 74–75.

（6）Westheimer, 1999, *op. cit.*, p. 80.

（7）Westheimer, 1998, *op. cit.*, pp. 30–40.

（8）Westheimer, 1998, *op. cit.*, pp. 33–34.

（9）Westheimer, 1999, *op. cit.*, pp. 80–81.

（10）Westheimer, 1999, *op. cit.*, p. 81.

（11）Westheimer, 1999, *op. cit.*, p. 82.

(12) *Ibid.*
(13) *Ibid.*
(14) Westheimer, 1998, *op. cit.*, pp. 65-77.
(15) Westheimer, 1999, *op. cit.*, p. 83.
(16) *Ibid.*
(17) Westheimer, 1999, *op. cit.*, pp. 83-84. さらにウエストハイマーは、第六学年の社会科教師エレンが、授業のアイディアについて同僚教師に早朝の三時に電話したというエピソードにも注目し、ミルズ中学校の「専門家共同体」の特徴を指摘している。
(18) Westheimer, 1998, *op. cit.*, pp. 75-77.
(19) Westheimer, 1998, *op. cit.*, pp. 79-81; Westheimer, 1999, *op. cit.*, pp. 84-85.
(20) Westheimer, 1999, *op. cit.*, p. 85.
(21) Westheimer, 1999, *op. cit.*, p. 92.
(22) *Ibid.*
(23) *Ibid.*
(24) Westheimer, 1999, *op. cit.*, p. 95.
(25) Westheimer, 1999, *op. cit.*, p. 97. ウエストハイマーは、連続体であることを、表内の矢印（↑、↓）や中央のダッシュ（—）によって示そうとしている。
(26) Westheimer, 1999, *op. cit.*, p. 93.
(27) Westheimer, 1999, *op. cit.*, pp. 93-94.
(28) Westheimer, 1999, *op. cit.*, p. 94.
(29) *Ibid.*
(30) Westheimer, 1999, *op. cit.*, p. 98.
(31) Betty Achinstein, 2002a, *Community, Diversity and Conflict among Schoolteachers: The Ties That Blind*, Teachers College Press, New York. この単著の裏表紙には、アキンスティンと関係の深い次の五人の研究者が文章を寄せ

ている。スタンフォード大学のキューバン、マクロフリン、ノディングス、カリフォルニア大学バークリー校のジュディス・リトル、そしてニューヨーク大学のジョエル・ウエストハイマーの五人である。

(32) Betty Achinstein, 2002b, Conflict amid Community: The Micropolitics of Teacher Collaboration, *Teachers College Record*, Vol. 104, No. 3, pp. 421-455.

(33) Achinstein, 2002a, *op, cit.*, p. 2.

(34) Achinstein, 2002b, *op, cit.*, pp. 423-425.

(35) Achinstein, 2002b, *op, cit.*, p. 440.

(36) いずれの学校に二年間もしくは一年間の調査を行ったのかについてアキンスティンは明示していない。

(37) Achinstein, 2002a, *op, cit.*, pp. 19-20; Achinstein, 2002b, *op, cit.*, pp. 427-429.

(38) Achinstein, 2002a, *op, cit.*, pp. 23-24.

(39) Achinstein, 2002a, *op, cit.*, p. 24.

(40) Achinstein, 2002a, *op, cit.*, p. 24-25.

(41) Achinstein, 2002a, *op, cit.*, pp. 24-26.

(42) Achinstein, 2002b, *op, cit.*, p. 430.

(43) Achinstein, 2002b, *op, cit.*, pp. 430-431.

(44) Achinstein, 2002b, *op, cit.*, p. 441.

(45) Achinstein, 2002b, *op, cit.*, pp. 430-431.

(46) Achinstein, 2002a, *op, cit.*, p. 23; Achinstein, 2002b, *op, cit.*, p. 431.

(47) Achinstein, 2002a, *op, cit.*, pp. 38-39; Achinstein, 2002b, *op, cit.*, pp. 431-432.

(48) Achinstein, 2002b, *op, cit.*, p. 432.

(49) Achinstein, 2002b, *op, cit.*, pp. 432-433.

(50) Achinstein, 2002b, *op, cit.*, p. 433.

(51) Achinstein, 2002b, *op, cit.*, p. 434.

(52) Achinstein, 2002a, *op, cit.*, p. 42.

(53) Achinstein, 2002a, *op, cit.*, pp. 42–43.
(54) Achinstein, 2002a, *op, cit.*, p. 44.
(55) Achinstein, 2002a, *op, cit.*, p. 49.
(56) *Ibid.*
(57) Achinstein, 2002a, *op, cit.*, p. 59 ; Achinstein, 2002b, *op, cit.*, pp. 434–435.
(58) Achinstein, 2002a, *op, cit.*, pp. 59–61.
(59) Achinstein, 2002a, *op, cit.*, p. 63.
(60) Achinstein, 2002a, *op, cit.*, p. 61.
(61) Achinstein, 2002a, *op, cit.*, p. 65.
(62) Achinstein, 2002a, *op, cit.*, p. 63.
(63) Achinstein, 2002a, *op, cit.*, p. 61.
(64) Achinstein, 2002a, *op, cit.*, pp. 61–62.
(65) Achinstein, 2002a, *op, cit.*, p. 66.
(66) Achinstein, 2002a, *op, cit.*, pp. 66–67.
(67) Achinstein, 2002a, *op, cit.*, p. 88.
(68) Achinstein, 2002b, *op, cit.*, pp. 436–437.
(69) Achinstein, 2002a, *op, cit.*, p. 81.
(70) *Ibid.*
(71) Achinstein, 2002b, *op, cit.*, p. 437.
(72) Achinstein, 2002a, *op, cit.*, pp. 82–84.
(73) Achinstein, 2002a, *op, cit.*, p. 84.
(74) Achinstein, 2002a, *op, cit.*, pp. 94–95.
(75) Achinstein, 2002a, *op, cit.*, p. 95.
(76) コバーンの博士論文の審査に関わったのは、マクロフリン、キューバン、リチャード・スコット（W. Richard

Scott)、ジョーン・タルバートであった。Cynthia Ellen Coburn, 2001a, *Making Sense of Reading: Logics of Reading in the Institutional Environment and the Classroom*, Unpublished Doctoral Dissertation, Stanford University, Stanford, CA.

(77) Cynthia E. Coburn, 2001b, Collective Sensemaking about Reading: How Teachers Mediate Reading Policy in Their Professional Communities, *Educational Evaluation and Policy Analysis*, Vol. 23, No. 2, pp. 145-170; Cynthia E. Coburn, 2004, Beyond Decoupling: Rethinking the Relationship between the Institutional Environment and the Classroom, *Sociology of Education*, Vol. 77, No. 3, pp. 211-244.

(78) Coburn, 2001b, *op. cit.*, pp. 146-147.

(79) Coburn, 2001a, *op. cit.*, p. 3.

(80) Coburn, 2001a, *op. cit.*, pp. 8-9.

(81) Coburn, 2001b, *op. cit.*, p. 147.

(82) Coburn, 2001a, *op. cit.*, p. 3.

(83) Coburn, 2001b, *op. cit.*, p. 147.

(84) Coburn, 2001b, *op. cit.*, p. 152.

(85) Coburn, 2001a, *op. cit.*, pp. 331-332.

(86) Coburn, 2001a, *op. cit.*, pp. 42-44.

(87) Coburn, 2001a, *op. cit.*, pp. 69-75.

(88) Coburn, 2004, *op. cit.*, p. 222, Figure 1. を元に筆者作成。

(89) Coburn, 2001a, *op. cit.*, pp. 26-28; Coburn, 2001b, *op. cit.*, p. 164.

(90) Coburn, 2001a, *op. cit.*, pp. 26-28.

(91) Coburn, 2001a, *op. cit.*, pp. 26-27.

(92) Coburn, 2001a, *op. cit.*, p. 27.

(93) Coburn, 2004, *op. cit.*, p. 300, Figure 8. 2 を元に筆者作成。

(94) Coburn, 2001a, *op. cit.*, pp. 120-157.

(95) Coburn, 2001a, *op. cit.*, p. 168.
(96) Coburn, 2001a, *op. cit.*, pp. 168-169.
(97) Coburn, 2001a, *op. cit.*, pp. 169-170.
(98) Coburn, 2001a, *op. cit.*, p. 170.
(99) Coburn, 2001a, *op. cit.*, p. 173.
(100) Coburn, 2001a, *op. cit.*, pp. 173-174.
(101) Coburn, 2001a, *op. cit.*, p. 174.
(102) Coburn, 2001a, *op. cit.*, pp. 174-175.
(103) *Ibid.*
(104) Coburn, 2001a, *op. cit.*, p. 185.
(105) Coburn, 2001a, *op. cit.*, p. 215.
(106) *Ibid.*
(107) Coburn, 2001a, *op. cit.*, pp. 219-220.
(108) Coburn, 2001a, *op. cit.*, p. 220.
(109) Coburn, 2001a, *op. cit.*, pp. 220-221.
(110) Coburn, 2001a, *op. cit.*, pp. 221-222.
(111) Coburn, 2001a, *op. cit.*, p. 222.
(112) *Ibid.*
(113) Coburn, 2001a, *op. cit.*, pp. 222-223.
(114) Coburn, 2001a, *op. cit.*, p. 223.
(115) *Ibid.*
(116) Coburn, 2001a, *op. cit.*, p. 224.
(117) Coburn, 2001a. *op. cit.*, pp. 224-225.
(118) Coburn, 2001a, *op. cit.*, p. 225.

(119) Coburn, 2001a, *op. cit.*, pp. 225-226.

終章　学校改革の「現場の声を聴き現場から学ぶ」ことへ

本書は、アメリカにおける教師の「専門家共同体（professional community）」の形成と展開を、「ランド・変革の担い手研究」を起点とする学校改革研究の系譜として描き出す試みであった。終章では、これまでの各章における叙述を踏まえ、総括（第一節）と考察（第二節）を行う。その上で、今後取り組まれるべき課題を示す（第三節）。

一　総括

本書では、アメリカにおける教師の「専門家共同体」の形成と展開を、「ランド・変革の担い手研究」（一九七三―一九七七年）を起点とする学校改革研究の系譜として描き出すため、以下の四つの展開に区分し四部で構成し叙述を行ってきた。

第Ⅰ部は、「ランド・変革の担い手研究」を起点とする学校改革研究の形成を主題とし、一九七〇年代から一九八〇年代における研究の展開を叙述した。第Ⅱ部は、教師の「同僚性（collegiality）」の形成と展開を主題とし、一九八〇年代から一九九〇年代における教師の「同僚性」を中心とする研究の展開を叙述した。第Ⅲ部では、教師の「専門家共同体」の形成と展開を主題とし、一九八〇年代後半から一九九〇年代前半における教師の「専門家共同体」を中心とする研究の展開を叙述した。そして、第Ⅳ部では、教師の「専門家共同体」の新たな展開を主題とし、一九九〇年代後半から二〇〇〇年代にかけての研究の展開を叙述した。これら四部九章の叙述による学校改革研究の展開を、以下のように総括することができよう。

(1)　「ランド・変革の担い手研究」を起点とする学校改革研究の形成

一九七三年から一九七七年にかけて展開された「ランド・変革の担い手研究」の成立は、革新的な実践を追求する学校改革の方略を探究する学校改革研究の成立を意味していた。

「ランド・変革の担い手研究」の中核的メンバーであったランド研究所のマクロフリンは、「ランド・変革の担い手研究」において、ESEAタイトルⅢに基づく複数の学校改革の展開を中心的に跡づけていた。マクロフリンが迫った学校改革は、一九七〇年代において子どもを中心とする革新的な実践を追求する「オープン・エデュケーション」の学校改革であったことが注目された。

学校改革へのマクロフリンの特徴的なアプローチは、改革を推進する仕事と責任を異にする多様な「改革の担い手」の経験を主題化し、その各々に固有の視点から接近する点にあった。「オープン・エデュケーション」の改革の推進力は、連邦政府の教育政策であるESEAタイトルⅢ、教育長及び学区のディレクターをはじめとする教育行政官、改革プロジェクトを指揮するプロジェクト・ディレクター、校長、教師、教育実習生、助手、保護者、地域住民、大学の教育研究者といった多様な「変革の担い手」の努力によってもたらされており、マクロフリンはその改革の現実の過程に迫っていた。

「ランド・変革の担い手研究」は「相互適応（mutual adaptation）」の概念を提起した。「相互適応」の概念の提案はラディカルであった。「相互適応」の概念は、改革の「最善の実践例」を見出しその「忠実な実施」を追求せんとする政策決定者に再考を迫る概念であった。マクロフリンは、「相互適応」の概念によって、希少な改革の成功を特徴づけ、「制度的状況」と「実践」の双方の適合的な過程に改革の成功の条件を求めたのであった。

さらにマクロフリンは、「ランド・変革の担い手研究」を踏まえ、「相互適応」の過程を教師の「学習の過程」（さらには「学び直し（unlearning）」の過程）として性格づけていた。この性格づけは、後に「第二局面」の調査を終えた「ランド・変革の担い手研究」が示唆する「スタッフ開発」における教師の「専門家の学習（professional learning）」の逸早い主題化を準備していた。

「ランド・変革の担い手研究」の「第二局面」を終えたマクロフリンは、学校改革が「トップ・ダウン」に「動員」されることだけでなく、一般的には望まれる改革とされる「草の根」の改革として「動員」されることも、改革の継続（「制度化」）の観点から問題を見出していた。マクロフリンは、学校改革の「動員」の有効な方略として「広範な支援」が必要であることを強調していた。「広範な支援」には、教育政策、教育行政、さらに、政治的な対立を喚起しかねない革新的な実践をめぐる保護者や地域住民からの支援を含んでいた。

「ランド・変革の担い手研究」は、その重要性が認識され始めていた「スタッフ開発」に対して早くも再考を迫る提案を行っていた。「ランド・変革の担い手研究」を踏まえ、マクロフリンらが提起する「スタッフ開発」は、学校改革の中心的課題としての「スタッフ開発」であり、学区と学校の組織的な文脈における教師の「専門家の学習」を強調する概念であった。

マクロフリンらは、教師の学習を逸早く「専門家の学習」として特徴づけ、「臨床的な専門技術」の習得、「適応的、発見的」な過程、「長期的、非線形的」な過程、「学校現場において改革プログラムを築き上げる」過程、学校と学区における「組織的要因」の影響の五つの観点から性格づけていた。特にマクロフリンらは、「学校現場において改革プログラムを築き上げる」過程として「スタッフ開発」を捉えることにより、「スタッフ開発」の「欠損モデル」からの転換を強調していた。

マクロフリンらは、こうした教師の「専門家の学習」を実現する「スタッフ開発」を学校改革の中心的課題として位置づけ、改革に必要な「広範な支援」の射程を反映し、教師、教師組織（ティーチャー・センター）、校長、教育行政官、大学の教育研究者に対して新しい役割を求める学校改革のヴィジョンを提起していた。

これらを踏まえ、ＥＳＥＡタイトルⅢを中心とする連邦政府による学校改革の評価研究であった「ランド・変革の担い手研究」の成立は、革新的な実践を追求する学校を公立学校のシステムにおいて実現させる可能性とその条件を探究する学校改革研究の成立を意味すると言うことができよう。

「ランド・変革の担い手研究」を起点とする学校改革研究の系譜は、一九八〇年代においても特徴的な展開を示していた。その性格は、一九八八年にランド研究所から公刊されたエルモアとマクロフリンの共同リポート『愚直な仕事――アメリカの教育政策、実践、改革』に示されていた。ハーバード大学の同門であるエルモアとマクロフリンの協同の仕事を検討することは、一九八〇年代における学校改革の構図を捉える上で重要な作業であった。

一九八〇年代の「第二の改革の波」の一翼を担ったホームズ・グループのリポートに、エルモアは執筆メンバーとして参加しており、マクロフリンもまた協力を惜しんではいなかった。ただし、エルモアとマクロフリンによるランド共同リポート『愚直な仕事』は、「ランド・変革の担い手研究」を起点とする学校改革研究の系譜の独自性を示していた。

エルモアとマクロフリンは、学校改革を「愚直な仕事（steady work）」として性格づけていた。ランド共同リポート『愚直な仕事』には、一九七九年にエルモアが定式化し提起していた「逆向き設計（backward mapping）」のアプローチや、政策実施過程における「可変性（variability）」を重視する視点、「適合的な行動（adaptive behavior）」への注目といったエルモアとマクロフリンに共有されている特徴的な視点から学校改革が叙述されていた。すなわち、エルモアとマクロフリンは、改革の成果を決定づける「適合的な過程」における実践の「可変性」を注視する、「逆向き設計」のアプローチによって学校改革に接近していた。

さらに、エルモアとマクロフリンの独自性は、学校改革を、「政策」、「行政」、「実践（教師）」の三つの「変革の担い手」の視点から描きだすことにあり、「報酬」や「価値」や「問題」を異にする三者に相互に依存する「愚直な仕事」として学校改革を性格づけることにあった。「愚直な仕事」としての学校改革というメッセージそれ自体が、一九八〇年代の「卓越性」に向けた「効率性」を追求する州政府主導の新たな教育政策の展開（「第一の改革の波」）や、「学校を改善の単位とする」草の根の学校改革の展開（「第二の改革の波」）に対して異彩を放っていた。

『愚直な仕事』の公刊を踏まえ、マクロフリンは一九九〇年代の新たな学校改革研究の展開を準備していた。マクロフリンは、「ランド・変革の担い手研究」から一〇年を経た一九八〇年代後半、「ランド・変革の担い手研究」の再検討に着手していた。マクロフリンは、一九七〇年代の連邦政府主導の改革政策（一連の「変革の担い手」プログラム）から一九八〇年代の州政府主導の改革政策への展開を踏まえ、改革の阻害要因の特定とその除去に終始するのではなく、学校改革の「実現可能性の追求」を強調した。さらに、マクロフリンは、「ランド・変革の担い手研究」の再検討から、「政策」、「行政」、「実践（教師）」のうち、「改革の導き手」としての「教師の視点」から学校改革を探求することの徹底を掲げた。その戦略的な概念は、教職の「文脈（context）」の概念に定められた。

(2) 教師の「同僚性」の形成と展開

一九八二年、「ランド・変革の担い手研究」の成果を背景とするリトルの学校改革研究により、教師の「同僚性と実験の規範（norms of collegiality and experimentation）」の概念が提起された。

教師の「同僚性と実験の規範」の概念は、学校改革を成功に導く決定的な要因として、教師間のインタラクションを特徴づけ、学校改革の方略として取り組むべき課題の優先順位を指し示した概念であった。

「同僚性と実験の規範」が最も発達しているとリトルが同定した学校（ウエストレイク小学校）は、「完全習得学習」を推進する改革のパイロット・スクールであった。ウエストレイク小学校の改革は、その校長が「ランド・変革の担い手研究」の報告書を読み込んだことに直接的に支えられており、校長が積極的な「変革の担い手」としてのリーダーシップを発揮する改革であった。

ウエストレイク小学校の「スタッフ開発」のデザインは、学区と学校との時間をかけた協同によって洗練され、「スタッフ開発」への校長の参加、教室の観察を含む現職教育の毎週の実施、三年間という長期的な見通しといった特徴を有していた。

リトルの研究は、「仕事の学習（learning on the job）」を主題とする社会学的な職場研究であったが、「同僚性」の概念は、一九八〇年代に広く教育関係者の注目を集め、教師の「スタッフ開発」を推進する教育研究の中心的な概念として普及した。

しかし、教師の「同僚性」の概念の普及は両義的であった。「同僚性」の概念は、一九八〇年代における州政府主導のトップ・ダウンの学校改革においても、草の根のボトム・アップの改革においても、改革の成功のための鍵概念として広く普及することになったからである。教師の「同僚性」や「協同」を求める関心の高まりは「熱狂的」でさえあった。

教師の「同僚性」への関心の高まりを反映し、教育研究も展開した。本書ではこの展開を、「同僚性」の批判の系譜と、「同僚性」の追求の系譜に分けて跡づけた。ハーグリーブズやヒューバーマンらによる「同僚性」の批判の系譜は、主に、教育行政主導のトップ・ダウンの改革による学校の「品質管理」の方略としての「同僚性」への批判を展開した。

ハーグリーブズは教育行政による官僚制支配の強化を批判する「作られた同僚性（contrived collegiality）」の概念を提起した。ヒューバーマンは教職の「自立的職人モデル（independent artisan model）」を提起し、トップ・ダウンの改革による「同僚性」の構築に対し、「自立的職人モデル」の教師文化を擁護する議論を展開した。

一九九三年にリトルとマクロフリンの共同編集によって公刊された『教師の仕事――個人、同僚、文脈』において、リトル、マクロフリンだけでなく、「同僚性」の批判の系譜として位置づけられるハーグリーブズ、ヒューバーマンが一堂に会していることは、当時における彼らの批判の確かさの証左であると言えよう。

他方、リトルは「同僚性」を追求する努力を続けていた。リトルは、カリフォルニア州において急速に展開された「スタッフ開発」を調査する、「ファー・ウエスト・ラボラトリー」とカリフォルニア大学バークレー校の共同研究を推進した。その成果は、一九八七年に『カリフォルニアのスタッフ開発』として公刊され、カリフォルニア州の「スタッフ開発」の実態と課題が報告された。さらにリトルは、一九八七年に開設されたスタンフォードCRCへの協力や、一九八九年のホームズ・グループへの協力を続ける中で、教師の「同僚性」を追求し続けていた。

こうしたリトルの一連の研究の成果は、一九九〇年の論文に示され、一九八〇年代を通して普及し定着した「同僚性」の概念と「スタッフ開発」の展開を振り返っていた。そこでリトルは、自ら提起した概念である「同僚性」の概念を、「概念としては曖昧で、思想としては楽観的である」とし、以後、「同僚性」の概念を積極的に使用することを断念する。リトルが「同僚性」の概念の「曖昧さ」や「楽観性」として問題化した事態は、一九八〇年代の「同僚性」の概念の「熱狂的な」普及により、「同僚性」の概念に過重な負荷がかかることになった事態を意味していよう。リトルは、一九九〇年代に本格的に展開するスタンフォードCRC研究への協力を通して、「同僚性」の概念の問題の突破口を見出すことになる。

教師の「同僚性」の概念の普及は、研究と実践の国際的な展開へと連なっていた。一九九九年には、オーストラリア教育学会誌（AER）上にて、「同僚性」の概念をめぐる論争が展開された。この論争は、AER誌の編者ブラックモアが示していたように、「新自由主義」及び「新保守主義」の陣営からの教職の「専門職性（professionalism）」への挑戦に対抗し、教育の公共性を擁護する「専門職性」を模索する舞台として準備された論争であった。

ブラックモアは、この論争に参加したフィールディング、ハーグリーブズ、リトルに「進歩主義者の意思」の共有をみていたが、論争の口火を切ったフィールディングの「ラディカルな同僚性（radical collegiality）」の概念に対しては、ハーグリーブズとリトルから痛烈な批判が寄せられた。フィールディングは「生徒の声」の擁護を標榜するイギリスの学校改革を推進する「活動家」であり、生徒、保護者、地域住民を巻き込んだ「ラディカルな同僚性」の構築を主唱していた。しかし、論争を通じて、フィールディングの「ラディカルな同僚性」に内包される「コレギウム(collegium)」モデルの「特権的、排他的」性格がハーグリーブズとリトルからの批判を集め、フィールディングの学校改革方略の観念性が疑義に付されることになった。

本書が注目したのは、フィールディングへの反論においてリトルが、一九九〇年代の学校改革研究の展開として教師の「専門家共同体(professional community)」の議論がフィールディングに欠落していることを批判することであった。さらに、かつては、リトルとマクロフリンの共同編集『教師の仕事』(一九九三年)に結集していたハーグリーブズであったが、リトルが一九九〇年代を通してスタンフォードCRC研究への協力を惜しまなかったことに比して、二〇〇〇年をひかえるハーグリーブズには、スタンフォードCRC研究との距離があった。かつて「ランド・変革の担い手研究」を背景として生み出された教師の「同僚性」の新たな研究の展開は、スタンフォードCRCにおける「専門家共同体」の形成と展開に見出されることになる。

(3)　教師の「専門家共同体」の形成と展開

本書において、一九八七年のマクロフリンを代表とするスタンフォードCRCの開設は重要な出来事であった。スタンフォードCRCは連邦教育省の支援により開設された研究開発センターであり、その開設は教職の「文脈(context)」を中心概念とする学校改革研究の出発を意味していた。

マクロフリンはスタンフォードCRCにおいて、「ランド・変革の担い手研究」から発展的に引き継がれた研究課題に着手した。マクロフリンは、「政策」、「行政」、「実践(教師)」の固有の視点を踏まえ、「改革の導き手」としての「教師の視点」から学校改革を探究することを徹底し、教職の「文脈」を戦略的概念として設定したのである。スタンフォードCRCは、あくまでも学校改革の「制約の中での実現可能性」を追求するスタンスを堅持することになった。

スタンフォードCRCの研究の展開は、政策環境の動向を反映した二つの時期に区分される。「第一世代」と呼ばれる一九八〇年代後半から一九九〇年代にかけて着手された研究は、州政府主導の教育改革の政策が展開される中で、「教師の視点」からの探究を徹底する学校改革研究であった。第一世代の「中核的研究」は、カリフォルニア州及びミシガン州の高校改革研究であった。続く「第二世代」の研究は、一九九〇年代後半以降に、従来の政策の枠組みの外で行われた大規模な学校改革のイニシアティヴ（「新たな政策決定者」による学校改革）の評価研究を中心に据えることになった（「第二世代」については第Ⅳ部）。

スタンフォードCRCの「中核的研究」は、教職の「文脈」を戦略的概念とすることに加え、以下の特徴を有していた。第一に、一九八五年から一九九〇年代にかけてカリフォルニア州では主要教科の「野心的な」カリキュラム（『フレームワーク』）が次々と作成されていたことである。一九八五年の数学、一九八七年の英語の『フレームワーク』が革新的な実践の系譜に連なるカリキュラムの性格を有していたことは、後にみるように、スタンフォードCRCの高校改革研究において特記すべきことであった。第二に、スタンフォードCRCの「中核的研究」が、一九八〇年代以降の中等教育改革への関心の高まり（一九八三年の『危機に立つ国家』、一九八四年の『ホレスの妥協』の公刊、一九八四年の「エッセンシャル・スクール連盟」の結成、一九八五年の『ショッピング・モール・ハイスクール』の公刊など）を引き継ぎ、高校改革の研究に着手していたことである。

第三に、スタンフォードCRCの「中核的研究」は、「学習者の共同体（community of learners）」としての教室を創造する「理解のための授業（teaching for understanding）」を追求し、革新的な授業の概念を定式化したことである。「理解のための授業」は、「学習者によって構築されるもの」としての知識の概念、「生徒の知識の共同構築者」及び「導き手」としての教師の概念、「学習者の共同体」としての教室の概念によって構成され、知識、教師、教室の従来からの概念の再検討を求めていた。

スタンフォードCRC研究が提起した教師の「専門家共同体（professional community）」の概念は、カリフォルニア州のエスペランサ高校の数学科、オーク・ヴァレー高校の英語科の特徴的な実践に基づいた概念であった。「専門家共同体」は、「革新と学習の規範」、「省察、フィードバック、問題解決の能力」、「民主的な意思決定」、「全ての生徒に対する有効な授業実践の開発」によって性格づけられる高校の「教科部（subject departments）」の実践を基盤とする概念であった。

「専門家共同体」は、一九八〇年代後半から一九九〇年代にかけて人種差別撤廃政策や移民の増加による生徒の多様性の増大を背景とし、「家庭の機能不全」、「仲間からの圧力」、「薬物の乱用」、「早期の妊娠」、「退学」、「地域社会からの支援の欠如」といった重荷を抱えざるを得ない「今日の生徒（today's students）」に対して、革新的な授業実践を追求する教職の「文脈」としてマクロフリンらが同定した概念であった。ここに、「今日の生徒」に向き合う革新的な実践を追求する学校改革の中心的な方略として、「専門家共同体」の概念が形成されたのであり、「専門家共同体」の概念は、学校を捉える新たな「隠喩」として政策提言の中心に据えられたのである。

スタンフォードCRC研究の「中核的研究」は、二〇〇一年のマクロフリンとタルバートによる『専門家共同体と高校教師の仕事』において、その諸概念の定式化が示された。「中核的研究」の成果は、「教師の視点」から学校改革の方略を描き出すことを徹底した成果であり、授業の三類型を中心とし、教師共同体の三類型、教職キャリアの三類型の連関を示し、さらに、教職の多層的な「文脈」を明示していた。

授業の三類型は、「従来の実践の実行」、「期待と基準を下げる」実践、「学習者が参加する革新」の実践の三つであり、「学習者が参加する革新」の実践が「理解のための授業」を意味していた。「教師の視点」に即すことで、「今日の生徒」に対して「従来の実践」を実行する対応だけでなく、「期待と基準を下げる」実践によって対応せざるを得ない現実の様相に迫っていたのは、スタンフォードCRCの特徴であった。

授業の三類型は教師共同体の三類型を「文脈」としていた。教師共同体の三類型は、「弱い教師共同体」、「伝統的共同体」、「教師の学習共同体」の三つであり、「専門家共同体」は「教師の学習共同体」として性格づけられた。「弱い教師共同体」が「従来の実践の実行」もしくは「期待と基準を下げる」授業の実践を、「伝統的共同体」が「従来の実践の実行」を強化する「文脈」として機能し、「教師の学習共同体」の「文脈」において「学習者が参加する革新」的な実践が創造されていた。「強い教師共同体」を「伝統的共同体」と「教師の学習共同体」に分節化し提起した点にスタンフォードCRCの特徴があった。

教職キャリアの三類型もまた、授業の三類型と教師共同体の三類型と強く関わっていた。この「キャリア」の概念自体がスタンフォードCRC独自の概念であり、「教師の視点」に即し教職に「内在的な報酬」を強調する概念であった。ここに、「ランド・変革の担い手研究」から一貫して、教師の「動機」や「報酬」を主題化し続けてきたマクロフリンの問題意識の反映が認められた。教職キャリアの三類型は、「停滞・下降するキャリア」（弱い教師共同体）、「相互に異なる（不平等な）キャリア」（伝統的共同体）、「共有・前進するキャリア」（教師の学習共同体）の三つであった。

さらに、スタンフォードCRCの「中核的研究」は、スタンフォードCRCの戦略的概念である教職の「文脈」の概念を深化させていた。「中核的研究」の成果の定式化において、教職の「文脈」として校長のリーダーシップ、学区、州の政策を射程に収めていたことが注目された。

校長のリーダーシップについては、「生徒の成功と教職員の協同の連関」を強調するエスペランサ高校（数学科が「専門家共同体」として特徴的、モスタサ学区）の校長と、同じ学区に対して「為す術がない」とし「緩衝材の役割」を果たさないランチョ高校の校長の事例が特徴的であった。

学区については、「学区専門職性指標」において低い値を示すモスタサ学区と、教師たちが「活気のある環境」として性格づけ、教師の専門性開発についての積極的な責任を引き受けるオーク・ヴァレー学区（「専門家共同体」の英語科を有するオーク・ヴァレー高校の学区）の事例の対照性が注目された。

一九八〇年代後半から一九九〇年代にかけて授業と学習の新しい『フレームワーク』を開発してきたカリフォルニア州政府の教育政策の展開もまた特徴的であった。「学区専門職性指標」の低いモスタサ学区のエスペランサ高校の数学科が「専門家共同体」の性格を示していたのは、カリフォルニア州の取り組みやそこから派生した「専門家協会」やその「ネットワーク」の支援に拠るところが大きかったのである。

以上のように、スタンフォードCRCの「第一世代」において実行された「中核的研究」は、教職の「文脈」を戦略的概念とし、「教師の視点」からの探究を徹底する高校の学校改革研究を推進し、「今日の生徒」に向き合う革新的な実践を追求する学校改革の方略を示していた。

(4)　教師の「専門家共同体」の新たな展開

一九九〇年代半ば以降のアメリカの学校改革は、連邦政府の教育政策の展開により、基準の設定とそれに基づく標準化テストによるアカウンタビリティを要求する改革の推進力が加速した。クリントン政権下では、一九九四年には「二〇〇〇年の目標」、及び、ＥＳＥＡの再改定法である「アメリカ学校改善法（ＩＡＳＡ）」が次々と成立した。ただし、同時期の学校改革の性格は、連邦政府、州政府レベルでの改革の複雑化する拮抗関係を反映し、さらに、政府の教育政策の枠組みの外で展開する学校改革（「新たな政策決定者」による学校改革）もあり、混沌とする様相を呈してもいた。

本書では、クリントン政権も後押しをした全米規模の学校改革である「アネンバーグ・チャレンジ」の一環としてカリフォルニア州サンフランシスコ湾岸地区において大規模に展開された「ベイ・エリア学校改革協同機構（ＢＡＳＲＣ）」による学校改革の展開に注目した。ＢＡＳＲＣによる学校改革の評価研究を一手に担ったのはスタンフォードＣＲＣであった。

スタンフォードＣＲＣは、学校改革の「活動の理論」を解明するという、ＢＡＳＲＣの評価研究を形成した。スタンフォードＣＲＣは、ＢＡＳＲＣに、個々の学校の学校文化を改革する理論と、その改革を地域規模に拡大する方略とを重ね合わせた、学校改革の中間組織の理論を見出した。

ＢＡＳＲＣの学校改革の展開は、ヴァルゴの省察に見出されたように、カリフォルニア州政府による「標準テストの実施と報告プログラム（ＳＴＡＲプログラム）」（一九九七年）の着手や、「公立学校アカウンタビリティ法（ＰＳＡＡ）」（一九九九年）の制定と相俟って、アカウンタビリティを要求する学校改革の推進という性格を帯びていった。

さらに、スタンフォードＣＲＣは、一九九七年にワシントン大学に開設されたナショナル・センターである「教職政策研究センター（ＣＴＰ）」と連携し、ニューヨーク、シカゴ、フィラデルフィアにおける学校改革のネットワークである「生徒を中心に（ＳＡＴＣ）」を基盤とする学校改革の評価研究にも着手していた。

こうしたスタンフォードＣＲＣの「第二世代」においても、革新的な実践を追求する学校改革方略の探究は一貫していた。

マクロフリンらは、ＢＡＳＲＣやＳＡＴＣによる「専門家共同体」の波及を追跡する中で、「教師の学習共同体」の発達を主題として掲げ続けた。ＢＡＳＲＣは、学校を改革の単位とし、学区によらない学校間の改革のネットワークによって、生徒の「学業達成度の格差を埋める」ことを追求する改革であり、生徒の学業達成度の「測定」、「分析」、「省察」からなる「探究のサイクル」を中核とする学校改革であった。スタンフォードＣＲＣでは、この「探究のサイクル」を超える教師の協同的活動を強調することで、「教師の学習共同体」の「発達段階」（「駆け出し」、「中間」、「先進」の三段階）を同定し、その「移行の課題」の解明に着手していた（学校改革を推進したポールセン小学校の事例）。

アカウンタビリティの要求が強まる政策環境において教師の「専門家共同体」は、ＢＡＳＲＣの改革の経験を経て、「探究に基づく改革」の「活動の理論」の一側面として明確に位置づけられた。マクロフリンらは、ＢＡＳＲＣの改革の経験を経て、多様な側面において展開する学校改革の質的な変容過程に迫ったのである。五年間の改革を経てもなお、「先進」の段階に至る学校は稀であり、学校改革は依然として「愚直な仕事」でしかありえないことをマクロフリンらは示した。

さらに、マクロフリンらは、ＢＡＳＲＣやＳＡＴＣによる学校改革において、改革のコンサルテーションを担う「コーディネーター」（ベイ・エリア中学校の事例）や「ファシリテーター」（ニューヨーク市の中学校の事例）の活動に注目し、「教師の学習共同体」の発達を支援する役割を同定した。

「新たな政策決定者」が主導する学校改革の多様な展開において、マクロフリンらは、革新的な授業の創造に向けた改革の歩みを注視し続け、教育行政を含む多様な「変革の担い手」による改革の展開を射程に収める政策提言（「変革の単位」としての学区）を行い続けていた。

一九九〇年代スタンフォードＣＲＣの共同研究に参画していたリトルは、一九九〇年代後半から二〇〇〇年代にかけてカリフォルニア大学バークレー校を中心とする新たな学校改革研究を展開していた。リトルは、「専門家共同体」の実践の普及を踏まえ、「専門家共同体」に存する「楽観的な前提」を指摘し、教師の「専門家のディスコース（professional discourse）」を探究する共同研究に着手した。

リトルが接近したカリフォルニア州サンフランシスコ湾岸地区にあるイースト高校の「アカデミック・リテラシー・グループ」（英語科）は、「ウエステッド」と連携する改革に着手した時期にあった。リトルは、この改革の初期の特質に、教師のディスコースの観点から迫り、「教師の仮説、議論、実践を吟味する」展開への可能性を見出していた。

リトルの指導生であったホーンは、同じくイースト高校の数学科を中心とする「代数グループ」の実践の展開に迫っていた。「代数グループ」は一九八〇年代より「脱トラッキング」のカリキュラム開発に取り組んだ先駆であり、カリフォルニア大学バークレー校やスタンフォード大学との連携を深め、「専門家共同体」の形成に従事していた。

「代数グループ」の特徴は、「グループで学ぶに値する課題」や「外側から内側へ」といった授業改革のディスコースを独自に発達させ、教師たちの実践の創造を促進する「共通言語」を豊かにしていたことにあった。

ホーンは、BASRCの拠点校の一つでもあったサウス高校の改革にも迫っていた。サウス高校は、一九九〇年代より学校の「再構造化」に取り組み、「エッセンシャル・スクール連盟」との連携による学校規模の改革に取り組み続けてきた高校であった。しかし、その数学科では、イースト高校の「代数グループ」とは対照的に、改革の「共通言語」(「少なく学ぶことは多くを学ぶこと」)の意味が空洞化する事態を示していた。ホーンの研究により、サウス高校の数学科の「専門家共同体」の停滞は、教師間の「専門家のディスコース」の停滞によって示されていた。

同じくリトルの指導生であったカリーは、一九九〇年代半ばより、「エッセンシャル・スクール連盟」より発展した「クリティカル・フレンズ・グループ」の方略に即し、学校規模の改革を進めてきたリヴィア高校の実践の展開に迫っていた。

「クリティカル・フレンズ・グループ」は、教師間の協同を促すための会話の手順を示す複数の「プロトコル」を開発しており、リヴィア高校は、この「プロトコル」を活用する改革に取り組んできた。なかでも、「生徒の作品を観察し描写する」ことを中心に据えた「プロトコル」(「アトラス」)に即した実践は特徴的であり、カリーの研究は、「専門家のディスコース」を発達させるための努力とその特有の課題を示していた。

こうして一九九〇年代から二〇〇〇年代にかけて展開されたリトルを中心とする「専門家共同体」の探究は、一九九〇年代より着手された多様な改革の展開に対して、教師たちの「専門家共同体」を主題化する特徴的な探究であり、「専門家共同体」の特質を「専門家のディスコース」の発達において性格づける一連の研究を展開させていた。

一九九〇年代半ばから二〇〇〇年代にかけてスタンフォード大学にて博士号を取得した新しい世代の研究者による「専門家共同体」の探究は、「専門家共同体」に対する新たな接近を示していた。

ウエストハイマーは、それまでに十分に検討されてこなかった「専門家共同体」の「イデオロギー」を主題化し、カリフォルニア州の二つの中学校の実践の展開に迫っていた。ウエストハイマーの探究は、「自由主義」のイデオロギーと「集団主義」のイデオロギーによって、それぞれの「専門家共同体」の実践の展開を特徴づけていた。「個人の権利と責任」が強調されるブランダイス中学校では、「専門家の自律性」が教師個々人において尊重され、教師の集団的な活動は、個人の目標の達成を追求する個々の教師を助ける限りにおいて重視」されていた。一方、「共有された目標」の持続的な追求を強調するミルズ中学校では、「共同作業が、参加、相互作用、相互依存の関係を実現する共同体の理想そのもの」として捉えられており、教師たちのインタラクションは「共同体の生活」として埋め込まれ価値づけられていた。

アキンスティンは、スタンフォードCRCの「第二世代」の研究者であり、ウエストハイマーをメンターの一人とする博士論文を執筆していた。アキンスティンは、「専門家共同体」の「葛藤」を主題化し、カリフォルニア州の二つの中学校における「専門家共同体」の実践の展開に迫っていた。

アキンスティンは、「葛藤」をめぐる両校の教師への質問紙調査の結果とは対照的な実践の特質に迫っていた。学校の「再構造化」の経験を踏まえ、教師の協同的活動を継続してきたワシントン中学校は、BASRCの拠点校となるなど、教師の「専門家共同体」を形成してきた特徴的な学校であった。ワシントン中学校は質問紙調査では「葛藤」を「包含」する性格を示していたが、アキンスティンの探究は、ワシントン中学校の教師たちが教育実践をめぐる「葛藤」を「回避」する傾向を指摘していた。アキンスティンは、ワシントン中学校の教師たちの認識する「葛藤」の「包含」が、「専門家であり友人である」、「同僚との関係を固く守る」ことを意味しているという解釈を提起していた。

質問紙調査では「葛藤」を「回避」する傾向を示していたチャベス中学校は、「ベイ・エリア・エッセンシャル・スクール連盟（BayCES）」のメンバーとして「エッセンシャル・スクール連盟」の「共通原理」に即した独自の改革に取り組み続け、「学習者の共同体」を学校に形成する努力を続けてきた学校であった。チャベス中学校は、多様な人種構成の生徒の「現実に向き合う」努力を続けていた。「アフリカ系中心」のカリキュラムと教育学を推進するプログラム（ＩＲＩＳＥプログラム）をめぐるチャベス中学校の教師たちの議論は、教師間の様々な「葛藤」を明るみにし、それに対峙し続ける一連の論争と化していた。アキンスティンは、チャベス中学校の教師たちが質問紙調査において「葛藤」の「回避」の傾向を示すのは、チャベス中学校の教師たちが、現実には「葛藤」を避けることなく、「容易には解決できない深刻なジレンマ」に常に晒されており、「葛藤に対する意識の高さ」の現れであるという解釈を提起していた。

コバーンもまたスタンフォードＣＲＣの「第二世代」の研究者であった。コバーンは、教師の「専門家共同体」における「政策と実践の媒介過程」の解明に着手した。

コバーンは、カリフォルニア州におけるリーディング指導（英語科）の教育政策の史的展開（一九五〇年代から一九九〇年代にかけての、「基礎技能」、「文学に基づく指導」（『英語教科のフレームワーク』）、「早期リテラシー」、「バランスの取れた基礎技能」の四展開）を踏まえ、ＢＡＳＲＣによる改革の展開過程に迫り、教師は「歴史の中に存在し歴史としても存在する」ことに接近していた。

コバーンは、カリフォルニア州のステイデル小学校における学年レベルの教師の「専門家共同体」の展開に照準を合わせていた。コバーンは、カリフォルニア州のリーディング指導政策の四展開を経験してきたベテラン教師シャロンを中心とする第一学年の「専門家共同体」を、「基礎技能」政策の論理に根差した「世界観」と「実践」を形成するベテラン教師のグループ（シャロンを含む）と、「文学に基づく指導」や「早期リテラシー」政策の論理に根差した「世界観」と「実践」を形成する若手教師のグループによる構成として描き出した。ＢＡＳＲＣが要請する「探究のサイクル」の実施にあたり、第一学年の「専門家共同体」では、ベテラン教師グループ主導の政策の「集団的意味形成」が際立っていた。

一方、若手教師マリサを中心とする第二学年の「専門家共同体」では、若手教師が形成する「文学に基づく指導」や「早期リテラシー」政策の論理に根差した「世界観」や「実践」に基づく「集団的意味形成」が中心的であった。それゆえ、同一の学校であっても、ＢＡＳＲＣの「探究のサイクル」の「メッセージ」は第一学年と第二学年は異なる「意味形成」がなされていた。

注目されたのは、第二学年の「専門家共同体」において、ＢＡＳＲＣの「探究のサイクル」が、「継続的な評価」の必要性や、「リーディング方略」への原理的な理解の深化といった積極的な帰結を生み出していたことであった。しかし同時に、ＢＡＳＲＣの「探究のサイクル」及び政策環境が要請する「標準化テスト」の圧力もまた、否応なしに第二学年の「専門家共同体」に影響を及ぼしており、「子ども中心」の「落ち着いた」授業の実施は妥協を迫られていた。

コバーンの研究は、「専門家共同体」研究の新たな展開であると同時に、一九八〇年代から一九九〇年代にかけての州政府主導の教育政策、及び、「新たな政策決定者」による政策の展開を、教育実践において射程に収めた特徴的な政策研究であり、教育政策実施研究の新たな展開をも示す特徴的な研究であった。

教師の「専門家共同体」の形成と展開を、「ランド・変革の担い手研究」を起点とする学校改革研究の系譜として描き出してきた本書は、以上のように総括することができる。

二　考察

本節では、マクロフリンらの学校改革研究の系譜の意義として、以下の四つの論題を抽出して考察し、今後の研究の発展への踏み台を提示することにしたい。第一に、学校改革研究としての教育政策実施研究の基本構図について、第二に、学校改革を教師の視点から探求するにあたっての教職の「文脈」の概念について、第三に、学校改革研究の焦点としての授業実践の質について、そして第四に、総括的な考察として、教職生活の疎外とその克服についてである。これらの論題は、マクロフリンの態度、すなわち、学校改革の「現場の声を聴き現場から学ぶ」ことが意味するところに迫る論題である。

(1)　学校改革研究としての教育政策実施研究の基本構図

マクロフリンらが提示した教育政策実施研究の基本的な構図は、学校改革研究の基本的な構図としての意義を有していると言えよう。

一九七〇年代、「ランド・変革の担い手研究」の「二次分析」を行ったマクロフリンは、当時その重要性が指摘され始めていた「スタッフ開発」に早くも再考を迫る提案や、教師の「専門家の学習」の逸早い主題化を行っていた。ここでは、それら逸早い概念化や主題化を準備したマクロフリンらの教育政策実施研究の基本構図の意義を明確にしておこう。

マクロフリンは、学校改革の「トップ・ダウン」の「動員」のみならず、「草の根」の「動員」にも共通する問題を見出していた。それは改革の継続の問題であった。マクロフリンは、学校改革の「動員」の有効な方略として、教師の「専門家の学習」の推進を中心的な課題とする学校改革の「広範な支援」、すなわち、教師、教師組織、校長、教育行政官、大学の教育研究者、政策決定者の各々に学校改革を推進する新しい役割（「変革の担い手」としての役割）を求めていた。ここにマクロフリンによる学校改革研究の基本構図を見出すことができよう。

一九八〇年代、エルモアとマクロフリンのランド共同リポート『愚直な仕事』では、なかでも「実践（教師）」、「行政」、「政策」の三者の「変革の担い手」に焦点を当てる学校改革研究の構図を提起していた。この構図は、同時期に注目を集めていた「改善の単位としての学校」を標榜する学校改革（「第二の改革の波」）が抱える問題を鮮明にしていた。すなわちエルモアとマクロフリンは、「改善の単位としての学校」という学校改革方略が、「行政」と「政策」を無策の状態に追い遣る危険性を指摘していた。そして、学校改革の「避けられない失敗」に直面する時、その非難が学校や教師に向けられる事態を見抜いてもいた。さらに、この事態の帰結は翻って、「変革の担い手」としての教師を排し、「行政」と「政策」主導による学校改革の強行にあるとしていたエルモアとマクロフリンの洞察は鋭かった。

「実践（教師）」、「行政」、「政策」を含む「広範な支援」を射程に収めるマクロフリンらの学校改革研究の基本構図は、一九九〇年代のスタンフォードＣＲＣの「中核的研究」である高校改革研究や、一九九〇年代後半から二〇〇〇年代にかけての「新たな政策決定者」による改革であるＢＡＳＲＣによる学校改革の評価研究においても、あくまで一貫して保持されていた。

マクロフリンらの学校改革研究の基本構図によって、高校における希少な「専門家共同体」の存立条件が明らかになっていた。「教師の学習共同体」であるエスペランサ高校の数学科が存在したのは、「学区専門職性指標」の低いモスタサ学区にあっても、校長のリーダーシップや、カリフォルニア州の「野心的な」教育政策の蓄積、及び、その州の政策から派生した教師の「専門家協会」の活動に支えられていたからであった。一方で、同じく「教師の学習共同体」であるオーク・ヴァレー高校の英語科は、オーク・ヴァレー学区による学校と教師の専門性開発への期待と支援によって支えられていたのである。教師の協同を中核とする教師の「専門家共同体」の存立は、「個人主義」や「保守主義」の性格を持つ教師文化の改革という教職に内在的な課題のみならず、学校改革の現実においては、校長、学区、政策、専門家協会等の動向に具体的かつ決定的に影響を受けるのである。

学校を「変革の単位」とし、学区によらずに大規模な学校改革を展開したＢＡＳＲＣの「第一局面」においても、スタンフォードＣＲＣは学校改革研究の基本構図を堅持していた。マクロフリンらは、学区への不信感の高まりから「新たな政策決定者」としての役割を強調していたＢＡＳＲＣの学校改革方略に対して、「公正」かつ「持続可能」な学校改革を追求するために、学校改革と学区に関する既存の「神話」の再検討に着手したのである。スタンフォード

ＣＲＣは、教師、学校、行政、政策のそれぞれが、むしろ、その全てが「変革の担い手」として協同する学校改革方略を提起していた。

マクロフリンらの学校改革研究の基本構図は、教育の傍流から提起される安易な学校改革（トップ・ダウン）や、改革の「最小単位」である学校や教師のみを「改革の担い手」とする「草の根」の学校改革の提案（ボトム・アップ）に対して、さらには、それらの形を変えて繰り返される学校改革の提案に対して、一貫して、「実践（教師）」、「行政」、「政策」を含む「広範な支援」を追求する学校改革を描き続けるスタンスを基本としてきたと言えよう。すなわち、改革の「現場の声を聴き現場から学ぶ」ことは、いきおい学校や教師のみを特権化することを意味するのではないことを強調しておくことができよう。

(2)　学校改革研究における教職の「文脈」の射程

スタンフォードＣＲＣが設定した学校改革研究の戦略的概念である教職の「文脈」の概念は、学校改革の過程が「マクロレベル（政策）」と「マイクロレベル（実践）」の相互作用によって遂行されることを「教師の視点」から射程に収める意義を有していると言えよう。

教職の「文脈」の概念が、一九八〇年代から一九九〇年代にかけて、マクロフリン自らの「ランド・変革の担い手研究」の再検討を経て形成されたことは重要である。

一九七〇年代の「ランド・変革の担い手研究」は、教育政策実施研究における画期的な研究であり、「マクロレベル」と「マイクロレベル」の相互作用を照射する「相互適応」の概念を提起した。「ランド・変革の担い手研究」は、「マクロレベル」の分析に終始することなく、学校改革の「実施者」の視点に立つ「逆向き設計」のアプローチを採用した政策研究の草分けであった。

しかしながら、マクロフリンは、「ランド・変革の担い手研究」が「政策システム」を「当然視」し、「政策の構造」を「教師において最も現実的に意味のある構造」として仮定していたと振り返った。マクロフリンは、「ランド・変革の担い手研究」が、「マイクロレベルの現実」よりも「マクロレベルの関心」を反映する研究であって、「トップ・ダウンの研究の性格を帯びていた」とした。そこでマクロフリンは、スタンフォードCRC研究において、「政策の構造」を越えて教師が「埋め込まれている構造」を見定めるべく、「教師にとって現実的に意味のある文脈」としての教職の「文脈」の概念を学校改革研究の戦略的概念として設定したのである。

さらにマクロフリンが、教職の「文脈」の概念を戦略的概念とすることで、教師の専門性開発の「実現可能性」を追求する学校改革研究の志向性を獲得していたことも重要である。マクロフリンは、「ランド・変革の担い手研究」を含む一連の学校改革研究が、教師の専門性開発の「制約」を解明し、それを「取り除く」ことを志向する研究であったと振り返っていた。マクロフリンは、教師の専門性開発は、その「制約」を「取り除く」ことだけでは十分ではなく、「現に存在する制約の中で」教師の専門性開発を「実現可能にする」ことを追求する必要があることを強調したのである。教職の「文脈」の概念は、教師の専門性開発の諸要因の「文脈的な」特質に着目し、学校教育のシステムそれ自体が「埋め込まれている」性質を照射する概念として機能したのであった。

教職の「文脈」の概念は、スタンフォードCRC研究の進展に伴い、その内包を重層化するにいたった。教職の「文脈」の概念は、一九九〇年の研究では五層であったが、一九九三年には八層に、そしてスタンフォードCRCの「中核的研究」の成果が示された二〇〇一年には一〇層に広がっていた。この概念の進展は、一〇層の「文脈」の相互作用によって教職の現実が形成されていることを示すにいたり、教職の現実のマイクロ・コスモスを明示したと言えよう。

教職の「文脈」の概念を戦略的概念とするスタンフォードCRCの学校改革研究が、一九八〇年代から一九九〇年代にかけての学校改革研究として影響力を持った「効果的な学校」研究や「システム的改革」を標榜する学校改革研究に対して、独自のスタンスを堅持していたことは明瞭であろう。特異な「有効性」を示す学校の諸条件の解明を目指した「効果的な学校」研究や、学校教育のシステムの改革を掲げた「システム的改革」は、その学校改革研究の成果を学校改革方略としてトップ・ダウンに実行する誘惑と志向性を孕んでいたからである。

さらに、スタンフォードCRCの「第二世代」の研究者であるコバーンの研究により、教職の「文脈」の概念は、新たに歴史的な視角を獲得したと言うことができよう。コバーンは、学校の外部と内部の「脱結合」理論への批判を含んで政策と実践の「年代順の配列」に注目し、「専門家共同体」における「集団的意味形成」の過程に迫っていた。学校の内部は、決して学校外部の政策環境と「脱結合」の関係にあるのではなく、個々の教師たちに特有の歴史的に形成された「レンズ」を通して、学校外部の政策環境と頻繁に相互作用していた。そうした政策の「メッセージ」の「意味形成」過程において教師の「専門家共同体」が決定的な媒介機能を果たしていたのである。コバーンが切り開いた領野は、政策と実践に焦点を当てながら、認知的、社会的、歴史的にその意味が形成される世界として、学校改革における教職の現実に接近する見通しであると言えよう。改革の「現場の声を聴き現場から学ぶ」ことは、教職の認知的、社会的、歴史的拘束性を照射し、その理解を改革の出発とすることを意味しよう。

(3)　学校改革研究の焦点としての授業実践の質

マクロフリンらがスタンフォードCRCの「中核的研究」である高校改革研究に基づき提起した教師の「専門家共同体」の概念は、授業実践の質を追求するという意義を有している。教師の「専門家共同体」は、カリフォルニア州やミシガン州の教師たちが、「今日の生徒」の幾多の困難を引き受け、革新的な授業実践を追求する教職の「文脈」として提起されたのであった。

ここで、マクロフリンらの「ランド・変革の担い手研究」を起点とする学校改革研究の系譜が、一貫して授業実践の質を中心的な問題として位置づけてきたことに留意しておきたい。一九七〇年代、マクロフリンが「相互適応」の概念を提起するにあたりその展開を中心的に跡づけていたのは「オープン・エデュケーション」の学校改革の過程であった。マクロフリンは「オープン・エデュケーション」の改革について、「幅広い哲学的な枠組みの中で、教師自身が授業のスタイルと技術を練り上げる必要があり、この種の革新的な授業は、予め特定化しパッケージ化して提示することはできない」ことを強調していた。この授業実践の特徴づけこそが、革新的な授業実践を追求する教師の「専門家の学習」の主題化を準備していたのである。

エルモアとマクロフリンのランド共同リポート『愚直な仕事』（一九八八年）においても、「専門家の助言や外部の基準に始まる改革」ではなく、「授業実践に始まる改革」が強調されていた。エルモアとマクロフリンによる学校改革への「逆向き設計」のアプローチは、「改革の最小単位」である授業実践の質に接近するアプローチであった。

一九九〇年代、スタンフォードCRCは、革新的な授業実践の定式化を試みていた。スタンフォードCRCは、「学習者の共同体」としての教室の概念に示されるように、教室、教師、知識の従来からの概念の転換を含む「理解のための授業」を提起し、学校改革において追求されるべき授業実践の質を明示していた。

さらに、二〇〇〇年代にかけてスタンフォードCRCでは、「理解のための授業」の概念を含む授業の三類型、教職キャリアの三類型、教師共同体の三類型を提起し、授業実践の質と教師の「専門家共同体」の質が連関するという学校の内側に迫る視野を獲得していた。「今日の生徒」の困難を目の当たりにした教師が、革新的な授業実践に挑戦することなく、「従来からの実践の実行」や、「期待と基準を下げる」実践を展開するのは、「弱い教師共同体」（教師の孤立）や「伝統的共同体」を「文脈」としていることを明らかにしたのである。

スタンフォードCRCの「第二世代」の研究者においても授業実践の質は常に問題とされていた。アキンスティンが迫った、教師間の「葛藤」の「回避」ではなく「葛藤」の「包含」に努めていた「専門家共同体」では、批判的教育学を基盤とする実践を蓄積していた。すなわち、「アフリカ系中心」の教育学の実践を導入するなど、人種隔離撤廃の政策と移民の増加に伴う生徒の多様性の増大という「現実に向き合う」教育実践の創造に取り組んでいたのである。

コバーンは、カリフォルニア州の教育政策が保守的な実践から革新的な実践まで触れ幅のある展開（「基礎技能」から「文学に基づく指導」まで）を見せてきたことに注目していた。その上でコバーンは、校内における学年レベルのマイクロな「専門家共同体」が授業実践の質を左右していることを開示し、さらに、個々の教師の授業実践の質が史的な性格を有していることにも目を向けていた。

マクロフリンらの「ランド・変革の担い手研究」を起点とする学校改革研究の系譜の意義の一つには、授業実践の質に学校改革研究の焦点を定める特徴的なアプローチであることがあり、その特徴的なアプローチを可能にする学校改革研究者の授業実践に対する理解と見識の必要性を示唆していると言えよう。改革の「現場の声を聴き現場から学ぶ」ためには、授業実践の質を吟味する眼が求められているのである。

(4)　教職生活の疎外とその克服——教師の「専門家共同体」の構築へ

なぜ、「ランド・変革の担い手研究」を起点とする学校改革研究の系譜において、教師の「専門家共同体」が形成され展開したのか。ここでは、本書の総括的な考察として、教職生活の疎外とその克服という主題を見出し、この問題に迫ろう。マクロフリンらの学校改革研究が、学校の内側に生起する教職の生活に接近すればするほど、教師たちが教職生活の疎外を経験している現実に肉薄することになったからである。

スタンフォードCRCの高校改革研究は、同じ高校に勤務する教師たちが、所属する教科部を異にすることによって「専門家として全く異なる世界を生きている」ことに迫っていた。一方では、「瑞々しく専門家である」経験をする教師たちが、もう一方では、「専門家の誇りや敬意」を失い「教室から逃げ出す」欲望に苛まれる経験をする教師たちがいたのである。そこでマクロフリンらは、教師と生徒、教師と授業、教師と同僚の関係に注目し、教職に「内在的な報酬」である教師の「専門家としての報酬」を主題化していた。生徒を見失い、授業を見失い、同僚を見失う教師たちは、その教職生活において決定的に、「専門家としての報酬」の疎外を経験していたのである。

教師の「専門家としての報酬」の疎外という帰結にいたる契機として、マクロフリンらの学校改革研究の系譜に即し、次の三つの契機を挙げることができよう。第一に教師の「専門家の学習」の疎外であり、第二に教師の「職業倫理」の疎外であり、そして第三に教師の「専門家の自律性」の疎外である。

①教師の「専門家の学習」の疎外

マクロフリンは「ランド・変革の担い手研究」の「二次分析」を通して、学校改革における教師の「専門家の学習」を強調していた。マクロフリンは、学校改革の失敗の要因を、改革過程において教師の「専門家の学習」が中心的な課題として掲げられているかどうかに見出していたのである。「ランド・変革の担い手研究」による「相互適応」の概念の提起は、まさに、学校改革過程における教師の「専門家の学習」の疎外を問題として提出していたと言えよう。教育政策と教育実践の双方の適応過程こそが、学校改革を成功に導く方途であり、「相互適応」の過程そのものが、教師の「専門家の学習」の過程であったのである。

マクロフリンによる教師の「専門家の学習」の特徴づけは、「臨床的な専門技術」の習得、「適応的、発見的」な過程、「長期的、非線形的」な過程といった、後の一九八〇年代以降の教師教育研究の展開の萌芽を含んでいたと言える。さらにマクロフリンによる特徴づけは、「学校現場において改革プログラムを築き上げる」過程を指摘しており、後にみる教師の「専門家の自律性」の主題化を準備してもいた。

スタンフォードＣＲＣ研究が、高校改革における「生徒のトラッキング」に留まらず、「教師のトラッキング」を主題化したことは、学校内における教師の学習機会の不平等の問題を明るみにしていた。教師が孤立する「弱い教師共同体」において教師の学習機会が乏しいことのみならず、教師を固定的な序列に配する「強い教師共同体」（「伝統的共同体」）においても、多くの教師たちが「専門家の学習」から疎外されていたのである。すなわち、一部の高トラックの教師には外部での専門性開発の機会が与えられるのに対して、低トラックの教師は校内において周辺化され孤立を深めていたのである。

マクロフリンらが、高校改革研究の成果の定式化において「教師の学習共同体」を強調していたことは、教師の

「専門家の学習」の疎外とその克服の問題が伏流していたことの証しであろう。マクロフリンらによる教師共同体の三類型は、「教師の学習共同体」の有無を中心的な要件としていたからである。

二〇〇〇年代にかけて、リトルたちが教師の「専門家共同体」研究の「楽観的な前提」を指摘し、新たに着手した教師の「専門家のディスコース」研究も注目される。リトルたちの「専門家のディスコース」研究は、「専門家共同体」における教師の「専門家の学習」の質を、教師のディスコースにおいて検討する研究であった。教師の共同体を形成するだけでは克服されない教師の「専門家の学習」の疎外の問題を、リトルたちは教師のディスコースにおいて問うていたのである。

コバーンが教育政策と教育実践を媒介する「集団的意味形成」過程に焦点化していたこともまた、教師の「専門家の学習」の問題に接近していたと言えよう。コバーンは、政策と実践を媒介する「意味形成」過程において、教師の「専門家の学習」が引き起こされるか否かを、中心的な課題として浮上させたのである。二〇〇〇年代にかけての学校改革の基調となる基準の設定とアカウンタビリティの要求という政策環境は、教師の「専門家の学習」の疎外を引き起こしてはいないか。コバーンが迫った教師の「専門家共同体」において、標準化テストの圧力は「具体的な方法」で教室に圧し掛かっていたのである。

②教師の「職業倫理」の疎外

マクロフリンらが、繰り返し教師の「職業倫理」を主題化していたことも注目されよう。教師が全ての生徒を引き受ける、専門家としての倫理である。

マクロフリンらは「今日の生徒」に目を向けていた。「今日の生徒」は「従来の生徒」とは全く異なる様相を呈していた。一九八〇年代後半から一九九〇年代にかけて、カリフォルニア州やミシガン州の教師たちが目の当たりにしていたのは、人種隔離撤廃の政策と移民の増加に伴う生徒の多様性の増大であった。同時に生徒たちは、「家庭の機能不全」、「仲間からの圧力」、「薬物の乱用」、「地域社会からの支援の欠如」といった幾多の困難を抱えてもいた。

マクロフリンらが提起した教師の「専門家共同体」とは、今、目の前にある「今日の生徒」を引き受け、最も革新的な授業実践へ挑戦することを可能にする教職の「文脈」であった。むろん教師の「専門家共同体」は少数派であった。それゆえ、「今日の生徒」を引き受けることができずに、「職業倫理」の疎外を経験する教師たちの苦悩は明らかであった。

「弱い教師共同体」において教師たちは、「今日の生徒」に対する「シニシズム」を抱くこともあった。「生徒の失敗に付き合っていくにはどうしたらいいのか分からない」「全てが無情だ」と、校内にて孤立する教師たちは、無力なままに従来からの実践を継続していた。「今日の生徒」の失敗の要因を「今日の生徒」に帰属させる教師たちの対応は、生徒への「期待と基準を下げる」ことも導いていた。そこに教師たちの「善意」か「消極的な意図」があろうとも、教育内容を削減する対応は、教師と生徒の関係を悪化させかねなかった。「今日の生徒」に対して抱く教師たちの期待の低さは、生徒において鋭く気づかれていたからである。

一九九〇年代における人種隔離撤廃を掲げる学校の実践に肉薄したウエストハイマーやアキンスティンの研究が、教師の「専門家共同体」のイデオロギーを相次いで主題化していたこともまた、教師の「職業倫理」の疎外の問題に接近していたと言えよう。ウエストハイマーが「集団主義」のイデオロギーを浮き彫りにし、アキンスティンが「葛藤の包含」や「批判／抵抗」のイデオロギーに見出していたものは、全ての生徒を引き受けようと格闘する教師たちの倫理的態度であった。ウエストハイマーやアキンスティンが「専門家共同体」のイデオロギーを主題化したことは、教師たちが「今日の生徒」を引き受けるか否かの論理を提供する理念的な資源の在り様に迫る試みであったと言えよう。

③教師の「専門家の自律性」の疎外

マクロフリンらの学校改革研究は、教師の「専門家の自律性」の概念に再考を迫っていた。マクロフリンらは、教師の「専門家の自律性」の問題に二つの側面から接近していたと言えよう。教師間における自律性の問題と、学校の外部環境との関係における自律性の問題である。

第一に、リトルが一九八〇年代における教師の「同僚性」や協同をめぐる研究を総括する中で、「共同行為」としての「同僚性」の特徴を浮き上がらせるために、「専門家の自律性」の再検討に着手していたことは注目される。リトルは、「共同行為」において「専門家の自律性」は、「私的なもの」から「公的なもの」へ、「個人的なもの」から「集団的なもの」へと移行することを説いていた。リトルは、「集団的自律性」において、すなわち、実践や実践の意図を公的な吟味に付す過程を経る中で、教師の知識や技能や判断をより確かなものとすることを見通していた。さらにリトルは、「共同行為」に従事する教師たちを「職業共同体の成員」として特徴づけ、成員間の互恵的な関係と生徒に対する集団的な責任を強調していた。

マクロフリンらもまた高校改革研究の中で、教師の孤立を意味する従来からの「専門家の自律性」に問題を見出していた。マクロフリンらは、教師の協同を中核とする「専門家の自律性」を強調していた。マクロフリンらは、教師の「専門家共同体」を形成する教師たちが「授業と学習についての選択を教師相互に理解し、生徒の成功と失敗を自分たちの言葉で評価している」ことに「専門家の自律性」を見出していたのである。

第二に、マクロフリンらは、「ランド・変革の担い手研究」において、「トップ・ダウン」による学校改革も、「ボトム・アップ」による学校改革にも、共通する問題を指摘し、政策と実践の双方の改革を同時に求める「相互適応」の概念を提起していた。ここに、教師の「専門家の自律性」のもう一つの問題の萌芽を見出すことができよう。教師の「専門家の自律性」は、教師、教育行政、教育政策の協同のうちに見出される概念化を待っていたのである。

後に、マクロフリンらは、教師の「専門家共同体」の存立条件を追求する中で、「専門家共同体」に対する学区による支援の可能性、「専門家協会」や「インフォーマル・ネットワーク」による支援の可能性、そして、「野心的な」教育実践を追求したカリフォルニア州の教育政策（『フレームワーク』）による支援の可能性に言及していた。マクロフリンらは、教師の「専門家共同体」の構築による「専門家の自律性」を、教育行政や教育政策を排するのではなく、教師、教育行政、教育政策の協同の中に見出していたのである。

コバーンは、従来からの教師の「専門家の自律性」の概念の理論的基盤を提供していた「脱結合」理論に対する批判を展開していた。コバーンの探究は、決して、学校は外部の政策環境に対して「脱結合」の状態になどあるのではなく、政策と実践の接点に、教師たちの「集団的意味形成」の過程があり、その舞台として「専門家共同体」を位置づけたのである。であるからこそ、一九九〇年代後半から教育政策の主潮となるアカウンタビリティの要求が学校現場に与える影響の大きさを見抜いていたのである。コバーンの理路が開示した政策と実践とが接する道筋は、アカウンタビリティを要求する教育政策そのものに対する観念的な批判に留まらずに、学校現場に浸透する教育政策の影響を射程に収めた上での批判を展開する必要性を示唆しているのである。アカウンタビリティを要求する教育政策が、教師、教育行政、教育政策の協同の中にある教師の「専門家の自律性」の疎外を引き起こす危険性である。

以上、本書の総括的な考察として、マクロフリンらの学校改革研究の系譜が、教職生活の疎外の問題を多面的に明らかにしてきたこと、さらに、その教職生活の疎外の克服の方途として、教師の「専門家共同体」の構築という課題が位置づけられることについて論じてきた。マクロフリンらは、改革の「現場の声を聴き現場から学ぶ」ことで、教職生活の疎外とその克服の現実に迫ったのである。

三　残された課題

最後に、本書の総括と考察から導かれる課題を指摘しておきたい。

第一に、本書において描出してきた学校改革研究の系譜とは異なる研究や実践の展開の系譜を明らかにし、それらとの関係を解明する課題である。

本書では、アメリカにおける教師の「専門家共同体」の形成と展開を、「ランド・変革の担い手研究」を起点とする学校改革研究の系譜として描き出してきた。一九七〇年代から二〇〇〇年代における学校改革の展開には、革新的な実践を中心に据える改革に限定してもなお、さらに多様な研究と実践の系譜が存在している。例えば、一九七〇年代における「オープン・エデュケーション」の多様な展開、一九八〇年代における教職の専門職化運動（「第二の改革の波」）の多様な展開、一九九〇年代における「専門家共同体」の概念の普及と定着による多様な改革の展開、二〇〇〇年代における「専門家学習共同体（professional learning community）」の展開が挙げられる(1)。

今後において、本書が跡づけてきた「ランド・変革の担い手研究」を起点とする学校改革研究の系譜の同時代における布置の解明に着手することにより、この系譜の独自性をより一層明らかにすることができるだろう。

第二に、上記の課題を踏まえ、学校改革研究の展開における概念の展開をより広範に捉えることである。特に、一九九〇年代から二〇〇〇年代は、「専門家共同体」の概念の普及と定着が広範に確認される時期である。

本書では、マクロフリンを中心とするスタンフォードCRC研究において「専門家共同体」の概念が形成される契機を見出してきた。一九九〇年代から二〇〇〇年代には、この系譜の成果を端緒とする多様な「専門家共同体」研究の展開が確認される。

例えば、一九八〇年代から一九九〇年代に隆盛した学校の「再構造化」を標榜する学校改革の調査研究に着手したミネソタ大学のカレン・ルイス（Karen Seashore Louis）、その指導生であったシャロン・クルース（Sharon D. Kruse、現在はアクロン大学）、そして、マクロフリンやエルモアと同門であったアンソニー・ブライク（Anthony S. Bryk、現在はカーネギー財団）らは、逸早くマクロフリンらの学校改革研究に注目していた。ルイスやブライクは、一九九五年の論文において、スタンフォードCRC研究を「専門家共同体」の概念の「草分け」として位置づけ、自ら「専門家共同体」研究に着手していた(2)。同時期には、エルモアらによる、学校の「再構造化」を推進する教育政策に再考を迫る一連の研究も展開していた(3)(4)。その後、ブライクはシカゴの学校改革研究を牽引し、ルイスらは「専門家学習共同体」研究を展開するにいたっている(5)。

これらの学校改革研究では、「専門家共同体」に関する概念が発達しており、本書の成果を踏まえ、これらの系譜において探究された「専門家共同体」に関する概念のさらなる検討が今後必要とされる。

第三の課題は、二〇〇〇年代以降のさらなる政策、学校改革、研究の展開を追跡することである。

本書では、「ランド・変革の担い手研究」を起点とする学校改革研究の系譜について、二〇〇〇年代初頭の展開までを主に跡づけてきた。その後、ブッシュ政権下の二〇〇二年に制定された「どの子も置き去りにしない法（No Child Left Behind Act、以下NCLB法と略記）」は、学校改革をめぐる次なる動向を生み出している。

ESEAの再改定法であるNCLB法は、例えば、学区及び学校に対して、「根拠（evidence）」を利用する教育活動を推進するよう「かつてない要求」を課した。学区は、連邦政府の資金を獲得するために、「科学的な基盤を持つ研究」に根差す取り組みであることを示さねばならず、学校もまた、標準化テストのデータを収集し分析し、学校改善に関する諸決定の基礎としてそれらを利用することが求められている。[6]

こうした政策環境を反映し、例えば、本書の第九章にて新しい世代の研究者の一人として取り上げたコバーンが、「根拠の利用（evidence use）」、「データの利用（data use）」を主題化する共同研究を推進し、同様の主題を掲げる一群の研究に対して特徴的な展開を示していることは注目されよう。コバーンを中心とする新たな研究の動向は、リトル、タルバート、そして、マクロフリンの指導生であったメレディス・ホニッグ（Meredith I. Honig、ワシントン大学）らと共に展開されており、本書が跡づけてきた学校改革研究の系譜の新たな展開として位置づけることができるだろう。[7]

コバーンらの探究は、学区や学校の「埋め込まれた文脈」、「社会的組織的文脈」に注目し（「文脈」の主題化）、学区や学校の「人々の既存の信念が新たな政策の実行に影響を与える」という視点に基づき（「集団的意味形成」過程の主題化）、政策実施の「多様性」に迫っている。[8]さらに、コバーンらの探究は、学校改革における学区の役割を追求する（学区の役割を除外しない）点にも特徴がある。本書の総括と考察を踏まえ、これらの研究の展開を検討する必要がある。

第四の課題は、学校改革の実践の展開をより広範に捉えることである。

本書では、「ランド・変革の担い手研究」を起点とする系譜の学校改革研究の展開に即して、概念の展開の影響としての実践の展開を検討することを試みてきた。しかしながら、授業改革の実践において、「教えること」としての授業の様式の再構成には迫っていたものの、子どもや生徒の「学習」の再構成の側面には十分に接近することが出来ていない。

その手がかりとしては、例えば、コーエンとマクロフリンらが中心となり一九九〇年代に展開した共同研究『理解のための授業』や、マクロフリンやタルバートらも協力したワシントン大学「教職政策研究センター（ＣＴＰ）」における『学校改革における授業改善』及び『授業改善研究』において授業改革研究を推進してきたミシガン大学のマグダリン・ランパート（Magdalene Lampert）やデボラ・ボール（Deborah Loewenberg Ball）ら、かつてコーエンの元で学んだ研究者たちの仕事（伏流する「コーエン・スクール」と呼ぼう）が挙げられる。[9] 今後さらに、これらの研究と実践から学び続ける必要がある。

注

（1）例えば、Stoll, L. & Louis, K. S. (ed.) 2007, *Professional Learning Communities: Divergence, Depth and Dilemmas*, Open University Press.

（2）Karen Seashore Louis, Sharon D. Kruse, & Anthony S. Bryk, 1995, Professionalism and Community: What is it and Why is it Important in Urban Schools, in Karen Seashore Louis, Sharon D. Kruse, & Associates, *Professionalism and Community: Perspectives on Reforming Urban Schools*, Corwin Press, Thousand Oaks, CA, pp. 3-22; Sharon D. Kruse, Karen Seashore Louis, & Anthony S. Bryk, 1995, An Emerging Framework for Analyzing School-Based Professional Community, in Karen Seashore Louis, Sharon D. Kruse, & Associates, *Professionalism and*

Community: Perspectives on Reforming Urban Schools, Corwin Press, Thousand Oaks, CA, pp. 23-42.

（3）例えば、Peterson, P. L., McCartney, S. J., Elmore, R. F., 1996, Learning from School Restructuring, *American Educational Research Journal*, Vol. 33, No. 1, pp. 119-153; Elmore, R. F. 2004, *School Reform from the Inside Out: Policy, Practice, and Performance*, Harvard Education Press, Cambridge, Mass.

（4）例えば、Anthony Bryk, Eric Camburn, & Karen Seashore Louis, 1999, Professional Community in Chicago Elementary Schools: Facilitating Factors and Organizational Consequences, *Educational Administration Quarterly*, Vol. 35, No. 5, pp. 751-781.

（5）Stoll & Louis, 2007, *op. cit.*

（6）Cynthia E. Coburn & Joan T. Talbert, 2006, Conceptions of Evidence Use in School Districts: Mapping the Terrain, *American Journal of Education*, Vol. 112, No. 4, p. 469.

（7）例えば、二〇〇六年の『アメリカン・ジャーナル・オブ・エデュケーション』誌では、「データの利用（data use）」を主題化する特集号が組まれた。Jefferey C. Wayman & Sam Stringfield, 2006, Data Use for School Improvement: School Practices and Research Perspectives, American Journal of Education, Vol. 112, No. 4, pp. 463-468. この特集号には、コバーンとタルバートが「根拠の利用（evidence use）」の概念の検討に着手する共著論文が掲載されている。Cynthia E. Coburn & Joan T. Talbert, 2006, Conceptions of Evidence Use in School Districts: Mapping the Terrain, *American Journal of Education*, Vol. 112, No. 4, pp. 469-495. さらに、二〇〇八年には、学区における「根拠の利用に基づく意思決定」を主題化し、政策課題及び研究課題を探究するホニッグとコバーンの共著論文が『エデュケーショナル・ポリシー』誌に掲載されている。Honig, M. I. & Coburn, C. E., 2008, Evidence-based Decision Making in School District Central Offices: Toward a Research Agenda, *Educational Policy*, Vol. 22, No. 4, pp. 578-608. 二〇一二年には、再び『アメリカン・ジャーナル・オブ・エデュケーション』誌において「データの利用」に関する特集号が組まれ、コバーンらがその編集を担っている。この特集号には、リトルやスピレーンらも論文を寄せている。Coburn, C. E. & Tuner, E. O., 2012, The Practice of Data Use: An Introduction, *American Journal of Education*, Vol. 118, No. 2, pp. 99-111; Judith Warren Little, 2012, Understanding Data Use Practice among Teachers: The Contribution of Micro-Process Studies, *American Journal of Education*, Vol. 118, No. 2, pp. 143-166; James P.

Spillane, 2012, Data in Practice: Conceptualizing the Data-Based Decision-Making Phenomena, *American Journal of Education*, Vol. 118, No. 2, pp. 113-141.

（8）Coburn & Talbert, 2006, *op. cit.*, p. 470; Coburn & Tuner, 2012, *op. cit.*, p. 100.

（9）例えば、ランパートやボールも集ったコーエンやマクロフリンを中心とする共同研究として、本書第五章においても検討してきた、David K. Cohen, Milbrey Wallin McLaughlin, & Joan E. Talbert（ed.）, 1993, *Teaching for Understanding: Challenges for Policy and Practice*, Jossey-Bass, San Francisco.

あとがき

学校改革の「現場の声を聴き現場から学ぶ」。

マクロフリンによるこの透徹した態度に学ぶこと、それが本書のモチーフであった。彼女の筆海が接近したのはアメリカの学校改革であり、日本語で書かれた本書が差し向けられる日本の学校改革との間には距離がある。しかしながら、その距離を埋める営みもまた、学校改革の「現場の声を聴き現場から学ぶ」ことにある。

本書にて描かれるアメリカの学校改革の現場の風景に映し出されるのは、アメリカの教師、教育行政官、教育政策決定者たちだけではない。私の筆先にはいつも日本の教師、教育行政官、教育政策決定者たちがいた。それは、私が学生の頃から唯ひたすらに学校改革の歩みを学ばせて頂いてきた教師たちであり、そして今、学校改革の支えとならんとする務めの中で歩みを共にさせて頂いている教師たちである。

教室、行政、政策に携わる人々の仕事と責任が異なること、それ以上に、一つひとつの小さな改革の物語が紡がれる学校は全て異なっており一つとして同じ学校などは存在しない。ましてや日々の学校の営みにおいて、学校が向き合う課題は常に変化し続けてもいる。

学校改革とは複雑な営みである。学校の外側の私たちにできることは、学校改革の「現場の声を聴き現場から学ぶ」ことしか残されていない。「草の根」の改革はどのように芽吹きどのような実りを迎えようとしているのか。仰ぎ見るほどの大きな足を持つ「象」は、どのような歩みであれば草の根を絶やすことなくそれを育てあげ支えきることができるのか。本書が、学校改革の「現場の声を聴き現場から学ぶ」助けとなることができるなら望外の喜びである。

本書は、二〇一三（平成二五）年一〇月に東京大学より博士号（教育学）を取得した論文「米国における教師の『専門家共同体』の形成と展開――ランド研究を起点とする学校改革研究の系譜」に加筆と修正を施したものである。

公刊に至るには、文部科学省科学研究費補助金若手研究（B）「現代米国ベイ・エリア学校改革協同機構の形成と展開――教師の専門家共同体の新展開」（平成二六年～二八年、課題番号26780429）、及び、文部科学省科学研究費補助金若手研究（B）「現代アメリカにおける学校改革理論の展開――D・ショーンとその周辺」（平成二八年～三一年、課題番号16K17377）の助成を受けた。

公刊に際しては、文部科学省科学研究費補助金研究成果公開促進費（学術図書）（平成二九年度）の交付を受けた。ここに記して感謝申し上げる。

東京大学大学院教育学研究科の修士課程・博士課程と指導教官を務めて頂いた佐藤学先生に謝意を表す。学校現場の出来事の奥深さと学究という営みの厳格さを教えて頂いた。その学恩に報いることが私の唯一つの仕事である。

博士論文の主査を務めて下さった秋田喜代美先生にも感謝は尽きない。国際的な研究が次々と生み出されるその最中を近くで学び続けることができた幸運は他に替えることはできない。

同じく副査を務めて下さった田中智志先生、勝野正章先生、大桃敏行先生、藤江康彦先生にも、この研究を力強く支えて下さったことに感謝申し上げる。

院生の頃よりご指導を賜わり続けている藤田英典先生にも感謝申し上げる。

また、佐藤先生にご紹介頂き、修士課程の院生の折には、カリフォルニア大学バークレー校のジュディス・リトル教授に、博士課程の折には、スタンフォード大学のミルブリィ・マクロフリン教授に直接お会いし議論させて頂く機会を得た。その学統に感謝申し上げる。

前職の東京大学では、理学・農学・工学の研究者と協同する機会に恵まれた。一線で活躍する研究者には学問を異にすれど、共有する言語や倫理や判断があることを教えられ、学問への信頼を厚くする経験となった。

現職の東京工業大学では、理工系の学生たちとリベラルアーツを追求する仕事に恵まれている。理工系の知に対して、教育学の知とは何なのか、学問の自由とは何か。問いがつきることはない。

これまでにご指導頂いた先生方、支えて下さった職員の方々に感謝申し上げる。

本書の編集の労を執って頂いた勁草書房の藤尾やしおさんにも感謝申し上げたい。

私事となるが、学徒足らんとする歩みを絶え間なく支えてくれた父と母、妹に感謝したい。妻にも感謝している。

そして、想像を超える努力をと励まし続けてくれる祖父に本書を捧げたい。

二〇一七年一二月

鈴木　悠太

人名索引

ア行

カ行

サ行

タ行

田中智志　31, 32, 35, 444
タルバート，ジョーン Talbert, Joan　8, 16, 19, 22, 23, 25, 28, 129, 135, 147, 152, 157, 174-179, 186-197, 201-207, 210, 212, 213, 217-238, 240-242, 249, 251, 252, 282-284, 286-295, 297-302, 403, 416, 438, 440
千々布敏弥　16, 36

ナ行

ナイアス，ジェニファー Nias, Jennifer　118, 133, 147

ハ行

ハーグリーブズ，アンディ Hargreves, Andy　14, 15, 21, 27, 34, 35, 105, 116-123, 130, 133, 135, 139-144, 146-148, 150, 151, 153, 154, 156-158, 160, 175, 412-414
バートレット，ローラ Bartlett, Lora　312
バーマン，ポール Berman, Paul　21, 60-62, 69, 72, 73, 91, 99, 101, 105, 116-122, 124, 130, 131, 133-135, 143, 175, 412, 413
ヴァルゴ，メリル Vargo, Merrill　251, 262, 264, 265, 276-281, 283, 306, 419
ヒューバーマン，マイケル Huberman, Michael　21, 99, 105, 116, 117, 119-122, 124, 130, 134, 135, 143, 175, 412, 413
フィールディング，マイケル Fielding, Michael　15, 21, 27, 135, 139-154, 156, 159, 160, 345, 413, 414
フェザーストン，ジョセフ Fetherstone, Joseph　42, 50
藤田英典　14, 31-35, 444
藤原文雄　15, 32, 35
ブライク，アンソニー Bryk, Anthony　15, 437
ブラックモア，ジル Blackmore, jill　139-142, 153, 413
プレイシャー，ペギー Placier, Peggy　7
ボール，デボラ Ball Deborah　146, 193, 439, 441
ホーン，イラナ Horn, Ilana　311, 312, 315, 320-329, 341-349, 355, 356, 420, 421
ホニッグ，メレディス Honig, Meredith　5, 6, 438, 441
堀和郎　16, 35, 36

マ行

マーシュ，デーヴィット Marsh, David　60, 62, 107
マイヤー，デボラ Meier, Deborah　151, 158
マクドナルド，ジョセフ McDonald, Joseph　251
マクロフリン，ミルブリィ McLaughlin, Milbrey　1-13, 16-29, 39-50, 52, 54-69, 72, 73, 75, 76, 82-99, 101, 106, 107, 115-119, 121, 128-131, 133-135, 143, 147, 152, 157, 163-186, 189-196, 207, 210, 212, 214, 217-238, 240-242, 249, 251, 252, 254, 282-284, 286-295, 297-302, 304, 384, 399, 401, 402, 408-414, 416, 417, 419, 420, 424-439, 441, 443, 444

ヤ行

油布佐和子　14, 15, 34, 35

ラ行

ランパート，マグダリン Lampert, Magdalene　193, 439, 441
リーバーマン，アン Lieberman, Ann　60, 72, 73, 91, 101, 118, 131, 133

リチャードソン，ヴァージニア Richardson, Virginia　7, 8, 30, 210
リトル，ジュディス Little, Judith　12, 14, 15, 19-21, 23-25, 27, 28, 99, 105-119, 121-135, 139-144, 146, 149-156, 158, 159, 168, 169, 175, 178, 186, 196, 197, 202, 227, 311-320, 323, 330, 334, 335, 341-349, 354-356, 401, 411-414, 420, 421, 433, 435, 438, 441, 444
ローティ，ダン Lortie, Dan　123, 131, 179, 221

事項索引

ア行

アクション・リサーチ　15, 105, 106, 132
アネンバーグ学校改革研究所 Annenberg Institute for School Reform　332
アネンバーグ財団 Annenberg Foundation　249, 254, 261, 303
アネンバーグ・チャレンジ Annenberg Challenge　250, 251, 254, 299, 300, 418
アメリカ学校改善法（IASA）Improving America's School Act　249, 418
アメリカ教育学会（AERA）American Educational Research Association　7, 91, 92, 117, 133
移行の課題　23, 282, 286, 419
一般化　347-349, 356
イデオロギー　23, 25, 28, 357-360, 365, 366, 368-370, 373, 379, 380, 382, 422, 434
隠喩　8, 185, 376, 416
ウェステッド WestEd　316, 420
埋め込まれ embedded　96, 150, 167, 171, 173, 174, 177, 187, 189-192, 203, 237, 239, 260, 277, 321, 324, 331, 348, 379, 384, 422, 428
エッセンシャル・スクール連盟 Coalition of Essential Schools　5, 12, 13, 25, 32, 255, 299, 312, 322, 325, 330-333, 339, 378, 415, 421, 422
選り抜きの同僚　149
オープン・エデュケーション　2, 4, 11, 13, 20, 24, 26, 39, 40, 42-51, 53-59, 408, 429, 437

カ行

カーネギー財団　11, 15, 438
会話ルーティン　312, 341, 343, 344, 346, 347-349, 355
画一性 uniformity　81, 86, 93
学習共同体 learning community　12, 16, 36, 153, 204, 206, 219, 227, 228, 230-233, 236, 237, 241, 251, 255, 263, 277, 280, 282-287, 289, 291-296, 298, 299, 306, 319, 332, 417, 419, 420, 426, 433, 437, 438
学習者の共同体 community of learners　190, 378, 415, 423, 430
学校改革研究　1-4, 7-13, 16-24, 26-28, 37, 39, 75, 76, 91, 97, 105-111, 116, 121, 122, 128, 129, 150, 178, 186, 196, 218, 254, 299, 303, 332, 358, 407, 408, 410, 411, 414, 415, 418, 420, 424-431, 434, 436-439, 444
葛藤　19, 23, 25, 28, 83, 85, 87, 118, 126, 153, 168, 207, 270, 357, 358, 361, 369-378, 380-382, 422, 423, 430, 434
活動の理論 theory of action　251-254, 256, 258, 261, 264, 274, 419, 420
可変性 variability　80, 81, 86-88, 90, 93, 410
カリフォルニア大学サンタクルーズ校　19, 312, 357, 369
カリフォルニア大学バークレー校　12, 19, 99, 130, 139, 168, 311, 312, 321, 323, 330, 356, 358, 413, 420, 444
完全習得学習 mastery learning　24, 107-110, 411
逆向き設計 backward mapping　5, 75-81, 96, 410, 427, 430

サ行

タ行

ナ行

ハ行

413
風土病的不確実性 endemic uncertainties　124, 125
ブラウン大学　12, 332
文脈 context　1, 2, 8-10, 15, 17, 20, 21, 24, 27, 28, 63, 65-67, 84, 97, 106, 117, 120, 122, 129, 139-141, 150, 152, 153, 158, 159, 163-165, 167-169, 171, 173-181, 183, 185, 189-196, 199, 203, 207, 210, 217-219, 225, 226, 228, 230, 231, 237-240, 250, 263, 270, 272, 289, 306, 312-314, 320-322, 324, 327-329, 331, 338, 384, 409, 411, 412, 414-418, 424, 427-430, 434, 438
ベイ・エリア・エッセンシャル・スクール連盟（BayCES）Bay Area Coalition of Essential Schools　378, 422, 423
ベイ・エリア学校改革協同機構（BASRC）Bay Area School Reform Collaborative　22, 23, 25, 28, 249-254, 256, 258, 260-262, 264, 265, 276-284, 286, 288, 291, 292, 296, 298, 300, 303, 304, 322, 357, 358, 369, 371, 372, 379, 382, 388-393, 395-397, 398, 418-424, 426, 444
ベイ・エリア数学プロジェクト（BAMP）Bay Area Mathematics Project　25, 323
ベイ・エリア・ライティング・プロジェクト（BAWP）Bay Area Writing Project　172, 193
ペンシルヴァニア大学　19, 303
ポートフォリオ・レヴュー　261, 262, 263
ホームズ・グループ Homes Group　11-13, 18, 82, 83, 99, 116, 119, 410, 413
ポストモダンの専門職性　154
ボストン・カレッジ　14, 105
ボトム・アップ　21, 412, 427, 435

マ行

前向き設計 forward mapping　76-80
ミシガン州立大学　4, 7, 16, 18, 75, 82, 193, 399
ミシガン大学　7, 18, 30, 193, 303, 439
南カリフォルニア大学　4, 208
民主主義　9, 98, 142, 146, 148, 149, 151, 159
民主的専門職性　143, 154
巡り合わせの同僚　149

ラ行

ラディカルな同僚性 radical collegiality　15, 139, 140-149, 151, 153, 345, 413, 414
ランド研究所 Rand Corporation　1, 18, 29, 39-41, 69, 75, 76, 82, 107, 265, 323, 408, 410
ランド・変革の担い手研究 Rand Change Agent Study　1-6, 10, 11, 16-24, 26-28, 37, 39-44, 49, 60, 62-69, 73, 75, 76, 87, 91-97, 107, 108, 110, 150, 164-168, 173, 178, 196, 303, 407-411, 414, 417, 424, 425, 427-429, 431, 432, 435-439
リーダーシップ　15, 25, 36, 52-54, 56, 67, 107, 108, 110, 125, 169-171, 186-188, 192, 213, 238, 250, 253, 254, 258, 260, 262, 263, 266, 270, 272, 274, 277, 278, 284, 287, 292-294, 300, 322, 360, 367, 372, 379, 388, 390, 391, 394, 397, 412, 417, 426
理解のための授業 teaching for understanding　10, 18, 164, 189, 190, 192, 193, 195, 196, 210, 220, 224, 415, 416, 430, 439
倫理　203, 266, 284, 289, 295, 299, 432, 433, 434, 445
レヴュー・オブ・プログレス　254, 261-264, 266, 268, 270, 272, 274

ワ行

初出一覧

本書に含めた論文の初出は以下の通りである。

第五章　「M. マクロフリンの研究の系譜における教師の『専門家共同体（professional community）』の形成と展開」日本教育方法学会『教育方法学研究』第 39 巻、2013 年、71-82 頁。

参考文献

Achinstein, B. 2002a, *Community, Diversity and Conflict among Schoolteachers: The Ties That Blind*, Teachers College Press, New York.

Achinstein, B. 2002b, Conflict amid Community: The Micropolitics of Teacher Collaboration, *Teachers College Record*, Vol. 104, No. 3, pp. 421-455.

秋田喜代美，1998，「実践の創造と同僚関係」佐伯胖・黒崎勲・佐藤学・田中孝彦・浜田寿美男・藤田英典（編）『岩波講座現代の教育　第6巻　教師像の再構築』岩波書店，pp. 235-259.

秋田喜代美，2006，「教師の力量形成——協働的な知識構築と同僚性形成の場としての授業研究」21世紀COEプログラム東京大学大学院教育学研究科基礎学力研究開発センター（編）『日本の教育と基礎学力——危機の構図と改革への展望』明石書店，pp. 191-208.

秋田喜代美，2008a，「教師の学習としての授業研究」無藤隆・麻生武（編），『質的心理学講座1　育ちと学びの生成』東京大学出版会，pp. 107-127.

秋田喜代美，2008b，「授業検討会談話と教師の学習」秋田喜代美・キャサリン・ルイス（編）『授業の研究　教師の学習　レッスンスタディへのいざない』明石書店，pp. 114-131.

秋田喜代美，2009，「教師教育から教師の学習過程研究への転回——ミクロ教育実践研究への変貌」今井康雄・矢野智司・秋田喜代美・佐藤学・広田照幸（編）『変貌する教育学』世織書房，pp. 45-75.

秋田喜代美・岩川直樹，1994，「教師の実践的思考とその伝承」稲垣忠彦・久冨善之（編）『日本の教師文化』東京大学出版会，pp. 84-107.

秋田喜代美・佐藤学・岩川直樹，1991，「教師の授業に関する実践的知識の成長——熟練教師と初任教師の比較研究」『発達心理学研究』第2巻，第2号，pp. 88-98.

Baer, M. & McLaughlin, M. W. 1975, Seaside, in Dale Mann, Milbrey Wallin McLaughlin, Miriam Baer, Peter W. Greenwood, Lawrence McCluskey, Linda L. Prusoff, John G. Wirt, and Gail Zellman, 1975, *Federal Programs Supporting Educational Change, Vol.Ⅲ: The Process of Change, Appendix A. Innovations in Classroom Organization and Staff Development*, Prepared for the U. S. Office of Education, Department of Health, Education, and Welfare, Rand, Santa Monica, CA, pp. Ⅳ-62-Ⅳ-73.

Berman, P. & McLaughlin, M. W. with the assistance of Gail Bass, Edward Pauly, Gail Zellman, 1977, *Federal Programs Supporting Educational*

Change, Vol. Ⅶ: Factors Affecting Implementation and Continuation, Prepared for the U. S. Office of Education, Department of Health, Education, and Welfare, Rand Corporation, Santa Monica, CA.

Berman, P. & McLaughlin, M. W. 1978, *Federal Programs Supporting Educational Change, Vol. Ⅷ: Implementing and Sustaining Innovations*, Prepared for The U. S. Office of Education, Department of Health, Education, and Welfare, Rand Corporation, Santa Monica, CA.

Bird, T. 1984, Mutual adaptation and Mutual Accomplishment: Images of Change in a Field Experiment, *Teachers College Records*, Vol. 86, No. 1, pp. 68–83.

Blakmore, J. 1999, Editorial: Teacher Professionalism–Collaborative and/or Collegial Work? *Australian Educational Researcher*, Vol. 26, No. 2, pp. i–vi.

Bryk, A. S., Camburn, E. & Louis, K. S. 1999, Professional Community in Chicago Elementary Schools: Facilitating Factors and Organizational Consequences, *Educational Administration Quarterly*, Vol. 35, No. 5, pp. 751–781.

Center for Research on the Context of Teaching Stanford University (CRC), 2002, *Bay Area School Reform Collaborative: Phase One (1995–2001) Evaluation*, Center for Research on the Context of Teaching, Stanford University.

千々布敏弥，2014,「授業研究とプロフェッショナル・ラーニング・コミュニティ構築の関連――国立教育政策研究所『教員の質の向上に関する調査研究』の結果分析より」『国立教育政策研究所紀要』第 143 集，pp. 251–261.

Coburn, C. E. 2001a, *Making Sense of Reading: Logics of Reading in the Institutional Environment and the Classroom*, Unpublished Doctoral Dissertation, Stanford University, Stanford, CA.

Coburn, C. E. 2001b, Collective Sensemaking about Reading: How Teachers Mediate Reading Policy in Their Professional Communities, *Educational Evaluation and Policy Analysis*, Vol. 23, No. 2, pp. 145–170.

Coburn, C. E. 2004, Beyond Decoupling: Rethinking the Relationship between the Institutional Environment and the Classroom, *Sociology of Education*, Vol. 77, No. 3, pp. 211–244.

Coburn, C. E. & Stein, M. K. 2006, Communities of Practice Theory and the Role of Teacher Professional Community in Policy Implementation, in Honig, M.I. (ed.), *New Directions in Education Policy Implementation: Confronting Complexity*, State University of New York Press, Albany, NY, pp. 25–46.

Coburn, C. E. & Talbert, J. T. 2006, Conceptions of Evidence Use in School Districts: Mapping the Terrain, *American Journal of Education*, Vol. 112, No. 4, pp. 469-495.

Coburn, C. E. & Tuner, E. O. 2012, The Practice of Data Use: An Introduction, *American Journal of Education*, Vol. 118, No. 2, pp. 99-111.

Cohen, D. K. 1995, What is the System in Systemic Reform? *Educational Researcher*, Vol. 24, No. 9, pp. 11-17, 31.

Cohen, D. K., McLaughlin, M. W. & Talbert, J. (ed.), 1993, *Teaching for Understanding: Challenges for Policy and Practice*, Jossey-Bass Publishers, San Francisco.

Curry, M. W. 2003, *Critical Friends: A Case Study of Teachers' Professional Community in a Reforming High School*, Unpublished Doctoral Dissertation, University of California, Berkeley, CA.

Curry, M. W. 2008, Critical Friends Groups: The Possibilities and Limitations Embedded in Teacher Professional Communities Aimed at Instructional Improvement and School Reform, *Teachers College Record*, Vol. 110, No. 4, pp. 733-774.

Elmore, R. F. 1979-1980, Backward Mapping: Implementation Research and Policy Decisions, *Political Science Quarterly*, Vol. 94, No. 4, pp. 601-616.

Elmore, R. F. 2004, *School Reform from the Inside Out: Policy, Practice, and Performance*, Harvard Education Press, Cambridge, Mass.

Elmore, R. F. & McLaughlin, M. W. 1981, Strategic Choice in Federal Policy: The Compliance-Assistance Trade off, in Ann Lieberman & Milbrey Wallin McLaughlin (ed.) *Policymaking in Education, National Society for the Study of Education 1981 Yearbook*, pp. 159-184.

Elmore, R. F. & McLaughlin, M. W. 1988, *Steady Work: Policy, Practice, and the Reform of American Education*, The Rand Corporation, Santa Monica, CA.

遠藤貴広，2007，「米国エッセンシャル・スクール連盟における『逆向き計画』による学校改革――セイヤー中・高等学校の実践を例に」『京都大学大学院教育学研究科紀要』第 53 号，pp. 220-232.

遠藤貴広，2012，「州テスト政策に対抗する草の根の教育評価改革――New York Performance Standards Consortium を事例に」北野秋男・吉良直・大桃敏行（編）『アメリカ教育改革の最前線――頂点への競争』学術出版会，pp. 231-243.

Feldman, M. & Pentland, B. 2003, Reconceptualizing Organizational Routines as a Source of Flexibility and Change, *Administrative Science Quarterly*, Vol. 48, pp. 94-118.

Fielding, M. 1999, Radical Collegiality: Affirming Teaching as an Inclusive Professional Practice, *Australian Educational Researcher*, Vol. 26, No. 2, pp. 1-34

Fielding, M. 2001, Beyond the Rhetoric of Student Voice: New Departures or New Constrains in the Transformation of 21st Schooling, *Forum*, Vol. 43, No. 2, pp. 100-109.

Fielding, M. 2004, 'New Wave' Student Voice and the Renewal of Civic Society, *London Review of Education*, Vol. 2, No. 3, pp. 197-217.

Fielding, M. & Moss, P. 2011, *Radical Education and the Common School: A Democratic Alternative*, Routledge, New York, NY.

藤田英典（編），1997，『教職の専門性と教師文化に関する研究――平成 6～7 年度文部省科学研究費総合研究（A）「教職の専門性と教師文化に関する国際比較共同研究」（課題番号 06301032）研究成果報告書』.

藤田英典，2010，「学校改革　序論」藤田英典・大桃敏行（編），広田照幸（監修）『リーディングス　日本の教育と社会　第 11 巻　学校改革』日本図書センター，pp. 3-37.

Fujita, H. & Wong, Suk-Ying 1997, Teacher Professionalism and the Culture of Teaching in Japan: The Challenge and Irony of Educational Reform and Social Change, 藤田英典（編）『教職の専門性と教師文化に関する研究――平成 6～7 年度文部省科学研究費総合研究（A）「教職の専門性と教師文化に関する国際比較共同研究」（課題番号 06301032）研究成果報告書』pp. 132-151.

藤田英典・志水宏吉（編），2000，『変動社会のなかの教育・知識・権力――問題としての教育改革・教師・学校文化』新曜社.

藤田英典・大桃敏行（編），2010，広田照幸（監修）『リーディングス　日本の教育と社会　第 11 巻　学校改革』日本図書センター.

藤原顕，2007，「現代教師論の論点――学校教師の自律的な力量形成を中心に」グループ・ディダクティカ（編）『学びのための教師論』勁草書房，pp. 1-25.

藤原文雄，1998，「教師間の知識共有・創造としての「協働」成立のプロセスについての一考察」『東京大学大学院教育学研究科教育行政研究室紀要』第 17 号，pp. 2-21.

藤原文雄，1999，「学校経営における『協働』理論の軌跡と課題（1）――高野桂一の『協働』論の検討」『東京大学大学院教育学研究科教育行政研究室紀要』第 18 号，pp. 113-123.

Gamoran, A., Secada, W. G., & Marrett, C. B. 2000, The Organizational Context of Teaching and Learning: Changing Theoretical Perspectives, in Maureen T. Hallinan (ed.) *Handbook of the Sociology of Education*, Klu-

wer Academic/Plenum Publishers, New York, pp. 37–63.

後藤武俊，2002,「米国エッセンシャル・スクール連盟の学校改革支援活動――『コミュニティとしての学校』理念を中心に」『教育学研究』第69巻，第2号，pp. 205–214.

後藤武俊，2012a,「米国スモールスクール運動の展開にみるオルタナティブな教育制度構築の課題」『教育学研究』第79巻，第2号，pp. 170–181.

後藤武俊，2012b,「中間組織による草の根の教育改革支援――ニューヨーク市のスモール・スクール運動を事例に」北野秋男・吉良直・大桃敏行（編）『アメリカ教育改革の最前線――頂点への競争』学術出版会，pp. 215–230.

Hargreaves, A. 1986. *Two Cultures of Schooling: The Case of Middle Schools*, The Falmer Press, UK.

Hargreaves, A. 1993, Individualism and Individuality: Reinterpreting the Teacher Culture, in Judith Warren Little & Milbrey Wallin McLaughlin (ed.) *Teachers' Work: Individuals, Colleagues, and Contexts*, Teachers College Press, New York, NY, pp. 51–76.

Hargreaves, A. 1994a, *Changing Teachers, Changing Times: Teachers' Work and Culture in the Postmodern Age*, Teachers College Press, New York, NY.

Hargreaves, A. 1994b, Collaboration and Contrived Collegiality: Cup of Comfort or Poisoned Chalice? In Andy Hargreaves, *Changing Teachers, Changing Times: Teachers' Work and Culture in the Postmodern Age*, Teachers College Press, New York, NY, pp. 186–211.

Hargreaves, A. 1994c, Individualism and Individuality: Understanding the Teacher Culture, In Andy Hargreaves, *Changing Teachers, Changing Times: Teachers' Work and Culture in the Postmodern Age*, Teachers College Press, New York, NY, pp. 163–185.

Hargreaves, A. 1999, Fielding Errors? Deepening the Debate about Teacher Collaboration and Collegiality: Response to Fielding, *Australian Educational Researcher*, Vol. 26, No. 2, pp. 45–53.

Hargreaves, A. 2000, Four Ages of Professionalism and Professional Learning, *Teachers and Teaching: History and Practice*, Vol. 6, No. 2, pp. 151–182.

Hargreaves, A. 2003, *Teaching in the Knowledge Society: Education in the Age of Insecurity*, Teachers College Press, New York, NY.

Hargreaves, A. & Dawe, R. 1990, Paths of Professional Development: Contrived Collegiality, Collaborative Culture, and The Case of Peer Coaching, *Teaching & Teacher Education*, Vol. 6, No. 3, pp. 227–241.

Hargreaves, A. with Macmillan, B. 1994, The Balkanization of Teaching: Collaboration That Divides, In Andy Hargreaves, *Changing Teachers, Changing Times: Teachers' Work and Culture in the Postmodern Age*, Teachers College Press, New York, NY, pp. 212-240.

Hargreaves, A. & Goodson, I. 1996, Teachers' Professional Lives: Aspirations and Actualities, in Ivor Goodson & Andy Hargreaves (ed.) *Teachers' Professional Lives*, Falmer Press, London.

ハーグリーブズ，アンディ，1996，山田真紀（訳），藤田英典（解説）「ポストモダンのパラドックス――変化する時代のなかの教師」森田尚人・藤田英典・黒崎勲・片桐芳雄・佐藤学（編）『教育学年報５　教育と市場』世織書房，pp. 211-282.

ハーグリーブズ，アンディ，2000，西躰容子（訳）「二十一世紀に向けてのティーチングの社会学――教室・同僚・コミュニティと社会変化」藤田英典・志水宏吉（編），2000，『変動社会のなかの教育・知識・権力――問題としての教育改革・教師・学校文化』新曜社，pp. 262-299.

ハーグリーブズ，アンディ，2012，佐久間亜紀（訳）「教職の専門性と教員研修の四類型」ヒュー・ローダー，フィリップ・ブラウン，ジョアンヌ・ディボラー，A. H. ハルゼー（編），苅谷剛彦・志水宏吉・小玉重夫（編訳）『グローバル化・社会変動と教育 2　文化と不平等の教育社会学』東京大学出版会，pp. 191-218.

Holmes Group, 1986, *Tomorrow's Teachers: A Report of The Holmes Group*, The Holmes Group.

Holmes Group, 1990, *Tomorrow's Schools: Principles for the Design of Professional Development Schools, A Report of The Holmes Group*, The Holmes Group.

Honig, M. I. (ed.), 2006a, *New Directions in Education Policy Implementation: Confronting Complexity*, State University of New York Press, Albany, NY.

Honig, M. I. 2006b, Complexity and Policy Implementation: Challenges and Opportunities for the Field, in Meredith I. Honig, (ed.), *New Directions in Education Policy Implementation: Confronting Complexity*, State University of New York Press, Albany, NY, pp. 1-23.

Honig, M. I. & Coburn, C. E. 2008, Evidence-based Decision Making in School District Central Offices: Toward a Research Agenda, *Educational Policy*, Vol. 22, No. 4, pp. 578-608.

堀和郎，2012a，「『効果的な学区』論の展開（その一）――学校改善論への新しい視角」『東京医療保健大学紀要』第６巻，第１号，pp. 6-17.

堀和郎，2012b，「『効果的な学区』論の展開（その二）――学校改善論への新

しい視角」『東京医療保健大学紀要』第6巻，第1号，pp. 18-33.

Horn, I. S. 2002, *Learning on the Job: Mathematics Teachers' Professional Development in the Contexts of High School Reform*, Unpublished Doctoral Dissertation, University of California, Berkeley, CA.

Horn, I. S. 2005, Learning on the Job: A Situated Account of Teacher Learning in High School Mathematics Departments, *Cognition and Instruction*, Vol. 23, No. 2, pp. 207-236.

Horn, I. S. & Little, J. W. 2010, Attending to Problems of Practice: Routines and Resources for Professional Learning in Teachers' Workplace Interactions, *American Educational Research Journal*, Vol. 47, No. 1, pp. 181-217.

Huberman, M. 1989, The Professional Life Cycle of Teachers, *Teachers College Record*, Vol. 91, No. 1, pp. 31-57.

Huberman, M. 1993, The Model of the Independent Artisan in Teachers' Professional Relations, in Judith Warren Little & Milbrey Wallin McLaughlin (ed.) *Teachers' Work: Individuals, Colleagues, and Contexts*, Teachers College Press, New York, NY, pp. 11-50.

Huberman, M. with Marie-Madeleine Grounauer & Jurg Marti, 1993, Jonathan Neufeld (trans.) *The Lives of Teachers* (*La Vie des Enseignants*), Teachers College Press, New York NY.

今村令子，1987，『現代アメリカ教育　1巻　教育は「国家」を救えるか――質・均等・選択の自由』東信堂.

今村令子，1990，『現代アメリカ教育　2巻　永遠の「双子の目標」――多文化共生の社会と教育』東信堂.

稲垣忠彦，1996a，『増補版　アメリカ教育通信――大きな国の小さな町から』評論社.

稲垣忠彦，1996b，「『アメリカ教育通信』その後」『増補版　アメリカ教育通信――大きな国の小さな町から』評論社，pp. 344-394.

稲垣忠彦，1996c，「教育改革と教師教育――比較研究から考えること」『増補版　アメリカ教育通信――大きな国の小さな町から』評論社，pp. 419-437.

今津孝次郎，1996，『変動社会の教師教育』名古屋大学出版会.

今津孝次郎，2000，「学校の協働文化――日本と欧米の比較」藤田英典・志水宏吉（編），2000，『変動社会のなかの教育・知識・権力――問題としての教育改革・教師・学校文化』新曜社，pp. 300-321.

伊藤安治，1994，「教師文化・学校文化の日米比較――1つの調査から」稲垣忠彦・久冨善之（編）『日本の教師文化』東京大学出版会，pp. 140-156.

加野芳正，2010，「新自由主義＝市場化の進行と教職の変容」『教育社会学研

究』第 86 集，pp. 5–22.
勝野正章，1996,「学校という組織・集団の特性——学校経営・管理における『自律性』の組織論的検討」堀尾輝久・奥平康照・田中孝彦・佐貫浩・汐見稔幸・太田政男・横湯園子・須藤敏昭・久冨善之・浦野東洋一（編）『講座学校　第 7 巻　組織としての学校』柏書房，pp. 33–54.
勝野正章，2003a,『教員評価の理念と政策——日本とイギリス』エイデル研究所.
勝野正章，2003b,「教員評価から開かれた学校づくりへ」『教員評価の理念と政策——日本とイギリス』エイデル研究所 pp. 145–146.
木原俊行，2004,『授業研究と教師の成長』日本文教出版社.
木原俊行，2006,『教師が磨き合う「学校研究」』ぎょうせい.
木原俊行，2012,「授業研究を通じた学校改革」日本教育工学会（監修），水越敏行・吉崎静夫・木原俊行・田口真奈『教育工学選書 6　授業研究と教育工学』ミネルヴァ書房.
紅林伸幸，1997,「日本の教師集団の構造と特質」藤田英典（編）『教職の専門性と教師文化に関する研究——平成 6〜7 年度文部省科学研究費総合研究（A）「教職の専門性と教師文化に関する国際比較共同研究」（課題番号 06301032）研究成果報告書』pp. 71–82.
紅林伸幸，2007,「協働の同僚性としての《チーム》——学校臨床社会学から」『教育学研究』第 74 巻，第 2 号，pp. 36–50.
Kruse, S. D., Louis, K. S. & Bryk, A. S. 1995, An Emerging Framework for Analyzing School-Based Professional Community, in Karen Seashore Louis, Sharon D. Kruse, & Associates, *Professionalism and Community: Perspectives on Reforming Urban Schools*, Corwin Press, Thousand Oaks, CA, pp. 23–42.
Lagemann, E. C. 2000, *An Elusive Science: The Troubling History of Education Research*, The University of Chicago Press, Chicago, IL.
Lieberman, A. 1978, Staff Development: New Demands, New Realities, New Perspectives, *Teachers College Record*, Vol. 80, No. 1, pp. 1–3.
Lieberman, A. 1984, School Improvement: Research, Craft and Concept, *Teachers College Records*, Vol. 86, No. 1, pp. 1–2.
Lieberman, A. & Miller, L. (ed.) *Staff Development: New Demands, New Realities, New Perspectives*, Teachers College Press.
Little, J. W. 1978, *We, They, and It: An Exploratory Study of the Use of Talk in the Social Organization of Work*, Unpublished Doctoral Dissertation, University of Colorado.
Little, J. W. 1981, *School Success and Staff Development: The Role of Staff Development in Urban Desegregated Schools*, Final Report, Prepared for the

National Institute of Education under contract no. 400-79-0049, Boulder, Colorado, Center for Action Research.

Little, J. W. 1982, Norms of Collegiality and Experimentation: Workplace Conditions of School Success, *American Educational Research Journal*, Vol. 19, No. 3, pp. 325-340.

Little, J. W. 1984, Seductive Images and Organizational Realities in Professional Development, *Teachers College Records*, Vol. 86, No. 1, pp. 84-102.

Little, J. W. 1990, The Persistence of Privacy: Autonomy and Initiative in Teachers' Professional Relations, *Teachers College Record*, Vol. 91, No. 4, p. 509.

Little, J. W. 1999, Colleagues of Choice, Colleagues of Circumstance: Response to M. Fielding, *Australian Educational Researcher*, Vol. 26, No. 2, p. 35.

Little, J. W. 2002, Locating Learning in Teachers' Communities of Practice: Opening up Problems of Analysis in Records of Everyday Work, *Teaching and Teacher Education*, Vol. 18, No. 8, pp. 917-946.

Little, J. W. 2003, Inside Teacher Community: Representations of Classroom Practice, *Teachers College Record*, Vol. 105, No. 6, pp. 913-945.

Little, J. W. 2007, Teachers' Accounts of Classroom Experience as a Resource for Professional Learning and Instructional Decision Making, In Moss, P. (ed.) *Evidence And Decision Making, 106 th Yearbook of the National Society for the Study of Education*, Blackwell Publishing Malden, Massachusetts, pp. 217-240.

Little, J. W. 2012, Understanding Data Use Practice among Teachers: The Contribution of Micro-Process Studies, *American Journal of Education*, Vol. 118, No. 2, pp. 143-166.

Little, J. W., Gerritz, W. H., Stern, D. S., Guthrie, J. W., Kirst, M. W. & Marsh, D. D. 1987, *Staff Development in California*, Joint Publication of the Far West Laboratory for Educational Research and Development and Policy Analysis for California Education, School of Education, University of California at Berkeley.

Little, J. W. & McLaughlin, M. W. (ed.) 1993a, *Teachers' Work: Individuals, Colleagues, and Contexts*, Teachers College Press, New York, NY.

Little, J. W. & McLaughlin, M. W. 1993b, Perspectives on Cultures and Contexts of Teaching, in Little, J. W. & McLaughlin, M. W. (ed.), *Teachers' Work: Individuals, Colleagues, and Contexts*, Teachers College Press, New York, NY, pp. 1-8.

Little, J. W. Gearhart, M. Curry, M. & Kafka, J. 2003, Looking at Student Work for Teacher Learning, Teacher Community, and School Reform,

Phi Delta Kappan, Vol. 85, No. 3, pp. 184-192.

Little, J. W. & Horn, I. S. 2007, 'Normalizing' Problems of Practice: Converting Routine Conversation into a Resource for Learning in Professional Communities, in Stoll, L. & Louis, K. S. (ed.) *Professional Learning Communities: Divergence, Depth and Dilemmas*, Open University Press, pp. 79-92.

Little, J. W. & Curry, M. W. 2008, Structuring Talk about Teaching and Learning: The Use of Evidence in Protocol-Based Conversation, in Lorna M. Earl and Helen Timperley (ed.) *Professional Learning Conversations: Challenges in Using Evidence for Improvement*, Springer, pp. 29-42.

Louis, K. S., Kruse, S. D. & Bryk, A. S. 1995, Professionalism and Community: What is it and Why is it Important in Urban Schools, in Karen Seashore Louis, Sharon D. Kruse, & Associates, *Professionalism and Community: Perspectives on Reforming Urban Schools*, Corwin Press, Thousand Oaks, CA, pp. 3-22.

Lortie, D. 1975, *Schoolteacher: A Sociological Study*, The University of Chicago Press.

Mann, D. McLaughlin, M. W., Baer, M., Greenwood, P. W., McCluskey, L. Prusoff, L. L., Wirt, J. G., & Zellman, G.. 1975, *Federal Programs Supporting Educational Change, Vol.Ⅲ: The Process of Change, Appendix A. Innovations in Classroom Organization and Staff Development*, Prepared for the U. S. Office of Education, Department of Health, Education, and Welfare, Rand, Santa Monica, CA.

マッキンタイア，アラスデア，1993，篠崎栄（訳），『美徳なき時代』みすず書房．

McLaughlin, M. W. 1976, Implementation as Mutual adaptation: Change in Classroom Organization, *Teachers College Record*, Vol. 77, No. 3, pp. 339-351.

McLaughlin, M. W. 1990, The Rand Change Agent Study Revisited: Macro Perspectives and Micro Realities, *Educational Researcher*, Vol. 19, No. 9, pp. 11-16.

McLaughlin, M. W. 1991a, The Rand Change Agent Study: Ten Years Later, in Allan R. Odden (ed.), *Education Policy Implementation*, State University of New York Press, pp. 143-155.

McLaughlin, M. W. 1991b, Enabling Professional Development: What Have We Learned? In Ann Lieberman & Lynne Miller (ed.), *Staff Development for Education in the '90s Second Edition, New Demands, New Realities, New Perspectives*, Teachers College Press, pp. 61-82.

McLaughlin, M. W. 1993, What Matters Most in Teachers' Workplace Con-

text? In Judith Warren Little & Milbrey Wallin McLaughlin (ed.), *Teachers' Work: Individuals, Colleagues, and Contexts*, Teachers College Press, pp. 79–103.

McLaughlin, M. W. 2006, Implementation Research in Education: Lessons Learned, Linking Questions and New Opportunities, in Honig, M. I. (ed.), *New Directions in Education Policy Implementation: Confronting Complexity*, State University of New York Press, Albany, NY, pp. 209–228.

McLaughlin, M. W. & Baer, M. 1975, Eastown, in Dale Mann, Milbrey Wallin McLaughlin, Miriam Baer, Peter W. Greenwood, Lawrence McCluskey, Linda L. Prusoff, John G. Wirt, & Gail Zellman, 1975, *Federal Programs Supporting Educational Change, Vol. Ⅲ: The Process of Change, Appendix A. Innovations in Classroom Organization and Staff Development*, Prepared for the U. S. Office of Education, Department of Health, Education, and Welfare, Rand, Santa Monica, CA.

McLaughlin, M. W. & Marsh, D. 1978, Staff Development and School Change, *Teachers College Record*, Vol. 80, No. 1, pp. 69–94.

McLaughlin, M. W. & Talbert, J. 1990, The Contexts in Question: The Secondary School Workplace, in McLaughlin, Milbrey Wallin McLaughlin, Joan Talbert, & Nina Bascia (ed.) *The Contexts of Teaching in Secondary Schools*, Teachers College Press, pp. 1–14.

McLaughlin, M. W. & Talbert, J. 1993, *Contexts That Matter for Teaching and Learning*, Center for Research on the Context of Secondary School Teaching, Stanford University, Stanford, CA.

McLaughlin, M. W. & Talbert, J. 2001, *Professional Communities and the Work of High School Teaching*, The University of Chicago Press, Chicago and London.

McLaughlin, M. W. & Talbert, J. 2006, *Building School-Based Teacher Learning Communities: Professional Strategies to Improve Student Achievement*, Teachers College Press.

Meier, D. 1995, *The Power of Their Ideas: Lessons for America from a Small School in Harlem*, Beacon Press, Chicago.

マイヤー，デボラ，2011，北田佳子（訳），『学校を変える力――イースト・ハーレムの小さな挑戦』岩波書店.

永井聖二，1977，「日本の教員文化――教員の職業的社会化研究（Ⅰ）」日本教育社会学会『教育社会学研究』第 32 集，pp. 93–103.

名越清家，1993，「教師＝専門職論の統括への視座」木原孝博・武藤孝典・熊谷一乗・藤田英典（編）『学校文化の社会学』福村出版，pp. 213–326.

National Commission on Excellence in Education, 1983, *A Nation at Risk:*

The Imperative for Educational Reform, A Report to the Nation and the Secretary of Education United States Department of Education, United States Department of Education, Washington, D. C.

日本教育社会学会，2010，『教育社会学研究』第 86 集.

織田泰幸，2011，「『学習する組織』としての学校に関する一考察――Shirley M. Hord の『専門職の学習共同体』論に注目して」『三重大学教育学部研究紀要――自然科学・人文科学・社会科学・教育科学』第 62 巻，pp. 211-228.

織田泰幸，2012，「『学習する組織』としての学校に関する一考察（2）――Andy Hargreaves の『専門職の学習共同体』論に注目して」『三重大学教育学部研究紀要――自然科学・人文科学・社会科学・教育科学』第 63 巻，pp. 379-399.

織田泰幸，2015，「『専門職の学習共同体』としての学校に関する基礎的研究（4）――Shirley M. Hord & Edward Tobia の研究に着目して」『三重大学教育学部研究紀要――自然科学・人文科学・社会科学・教育科学』第 66 巻，pp. 343-358.

Odden, A. R.（ed.）, 1991a, *Education Policy Implementation*, State University of New York Press, Albany, NY.

Odden, A. R. 1991b, The Evolution of Education Policy Implementation, in Allan R. Odden（ed.）, *Education Policy Implementation*, State University of New York Press, Albany, NY, pp. 1-12.

Peterson, P. L., McCartney, S. J. & Elmore, R. F. 1996, Learning from School Restructuring, *American Educational Research Journal*, Vol. 33, No. 1, pp. 119-153.

Powell, A. G., Farrar, E. & Cohen, D. K. 1985, *The Shopping Mall High School: Winners and Losers in the Educational Marketplace*, Houghton Mifflin Company, Boston.

Richardson, V. & Placier, P. 2001, Teacher Change, in Virginia Richardson（ed.）*Handbook of Research on Teaching, Fourth Edition*, American Educational Research Association, Washington D. C., pp. 905-947.

Richards, E. & Acker, S. 2006, Collegiality and Gender in Elementary School Teachers' Workplace Cultures: A Tale of Two Projects. In Cortina, R. & Roman, S.（ed.）*Women and Teaching: Global Perspectives on the Feminization of a Profession*. Palgrave macmillan, pp. 51-79.

佐藤学，1989，『教室からの改革――日米の現場から』国土社.

佐藤学，1989，「アメリカの教師教育改革における『専門性』の概念――二つのレポート（1986 年）の提言と改革の現在」日本教育学会教育制度研究委員会『教育制度研究委員会報告　第七集　教育課程と教師（Ⅰ）』

pp. 46-52.
佐藤学，1990a，『米国カリキュラム改造史研究——単元学習の創造』東京大学出版会.
佐藤学，1990b，「補章　子ども中心の学校の現在——革新の伝統と継承」『米国カリキュラム改造史研究——単元学習の創造』東京大学出版会，pp. 339-348.
佐藤学，1992，「［提言］学校を問うパースペクティブ——学習の共同体へ」佐伯胖・汐見稔幸・佐藤学（編）『学校の再生をめざして1　学校を問う』東京大学出版会，pp. 197-224.
佐藤学，1996a，『カリキュラムの批評——公共性の再構築へ』世織書房.
佐藤学，1996b，「学びの場としての学校——現代学校のディスクール」佐伯胖・藤田英典・佐藤学（編）『シリーズ「学びと文化」6　学び合う共同体』東京大学出版会，pp. 53-101.
佐藤学，1997，『教師というアポリア——反省的実践へ』世織書房.
佐藤学，1999，『学びの快楽——ダイアローグへ』世織書房.
佐藤学，2012，「学びの共同体としての学校——学校再生の哲学」佐藤学『学校改革の哲学』東京大学出版会，pp. 119-139.
佐藤学・岩川直樹・秋田喜代美，1990，「教師の実践的思考様式に関する研究（1）——熟練教師と初任教師のモニタリングの比較を中心に」『東京大学教育学部紀要』第30巻，pp. 177-198.
佐藤学・秋田喜代美・岩川直樹・吉村敏之，1991，「教師の実践的思考様式に関する研究（2）——思考過程の質的検討を中心に」『東京大学教育学部紀要』第31巻，pp. 183-200.
Sato, N. & McLaughlin, M. W. 1992, Context Matters: Teaching in Japan and in the United States, *Phi Delta Kappan*, Vol. 73, No. 5, pp. 359-366.
佐藤ナンシー，1994，佐藤学（訳）「日本の教師文化のエスノグラフィー」稲垣忠彦・久冨善之（編）『日本の教師文化』東京大学出版会，pp. 125-139.
小学館ランダムハウス英和大辞典第二版編集委員会，1994，『小学館ランダムハウス英和大辞典第二版』小学館.
Shulman, L. 1987, Knowledge and Teaching: Foundations of the New Reform, *Harvard Educational Review*, Vol. 57, No. 1, pp. 1-22.
Siskin, L. S. 1991, Departments as Different Worlds: Subject Subcultures in Secondary Schools, *Educational Administration Quarterly*, Vol. 27, No. 2, pp. 134-160.
Siskin, L. S. 1994, *Realms of Knowledge: Academic Departments in Secondary Schools*, RoutledgeFalmer.
Siskin, L. S. 1995, Subject Divisions, in Leslie Santee Siskin & Judith Warren Little (ed) *The Subjects in Question: Departmental Organization and the*

High School, Teachers College Press, New York, NY, pp. 33–40.

Siskin, L. S. & Little, J. W. (ed.) 1995a, *The Subjects in Question: Departmental Organization and the High School*, Teachers College Press, New York, NY.

Siskin, L. S. & Little, J. W. 1995b, The Subjects Department: Continuities and Critiques, in Siskin & Little, *The Subjects in Question: Departmental Organization and the High School*, Teachers College Press, New York, NY.

Sizer, T. R. 1984, *Horace's Compromise: The Dilemma of the American High School*, Houghton Mifflin Company, Boston.

Spillane, J. P. 2012, Data in Practice: Conceptualizing the Data-Based Decision-Making Phenomena, *American Journal of Education*, Vol. 118, No. 2, pp. 113–141.

Stoll, L. & Louis, K. S. 2007, Professional Learning Communities: Elaborating New Approaches, in Stoll, L. & Louis, K. S. (ed.), *Professional Learning Communities: Divergence, Depth and Dilemmas*, Open University Press, pp. 1–13.

Stoll, L. & Louis, K. S. (ed.) 2007, *Professional Learning Communities: Divergence, Depth and Dilemmas*, Open University Press.

Susan, J. 2004, Generalizing in Interaction: Middle School Mathematics Students Making Mathematical Generalizations in a Population-Modeling Project, *Mind, Culture, and Activity*, Vol. 11, No. 4, pp. 279–300.

諏訪英広，1994，「教師の力量形成における専門職文化の役割に関する一考察」『中国四国教育学会教育学研究紀要』第 40 巻，第 1 部，pp. 340–345.

諏訪英広，1995，「教師間の同僚性に関する一考察——ハーグリーブズ（Hargreaves, A）による教師文化論を手がかりにして」『広島大学教育学部紀要第一部（教育学）』第 44 号，pp. 213–220.

Talbert, J. 1993, Constructing a Schoolwide Professional Community: The Negotiated Order of a Performing Arts School, In Judith Warren Little & Milbrey Wallin McLaughlin (ed.) *Teachers' Work: Individuals, Colleagues, and Contexts*, Teachers College Press, New York, NY, pp. 164–184.

Talbert, J. 1995, Boundaries of Teachers' Professional Communities in U. S. High Schools: Power and Precariousness of the Subject Department, in Leslie Santee Siskin & Judith Warren Little (ed.) *The Subjects in Question: Departmental Organization and the High School*, Teachers College Press, New York, NY, pp. 68–94.

Talbert, J. E. & McLaughlin, M. W., 2002, Professional Communities and the Artisan Model of Teaching, *Teachers and Teaching: Theory and Prac-*

tice, Vol. 8, No. 3/4, pp. 325-343.

Talbert, J. E. Wood, A. & Lin, W. 2007, *Evaluation of BASRC Phase II : Evidence-based System Reform: Outcomes, Challenges, Promising Practices*, Center for Research on the Context of Teaching, Stanford University, CA.

The Holmes Group, 1986, *Tomorrow's Teachers: A Report of The Holmes Group*, The Holmes Group.

The Holmes Group, 1990, *Tomorrow's Schools: Principles for the Design of Professional Development Schools, A Report of The Holmes Group*, The Holmes Group.

The Holmes Partnership, 2007, *The Holmes Partnership Trilogy; Tomorrow's Teachers, Tomorrow's Schools, Tomorrow's Schools of Education*, Peterlang.

The Oxford English Dictionary 2nd ed., Vol. 3, 1989, Oxford University Press, New York, NY.

田中智志, 2009, 『社会性概念の構築――アメリカ進歩主義教育の概念史』東信堂.

露口健司, 2008, 『学校組織のリーダーシップ』大学教育出版.

露口健司, 2012, 『学校組織の信頼』大学教育出版.

牛渡淳, 2002, 『現代米国教員研修改革の研究――教員センター運動を中心に』風間書房.

Wayman, J. C. & Stringfield, S. 2006, Data Use for School Improvement: School Practices and Research Perspectives, *American Journal of Education*, Vol. 112, No. 4, pp. 463-468.

Westheimer, J. 1998, *Among Schoolteachers: Community, Autonomy, and Ideology in Teachers' Work*, Teachers College Press, New York.

Westheimer, J. 1999, Communities and Consequences: An Inquiry into Ideology and Practice in Teachers' Professional Work, *Educational Administration Quarterly*, Vol. 35, No. 1, pp. 71-105.

Westheimer, J. 2008, Leaning among Colleagues: Teacher Community and the Shared Enterprise of Education, in Marilyn Cochran-Smith, Sharon Feiman-Nemser, and John D. McIntyre (ed.) *Handbook of Research on Teacher Education, Enduring Questions in Changing Contexts, Third Edition*, Association of Teacher Educators, Reston, VA., pp. 756-783.

ウィッティ, ジェフ, 2009, 高山敬太（訳),「教師の新たな専門性に向けて (Towards a New Teacher Professionalism)」マイケル・W・アップル, ジェフ・ウィッティ, 長尾彰夫（編）『批判的教育学と公教育の再生――格差を広げる新自由主義改革を問い直す』明石書店, pp. 187-206.

吉永（岩﨑）紀子，2007，「子どもの育ちを語り合う学校で教師が育つということ」グループ・ディダクティカ（編），『学びのための教師論』勁草書房，pp. 139-165.

油布佐和子，1999，「教師集団の解体と再編――教師の「協働」を考える」油布佐和子（編）『シリーズ子どもと教育の社会学 5　教師の現在・教職の未来――あすの教師像を模索する』，教育出版，pp. 52-70.

油布佐和子，2007a，「教師集団の変容と組織化」油布佐和子（編）『転換期の教師』放送大学教育振興会，pp. 178-192.

油布佐和子，2007b，「教師のストレス・教師の多忙」油布佐和子（編）『転換期の教師』放送大学教育振興会，pp. 12-26.

油布佐和子（編），2009a，広田照幸（監修），『リーディングス日本の教育と社会　第 15 巻　教師という仕事』日本図書センター.

油布佐和子，2009b，「教師という仕事　序論」油布佐和子（編），広田照幸（監修）『リーディングス日本の教育と社会　第 15 巻　教師という仕事』日本図書センター，pp. 3-18.

油布佐和子，2009c，「第Ⅲ部　教師の組織・集団とその変化　解説」油布佐和子（編），広田照幸（監修）『リーディングス日本の教育と社会　第 15 巻　教師という仕事』日本図書センター，pp. 165-171.

油布佐和子・紅林伸幸・川村光・長谷川哲也，2010，「教職の変容――『第三の教育改革』を経て」『早稲田大学大学院教職研究科紀要』第 2 号，pp. 51-82.

油布佐和子・紅林伸幸，2011，「教育改革は，教職をどのように変容させるか？」『早稲田大学大学院教職研究科紀要』第 3 号，pp. 19-45.

著者略歴

1981年　神奈川県生まれ
東京大学教育学部卒業、東京大学大学院教育学研究科博士課程修了、博士（教育学）。
日本学術振興会特別研究員、東京大学特任講師を経て、
現在　東京工業大学リベラルアーツ研究教育院准教授
専門　教育学、学校改革研究
主著書・主論文　『教育の今とこれからを読み解く57の視点』（共著、教育出版、2016年）、Teachers' Professional Discourse in a Japanese Lesson Study. *International Journal for Lesson and Learning Studies*, Vol. 1, No. 3, pp. 216-231（2012年）
主な訳書　『驚くべき学びの世界――レッジョ・エミリアの幼児教育』（共訳、ワタリウム美術館（編）、アクセス・パブリッシング、2011年）

教師の「専門家共同体」の形成と展開
アメリカ学校改革研究の系譜

2018年2月10日　第1版第1刷発行

著　者　鈴《すず》木《き》悠《ゆう》太《た》
発行者　井村寿人

発行所　株式会社　勁《けい》草《そう》書房
112-0005　東京都文京区水道2-1-1　振替　00150-2-175253
（編集）電話　03-3815-5277／FAX　03-3814-6968
（営業）電話　03-3814-6861／FAX　03-3814-6854
大日本法令印刷・牧製本

ISBN978-4-326-25123-0　Printed in Japan